이 책에 쏟아진 찬사

"탁월한 존재, 스타가 되기 위한 이미지 변신 프로세스를 놀라운 통찰로 그려냈다."
• 알 리스_베스트셀러 《마케팅 불변의 법칙》, 《포지셔닝》, 《경영자 VS 마케터》의 저자 •

"'성경', '자본론', '종의 기원'과 같은 충격, 혁신적인 '퍼스널 마케팅'의 교과서다."
• 워싱턴포스트(The Washington Post) •

"일반 독자들에게 퍼스널 마케팅에 대한 새로운 시각과 전망, 그리고 통찰을 알려준다."
• 이장우_브랜드마케팅그룹 회장 •

"무한경쟁의 시대에서 생존하는 방법은 누구보다 뛰어난 존재로 자신을 포지셔닝하는 것이다."
• 유병규_현대경제연구원 상무 •

지금 이 순간에도 자신의 분야에서 최고가 되기 위해 노력하는
많은 분들에게 이 책을 드립니다.

PHILIP KOTLER

High Visibility
Copyright ⓒ 2006, 1997 by Philip Kotler, Irving Rein, Michael Hamlin, And Martin Stoller.
published by arrangemen with The McGraw-Hill Companies, Inc.
All rights reserved.

Korean Translation Copyright ⓒ 2010 by WinnersBook
Korean edition is by arrangement with The McGraw-Hill Companies, Inc.
through Imprima Korea Agency

이 책의 한국어판 저작권은 Imprima Korea Agency를 통해
The McGraw-Hill Companies, Inc.와의 독점 계약으로 위너스북에 있습니다.
저작권법에 따라 한국 내에서 보호를 받는 저작물이므로
무단전재와 무단복제를 금합니다.

필립 코틀러
퍼스널 마케팅

필립 코틀러 · 어빙 레인 등 지음
방영호 옮김

필립 코틀러
퍼스널 마케팅

자기계발을 뛰어넘는 새로운 경쟁력
퍼스널 브랜드

이장우 브랜드마케팅그룹 회장 / Idea Doctor™

개인적으로 퍼스널 브랜드에 관해 20여년 전부터 많은 관심이 있었다. 자기계발과 더불어 강의나 칼럼으로 이장우란 브랜드를 알리는 데 주력해왔으며, 퍼스널 브랜드와 관련한 책을 내고 싶어서 지금도 연구 중이다. 프리에이전트로서 기업 자문, 강연가, 집필가 등으로 활발히 활동하는 데 무엇이 가장 도움이 되었는지 묻는다면 당연이 퍼스널 브랜드라고 말할 것이다. 30여 년 가까이 3M과 이메이션에서 일했지만, 젊은 시절부터 강의를 통해 이름을 알렸고 인터뷰와 저서는 나의 인지도를 높여주었다. 그 덕분에 사람들은 회사를 다닐 때의 내가 아닌, 1인 기업가로 일하고 있는 지금의 나를 더 많이 찾고, 강연을 요청한다.

퍼스널 브랜드의 중요성을 깨닫고 조금씩 쌓아온 퍼스널 브랜드의 가치가 새로운 기회를 제공해주었다. 인지도가 높아져 팬이 늘면서 브랜드마케팅에서 경영에 이르기까지, 또 학계에서 기업에 이르기까지 다양한 기회가 생겨났다. 최근에 기업과 정부 각 기관에 제공하는 자문 서비스를 Idea Doctor로 재정의하고 업무 영역을 확대하고 있다. 또한 나는 '이장우'라는 퍼스널 브랜드만을 관리하며 퍼스널 브랜드의 가치를 높이는 '퍼스널 브랜드 매니저'를 두고 있다. 연예인 매니저는 그야말로 스케줄 관리를 중심으로 일하지만, 이장우브랜드 매니저는 개인브랜드 매니저로서 어떻게 하면 이장우브랜드의 격을 높이고 브랜드 파워를 증대할 것인가 연구한다. 인지도를 높이는 것이 나의 브랜드 가치를 높이는 것이라 확신하기 때문이다.

자신만의 탄탄한 브랜드를 가지고 있는지의 여부나 그것에 대한 중요성에 대해서는 직장을 다닐 때는 잘 모른다. 그러나 은퇴할 때가 되면 개인 브랜드에 따라 미래가 갈린다. 직장에 다닐 때에는, 직장의 브랜드에 가려져 자신의 브랜드에 대해 생각하지 않는다. 그러나 은퇴 후 회사 브랜드를 떼고 나면, 그 사람 개인의 진짜 브랜드가 드러나게 마련이다.

이제 신입사원부터 기업의 CEO까지 퍼스널 브랜드의 가치를 높여야 한다. 1차원적인 자기계발에만 매달리지 말고, 본인의 브랜드를 키우기 위해서 노력해야 한다. 요즘 직장인들의 자기계발 열풍은 대단히 뜨겁다. 셀러던트라는 신조어가 생겼고, 셀러던트 1세대로서 직장생활을 했다. 좀더 조건이 좋은 회사에서, 더 나은 대우를 받으며 일하고 싶은 마음은 모두가 같을 것이다. 그렇다면 재능과 관련 분야의 지식만 갖춘다면 탄탄대로일까? 이 책의 저자들과 나는 분명히 '아니다'라고 말할 것이다. 실력은 프로의 기본조건이고, 재능은 훈련, 멘토링, 전략적 포지셔닝 등을 통해 급격하게 향상시킬 수 있다. 어느 분야에 진출하든 재능을 키울 수 있기 때문이다. 따라서 정기적인 뉴스레터, 소셜미디어, 세미나 등으로 인지도를 높이고 개인 브랜드를 구축하는 활동이 필요하다. 만약 혼자서 할 수 없다면, 전문 퍼스널 브랜드 매니저를 구하는 것도 방법이다. 또한 기업의 CEO는 일반 홍보 파트에 PI(President Identity)를 맡기지 말고, 본인의 개인 브랜드 매니저를 고용하는 것이 좋다. 그 차이는 회사를 나온 이후에 확연히 드러날 것이다.

적당히 성공을 거두고 싶다면, 퍼스널 브랜드에 대해서 관심을 갖지 않아도 좋다. 하지만 자기 분야에서 최고가 되려고 하거나 사회 생활에서 우뚝 서고 싶다면 더 늦기 전에 퍼스널 브랜드를 키우는 데 시간을 투자하기를 권한다. 빠르면 빠를수록 좋다. 오늘날처럼 은퇴연령이 불명확 경우일수록 자신을 브랜드로 만들고 그 개인 브랜드를 최고로 만드는 것이 바로 퇴직연금보다 더 가치가 있다.

하지만 잘 구축된 퍼스널 브랜드도 쉽게 무너질 수 있다. 말과 행동이 거짓임이 드러났을 때다. 진정성은 퍼스널 브랜드의 가장 중요한 요소라고 생각한다. 진정성을 가진 퍼스널 브랜드는 마음을 울리고, 상대방을 움직이게 한다. 이제 이 책의 독자들도 진정성이 넘치는 퍼스널 브랜드를 구축하여 자신의 분야에서 가장 탁월한 사람으로서 진화해가기를 소망한다.

이장우 | 우리나라 퍼스널 브랜드 마케팅의 일인자다. 3M의 영업 사원에서 시작해 미국 3M 매니저, 이메이션 코리아 사장, 전세계 이메이션 브랜드를 총괄하는 글로벌브랜드 총괄대표까지 지냈다. 현재 프리에이전트로서 대기업을 비롯 정부 여러 기관에 자문 서비스를 제공하는 Idea Doctor로 그 활동 영역을 확대하고 있다.

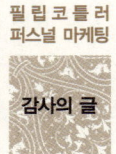

필립코틀러
퍼스널 마케팅

감사의 글

퍼스널 브랜딩에 관해 모든 것을 집대성한 《퍼스널 마케팅》은 묵묵히 지원을 아끼지 않은 지원군이 있었기에 세상의 빛을 볼 수 있었다. 특히 편집과 자료수집은 말할 것도 없고 참신한 아이디어 발상에 통찰을 준 밴 쉴즈(Ben Schields)에게 큰 빚을 졌다. 연구원 니콜라스 랄라(Nicholas Lalla)와 질 그린필드(Jill Greenfield)는 수많은 자료더미 속에서 핵심을 뽑아냈다. 차리스 빌라모어(Charisse Villamor)와 알렌 리베라토(Allen Liberato)는 연구를 지휘하며 초안을 제공했다. 그레고리 팡(Gregory Pang)은 원고의 마무리 작업에 큰 힘이 되어주었다. 리타 러츠(Lita Lutz) 또한 늘 곁에서 지원을 아끼지 않았다. 이 책을 완성하기까지 도움을 준 노스웨스턴 대학에도 감사의 말을 전한다. 마지막으로 늘 창의적 발상을 하면서 '탁월한 존재'가 되는 비법을 알려준 각계각층의 '퍼스널 브랜드'들에게 감사의 말을 전한다.

서문

오늘날 이미지 변신으로 인지도를 확대하고 퍼스널 브랜드를 구축하는 일은 보편적 현상으로 자리잡았다. 얼마 전까지만 해도 퍼스널 브랜딩은 유명 연예인이나 스포츠 스타에 국한된 것으로 인식되었지만, 지금은 어느 분야를 막론하고 인지도 확대와 퍼스널 브랜딩 구축이 시장에서 경쟁우위를 달성하는 지름길로 통한다. 영역 간의 벽이 허물어지고 경쟁이 극심해진 시장의 환경은 '스타'를 열망하는 이들과 이미 정립된 '퍼스널 브랜드들'에게 모두 위협이 되고 있다.

이 책은 이미지메이킹 및 이미지 변신, 인지도에 따르는 혜택, 체계적 퍼스널 브랜딩 프로세스를 통한 퍼스널 브랜드 구축, 경쟁력과 기회 창출 등에 관한 내용을 망라했다. 따라서 신규 시장진출자가 호소력 있는 브랜드로 거듭나는 과정과 문화 트렌드가 퍼스널 브랜딩에 미치는 영향, 브랜드 인지도에 관한 문제와 해법 등을 고찰하는 기회를 가지리라 믿어 의심치 않는다.

'이미지 변신', 즉 각 영역에서 '스타'를 꿈꾸는 이들이 퍼스널 브랜드로 거듭나는 프로세스가 이 책의 핵심 개념이다. 이 책에서는 '브랜드 생성, 브랜드 시험, 브랜드 세련화, 브랜드 실현'이라는 이른바 '이미지 변신 프로세스'를 체계적으로 정리했다. 본문에서 소개하는 이미지메이킹과 퍼스널 브랜딩 전략은 이미지 변신을 시도하는 이들이나 이미지 변신에 성공한 이들이 모두 시장에서 경쟁우위를 달성하기 위해 숙지해야 할 핵심 전략이다.

이 책의 초판을 낼 때만 해도 퍼스널 마케팅과 커뮤니케이션 분야가 정교한 산업 분야로 진화, 발전하고 있음을 알리는 것이 일차적 목표였다. 그리고 생각대로 인지도를 높이는 법을 알려주는 교과서로서의 기능을 톡톡히 했다. 반면에 일부에서는 인지도를 높이는 과정에서 일어나는 부정과 비리에 강경한 입장을 취해야 한다고 주장하거나 이른바 이미지를 꾸미는 분야가 시장화되고 산업화되는 현상에 대해 불편한 시각을 드러내기도 했다. 유형의 상품에 적용하는 전략을 사람에게 적용해서 사람을 상품처럼 마케팅한다는 개념을 쉽게 이해하지 못하는 것은 이해할 만한 일이다. '평판산업'의 실태에 관한 일부 비판을 감안하고 있지만, 무엇이 옳다고 섣불리 판단하기보다 우선 산업이 돌아가는 상황을 분석하는 데 주안점을 두었다.

시대가 변했다. 이제 퍼스널 브랜딩은 하나의 트렌드로 자리를 잡았다. 광고대행사, 미디어, 브랜드 개발자 등으로 구성된 일종의 '지원 시스템'의 도움을 받아 퍼스널 마케팅을 펼치는 일은 말할 것도 없고, 너도 나도 독자적으로 퍼스널 브랜드를 구축하기 위해 애쓰고 있다. 또 사업에서 성공하고 활동 분야에서 탁월한 존재로 비치며 퍼스널 브랜드로 거듭나는 내용을 담은 책들이 불티나게 팔리고 있다. 이런 트렌드를 분석하고 이미지 변신을 통해 퍼스널 브랜드로 거듭나는 방법론을 알리는 것이 책의 주요 목적이다. 이 책의 핵심이라고 볼 수 있는 '이미지 변신'에 관한 내용들을 변화된 시장환경에 맞도록 반영하여 재구성했다. 웹사이트, 블로그 등 최신 커뮤니케이션 채널을 활용하는 법은 특히 눈여겨볼 만하다. 또 여러 분야에서 명성을 좇는 이들은 다양한 동기와 필요에 따라 인지도를 높이려 한다. 이에 대해서는 다양한 사례를 통해 세세히 밝혔다.

   시장영역, 잠재고객, 개인적 목표 등 인지도를 높이려는 이유와 목적이 저마다 다르다. 가령 인기배우와 소규모 자영업자가 인지도를 높이기 위해 사용하는 전략은 크게 차이가 난다. 시장영역에 따라 투자비용과 인지도의 도달 범위가 다르겠지만, 두 요소는 퍼스널 브랜딩 과정에서 기본적으로 다뤄야 할 내용들이다. 이 책은 그런 부분들까지 포함하여 다양한 분야에 진출하는 신규 시장진출자들과 스타지망생들이 명성을 얻기 위해 갖춰야 할 충족요건과 필요조건들을 중점적으로 밝혔다.

PHILIP KOTLER PERSONAL MARKETING
CONTENTS | 차례

추천사 • 5
감사의 글 • 8
서문 • 9

 PART 1 퍼스널 브랜딩의 기본

CHAPTER 1 인지도의 영향력

피그말리온 법칙 • 021
인지도의 중요성 • 028
'이름값'의 위력 • 037
폭넓은 인지도의 필요성 • 039

CHAPTER 2 높은 '몸값' 유지하기

인지도가 높은 사람이란? • 042
몸값이 올라가는 이유 • 045
프리미엄 브랜드는 어떻게 정립될까? • 058
할리우드 식 스타 만들기 모델의 확산 • 060
브랜드로의 변신과 선행과제 • 066

CHAPTER 3 평판산업의 메커니즘

평판산업이란?	• 070
평판산업의 진화	• 072
평판산업의 구조	• 086
'평판 서비스' 산업의 발달	• 107

CHAPTER 4 인지도 피라미드

이미지메이킹이 확산되는 부문	• 121
인지도의 범위 수준	• 125
인지도 지속기간	• 126
인지도의 도달범위	• 127
인지도의 지속성	• 133

CHAPTER 5 스타에 열광하는 고객

마케팅의 핵심, 청중	• 144
참여 수준에 따른 청중의 유형	• 145
청중의 참여도 확대	• 157
인지도의 영향력 측정	• 159

PHILIP KOTLER PERSONAL MARKETING

성대한 디너파티 시나리오	• 165
인구통계학적 분석과 심리 특성적 세분화	• 167
성별과 청중	• 168
연령	• 169
심리 특성적 요소의 변화	• 171
청중의 관심 자극	• 174
무엇이 극적 현실을 구현하는가?	• 183

PART 2 · '이름값'을 높이고 유지하는 마케팅 전략

CHAPTER 6 인지도를 높이는 마케팅 전략

이미지 변신과 마케팅 콘셉트	• 191
신규 시장진출자들을 위한 세 가지 마케팅	• 198
마케팅 프로세스의 단계	• 201
시장 선정	• 208
시장 교두보 구축, 시장진입	• 211
메모리 락, 마케팅 목표	• 216

CHAPTER 7 퍼스널 브랜딩에 관한 일곱 가지 오해

사람의 브랜드화	• 220
퍼스널 브랜딩 프로세스의 일곱 가지 오해	• 223
건실한 모습	• 223
'순수한' 동기	• 225
타고난 재능	• 231
필수적 재능	• 232
자연스러운 카리스마	• 239
적당한 시기	• 247
행운	• 249

CHAPTER 8 브랜드 전환의 네 단계

이미지 변신의 네 단계	• 258
브랜드 생성과 재생	• 259
브랜드 시험	• 274
브랜드 세련화	• 280
브랜드 실현	• 297
이미지 변신의 수준	• 303

PHILIP KOTLER PERSONAL MARKETING

CHAPTER 9 브랜드 유통

채널 선택	• 315
지속적인 채널 전환	• 318
채널의 변화와 혁신	• 319
채널의 특징	• 321
활동 채널의 관리	• 324
미디어 이용하기 – 브레이크 아웃	• 329
인지도 높이기 – 새로운 유통채널의 이용	• 334
분야별 유통 전략	• 337

CHAPTER 10 브랜드의 홍보

홍보란 무엇인가	• 349
PR은 왜 필요한가?	• 351
누가 PR업무를 담당하는가?	• 353
PR의 장점	• 359
PR의 이머징 시장영역	• 369
누구의 목소리인가?	• 379

CHAPTER 11 브랜드 유지

인지도의 상승과 하락	• 382
인지도 지속력 측정	• 384
인지도 하락의 원인	• 388
노출 관리	• 393
역전략, 승리를 위해 위험을 무릅쓰기	• 395
인지도를 유지하는 여섯 가지 규칙	• 401
분야의 전환	• 406
하락세 늦추기	• 411
하락의 역학	• 419

CHAPTER 12 브랜드 아이덴티 관리

명성(폭넓은 인지도)에 관한 다섯 가지 핵심 원리	• 433
명성을 얻기 위한 과제	• 438
결론	• 446

PHILIP KOTLER
PERSONAL MARKETING

PART 1

퍼스널 브랜딩의 기본

CHAPTER 1

인지도의 영향력

PHILIP KOTLER PERSONAL MARKETING

∴ 피그말리온 법칙

꽃 파는 시골처녀가 귀부인이 되다!

영화 〈마이 페어 레이디(My Fair Lady)〉는 영국이 낳은 위대한 극작가 조지 버나드 쇼(George Bernard Shaw)의 희곡 〈피그말리온(Pygmalion)〉을 원작으로 한 것이다. 잠시 영화 속으로 들어가보자. 영화에 등장하는 저명한 언어학자 하긴스는 자신이 해낸 일에 들떠 한껏 흥분해 있다. 그는 무엇 때문에 그토록 흥분한 것일까? 선머슴 같은 말괄량이 시골처녀를 고상한 상류층 아가씨로 완전히 변모시켰기 때문이다. 히긴스가 하층민인 이라이자 토리틀(Eliza Doolittle, 오드리 햅번 분)을 외교무대에 나서는 귀부인으로 거듭나게 한 것은 욕심이 아닌 자신감 때문이었다. 절친한 친구 피커링 대령과 묘한 내기를 하면서 시작한 일이지만, 그는 언어학자로서 일라이자가 쓰는 지독한 지방 사투리에 관심을 갖게 되었고, 그녀의 거친 말투와 버릇없는 행동을 바꿀 수 있다는 걸 보여주고자 했던 것이다. 히긴스의 도움으로 변신에 성공한 일라이자는 새로운 자신의 발견과 한층 넓어진 시야라는 무형의 보상을 받는다. 오늘날에도 변신에 대한 보상은 값으로 헤아리기 어렵다. 또한 오늘날에도 '피그말리온 법칙'은 작용한다. 이처럼 누구나 '퍼스널 브랜드'로 거듭날 수 있는 법이다.

'변신' 이야기를 하자면 고대로 거슬러 올라가야 한다. 오비드(Ovid, 고대 로마의 시인-옮긴이)의 신화집을 보면, 세상 여자들에게 매력을 느끼지 못하고 어느 여자도 사랑하지 못한 젊은 조각가 피그말리온이 완벽한 여성을 조각하려고 했다. 그리고 조금씩 완성되어 가는 조각상 여인에게 사랑을 느끼기 시작했다. 하지만 그 여인은 대답 없는 조각에 불과했기에 피그말리온은 점점 절망에 빠졌다. 그리고 바로 그 해, 사랑의 여신 아프로디테에게 제물을 바치는 날이 되자 피그말리온은 아프로디테의 신전에 황소를 바치며 조각상과 똑같이 생긴 여인을 아내로 삼게 해달라고 기도했다. 그의 애절한 사랑에 마음이 움직인 아프로디테는 결국 피그말리온의 소원을 들어주었다. 어느 날 피그말리온이 조각상을 사랑스럽게 끌어안으며 키스하는 순간, 조각상이 살아 있는 처녀로 변신했다. 이런 신화에 나타나는 흔한 결말이지만, 피그말리온과 여인은 오래토록 행복하게 살았다.

피그말리온이 여신 아프로디테의 도움을 받아 행복한 삶을 찾았듯, 현대판 피그말리온인 〈마이 페어 레이디〉에서는 언어학자 히긴스가 아프로디테 역할을 했다. 영화에서 보듯 변신이란 말투와 외모를 바꾸고 대중들 앞에서 영리하게 연기하면 충분히 가능한 것이었다. 버나드 쇼는 이처럼 '변신'의 개념을 드러내긴 했으나 딱 거기까지였다. 〈마이 페어 레이디〉에서 '변신'은 비전문적 시도 또는 일시적 모험에 지나지 않는다. '변신 프로듀서'라 할 수 있는 히긴스는 일시적 내기에 집착하고 있었다. 그러나 오늘날에는 개성과 외모, 성격 등 모든 요소를 꾸미고 포장하여 무명의 사람을 브랜드로 거듭나게 하는 일을 맡아 처리하는 전문 분야가 생겨났다. 이를테면 '라이프스타일 디자이너(lifestyle designer)'다. 이들은 한 시간에 500달러가량의 대가를 받으며 이름값에 목매는 사람들에게 이미지에 관한 자문을 해준다. 현대판 피그말리온을 위한 전문 분야가 생기고 일시적 내기가 아닌 치밀한 계획으로, 자부심이 아닌 수익을 위해 움직인다. 오늘날 인간을 브랜드화하는 일에 고도의 전략과 기법이 사용되고 있다. 이름값이 높아짐에 따른 혜택이 상상을 초월하기에 피그말리온 법칙이 분야를 막론하고 모든 사람에게 작용하고 있는 셈이다.

PHILIP KOTLER

인지도라는 강력한 기반

150여 개 계열사의 총수이자 버진그룹의 회장 리처드 브랜슨 경(Sir Richard Branson, 영국 여왕으로부터 기사작위를 받음—옮긴이)은 호주 시드니에 버진 모바일(Virgin Mobile) 이동통신 서비스를 개시하면서 기발하고 별난 홍보 이벤트를 벌였다. 브랜슨이 올라탄

탱크는 상업지구 중심가로 돌진하다가 오른쪽으로 급회전하여 버진 모바일의 광고간판을 뚫고 지나갔다. 곧이어 전투복 차림의 브랜슨이 탱크에서 훌쩍 뛰어내린 뒤 상징적인 동작을 취한다. 그러고는 경쟁회사의 광고와 슬로건으로 만들어진 옷을 입은 네 사람에게로 다가가 그들 몸에 감겨 있는 쇠사슬을 끊어버렸다. 호주 대륙에 새로운 이동통신 시대가 열리는 순간이 사람들 눈에 똑똑히 들어왔다. 의기양양한 모습의 브랜슨은 다시 탱크 위로 껑충 뛰어올라가 버진 모바일의 서비스를 대대적으로 홍보했다.

인기가수 겸 영화배우인 제니퍼 로페즈(Jennifer Lopez)는 의류와 보석, 향수, 외식업 등에 걸친 '다채널 브랜드(multi-channeled brand)'의 대표로 활약 중이다. 그녀는 한햇동안에만 3억 달러(약 3,500억 원)에 달하는 수익을 올렸다. 춤 연습과 앨범 홍보만으로도 숨가쁘게 돌아가는 일정 속에서 로페즈는 회의장소로 부리나케 달려가 직원들과 새로운 의상 디자인을 연구한다. 케이블 채널 MTV는 창조성을 갖고 신선한 아이디어를 내는 로페즈의 모습을 고스란히 필름에 담았다. TV 속에 비치는 그녀의 열정적인 모습은 영락없이 리더로 비친다. 이처럼 그녀의 이미지는 한 기업의 대표, 경영자로서 확실히 정립되었다. 연이어 화면은 회의가 끝난 후 곧장 보석 디자인 회의를 주제하고 전담 매니저와 공연일정 얘기를 나누는 그녀의 모습까지 시청자들에게 전달해준다.

기사를 조작한 사실이 폭로되어 파면당한 〈뉴 리퍼블릭(New

Republic〉〉의 전 기자 스티븐 글래스(Stephen Glass)가 CBS의 간판 토크쇼 프로그램에 출현함으로써 5년의 공백을 깨고 극적으로 복귀한다. 글래스는 방송에서 새빨간 거짓말쟁이가 된 사연을 털어놓는다. 이를테면 불명예를 초래했던 인기에 대한 착각, 심리적 욕망에 대해 소리 높여 털어놓은 후, 자신의 자전적 소설임과 동시에 얄팍하게 위장된 《거짓말쟁이(The Fabulist)》를 홍보한다. 야망에 불타는 한 워싱턴 기자가 가끔 거짓말하는 이야기를 담은 소설이다. 결국 전 시사주간지 기자 글래슨은 새로이 부활한 자신을 홍보하면서 한때 불명예를 안았지만 작가, 강연가, 라디오 토크쇼 진행자로 회생의 길을 되찾은 유명인들의 끝없는 대열에 합류한다. 조명이 어두워지고 카메라가 정지하면서 토크쇼는 다음 순서로 넘어가고, 글래스는 자신의 부활을 위한 다음 단계를 밟으려는 듯 무대 뒤로 사라진다.

리처드 브랜슨, 제니퍼 로페즈, 스티븐 글래스는 서로 다른 분야에 몸담고 있지만, '높은 인지도(high visibility), 또는 탁월한 존재'라는 강력한 기반 위에 놓여 있다는 공통점이 있다.

리처드 브랜슨은 '높은 인지도'를 전략적 도구로 활용함으로써 자신의 개성과 상품을 하나로 결속시켰다. 그가 회장으로 있는 버진그룹은 항공과 철도를 비롯하여 음반과 이동통신 분야에 이르기까지 다양한 사업을 벌이고 있다. 브랜슨은 트럼프그룹의 회장 도널드 트럼프(Donald Trump), LVMH의 사장 베르나도 아르노(Bernard Arnault), 하포 프로덕션의 CEO 오프라 윈프리(Oprah Winfrey)처럼 명성과 인지도를 기반으로 TV 방송, 항공 서비스, 이동전화 서비스, 음료사업 등 다양한 상품들을 홍보하고 판매한다. 그는 또한 정책기획자들과 광고대행사, 미디어 분석가들로 구성된 일종의 '지원 시스템'을 관리하는데, 이들의 역할은 브랜슨의 등 뒤에서 그가 꾀바르지만 친근한 과시자로 보이도록 하고, 그런 이미지를 유지, 조정하는 일을 맡아 처리한다. 얼굴마담 화이트혼(Will Whitehorn, 버진 갤럭틱의 대표)의 지휘 아래 무명작가들이 그가 대중에게 선보일 말 한마디마다 정성을 들인다. 이 같은 노력으로 브랜슨의 대중적인 이미지가 만들어졌다. 브랜슨의 이미지 변신은 상품생산과 서비스 전달에 힘을 쏟는 것과 다를 바 없다. 자신의 명성을 바탕으로 소비자들이 버진 브랜드에 이끌리도록 철저하게 계산된 전략에 따랐다.

제니퍼 로페즈 역시 폭넓은 인지도에 힘입어 성공한 사례다. 로페즈는 살아오는 내내 명성을 추구해왔다. 그녀는 세상에 널리 알려지기를 바라면서 자신을 돋보이게 해줄 지원부대를 조직했다. 매니저, 의상디자이너, 홍보담당자, 영양사, 안무가, 트레이너, 스폰서, 법률대리인 등등이 모두 그녀의 부대원으로 활약한다. 이런 도움으로 그녀는 댄서에서 배우와 가수로, 패션디자이너로 변신을 거듭하며 자신의 이미지를 '다채널 브랜드'로 확장했다.

그녀는 영화, 앨범, 의류 등을 통해 자신의 '제이 로(J. Lo, 일반 고객들의 친밀감을 높이기 위해 이름을 바꾼 브랜드다―옮긴이)' 브랜드가 세상의 주목을 끄는 일에 성공했다. 동시에 그녀의 이름은 그녀의 '지원부대' 덕에 전 세계에 알려졌다. 제니퍼 로페즈가 강력한 브랜드로 탈바꿈한 것은 결코 우연이 아니다. 그녀가 브랜드를 얼마나 더 자신이 원하는 '보상'으로 바꿔놓을지 궁금할 따름이다.

스티븐 글래스에게 '폭넓은 인지도'는 스타 저널리스트로 승승장구하는 데 절대적인 요인으로 작용했지만, 그의 명예가 실추되자 그런 인지도는 더 이상 사람들의 관심을 끌 수 없는 낡은 것이 되어버렸다. 그런 처지에 놓였음에도 글래스는 마치 자신의 본모습을 보여주기라도 하듯 뉘우치는 저널리스트라는 새로운 역할에 빠져 들었다. 사회 도처에서 치욕을 남긴 수많은 유명인들이 그에게 사전 각본을 제공한 셈이었다. 용서를 구하기 위해 보낸 고통의 시간, 자전적 소설, 유명 토크쇼 등이 글래스에게 새로운 이미지를 아로새겨 주었다. '위기'라는 소재는 유명세를 거침없이 확대시키는 법이다. 글래스는 과거와 다른 수준의 유명세로 옮겨 타는 데 성공했다. 인기 저널리스트로 세상의 주목을 받다가 지금은 대중의 호기심을 강하게 자극하고 있다. 씁쓸함을 감출 수 없지만 그의 이야기는 자신의 인지도, 즉 브랜드를 높이는 마케팅 모델이 얼마나 탄력성이 뛰어나고 강력한 힘을 발휘하는지 잘 알려주는 사례다. 유명세가 중요해진 지금, 세상은 글래스에게 부활할 수 있는 기회를 주었다. 그는 자신의 과오를 밝혀 스스로를 더욱 돋보이게 함으로써 화려하게 복귀했다. 그가 과거의 명성을 완전히 되찾았다고 보기 어렵겠지만, 그는 출판계약을 따냈고 누구나 동경하는 인기 프로그램에 출연함과 동시에 변신한 모습을 다시 보여주는 기회를 잡았다.

기업체 회장, 연예인, 전직 기자인 이 세 사람의 명성은 각기 다른 형태로 영향력을 발휘했고 그에 대한 보상도 서로 달랐다. 브랜슨은 제품과 서비스의 판매를 확대했을 뿐 아니라 영국 여왕으로부터 기사작위까지 받음으로써 국위를 선양했다. 로페즈는 '로페즈' 라는 브랜드를 엔터테인먼트와 패션 등의 분야로 확대했다. 브랜슨은 비난을 초래한 불명예스러운 유명세를 구제의 발판으로 활용했다.

∴ 인지도의 중요성

이 책은 자신이 속한 집단이나 전문 분야, 한층 넓은 지역에서 명성을 얻고 이름값을 올리기 위한 전략서다. 변신을 꾀하고 자신의 브랜드를 높임으로써 해당 영역에서 일등 브랜드를 구축하는 전략이 소개된다. 이런 작업에 실패했을 때 겪게 될 위험에 대해서도 살펴본다. 대대로 인지도를 높이기 위한 전략연구에는 많은 단어들이 인용되어 왔다. 예컨대 유명세, 명성, 스타, 아이콘 등과 같은 단어들은 해당 영역에서 돋보일 뿐 아니라 관심을 끌거나 높은 평판을 얻는다는 의미로 사용된다. 그러나 어느 분야를 막론하고 무한한 경쟁이 벌어지고 있는 현재 수준에서 생각해보면 인지도를 강화하는 수단을 이런 말들로 충분히 설명하기 어렵다는 점이 분명해졌다. 그에 대한 두 가지 이유가 있다. 하나는 분야를 불문하고 인지도를 높이기 위해서는 고도의 정교한 절차가 수반되어야 한다는 점이고, 다른 하나는 오늘날 각계각층의 사람들 모두가 퍼스널 브랜드를 정립하고자 부단히 애쓰고 있다는 점이다. 우리는 수많은 제

---

1 미국 산림청이 산불예방을 위해 벌이고 있는 캠페인.

품들 가운데 유독 나이키, 코카콜라, 맥도날드와 같은 브랜드를 기억한다. 수많은 지역들 중에서는 뉴욕과 실리콘벨리, 베니스를 인지하며, 수많은 공익단체들 가운데 그린피스와 적십자, 스모키 더 베어(Smoky The Bear)의 캠페인[1]을 기억한다. 이런 현상은 어느 분야를 막론하고 퍼스널 브랜드 구축이 일반화되었다는 단적인 사례다.

　기업의 마케터들은 대체로 다음과 같은 순서로 브랜드를 구축한다. ① 제품에 관한 '스토리'를 만들고, ② 제품을 광고하고, ③ 이벤트를 구상하고, ④ 새로운 스토리를 업데이트한다. 이 모든 활동의 목적은 표적고객들을 매료시켜 브랜드를 잘 이해하고 기억하도록, 나아가 구매욕을 불러일으켜 비슷한 상품들 중에서 자사의 브랜드를 떠올리도록 만들고자 함에 있다.

　사람들은 저마다 성향이 다르고, 개인의 브랜드화를 의식하든 않든 간에 개인이 속한 사회적·직업적 집단 내에서 각자 자신의 이미지를 형성한다. 반면에 퍼스널 브랜드를 의식적으로 구축하는 사람들이 갈수록 늘고 있다. 영업사원들은 연봉을 올리고 조직 내에서 인정받기 위해, 교수들은 전문 이론을 개발하여 유명세를 얻고 기업에 자문해주어 고소득을 올리기 위해, 가수들은 참신한 패션과 스타일을 갖춤으로써 수많은 경쟁자들 틈에서 돋보이고자 각자 자신만의 퍼스널 브랜드를 구축한다. 차별화된 브랜드 구축에 성공한 이들은 대중의 머릿속에 깊이 인식되어 시장에서 장기간 우위를 점하는 데 성공한다. 그리고 분명히 그 이름값에 상응하는 물질적 혜택도 얻는다.

신규 시장진출자들은 각기 다른 수준에서 인지도를 확대하고자 안간힘을 쓴다. 어느 한 분야에서 이제 막 모습을 드러낸 사람, 국내에서 이미 좋은 평판을 얻은 연예인, 해외에서도 명성이 자자한 유명인사, 특정 분야에서 '아이콘'으로 떠오른 인물 등이 좋은 예다. 어떠한 경우든 자신을 널리 알리려는 목적은 궁극적으로 퍼스널 브랜드 이미지를 강화하고 확장하기 위해서다. 하나의 브랜드가 된다는 건 경쟁자들과 다른, 즉 차별화된 이미지를 시장에 확대하고 이미지 변신 과정을 밟으면서 강력한 퍼스널 브랜드로 거듭난다는 의미다. 그렇다면 왜 인지도를 확대해야 할까? 왜 수많은 개인들이 인지도를 확대하기 위해 애쓰는 걸까? 예컨대 경쟁이 극심한 의료계에서 단지 유능한 외과의사가 되기 위해서가 아니라 일곱 자릿수 소득(100만 달러, 즉 10억 원 이상의 수입을 의미함―옮긴이)을 올리고 토크쇼에 출연하여 자신이 쓴 책을 홍보하는 외과의사가 되기 위해서라고 말한다면 이해가 빠를 것이다. 또 적당히 성공을 거둔 경영컨설턴트가 되기보다는 기업체에 초빙되어 강연 한 번으로 10만 달러를 버는 브랜드가 되기 위해서라면 이해가 될 것이다. 인지도 확대 과정은 또한 신흥시장에서 관심을 집중시키고 경쟁우위를 달성하는 일이라고 할 수 있다.

인지도의 주요 혜택은 관심의 획득이다. 사람이든 장소든 물건이든 세상 만물이 대량으로 생산되어 쉽게 상품화되는 오늘날, 인지도는 경쟁이 심한 시장에서 판매력을 높이는 핵심 요인 중 하나다. 패더레이티드 백화점의 CEO 테리 런드그렌(Terry Lundgren)은 의류매장을 둘러보다가 이런 말을 남겼다.

"무명의 디자이너가 아니라 유명 디자이너의 이름이 찍힌 상품을 판매해야 되겠군요!"

인지도에 따라 텅텅 비어 있던 콘서트홀이 청중으로 가득 차고, 사업설명회가 수많은 인파로 붐비기도 한다. 이처럼 인지도를 높임으로써 여러 혜택을 얻을 수 있음에도 이에 대한 논쟁의 가능성은 있다. 다음과 같은 생각들을 함께 살펴보자.

- "나를 널리 알릴 자신이 없어."
- "네가 재능이 있다면 시장이 널 발견할거야."
- "이름이 널리 알려지면 친구와 동료들로부터 멀어지고 때로는 사생활 침해를 당하며 추문에 휩싸이는 등 사는 일이 정말 피곤할 거야."
- "내 사업 분야는 유명세를 일으킬 만한 것이 안 되지."
- "인지도가 높아진 리더는 본연의 임무(회사운영)에 소홀해질 거야."
- "나처럼 평범한 사람이 무슨… 영화배우나 스포츠 스타가 유명세를 타야지."

이런 인식들이 잘못된 것이라는 사실이 시장에서 증명된다. 가령 해당 분야에서 인지도 상승을 꾀하는 이들은 단지 운 하나에 모든 걸 의존하는 일이 거의 없다. 대표적으로 엘비스 프레슬리(Elvis Presley)는 매니저 커널 톰 파커(Colonel Tom Parker)의 영향력에 힘입어 인기를 유지했다. 조지 W. 부시(George W. Bush)는 오랜 친구이자 선거참모인 칼 로브(Karl Rove)에게 기대어 이미지 변신을 꾀했으며, 마이크로소프트의 빌 게이츠(Bill Gates) 회장은 한 소대쯤 되는 고문들과 이미지 컨설턴트들의 도움을 받아 변신했다. 유명세 때문에 업무수행에 지장을 받는다는 주장은 인지도 상승을 꾀하기 위한 의사결정 과정에서 하나의 주의사항쯤으로 여기면 충분하다.

　신규 시장진출자들에게 인지도의 전략적 활용이라는 과제가 남아 있는 반면, 사회는 퍼스널 브랜딩의 흐름에 이미 편승했다. 책, 음악, 스포츠, 영화, TV프로그램, 심지어 비디오게임에 스타가 한 명도 등장하지 않는다면 어떨까? 특히 이런 유형의 콘텐츠를 취급하는 업종의 수익에는 어떤 변화가 생길까? 실례로 도서 부문의 경우 2004년 한 해에만 전 세계적으로 22억 9,500만 권의 책이 팔리면서 286억 달러의 수입이 창출되었고, 음반판매액의 경우 DVD판매율이 26.3%나 상승하여 294억 달러를 초과했다. 세계 영화시장을 점령한 할리우드 영화의 수익은 250억 달러에 달했다. 스포츠 산업은 데이비드 베컴(David Beckham)과 샤킬 오닐(Shaquille O'Neal)과 같은 브랜드의 영향력에 힘입어 3,750억 달러 규모로 확대되었다. 정리하자면 스티븐 킹(Stephen King), 줄리아 로버츠(Julia Roberts), 야오 밍(Yao Ming)과 같은 이름이 고객의 관심을 이끈 주요 유인이었다는 사실에 의심의 여지가 없다. 비즈니스 및 전문 분야에서 GE의 제프리 이멜트(Jeffrey Immelt), 변호사 앨런 더쇼비츠(Alan Dershowitz), 대체의학 전문가 앤드류 웨일 박사(Dr. Andrew Weil), 하버드 대학교 경제학 교수 제프리 삭스(Jeffrey Sachs) 등은 '인격 브랜딩(personality branding)'의 대명사라고 볼 수 있다. 이 같은 이름이 가진 브랜드 효과는 실로 엄청나다. 이른바 '스타 파워(star power)'는 전 세계적으로 판매율 상승을 부채질한다. 또 스타의 유명세에 의존하지 않았다면 영화에서부터 심장수술 분야에 이르는 주요 산업 분야의 브랜드들이 대중에게 호소하지 못하는 '상표 없는 상품'에 그쳤을 것이다. 이런 추세는 새로운 스타를 발굴하고 기존 스타를 유지하려는 경향을 강화시킨다.

전 세계적으로 팬을 거느린 유명인은 생각보다 적다. 그러나 한 나라에서 인기를 끌고 있는 인물이 세계적으로 자신의 인지도를 확대할 발판을 마련할 수 있다. 대학교수와 정치인, 목사들은 강의와 강연, 설교를 아이팟(iPods)에 업로드하여 충성스러운 지지자들이 언제 어디서나 콘텐츠들을 다운로드하여 재생할 수 있도록 한다. 블로거들과 팟캐스터들은 비용투자 없이 가젯(gadgets)이나 특정 음악장르 또는 미시간 정치학 강의와 같은 콘텐츠의 저작권자로서 자신들을 포지셔닝하는 가히 혁명과도 같은 일을 벌이고 있다. 퍼스널 브랜딩의 궁극적 목표는 브랜드 인지도를 높여서 브랜드 추종자와 고객, 팬을 더욱 늘리고 더 많은 기회를 창출하는 것이다. 브랜드 인지도를 높이지 못한다면 영화에서부터 투자금융에 이르는 주요 산업 분야의 브랜드들이 호소력 없는, 이름 없는 상품으로 사장될 것이다. 오늘날 비교적 손쉽고 적은 비용으로 소통할 수 있는 정보기술이 발달하면서 폭넓은 인지도에 따르는 혜택이 커지고 있다. 그리고 사람들은 저마다 탁월한 존재로 비치고자 애를 쓴다.

의심할 바 없이 퍼스널 브랜딩은 분야를 막론하고 일반적이 현상이 되었다. 인지도 확보의 가치가 실로 엄청나기에 비즈니스, 스포츠, 엔터테인먼트, 종교, 예술, 정치, 학문, 의료, 법률 등 다양한 분야에 변화의 바람이 거세게 불고 있다. 인지도는 스타가 되기를 갈망하는 모든 배우가 얻고자 하는 것이요, 이름이 알려지지 않은 모든 전문가가 원하는 것이기도 하다. 이렇듯 우리는 지금 이름으로 먹고 사는 세상에서 살고 있다. 각자의 분야에서 기본 역량을 발휘하는 개개인은 다른 어느 때보다 자신의 인지도를 상상할 수 없는 수준까지 높이려고 안간힘을 쓴다.

사람에 따라 우연찮게 또는 엉뚱하고 특이한 재능을 지닌 덕에 유명세를 타는 경우도 있다. 스타들의 관한 소문은 거리 모퉁이마다 모여 있는 사람들의 입에 오르내리며, 그런 현상은 대중의 문화로 자리를 잡았다. 그래서 만담가들이나 유명세를 노리는 사람들은 유명인의 이미지 변신을 신비한 일로 묘사하면서 대중의 궁금증을 더욱 자극한다. 이 같은 현대의 '멀린(Merlin, 아서왕을 섬긴 예언자, 마술사—옮긴이)들'은 이름값을 중시하는 지금의 문화 속에서 사실을 있는 그대로 묘사하지 않는다. 폭넓은 인지도는 비즈니스의 일부가 되었고 이름값을 브랜드와 마케팅 도구로 활용하고자 하는 이들에게 기회로 작용한다. 단적인 예로, 지금은 정보와 엔터테인먼트 분야에서 만들어지는 수많은 이미지들이 과거에 상상하지 못했던 용량과 속도로 어디로든 전송된다. 저마다 브랜드 인지도를 높이려 하는 현상과 시장의 경쟁이 극심해졌다는 반증이다. 이름 하나가 상품에 대한 인식과 신뢰성을 높여 사업을 확장, 유지하는 발판이 된다. 폭넓은 인지도를 가진 이들이 신문 머릿기사에 등장하고 수많은 충성고객을 거느린다. 이런 인지도의 힘과 영향력에 대한 인식이 확대되면서 어느 분야든 인지도를 통한 브랜드 차별화 경향이 더욱 가속화될 것이다.

월마트의 구원투수 리 스콧(Lee Scott)

세계 최대 유통업체 월마트. 반(反)월마트 단체들의 표적이 되고 직원들을 향한 부당한 대우로 노조를 아연실색케 만들었을 당시 이 기업을 향한 비난은 극에 달했다. 월마트를 둘러싼 추문을 부인하다가 결국 CEO 리 스콧이 직접 나서서 반월마트 단체들을 향한 반격을 지휘하게 되었다. 사실 월마트의 어느 이사가 "스콧이 외부 세계와 소통하는 일에 비중을 두고 있다고 생각하지 않는다"고 말했듯, 물류 전문가인 스콧이 브랜드 홍보대사 역할을 제대로 할 사람으로 보이지는 않았다. 이사진의 결정에 따라 월마트의 이미지 쇄신을 지휘하게 된 스콧은 각계각층의 사람들을 대면한 끝에 대표적인 월마트 반대론자들과의 소통을 이끌어냈다. 이 모든 활동은 지휘부의 회의, 광고, TV 출연과 연계했다. 결국 스콧은 이미지 쇄신 활동으로 월마트의 이미지를 재정립했다. 신뢰와 책임을 내세우고 선한 얼굴로 '유통왕국'의 대리인 목소리를 내는 한 사람이 있었기에 가능한 일이었다.

이처럼 폭넓은 인지도는 분명한 보상을 낳는 반면, 여러 위험도 수반한다. 유명인이라면 추문에 휩싸여 인기에 타격이 가해지는 경우도 있다. 또 유명인은 언론의 집중 조명을 받기 때문에 약점이 알려지고 확대되는 위험에 늘 노출되어 있다. 예컨대 인터뷰에 참여한 유명 배우들이 자신들에게 쏟아지는 스포트라이트에 회의를 느낀다고 고백하는 모습을 우리는 자주 접한다. 그런 재앙이 늘 도사리고 있음에도 유명인들의 넋두리는 모두 사치스러운 말로 느껴진다.

다양한 분야에서 이름값을 하는 사람들을 만나보면 그들 대다수가 평범한 사람이기보다 '탁월한 존재'가 되기 위해 노력한다는 사실을 알 수 있다. 이름값에 따르는 보상과 혜택을 갈망하고 명성을 중시하는 지금 이 시기에 누구나 화려한 조명을 받고 싶어하는 건 어찌 보면 당연한 일이다.

폭넓은 인지도의 혜택은 마케팅 활동에 전략적 변화를 촉진하는 유인으로 작용했다. 산업 분야에 따라 다르지만 다양한 도구와 수단으로 브랜드 인지도를 높일 수 있다. 지명도와 명성을 얻고자 한다면 그 방법들을 터득하여 실행하고 자신의 이력을 홍보하는 것도 좋은 방법이다. 오늘날 인포모셜과[2] 인터넷이 등장하여 과거에 신규 시장진출자들이 상상할 수 없었던 비용혜택을 누리게 되었다. 필요에 따라 매니저, 광고대리인, 마케팅 담당자와 같은 전문가의 도움을 받거나 상황에 따라 전문가 집단에 모든 일을 맡길 수도 있다.

앞으로 퍼스널 브랜딩의 전략적 단계들을 집중 조명할 텐데 두 가지 주제를 통해 살펴본다. 우선 개인이 열망하는 브랜드로 탈바꿈하는 과정을 살펴볼 것이고, 두 번째는 중요한 명제로서 지명도와 명성은 체계적인 과정이 뒷받침되어야만 얻을 수 있다는, 즉 우연히 손에 거머쥘 수 있는 것이 아니라는 사실을 확인한다.

---

[2] 정보(information)와 광고(commercial)의 합성어로 상품이나 상점에 대한 정보를 자세히 제공하여 소비자의 이해를 돕는 광고기법.

∴ '이름값'의 위력

우리들은 주로 직장과 동네, 종교단체 등에서 만나는 사람들과 인간관계를 맺고 살아간다. 그렇게 만나는 사람들은 고작 50명이나 100명쯤 될 것이고, 아무리 많아봐야 500명이 넘지 않을 것이다. 개인 소유의 섬에서 휴가를 보내고, 전용 출입구를 통해 극장에 들어서고, 검은 유리가 반짝이는 길쭉한 리무진에 올라타며, 식당 전체를 예약해서 주변의 방해 없이 밥을 먹는 그런 사람은 우리들 중에는 거의 없을 것이다. 나와 여러분 대부분은 그런 생활과 거리가 멀다. 하지만 지금 우리 사회에는 참으로 놀라운 일들이 벌어지고 있다.

우리의 이미지를 널리 확산시킬 수 있는 힘이 커짐에 따라 이름을 날리는 계층이 빠르게 확대되고 있다. 이미지 변신 프로세스를 깨우친 사람들이 그런 힘을 이용해 자신들을 위한 기회와 보상을 강화한다. 특히 통신기술의 발달로 우리 사회는 과거에는 상상하지 못할 정도로 명성을 만들어내는 역량이 커졌다. TV와 라디오 방송, 영화, 케이블 방송, 잡지, 각종 광고방송, 위성방송 등과 같은 미디어의 발달. 컴퓨터와 인터넷, 휴대전화와 같은 이동통신기술의 발달로 이미지를 지구촌으로 곳곳으로 전송하거나 세분화한 표적시장에 퍼뜨리는 일이 가능해졌다. 상품 유통에 대한 현대적 개념들에 고무되고 운송기술과 디지털통신, 마케팅 기술의 발달에 힘입어 우리는 다니엘 부어스틴(Daniel Boorstin)이 말한 '높은 지명도(well-knowness)'를 만들어내서 세상에 널리 알리는 기술도 개발했다.

과거에 부어스틴이 '가짜 명성(artificial fame)'[3]을 만들어내는 통신기술의 힘에 대한 이론을 펼칠 때와 비교할 수 없을 만큼 오늘날에는 '가짜 명성을' 만들어내는 기술이 고도로 발달했다. 과거에는 특정한 개인을 어떻게 유명인으로 만들어내는지 또는 인위적으로 만들어낸 유명세를 이용해 어떻게 상업적 혜택을 극대화하는지에 대해 알려진 바가 거의 없었다. 그로부터 반세기가 흐른 지금 부어스틴이 최초로 제시했던 많은 방법들이 인식되고 실행이 가능해졌다.

이제 우리는 퍼스널 브랜딩의 핵심을 밝힐 수 있을지 모르겠다. 컨설턴트, 멘토, 코치, 조언자, 관리자, 기획자, 헤드헌터 등은 명성을 만들어내는 과정에서 정확히 어떤 역할을 할까? 브랜드 지지자들에게 어떻게 호소하고, 지자들의 마음을 어떻게 얻고 지지자들을 어떻게 이용할까? 이름값을 하는 브랜드는 어떤 방법으로 만들고 표적고객들은 그것을 어떻게 인식할까? 위대한 재능, 흡인력 있는 카리스마, 건실한 태도, 행운, 훌륭한 성품, 완벽한 '타이밍'과 같은 일반적 오해들은 지명도를 높이는 데 어떤 방해작용을 할까? 명성을 추구하는 이들을 브랜드로 거듭나게 하기 위한 전략은 무엇일까? 명성은 어떻게 오랫동안 유지될까? 폭넓은 인지도의 보상은 어떠할까? 인지도를 높이는 데 비용은 얼마나 들까?

본문에서는 주로 이런 질문에 답하면서 '인지도(이름값)'의 기능과 영향력을 분석한다. 아울러 퍼스널 브랜드를 창안하고 확대하는 프로세스 적용방법도 소개한다.

---

[3] *The Image : A Guide to Pseudo-Event* (New York : Atheneum, 1961) - 《이미지와 환상》 정태철 옮김, 사계절, 2004년.

∴ 폭넓은 인지도의 필요성

경쟁이 극심한 오늘날에는 분야를 막론하고 이름 알리는 일이 필수적인 것이 되었다. 대형 법률회사의 유명한 변호사라면 자신을 내보이는 여러 장소, 즉 법정, 법률 컨퍼런스, 협회 연찬회, 자선행사 등에서 사람들의 시선을 한 몸에 받으며 활동한다. 이처럼 중요한 대외 활동은 회계사 무소, 만찬회장, 천주교 교구, 자선단체 회의실, 의회 복도 등 여러 장소에서 계속된다. 오늘날 명성을 추구하는 전문 인력에게 고유한 브랜드를 만드는 일은 궁극적인 목표라고 말할 수 있다. 지명도에서 비롯되는 '브랜드 아이덴티티(brand identity)'는 현대사회에서 돈과 영향력을 의미한다. 이는 기업, 기관, 정당, 사회단체, 자선단체와 같은 각종 기관과 단체에도 적용된다. 다시 말해 현대사회에서 폭넓은 인지도는 시장성 높은 상품이 되어 막대한 혜택으로 이어진다. 지금은 각계각층의 사람들이 자연스레 자신들의 삶과 이미지를 급진적으로 변화시켜 이름을 떨치고, 이름값의 잠재력을 활용하려 한다.

해당 산업의 메커니즘을 이해하고 이미지를 잘 관리하면서 올바른 결정을 내릴 때 인지도가 높아진다.

후술하는 2장에서는 이른바 '몸값'에 대해, 3장에서는 '평판산업'이 발전하는 과정을 살펴본다. 5장에서는 고객에 대해, 6장에서는 인지도를 높이는 마케팅 전략을 다룬다. 7장과 8장에서는 이미지 변신 프로세스를, 9장과 10장에서는 이미지가 어떻게 확산되는지를, 그리고 11장에서는 높은 인지도를 유지하는 방법에 대해 알아본다.

CHAPTER 2

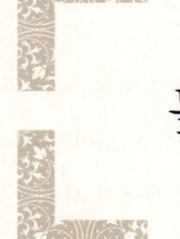

높은 '몸값' 유지하기

PHILIP KOTLER PERSONAL MARKETING

하포 프로덕션(Harpo Production)의 설립자이자 〈포브스(Forbes)〉가 선정한 '올해의 유명인사 100명' 중 1위에 오른 오프라 윈프리. 그녀가 자신의 서비스에 대한 대가를 많이 받는 것에 대하여 거부감 갖는 사람은 거의 없다. 세계 130여 개 나라에서 2,100만 명이 날마다 그녀의 쇼를 시청한다. 그녀는 토크쇼 〈닥터 필(Dr. Phil)〉도 직접 연출하고 〈오 매거진(O Magazine)〉을 출간하며 여성 전문 TV채널 〈옥시전(Oxygen)〉을 공동 운영한다. 오프라 북클럽(Oprah Book Club)에서는 베스트셀러를 수십여 권이나 배출했고 신인작가를 발굴하는 한편 기성작가들을 재조명했다. 그녀가 설립한 자선단체 엔젤 네트워크(Oprah's Angels Network)는 소외된 아이들이 집을 갖고 학교에 다닐 수 있도록 후원한다. 쌍방향 매체인

'오프라닷컴(Oprah.com)'에는 매달 200만 명이나 방문한다. 그녀만의 왕국을 거느린 억만장자 오프라 윈프리는 오늘날 미국에서 가장 이름을 날리는 여성이다.

오프라 윈프리라는 브랜드가 처음부터 성공을 거둔 것은 아니었다. 시카고에서 볼티모어로 진출하여 아침 쇼를 진행할 때만 해도 그녀의 성공을 장담하는 사람은 거의 없었다. 사람들은 모두들 함께 일하기 어렵고 엉뚱한 행동만 일삼는 그녀를 보며 '앞길이 순탄치 않을 것'이라고 첫마디를 내뱉었다. 그러나 얼마 지나지 않아 그녀는 고유의 이미지를 만들어내기 시작하여 결국 오프라 윈프리라는 브랜드로 거듭났다. 아침이 밝으면 그녀는 마치 알람시계가 울리듯 늘 유쾌하고 유익하며 교훈이 되는 이야기를 전달한다. 정직과 성실을 중시하고 공감을 유발하는 윈프리의 쇼 진행방식은 아이들에 대해 노심초사하거나, 의사들을 신뢰하지 못해서 병원에 있는 가족을 걱정하거나, 재정계획에 관한 알아듣지 못할 말을 쏟아 붓는 월스트리트 때문에 혼란스러워하는 시청자들의 속을 뻥 뚫어준다. 그녀는 또한 다양한 분야의 전문가들을 쇼에 출연시켜 그들이 벌이는 실험을 직접 체험한다. 그녀가 쌓은 막대한 부가 그녀의 활동을 막지는 못한다. 그녀는 최신 다이어트 요법과 정통한 요리사들의 요리비법, 재무설계사들의 자산관리법처럼 누구나 공감하는 소재를 끊임없이 들고나와 사람들과 만난다. 오프라 윈프리쇼를 중산층 시청자들을 위한 쇼로 브랜딩한 그녀는 자신의 쇼에서 광고성 얘기가 한마디도 들리지 않는 것처럼, 신중하고 절제된 진행으로 수십억 달러의 몸값을 자랑하고 있다.

∴ 인지도가 높은 사람이란?

윈프리는 말 그대로 인지도가 높기 때문에 어디에 모습을 드러내든 세상의 주목을 받는다. 대중은 윈프리와 같은 스타가 나타나면 얼굴을 보기 위해서 거침없이 시선을 돌린다. 우리는 대부분 유명인들의 삶을 보고 우리 삶의 가치를 평가하는 데 익숙하다. 그리고 그런 스타들이 언제, 어디에서 나타나는지를 유심히 살피면서 그들의 삶을 규정한다. 우리 대다수가 이름조차 알리지 못하는 사이 어떻게 그들은 세상의 관심을 한 몸에 받는 것일까?

영웅, 지도자, 전설적 인물, 우상, 인기배우, 슈퍼스타, 상징적 인물, 유명인사 등과 같이 인지도에 따라 사람을 다양한 유형으로 구분할 수 있다. 과거로 돌아가보면, 일반 대중이 유명세를 탄다는 것은 생각조차 못할 일이었다. 전쟁에서 승리한 장군이나 이른바 용맹한 영웅 또는 교황과 같은 사람들이 업적을 세우거나 권력을 세습해서, 또는 특정 단체를 다스림으로써 유명해질 수 있었다. 이런 '영웅들'은 로마와 전쟁을 벌여 승리를 따내거나 국가를 위기에서 구하는 일과 같은 위업을 세우면서 이름을 떨쳤다. 또한 과거의 지도자들은 강력한 카리스마로 대중에게 호소하여 그들의 마음을 얻음으로써 명성을 떨쳤다. 이 같은 영웅과 지도자들도 원시적인 홍보기법 정도는 구사할 수 있었다. 그들은 이미지와 상징에서 발휘되는 영향력에 대하여 통달했고, 그것들을 적재적소에 활용하면서 대중을 지배했다. 리처드(Richard)가 사자왕으로, 윌리암(William)이 정복자로 불리게 된 것은 결코 우연이 아니다. 프랑스의 영웅 나폴레옹은 누구보다도 대중의 뇌리에 깊이 박혀 있다. 다비드

(Jacques-Louise David)의 대관식 초상화 속에서 빛나는 것처럼, 기품을 뽐내는 나폴레옹은 학교와 박물관에서 늘 자리를 지키는 터줏대감이 되었다. 역사기록과 영웅의 이미지로 볼 때 이들은 우리의 문화 속에서 영원히 시들지 않을 위인들이다.

오늘날 우리는 인지도가 높다는 의미로 다양한 표현을 사용한다. 유명세, 스타, 슈퍼스타, 우상, 경영의 구루 외에도 다양한 표현들이 있다. 이런 말들은 본질적으로 '높은 인지도', 다시 말해 이름값 그 자체로 유용한 상품이 될 수 있음을 의미한다. 이름값은 업적이나 희생, 영웅적 행위와 관계없이 그 자체로서 힘을 발휘할지도 모른다. 업적과 인지도의 비개연성은 인지도를 높이고자 하는 사람들에게 있어서 '유명세'와 같은 말들이 조금은 부적절하게 보이게 한다. 예컨대 영어에서 '유명인'을 뜻하는 'celebrity'는 '많이 들락거리는(much frequented)'이나 '사람들로 붐비는(thronged)'을 뜻하는 라틴어 'celeber'에 어원을 두고 있다. 옥스퍼드 영어사전은 '유명인'을 '유명한 사람'이나 '공인'으로 정의하지만, 이는 우리의 궁금증을 시원하게 풀어주지 못한다. 이 외에 '일반 사람들보다 훨씬 많은 사람들이 알아보는 사람'과 같이 '수'를 강조하거나 '대중성'의 차원에서 '신문에 이름이 나왔거나 이름 자체로 기사거리가 되는 사람'이라고 정의하기도 했다. '유명인'의 뜻을 풀어놓은 표현들을 보면 설명이 서로 엇비슷하지만 '유명인은 그가 잘 알지 못하는 사람들에게 알려진 사람' 또는 '유명인은 사람들의 입에 오르내리는 사람'이라는 표현에서 볼 수 있듯 무명인과의 차이를 강조한다. 이런 사실을 두고 볼 때 유명인에 대한 뜻풀이는 평판, 칭찬, 대중성과 같은 개념에 초점이 맞춰져 있다. 유명세는 '명망'이나 '위대함'처럼 영속적인 것이 아닌 일시적인 속성이 있기에 기억이 유명세를 유지하는 핵심 요인임을 추측하게 된다.

21세기인 지금 유명인과 인지도에 대한 사전적 의미만으로는 '높은 인지도'의 본질을 밝힐 수 없다. 유명인을 앞에 내세우면 맥도날드 햄버거나 오메가 시계, 또는 산토리 위스키(Suntory Whisky)가 더 많이 팔릴까? 유명인은 자선행사에 사람들을 많이 끌어 모을 수 있을까? 유명인은 애완동물보호운동에 언론의 관심을 집중시킬 수 있을까? 분야를 막론하고 인지도가 높은 사람들이 수익을 창출하는 핵심 역할을 한다는 조건 아래, 우리 사회의 각계각층 사람들이 인지도를 높이는 것을 목표로 삼는 경향이 강하다는 전제 아래, 이 질문들에 대한 긍정적인 답이 나오리라고 생각한다.

우리는 대개 사람들의 이목을 끌고 관심을 불러일으키며 수익을 창출하는 방향으로 이름값하는 사람을 '인지도가 높다'고 평가한다. 이런 용어 앞에서는 당장에 전설적 펀드매니저나 스타 변호사, 또는 인기 정치인이나 연예인 등을 떠올리게 된다. 이들은 모두 이름값으로 경쟁하는 시장에서 이름값을 높인 사람들이다. TV를 통해 수백만 명에게 새로운 의료시술을 소개한 팀 존슨 박사(Dr. Tim Johnson), 경쟁전략의 독보적 권위자 마이클 포터(Michael E. Porter), 심신상관의학의 세계적 권위자 디팩 초프라(Deepak Chopra)와 같이 각 분야의 세계적인 권위자들도 모두 이름값을 높인 사람들이다. 전 뉴욕시장 루돌프 줄리아니(Rudolph

Giuliani)도 빼놓을 수 없다. 그는 2001년 9·11테러로 뉴욕뿐 아니라 미국 전역이 혼란에 빠졌을 때 강력한 리더십으로 혼란을 수습하여 미국인들의 전폭적인 지지를 얻으면서 흔들린 평판을 회복했다. 인기 상승세를 타다가 추락했고 다시 상승세를 탄 영화배우 다이안 키튼(Diane Keaten)도 마찬가지다.

퍼스널 마케팅의 영역에서는 자연스럽게 '브랜드(brand)'라는 용어를 쓰면서 개인의 몸값을 올리기 위한 활동을 벌인다. 유명인, 스타, 우상과 같은 단어를 적용하기가 적절치 않은 분야의 사람들에게 '브랜드'라는 말이 한층 더 무난하다고 판단하기 때문이다. 또한 '브랜드'라는 개념이 비즈니스 세계에서 사용하는 마케팅 이론과 도구 및 기법에 가깝지 역사적 인물이나 연예인을 두고 붙여준 인지도 관련 용어들과는 거리가 멀기 때문이기도 하다. 또 '높은 인지도'라는 말이 널리 이름을 떨친 사람이 이익을 창출하고 관리도 잘 하고 있다는 의미를 함축하는 것과 더불어 사람을 상품화했을 때의 효과가 더욱 분명해지면서, '브랜딩(branding)'이라는 말도 해당 분야에서 인지도를 성공적으로 높였음을 뜻하는 용어로 정착했다. 핵심은 표적대상에게 가치 있는 브랜드로 인식되고 싶은 개인들이 갈수록 늘고 있다는 사실이다.

∴ 몸값이 올라가는 이유

왜 사람들은 이름값을 높이려 할까? 이름값을 높임으로써 퍼스널 브랜드와 '브랜드 지원 시스템'의 구성원들에 대한 막대한 보상을 만들어내기 때문일 것이다. 이름값을 높인 사람은 어느 정도 특권과 영향력, 보수, 특전을 얻어 더욱 흡인력을 높일 수 있는 발판도 마련하게 된다. 인지도가 높은 브랜드들(개인들)은 대부분 역량이 뛰어나고 총명하며, 그들의 분야에서 최고가 될 자격이 있다. 그들은 자신들의 역량을 인지도 높은 브랜드로 전환하여 경쟁자들과의 차별화를 꾀했다는 데에서 차이가 나타난다. 예컨대 인기 영화배우가 받는 엄청난 출연료나 몸값을 떠올려보라. 인기 영화배우가 유명세에 힘입어 벌어들이는 출연료와 일반인이 최선을 다해 벌어들이는 수입의 차이는 엄청날 것이다. 코믹배우로 흥행몰이를 한 아담 샌들러(Adam Sandler)가 만약 코믹배우가 아니었다면 어땠을까? 이런 수입의 격차에는 두 가지 경제적 유인이 작용한다.

첫째, 높은 인지도는 대개 고위험·고수익 분야에서 기꺼이 경쟁하고 성과를 내야만 비로소 보상으로 이어진다. 운동신경이 탁월한 사람이라면 축구와 스케이트보딩에서 모두 발군의 실력을 발휘할 수도 있다. 그렇다면 어떤 종목에 집중해야 명망을 얻는 데 유리할까? 바로 축구다. 세계적인 스타로 우뚝선 데이비드 베컴은 축구계에서 최고의 몸값을 자랑하지만, 국제적으로 비인기종목인 스케이트보딩 선수였다면 그런 몸값은 받지 못했을 것이다.

둘째, 인지도가 높은 사람은 해당 분야의 경쟁자들보다 이름을 더 많이 알렸기에 높은 몸값을 받는다. 베컴이 최고의 선수인지 아닌지에 대해서는 사람마다 의견이 다를 수 있지만, 그의 몸값은 수많은 요소들로 뒷받침되어 있다. 모델처럼 잘생긴 외모, 영화배우 못지않은 패션 스타일, 세계적 팝그룹 스파이스 걸스의 멤버를 배우자로 맞이한 능력, 긴박한 순간에도 흔들리지 않는 슈팅 실력 등 베컴이 지닌 매력은 한두 가지가 아니다. 레알 마드리드는 베컴의 매력에 흠뻑 빠져 맨체스터 유나이티드에 총 4,100만 달러를 지불하면서까지 베컴을 데려온 바 있다. 레알 마드리드는 이적료를 덜 들이고도 베컴에 필적하거나 그보다 뛰어난 선수를 데려올 수 있었다. 하지만 베컴의 시장성과 지명도, 세계 각지의 팬들을 고려하여 베컴이 탁월한 브랜드로서의 가치가 있다고 판단했다. 레알 마드리드는 베컴의 두터운 팬층과 브랜드 인지도를 확신했기에 유럽 챔피언스리그의 최강자라는 위치에 있었음에도 글로벌 브랜드로 거듭난다는 전략을 실현하고자 베컴을 영입했다고 볼 수 있다. 마케팅 컨설팅 기업 퓨처 브랜드(Future Brand)는 베컴의 이적을 두고 '베컴은 그의 맨체스터 유나이티드 팬 500만 명을 레알 마드리드 팬으로 바꿀 수 있다'고 평가하기도 했다. 맨체스터 유나이티드 팬들을 레알 마드리드 팬으로 끌어 모으고 그가 출전하는 경기에 관중들이 구름처럼 몰리게 하며 호나우도(Renaldo), 지단(Zinedine Zidane) 등과 조화를 이루기 위해서라도 베컴의 몸값은 높을 수밖에 없었다. 무엇보다 베컴의 그런 활약으로 세계 축구의 경제적인 모델이 재정립되었다.

PHILIP KOTLER

예쁜 얼굴의 가치

어떤 무엇보다 서비스를 유리하고 광범위하게 브랜딩할 수 있는 전문 분야가 있다. 바로 성형수술 분야다. 미국인들은 한햇동안 약 920만 건에 달하는 미용성형에 840만 달러를 사용한다. 얼굴을 고치고 싶은 사람들이 엄청 많은 셈이다. 한국의 성형외과 전문의 심형보 박사는 외모가 성공의 조건이라는 인식이 한국에도 널리 퍼져 있어서 부모들이 자녀들에게 성형수술을 시켜주는 경우가 많다고 밝혔다. 일본에서는 대체로 학생, 직업여성, 가정주부들이 조각 같은 모델들이 등장하는 카탈로그를 샘플로 삼고서는 수술할 신체 부위를 고른다. 성형수술에 대한 편견이 사라지고 성형수술을 받는 사람들이 늘면서 이 분야의 경쟁도 극심해졌다. 이런 환경이라면 성형외과 의사의 몸값은 올라갈 수밖에 없지 않을까? 미국 성형외과협회(American Society of Plastic Surgeon)에 따르면, 얼굴의 주름을 제거하는 수술비용은 보통 5,000달러를 조금 넘었고, 복부지방제거 수술비용은 5,000달러에 가까웠다. 유방확대 수술비용은 3,000달러를 넘는 것으로 나타났다. 수술재료나 마취제 등의 비용까지 포함하면 위에서 밝힌 비용보다 30% 이상 더 올라간다. 물론 수술비는 담당의사의 인지도(지역, 전문성, 유명고객의 평가기준도 포함됨)에 따라 천차만별이다.

성형외과 의사의 몸값을 불리는 데에는 다양한 전략이 동원될 수 있다. 첫째 전략은 다양한 매체를 동원한 서비스 홍보다. 의사는 당연히 매체를 통해 모습을 노출해야 한다. ABC방송의 인기 프로그램 〈익스트림 메이크 오버(Extreme Makeover)〉와 MTV의 〈I Want a Famous Face(나는 유명인의 얼굴을 원해요)〉와 같은 리얼리티 TV 쇼에 성형외과 의들이 많이 출연한다. 이런 쇼에 출연하는 의사는 폭넓은 고객들에게 자신의 병원을 홍보하고, TV 출연 사실을 차별화된 홍보수단으로 삼을 수 있다. 하지만 이 전략은 지역적 조건에 따라 승패가 좌우된다. 다시 말해 매체가 밀집해 있는 지역에 병원을 갖고 있는 의사가 활용하면 좋은 전략이다. 지역의 뉴스 채널에 출연하거나 신문에 칼럼을 쓰거나 또는 라디오 프로그램에 출연하는 것도 좋은 방법이다.

둘째 전략은 대대로 서비스에 대한 몸값이 높은 시장을 표적으로 삼는 것이다. 이 전략에는 두 가지 전제조건이 따른다. 즉 재량소득(discretionary income)을 얻을 수 있는 집단과 서비스에 대한 수요가 있는 집단에서 활동해야 한다. 특히 뉴욕, 런던, 파리, 도쿄처럼 대도시 지역에서 이런 기회가 많이 창출될 거라고 생각한다. 서비스의 성격에 맞는 컨트리클럽에 가입하고 적당한 자선단체에 기부하며, 관계 법령을 만드는 활동도 병행한다.

셋째 전략은 옥외광고(광고판 등)와 같은 일반적인 광고기법을 비롯하여 PR 및 인터넷 광고, 또 첨단 소통채널을 활용하는 등 다양한 홍보수단을 동원해 인지도를 얻고 유지하는 것이다. 가장 일반적인 방법인데, 이 전략의 관건은 니치 마케팅(Niche Marketing)[1]을 수행하고 수많은 경쟁자들과 차별화된 특징을 갖추어야 한다는 점이다.

마지막으로 경쟁자들과 뚜렷이 구별되도록 서비스에 대한 이미지를 구축한다. 가령 온천에 온 것 같은 분위기로 병원을 꾸미거나 경쟁 병원에서 제공하지 않는 서비스를 제공한다. 또는 자선활동과 같이 선의를 베푸는 일에 투자한다. 예를 하나 더 들자면 여성 의사들은 동성인 여성 고객들에게 친밀하게 다가갈 수 있다. 따라서 여의사를

---

1 소비자의 수요를 대규모로 파악하기보다는 시장을 세분화하여 특정한 성격을 지닌 소규모 소비자를 판매목표로 설정하는 것. 시장 전체를 목표로 삼지 않는다. 그 대신 소비자의 다양한 기호와 개성에 딱 들어맞는 상품을 개발하여 적재적소에 집중 공격하는 마케팅.

많이 고용하고 여성들이 좋아하는 병원 분위기를 조성함으로써 여성 고객들에게 좀더 호소력을 가질 수 있다.

결국 이들 전략은 활용하기 나름이겠지만, 어느 정도의 시간과 비용이 들어간다. 의과대학을 갓 졸업한 성형외과 의사들은 사업구축과 니치 마케팅의 문제를 비롯해 지명도까지 높여야 하는 문제에 직면해 있다. 신출내기 의사들뿐 아니라 모든 계층의 의사들은 날로 경쟁이 극심해지는 시장에서 더욱 까다로워진 고객을 유치하기 위해 그 전보다 몇 배의 노력을 기울여야 한다는 사실을 느끼고 있다. 의사면허를 취득한 성형외과 전문의라면 한결 같이 자신의 능력을 높이 인정받고 싶을 것이다. 결국 다른 의사들보다 많은 소득을 올리려면 전반적으로 인지도를 확대하는 일에 관심 가져야 한다.

분석방법이 다르긴 하지만, 다른 분야도 성형수술 시장과 다를 바가 없다. 토피카(Topeka, 미국 캔자스 주의 주도-옮긴이)에서 최고로 꼽히는 뉴스앵커라 해도 ABC의 인기 여성 앵커 다이안 소이어(Diane Sawyer)의 몸값을 따라잡지 못한다. 아무리 교육을 많이 받고 경험이 풍부한 재무설계사라도 ABC 라디오의 〈머니토크〉 진행자 밥 브링커(Bob Brinker)의 몸값을 따라잡지 못한다. 이런 차이는 공통적으로 인지도에서 비롯된 것이다.

높은 몸값은 주관적 경향이 강하지만, 그럼에도 구매자들은 객관적으로 받아들인다. 스페인의 저명한 건축가 산티아가 칼라트라바(Santiago Calatrava)[2]는 자신의 이름값과 주옥같은 작품들을 내세워 건축설계 시장에서 높은 몸값을 요구할 수 있다. 실제로 시카고 강과 미시간 호수가 한눈에 내려다보이는 115층짜리 빌딩 포드햄 스파이어(Fordham Spire)의 건축계획안이 나왔을 때가 그러했다. 개발자들은 칼라트라바에게 엄청난 설계비용을 지불하는 한편, 입주자들에게 부과하는 입주비용을 고가로 책정했다. 과연 115층짜리 빌딩을 지을 수 있느냐는 회의적인 목소리가 나오기도 했지만, 개발자들은 칼라트라바의 이름값이라면 부수적인 가치가 창출되고 입주자들에게 고가의 입주비용을 요구할 수 있다고 판단했다.

사람들은 대부분 '명성에 걸맞은 몸값'은 기꺼이 지불하는 경향이 있다. 때때로 유명인들의 변덕스러운 태도를 감수하면서까지 명성 쌓은 대가를 지불하는 셈이다. 명성을 열망하는 사람들은 대개 몸값의 규모에 동기를 얻는다. 그래서 온갖 수단을 동원해 이름을 알리려 하고, 이름값에 따르는 위험은 기꺼이 감수하려 한다. 〈포브스〉가 선정하는 '올해의 유명인사 100명'은 명성을 열망하는 사람들이 명성을 떨침으로써 본인들뿐 아니라 주변 사람들에게 얼마나 막대한 보상이 돌아가는지 잘 보여준다. 주디 세이들린(Judy Sheindlin) 판사는 연간 2,800만 달러를 벌고, 메이저리그의 최고 유격수 데릭 지터(Derek Jeter)는 2,550만 달러를 벌어들인다. 이들이 벌어들이는 천문학적 소득 덕에 이들의 부모와 배우자, 연인, 아이들은 이들이 거둔 성공의 후광을 받으며 풍족한 생활과 특권을 누린다(물론 주위 사람들로부터 부러움을 사고 질투와 시기를 받기도 한

---

2 아테네 올림픽 주경기장, 밀워키 박물관을 비롯 많은 건물과 다리를 설계한 인물.

다). 또한 엄청난 소득은 개인 브랜드를 한 차원 높게 개발하고 홍보하는 데 사용된다. 홍보담당자, 대리인, 코치, 개인 매니저와 같은 사람들은 모두 개인 브랜드의 성공을 일구고 유지해주는 대가로 돈을 번다. 결론을 말하자면 높은 지명도 또는 인지도는 광범위하고 날로 확장되는 '지원 시스템'의 핵심인 구성원들에게 경제적·심리적 혜택을 안겨준다.

높은 이름값이 그 당사자와 주변 친지들에게만 보상과 혜택을 주는 것은 아니다. 높은 이름값은 특정 분야를 대표하는 상징, 롤 모델, 본보기를 제공함으로써 중요한 사회적 요구를 충족시킨다. 명성을 떨친 사람들은 경험담을 털어놓고 오락과 즐거움을 선사하며 정신적 안정과 도덕적 교훈을 전한다. 우리는 그들을 통해 일상에서 맛보기 어려운 많은 생각과 경험을 한다. 잡지의 표지에는 건물이나 컴퓨터 부품 또는 외제차와 같은 사치품보다 인기 여배우가 등장했을 때 시선이 더 끌리는 법이다. 인기 여배우의 얼굴 덕에 매출이 증대되는 한편, 그 인기 여배우의 몸값이 더 올라가는 것이다.

본질을 좀더 파헤쳐보자. 우리는 이름이나 브랜드가 없는 사회에서 살지 못할 것이다. 아득한 옛날, 이름 없는 우리를 상상해보라. 이름 없는 NBA챔피언 LA 레이커스를 떠올려보라. 상표가 붙지 않은 땅콩버터나 과자를 생각해보라. 이런 일용품들은 그것들을 식별할 수 있는 특징이 희미할 때, 소비자들이 그 사실을 강하게 인식한다. 그렇다면 이름 없는 정부나 얼굴도 모르는 연예인을 지지하고 동경하는 사람들은 얼마나 될까? 또 정말 이름도 없이 평범한 삶을 살기 원하는 사람은 얼마나 될까? 바로 이런 생각들이 인지도를 높이고 싶은 욕구에 불을 지핀다.

결국 집단에 소속된 대표나 지지자의 폭넓은 인지도가 그 집단의 필요를 충족시킨다. 자선단체, 학교, 스포츠 팀을 비롯해 각종 단체나 집단은 세간의 관심을 끌고 시장영역을 확대하기 위해 서로 경쟁한다. 이들이 평판 높은 인물(유명한 인물이나 인기가 급상승하는 인물도 포함된다)을 브랜드로 구축하거나 채택해서 자기 단체의 인지도를 확대해간다면 목표 달성 가능성이 더욱 높아진다. 그리고 브랜드로 내세워진 인물은 해당 집단을 대표하는 상징이 된다. 오라클의 창업자 래리 엘리슨(Larry Ellison)이 위대한 기업가로 거듭나면서 오라클이 더 많은 이익을 내고, 광고모델로 나선 영화배우 할리 베리(Halle Berry)의 개성과 화장품의 특징이 조화를 이루어 화장품 회사 래브론(Revlon)의 매출을 끌어올리는 결과가 나타나는 것이다. 대학들은 인기 영화배우나 저명한 정치가, 스포츠 스타가 졸업생임을 내세우는데, 기부자들이 명예심과 자부심을 느껴 지갑을 열도록 만든다.

성직자들이 TV 전파를 타고 설교하는 모습은 높은 평판이 조직에 미치는 영향력을 분명하게 보여준다. 트리니티 방송국 설립자 크라우치 부부(Paul and Jean Crouch), 카발라(중세 유대교의 신비주의 분파—옮긴이)의 영적지도자 에이탄 야드니(Eitan Yardeni), 리버티 대학 설립자 제리 팔웰(Jerry Falwell), 이들처럼 저명한 성직자들은 이름을 널리 알리고자 막대한 투자를 했다. 이들은 분명 연예인이나 스포츠 스타들 못지않은 홍보 효과를 봤다. 단지 어디서나 흔히 볼 수 있는 목사나 신부처럼 이름만 알리고 얼굴만 내비쳤다면 지금 이들의 모습은 어떠했을까? 이들이 이끄는 조직들은 수익을 얼마나 창출했을까? 사이언톨로지(Scientology)교창시자 론 허버드(L. Ron Hubbard)와 통일교 총재 문선명도 마찬가지다. 이들 역시 언론에 모습을 수없이 드러내면서 사람들의 주목을 받으며 이름값을 높였다. 허버드가 세상을 떠났음에도 그의 메시지는 톰 크루즈(Tom Cruise)와 존 트라볼타(John Travolta), 제나 엘프먼(Jenna Elfman)과 같은 인기배우들의 입을 통해 여전히 전파된다. 문선명의 영향력이 워낙 막강해서 논란의 여지가 많지만, 통일교 신자들을 문선명의 추종자라 해서 무니(Moonies)라고도 부른다.

이들의 높은 지명도는 이들이 전하는 종교적 메시지에 얼마나 영향을 미칠까? 영적 지도자들은 목숨과도 같은 이름값을 실제로 최고의 마케팅 도구로 활용한다. 이들의 설교를 듣는 사람 가운데 정작 자신들이 출석하는 교회나 사찰의 이름을 아는 사람이 몇이나 될까? 가령 '수정교회(Crystal Catheral)에 기부할까?' 하고 돈을 내놓은 사람이 몇 명이나 될까 말이다. 그리 많지 않을 것이다. 매주 TV를 지켜보는 수없이 많은 시청자들은 복음을 전하는 로버트 슐러(Robert Schuller)를 떠올리지, 그가 속한 수정교회를 떠올리지 않을 것이다. 슐러와 수정교회 구성원들에게 쏟아지는 막대한 기부금을 생각해보라. 전체 조직을 대표하는 사람이 얼마나 막강한 영향력을 발휘하는지, 그런 단체의 대표자 이미지를 왜 구축해야 하는지 확실히 느끼게 된다.

PHILIP KOTLER

도널드 트럼프(Donald Trump)의 브랜딩

비자카드, 생수통, 그가 개발한 수많은 건물, 그가 진행한 화제만발 TV쇼 〈견습생(The Apprentice)〉, 그가 설립한 트럼프 대학 등등 어디를 가든 '도널드 트럼프'라는 이름을 쉽게 볼 수 있다. 억만장자 도널드 트럼프는 20년 이상 미국의 부동산시장을 쥐락펴락한 인물이다. 미국에서 도널드는 부와 명예, 부절제의 대명사로 통한다. 그는 부동산 외에도 연예, 오락, 교육 등으로 사업을 확장했고 개성 브랜딩(personality branding)의 최고 효과를 맛봤다. 도널드 트럼프라는 이름이 어떻게 그토록 강력한 브랜드로 거듭났을까? 그 시작은 뉴욕의 부동산 개발업자였던 아버지로부터 사업수완을 배우면서부터다. 도널드는 인지도를 높이고 자신의 브랜드를 규정짓는 브랜드 홍보에 거침없이 뛰어들어 세상의 주목을 받았다. 그는 책상 뒤에 숨어 조용히 다음 부동산 개발계획에 대한 칼럼을 쓰는 일 따위는 버리고 정력적이면서도 공격적으로 늘 스스로 움직였다. 첫 부인 이바나(Ivana Marie Zelnickova)와의 결혼은 그가 알을 깨고 세상에 나온 것이나 다름이 없었다. 그는 이바나와 함께 각종 파티와 자선행사 등의 공식행사에 처음으로 모습을 드러냈다. 그런데 결혼생활은 오래 가지 못했다. 여러 차례의 결혼과 이혼을 반복한 그를 보며 사람들은 '사치와 부절제, 물질주의 이미지'를 떠올렸다. 영국과 프랑스의 왕들처럼 트럼프는 막강한 부와 영향력을 가지고 유명세를 탔기에 미녀들을 유혹하고 쉽게 버릴 수 있었다.

도널드의 브랜드 아이덴티티는 그가 소유한 맨해튼 소재 트럼프 타워와 연결된다. 건물 전체가 청동색 유리로 반짝이는 이 마천루는 도널드의 대담함을 드러내면서 그의 경쟁자들이 넘보지 못하는 부분에서 도널드를 돋보이게 한다. 그리고 새로운 혈통의 기업가나 왕족을 연상시킨다. 이런 이미지들의 조합은 골프장, 카지노, 호텔 사업과 같은 그의 다른 사업 분야에도 후광효과를 일으켰다. 이런 이미지들로 둘러싸인 그의 브랜드가 고객들을 사로잡았기에 트럼프의 몸값은 치솟았다.

카지노 업체 파산 신청을 내고 위기에 처하면서도 도널드는 브랜드 자산(brand equity)을 충분히 보유하고 있었기에 누구든 절망했을 법한 곤경에서 유유히 벗어날 수 있었다. 그가 진행한 리얼리티쇼 〈견습생〉은 인기돌풍을 몰고 왔다. 수많은 시청자들에게 자신의 스타일을 여과 없이 드러냈기 때문이다. 그가 팔을 흔들며 참가자에게 "자넨, 해고야!"라고 외치는 장면에서 시청자들은 실제 상황과 같은 오싹함과 재미에 빠져들고 만다. 또 도널드 트럼프라는 브랜드는 그의 사업수완을 여실히 드러낸다. 그는 시카고와 라스베이거스에서 수많은 프로젝트를 진행할 뿐 아니라, 마치 미국의 모든 도시에서 사업을 벌일 것처럼 비쳐진다. 그의 이름값이 워낙 높은 탓에 그의 전 부인 이바나가 라스베이거스에 소유한 이바나 콘도 역시 덩달아 유명해졌다. 자신의 저서 《트럼프의 부자 되는 법(The Trump Way to Wealth)》을 온라인으로 강의하든, 〈우리들의 하루(Days of Our Lives)-1964년부터 방영 중인 미국의 주말드라마—옮긴이〉에 그가 특별출연을 하든, 10만 달러가 걸린 경마경기에 홍보대사로 나서든 간에 도널드 트럼프라는 브랜드는 다방면에서 영향력 넘치는 힘을 발휘한다.

각계각층에서 활약하는 많은 사람들이 도널드 트럼프 못지않게 이름값의 덕을 기대할 수 있다. 소도시에서 이름을 떨친 변호사, 영업회의에서 두각을 나타낸 젊은 영업사원, 남성 팬을 많이 거느린 지방극단의 여배우, 이들은 모두 높은 인지도 덕분에 자신들이 속한 분야에서 동료들보다 빨리 성공가도에 오를 수 있다.

'건강에 좋지 않은' 아이스크림의 성공

아이스크림 회사 밴&제리(Ben & Jerry)의 공동설립자 벤 코헨(Ben Cohen)과 제리 그린필드(Jerry Greenfield)는 최고의 이름값으로 최고급 아이스크림을 판매한다. 두 사람은 자신들의 이미지를 낙농으로 유명한 버몬트의 초원에 정착한 뉴욕커들로 포지셔닝했다. 이들은 세상에서 매우 독특하고 영양이 풍부하며 자칭 가장 건강한 아이스크림을 팔면서 늘 겸손하고 올바르게 사업하는 기업가 이미지를 구축했다. 이 같은 전략은 오랫동안 아이스크림 애용자들에게 먹혀들었다. 3억 2,600만 달러에 세계적인 다국적기업 유니레버에 인수된 이후에도 벤&제리는 기업의 사회적 사명을 세상에 널리 알리고 있다. 우리는 영국, 아이슬란드, 몰타, 이스라엘, 홍콩 등을 비롯해 세계 어디를 가든 벤&제리 아이스크림을 맛볼 수 있다.

두 사람은 높은 이름값을 활용하여 브랜드를 확장하는 능력을 증명해보였다. 아이스크림 판매와 요식업을 연계하고 Second Chances/Strive(실직자 고용 프로그램―옮긴이)' 프로그램을 운영하는 벤&제리 '파트너 숍'을 출점한 것이다. 이 매장을 통해 장기 실직자들의 고용을 늘릴 수 있었다. 뿐만 아니라 두 사람은 환경보호, 지구온난화 방지, 유권자 등록(voter registration) 등과 같은 세계적인 관심사에 적극 동참했다.

벤과 제리는 남달랐다. 벤&제리 아이스크림 브랜드를 홍보하면서 이들은 두 가지 목표에 온 힘을 쏟아 부었다. 첫 번째는 독창적이고 청정한 아이스크림, 방부제가 들어가지 않은 아이스크림 브랜드 구축이었다. 그래서 두 사람은 초콜릿바, 과일, 땅콩, 퍼지(설탕, 버터, 우유, 초콜릿으로 만든 물렁한 캔디—옮긴이), 카라멜은 말할 것도 없고 첨가할 수 있는 재료라면 무엇이든 아이스크림과 혼합한다는 독창성을 잘 살려서 제도화시켰다. 다른 하나는 애당초 사회적 사명을 사업목표로 삼아 조직 전반에 수익보다 더 중요한 동기를 부여한 것이다. 아이스크림이 건강이라는 개념과 연결되지 않았기에 두 사람은 브랜드에 사회적 책임이라는 사명을 녹였다. 게다가 회사의 재정상황이 오르막에 있든 내리막에 있든 일관성 있게 사명에 충실했다. 그 결과 두 사람은 회사를 최고의 가격으로 매각할 수 있었으며 자신들의 인지도를 확대, 유지하는 일이 가능했다.

∴ 프리미엄 브랜드는 어떻게 정립될까?

프리미엄 범주를 새로이 개척한 여성 로빈 손더스(Robin Saunders, 런던 금융가의 여왕, 공주로 통했던 M&A 전문가—옮긴이)의 이야기를 소개한다. 플로리다 주립대학에서 무용을 전공한 로빈은 투자금융 분야에서 카운터 브랜드(counter-brand)를 구축했다. 대학을 졸업하고 런던으로 건너온 로빈은 막강한 금융가들과 손을 잡고 대부분 획기적이고 과감한 거래를 성사해나가면서 남성들이 장악한 금융계에서 스스로를 '인기 스타'로 부상시켰다. 양복 차림의 남성들이 가득한 런던 금융가에서 로빈은 그야말로 돋보였다. 그녀의 뛰어난 전문성, 남다른 사교성, 탁월한 패션 감각의 조합은 그녀를 우락부락한 남자들 틈에서 빛나게 해주었다. 로빈의 그런 매력은 경쟁자들과 언론에 선망과 시기의 대상이 되었으나, 한편으로 그녀는 자신의 탁월한 금융전략과 돋보이는 모습을 절묘하게 조화시켰다. 이처럼 매혹적인 방식의 전략 실행은 런던 금융가에서 처음 있는 일이었다. 로빈은 끊임없이 거래를 체결해나갔고, 거래들을 통해 거의 250달러를 창출하는 성과도 일구어냈다. 그러나 계속된 성공 후 여러 거래가 결렬되면서 그녀가 결국 자신이 재편한 '최고급 클럽'을 떠날 것이라는 추측들이 난무했으나 그런 일은 일어나지 않았다. 로빈은 프리미엄 브랜드로 다시 부상했다. 그녀는 막대한 보상을 약속으로 내세우며 대규모 거래들을 계속 체결했고 세간과 언론의 관심을 집중적으로 받았다.

금융, 법률, 의료, 스포츠 등 분야를 막론하고 해당 분야의 '스타들'은 업적을 세우는 동시에 대중과 언론으로부터 할리우드 영화배우처럼 취급받을 때 유리한 혜택을 얻는다.

연예와 명성을 결합해서 이름값 높은 스타의 문화를 창조하고 확산시키는 것이 할리우드식 스타 만들기 모델이다. 다시 말해 할리우드에서는 다양한 스타의 개성과 스타일, 호화롭고 때로는 과도한 라이프스타일을 보여주는 제작물도 만든다. 이러한 제작물들은 주로 커튼 뒤의 인물들이 비싼 보수를 받고 비밀을 유지하며 만드는 것 같다. 이러한 할리우드 모델에서 제작물 개발, 코칭, 스토리 구축, 드라마, PR, 무료 미디어(free media)의 활용에 주안점을 둬야 한다. 할리우드 모델은 폭넓은 '지원 시스템'이 뒷받침되어 실재하는 모습보다 더욱 강력한 호기심을 불러일으켜 브랜드의 핵심이 광범위하게 인식된다. 유명한 배우가 직접 운영하는 음식점, 사교클럽, 의상실, 장례식장, 호텔, 주치의, 의상 디자이너 등이 모두 지원인력에 포함된다. 캘리포니아 주 웨스트 로스앤젤레스에 가보면 유명인을 지원하는 '시스템'이 어느 정도인지 실감할 수 있다. 산타모니카 북부 지역에 가보면 군사전략을 방불케 하는 —자택보호에 대한— TV광고가 떠오른다. 여기저기 도사견을 조심하라는 경고문구가 걸려 있다. 또한 경호원들이 집 주위를 순찰한다. 그리고 곳곳에 삼엄한 경보장치가 설치되어 있다. 통신보안을 유지하고 팬들의 접근을 막기 위해 등록되지 않은 전화번호를 차단한다. 개인 전용기가 대기 중인 활주로까지 픽업해주는 리무진 서비스는 이용자가 여행 중에 느낄 만한 불편함 따위를 잊게 만든다. 이 같은 '지원 서비스'는 분야를 막론하고 명성을 열망하는 사람들에게는 선망의 대상으로 자리 잡았다.

∴ 할리우드식 스타 만들기 모델의 확산

영화, 네트워크, TV 등을 통해 널리 알리는 할리우드식 '평판전략'은 전 세계에 확산되고 있다. 시공간을 초월한 인기 리얼리티쇼 〈아메리칸 아이돌(American Idol)〉, 생활이 다소 문란하지만 세계적인 스타로 우뚝 선 브리트니 스피어스, 지역을 초월한 배우 윌리엄 스미스의 높은 호감도는 모두 할리우드식으로 퍼스널 브랜드를 확장해야 하는 이유를 잘 보여준다. 이 세 브랜드는 할리우드 모델에 대한 대중의 지각과 보편화에 기여했다. 뉴욕에서 많은 PR 활동이 뻗어나왔지만, 할리우드식 PR은 어느 집단도 따라잡지 못할 만큼 잘 정립되어 확산일로에 있다. 지명도 구축 개념이 범세계적으로 지각되는 데 할리우드 영화들이 씨앗이 된 한편, 할리우드라는 성장동력에 힘입어 성장한 '지원 시스템들'은 지명도 구축에 관한 노하우를 세계로 확산시키면서 몸집을 불리고 있다. PR회사, 광고대행사, 광고담당자, 지역담당 프로모터와 관리자처럼 할리우드 시장에서 엔터테인먼트를 담당한 '대리인들'은 자연스럽게 엔터테인먼트 이외의 여러 분야로 활동의 폭을 넓히고자 했다. 지명도를 구축해야 한다는 자각, 그에 관한 전문성 확대, 이 두 가지 요인으로 할리우드 모델이 확산되었으며 더욱 다양한 분야로 관심의 폭이 확대되었다.

광고대리인, PR전문가, 광고담당자, 의상 컨설턴트, 이미지 디자이너들이 분야의 경계를 넘어 활동 범위를 확대한 지는 이미 오래다. 그 결과 할리우드가 스타를 만드는 방식의 소산, 즉 분야의 한계를 뛰어넘어 높은 인지도를 창출하고 브랜드를 구축하는 이른바 '다부문 시스템(multisector system)'이 할리우드 모델의 뒤를 잇게 되었다. 이 시스템은 스포츠와 정치 분야에 이미 자리 잡았고 비즈니스, 종교, 과학, 인문, 예술 분야로 빠르게 확산되고 있다. 저가 항공사 에어아시아의 회장 토니 페르난데스(Tony Fernandes)를 알리는 홍보 캠페인부터 건축가 프랭크 게리(Frank Gehry)의 사회참여 활동과 같은 일들을 보면 이 사실을 분명히 알 수 있다. 이처럼 인지도 확대와 관련된 분야가 성장, 확대되고 그 수요가 충분히 따른다는 것은 할리우드식 모델이 여러 분야로 급속히 확산되고 있음을 뜻한다.

PHILIP KOTLER

배우 멜 깁슨(Mel Gibson)의 프리미엄

영화 〈패션 오브 크라이스트(The Passion of Christ)〉는 흥행몰이에 성공했다. 제작비 3,000만 달러가 들어간 이 영화의 전 세계 박스오피스 수익은 6억 달러를 웃돌았다. 영화에 직접 투자하고 감독을 맡은 멜 깁슨은 〈브레이브 하트〉에 이어 두 번째 오스카 상을 거머쥐는 영예를 얻었고 그의 세대를 대표하는 액션 배우로서 이름값을 증명했다. '십자가에 못 박힌 예수'를 이야기하고 아랍어와 라틴어를 사용한 R등급(17세 이상 등급—옮긴이)의 영화를 시장에 알리는 일이 깁슨의 역할이었다. 이 영화의 금전적·문화적 성공은 게릴라 마케팅의 사례 외에 스타의 브랜드가 어떻게 대중의 관심을 끌어내는지, 스타의 브랜드가 아니었다면 간과되었을 논쟁거리가 어떻게 부각되는지 잘 보여준다.

대중의 눈에 멜 깁슨과 기독교에 대한 이미지는 잘 연결되지 않았다. 이에 깁슨은 여러 토크쇼에 출연하고 언론 인터뷰에 나서며 종교지도자들을 만나고 다녔다. 그리고 자신의 퍼스널 브랜드와 영화를 연결시켰다. 즉 깁슨은 대중의 관심을 얻기 위한 일종의 '참호전'을 펼쳤다. 이 영화는 반(反)유대주의, 폭력성, 역사적 진실이라는 세 가지 측면에서 비판을 받았다. 이런 비판에 힘입어 영화는 입소문을 타 자연스레 홍보가 되었다. 랍비, 기독교 지도자, 언론인을 비롯해 할리우드 종사자들까지 멜 깁슨과 논쟁을 벌였는데, 논란 자체가 영화에 대한 기대감을 불러일으킨 결과가 되었다. 깁슨은 언론의 논쟁에 불을 붙이고 대중의 호기심을 자극하면서 대대적인 공세를 취했다. 깁슨의 노력이 없었다면 영화 수익은 얼마나 되었을까? 정확한 답을 내기는 어렵지만, 수익이 상당히 줄었으리라 추측할 수 있다. 대대로 종교영화는 흥행에 성공했다.

지금처럼 미디어를 차지하기 위한 경쟁이 심한 시대에 높은 인지도는 대중의 관심을 끌어낸다. 깁슨의 브랜드는 모순된 이미지를 수없이 접하는 대중에게 그의 영화를 특별한 것으로 생각하도록 만들었다. 미디어에 등장하지 않으면 별 볼일 없다는 대중의 신념이 이런 식의 흐름을 부채질한다. 널리 알려지지 않은 지방의 작은 미디어일지라도 업적을 증명하는 메커니즘으로 기능한다. 고등학교 풋볼 팀의 쿼터백이 지역 신문 머릿기사에 등장했는지를 두고 실력이 평가되는 꼴이다. 언제부턴가 사람들은 업적 자체보다 대중에게 업적이 알려졌는가를 더 중요하게 생각한다.

이처럼 할리우드식 스타 만들기 모델이 여러 시장까지 확대되었는데, 각 지역시장에서도 보통 사람의 이름을 알리고, 이름이 알려진 사람을 유명인으로 변신시키는 방법들이 갈수록 정교해지고 있다. 뉴욕시 홍보를 담당한 라라 슈리프트먼(Lara Shriftman, Harrison & Shriftman의 공동설립자—옮긴이)과 사교계의 명사 리즈 코헨(Liz Cohen)이 평범한 사람을 어느 정도나 유명하게 만들 수 있는지 실험해보았다. 젊고 부유하며 인맥이 탄탄한 두 사람은 저명한 PR회사를 운영하면서 이동전화부터 1,000달러짜리 펌프까지 마케팅하지 않은 상품이 없을 정도였다.

이 두 사람이 이름도 없는 여성을 데려다가 유명한 디자이너의 옷을 입혀 상류층 파티에 데려가고 리무진에 태워 영화관과 극장에 데려가며, 흔한 방법으로 언론에 그녀의 열정과 탁월함을 살짝 흘린다면 어떻게 될까? 이 실험의 주인공은 옷가게 점원으로 일한 26세의 영국 여성 엘리스 라킨(Alice Larkin)이었다. 엘리스는 단기간에 가십성 기사를 좇는 기자들의 눈에 띄었고, 결국 〈보그(Vogue)〉는 그녀의 헤어스타일에 대한 인터뷰를 나누었다. 모로 보나 엘리스는 스타의 반열에 들어선 것 같았다. 그녀는 어떻게 그토록 빨리 유명세를 탈 수 있었을까? 엘리스에게는 그리 어려운 일이 아니었다. 단지 보통 사람이 상상하지 못할 사교 파티에 참석하고 부유한 이미지를 드러내었을 뿐이다. 또 사교계 갑부와의 결혼이 큰 요인이 되었는지도 모른다. 엘리스의 변신을 담당한 라라와 리즈는 여러 기법과 인맥을 활용하면 유명인도 만들 수 있음을 깨달았다. 결국 엘리스가 한 유명인사와 사랑에 빠져 그 남자의 결혼생활을 파탄내어 뉴욕 사교계에서 조용히 쫓겨났지만 말이다. 이후 엘리스는 그 남자와 결혼했다. 아마도 엘리스의 '프리미엄'은 거기까지인 것으로 보인다. 오늘날은 스타가 되기보다 유지하기가 더 어려운 시대임에 분명하다.

'지원 시스템'을 통해 아주 약간 조작을 가하면 옷가게 점원이 스타로 변신할 수 있는 반면, 정치 분야에서 이런 기법을 적용하는 것은 격렬한 논쟁을 불러일으켰다. 결국 엔터테인먼트 차원의 스타 만들기는 정치인 만들기보다 거부감이 훨씬 덜하다. 그 밖에 과학계와 의료계와 같이 인지도가 중요한 분야에서도 비슷한 논란이 있었다. AIDS바이러스 발견 공적을 두고 프랑스와 미국 학자들이 소송을 벌였듯, 인지도를 높여야 한다는 압박감이 광기어린 현상을 일으켰다.

퍼스널 브랜딩이 세계적으로 확산되면서 중요한 변화가 일어났다. 과거에는 원래 모습 그대로 인지도를 구축한다는 건 운 좋게 발굴한 인재를 체계적으로 양성하는 형태였다. 그러나 오늘날에는 '발굴'의 모델은 사라지고 '양성'의 모델이 도입되었다. 다시 말해 이름이 알려지지 않은 사람을 데려다가 인지도 높은 사람으로 양성하는 것이다. 일본에서 스모 선수들을 양성하고 러시아에서 발레리나들을 양성하는 것과 같은 이치다. 미국에서는 전국적으로 고등학생 인재은행, 아이스스케이팅 학교, 체조 캠프 등을 운영한다. 수십 년 동안 여러 도시에서는 자신들의 지역을 브랜드화하여 상거래를 활성화시키려고 했다. 도시를 대표할 사람을 선정해서 그 지역 특산물이나 자원에 대해 선전하도록 했다. 대부분은 다음과 같이 도시의 상징으로 여성을 내세우는 경우가 많았다.

- 미인 선발대회를 개최한다.
- 지역의 대표 과일을 들고 있거나 상으로 줄 젖소 옆에 서서, 또는 지역의 특산물을 들고 자세를 취한다.
- 화려하게 꾸민 무대 위에서 지역의 최고 미인을 소개하며 지역의 우수성을 홍보한다.
- 선발된 미인을 지역의 매체에 등장시켜 지역과 지역 특산물을 홍보한다.

- 지방, 국가, 세계 등으로 지명도를 확대하기 위해 위 과정을 반복한다.

그러나 오늘날 '피그말리온 법칙'은 전국 곳곳에서 열리는 낚시대회와 딸기축제 같은 행사를 다른 형태로 변모시켰다. 이런 행사에 나서는 참가자들에게 중요한 변화가 일어났다. 미래의 낚시꾼들과 딸기미인들은 초등학생 시절에 이미 재능을 돋보이며 여름 캠프로 몰려가서 훈련 받거나 미용에 신경 쓰기 시작한다. 어떤 곳에서는 세미나도 열리는데 마을 대표들에게 언론매체를 활용하는 법을 가르치고, 마을을 대표할 만하거나 마을에서 가장 독특하고 별난 사람들을 뽑아 연극을 가르친다. 필요에 따라 전문 연극인이 시범을 보이기도 한다. 축제 디렉터들은 이런 식으로 만들어낸 인물들의 개성과 마케팅 컨설턴트들이 짜낸 마케팅 계획을 잘 조합하여 축제의 방향을 설정하고 특산물 판매장을 만든다. 궁극적으로 축제 로고가 새겨진 놀이용품, 티셔츠, 비치볼 등이 심야 TV(Direct Response TV, 직접반응 TV—옮긴이)에서 판매되고 지역 TV는 축제의 구경거리를 편집하여 방영한다.

∴ 브랜드로의 변신과 선행과제

오늘날처럼 평판을 중시하는 풍토 속에서는 업적에 따라 몸값이 높아지는 건 당연한 일이다. 분야를 막론하고 명성을 추구하는 이들은 누구나 돋보이는 브랜드로 변신할 수 있다. 수요가 크게 확대되고 브랜드 가치가 금세 인지되는 시장의 환경은 명성을 추구하는 이들에게 기회인 동시에 위협이 된다. 이처럼 경쟁이 심한 환경에서 명성을 추구하고 결국 명성을 획득한 사람들은 자신의 이름값을 평가받는다. 여기서 이름값은 그들을 평가한 가치이자 그들의 제품이나 서비스를 이용하려고 지불하는 대가다. 그런데 이름값을 중시하는 경향이 강해지고 인지도를 높이는 기법들이 확산되면서 전례 없는 경쟁이 벌어지고 있다. 이런 경쟁환경에서 이름값의 프리미엄을 높이고 유지하는 길은 무엇일까? 우선 이름값(인지도)을 중시하는 산업 분야(이제부터 이해를 돕기 위해 '평판산업'이라고 부르겠다)의 구조부터 파악하는 일이 필요할 것 같다. 구체적인 내용은 3장에서 소개된다.

CHAPTER 3

평판산업의 메커니즘

PHILIP KOTLER PERSONAL MARKETING

PHILIP KOTLER

IT 황제는 강력한 평판을 원했다

저녁 10시, 뉴델리 쉐라톤 호텔의 문이 열린다. 곧이어 마이크로소프트의 회장 빌 게이츠가 자신을 묵묵히 기다리던 임직원 수백 명 앞에 모습을 나타낸 후 글로벌 사업전략의 방향에 대해 프레젠테이션한다. 비록 지금은 자리에서 물러났지만 여전히 세계 최고의 거부인 빌 게이츠는 마이크로소프트를 새로운 브랜드로 승화시켰다. 게이츠는 최첨단 소프트웨어를 대표하는 얼굴로 이미지를 바꾸었고, 그런 게이츠의 변신 덕분에 마이크로소프트의 새로운 가치가 부각되었다. 본래 게이츠는 소탈한 복장에 둥근 안경을 쓰고 책상에 앉아 열정적으로 연구하는 컴퓨터 황제의 이미지가 강했다. 그랬던 그가 마이크로소프트의 성공으로 세계의 주목을 받고 자리를 잡자 시장선점자이면서 친화적인 CEO 이미지가 필요했다. 게이츠는 최신 유행하는 옷을 입고 학습된 자기 확신을 밑바탕으로 활동했다. 늘 자신감을 내비치고 사람들 앞에서 아이디어를 스스럼없이 공개한다. 한때 누구보다도 수줍음 많던 게이츠지만 어느덧 주지사들을 편하게 만나 스스럼없이 농담도 주고받는다. 또한 세계적인 자선사업가로 변신한 그는 돌아가신 어머니의 영향으로 자선사업을 하게 되었다고 고백한다. 게이츠의 명성은 마이크로소프트가 시장을 잠식한 거대 기업이 아닌 우리 삶에 활력을 주는 따뜻한 기업 이미지로 재정립하는 데 결정적 기여를 했다.

게이츠는 많은 지원을 받았다. 연설문 작성자, 전담 매니저, 사진사, 홍보담당, 마케팅조사 전문가, 운전사 등이 게이츠의 주변에서 늘 움직였다. 분야마다 담당자를 거느렸던 게이츠가 사치를 부린다고 생각하는 사람들도 있었으나, 게이츠는 그에 대한 합당한 이유가 있었다. 원대한 꿈을 가진 마이크로소프트의 대표로서 게이츠는 명성을 쌓는 데 전념해야 했다. 다시 말해, TV와 신문, 인터뷰, 생방송, 강연, 칼럼, 자선활동 등을 통해 이미지를 강화해야 했다. 게이츠는 다양한 전문가들의 지원을 받으며 '강력한 산업 분야'가 제공하는 기회들을 이용했다. 그 '강력한 산업 분야'는 월마트보다 많은 고객을 보유하고 항공사들보다 많은 직원을 거느리며 과거 농업이 그랬던 것처럼 국가 경제에 크게 기여하는 것이었다.

∴ 평판산업이란?

산업(industry)이란 물적 재화의 생산은 물론 시장성 있는 상품을 생산하는 프로세스를 총체적으로 이르는 말이다. 자동차산업이 노동자, 자동화 기계, 수많은 부품들을 조합하는 설계공정들로 이루어지듯, 평판산업도 평범한 사람이나 인지도 높은 인물을 지원하는 전문가들, 이미지를 만들기 위한 계획과 전략, 이미지 확산의 관리, 인지도를 높이는 과정 등으로 이루어져 있다. 다음 사례들을 살펴보자.

- 대통령 선거에 출마했던 존 케리(John Kerry)는 혼자서 선거를 치룬 게 아니다. 그는 전국 곳곳에 전략적으로 위치한 선거지원단과 워싱턴 본부가 협조하는 체제를 통해 선거에 나섰다. 공보비서관들, 연설문 작성자들, 미디어 코치들(media coaches), 광고대행사들, 전문 정치컨설턴트들, 광고연출자들 등 수많은 전문가가 케리의 인지도를 높이고 구축하는 데 협조했다.

- 전력과 공익설비, 시멘트, 부동산개발, 숙박업, e비즈니스로 사업영역을 확대한 42억 달러 규모의 말레이시아 최고 국제기업 YTL그룹. 세계적인 부호 프란시스 여(Francis Yeoh)가 이 거대 기업을 이끌고 있다. YTL이 영국의 수도기업 웨섹스(Wessex)를 인수했을 당시, 여는 테너가수 세 명을 섭외하여 영국에서 공연하도록 했다. 돋보이는 아시아인(프란시스 여) 앞에서 다소 긴장한 신규 고객들에게 호의를 베풀기 위해서였다. 여는 거대 기업 YTL에 대한 긍정적인 이미지를 심어주고자 주로 유명인사를 동원하는 식의 활동을 벌였

다. 대다수 아시아 출신 경영자들이 스포트라이트를 회피한 반면, 여는 PR컨설턴트, 연설문 작성자, 이벤트 조직자들을 고용하여 언론노출전략을 실행했다. 그리고 YTL을 가장 영향력 있는 민간 부문의 선도자로 포지셔닝했다. 여는 자신의 정체성으로 YTL을 브랜딩한 셈이다.

이처럼 전문가와 스타들은 대중이 요구하는 여러 가지 니즈를 채우기 위해 활동한다. 그리고 평판산업을 고도로 성장시키는 데 일조한다. 즉 '스타'의 영향력이 다양한 산업 분야의 성장동력이 되는 셈이다. 음반과 도서 판매율, 콘서트 수익, 영화〈타이타닉(Titanic)〉과〈해리 포터와 마법사의 돌(Harry Porter and the Sorcerer's Stone)〉의 수익 10억 달러는 산업의 규모를 보여주는 정확한 지표가 된다. 자동차 홍보(브리트니 스피어스를 앞세운 도요타, 피어스 브로스넌을 앞세운 BMW 등), 주식과 채권(찰스 스왑과 워렌 버핏), 화장품(리즈 헐리를 앞세운 에스티로더, 우마 서먼을 앞세운 랑콤) 등 우리가 접하는 수많은 상품들은 하나같이 인기 영화배우나 가수들 또는 유명인이 제품의 전속모델로 등장한다.

음악, 방송, 스포츠, 종교, 학문 등 어느 분야를 막론하고 어느 날 갑자기 무언가가 자취를 감추면 우리는 그것의 인기가 급락했음을 알아차린다. 이름값 좀 하는 동업자에게 의지하는 법률회사나 광고대행사는 어느 순간부터 경쟁우위를 누리겠지만, 영향력 약한 '얼굴마담'을 내세운 자선단체는 기부금이 줄어드는 상황을 맞이한다. 또 상품의 '네이밍'에만 의존하는 패션업계는 점차 자취를 감출 것이다. 지금처럼 주로 유명인을 전속모델로 앞세우는 소비재산업에서는 고객을 사로잡는 참신한 방법을 찾아야 할 것이다.

그래도 '평판산업'은 여전히 건재함과 동시에 확실한 기능을 한다. 어느 분야든 '얼굴마담'을 브랜드로 설계, 구축하여 홍보할 뿐 아니라 그것들을 만들어내고 유지하는 기능을 하고 있다. 앞서 소개했듯 존 케리부터 프란시스 여에 이르기까지 퍼스널 브랜드가 확산되는 현상은 평판산업이 제 기능을 하고 있음을 의미한다. 그러나 이처럼 평판산업이 정교한 수준에 이른 것은 하룻밤 사이에 일어난 일이 아니다. 그렇다면 평판산업은 어떤 과정을 거치면서 성장했을까? 평판산업을 구성하는 하위산업 분야와 직종은 어떤 것들이 있을까?

∴ 평판산업의 진화

평판산업은 〈그림 3-1〉에서 보듯이 네 단계를 거쳐 발전했다. 첫 세 단계(가내공업, 초기 산업화, 후기 산업화)는 집중화와 정교화가 강화되는 수준을 보여준다. 네 번째 단계는 정보통신 기술의 확산을 반영한다. 오늘날에도 평판산업의 각 단계는 저마다 강화 또는 약화된 수준으로 존재한다.

가내공업 단계

현대 역사에서 업적보다 이름값을 중시하는 경향이 확산되기 전에는 주로 가내공업 단계를 형성한 영세 자영업을 통해 인지도를 높였다.

[그림 3-1] 평판산업의 진화

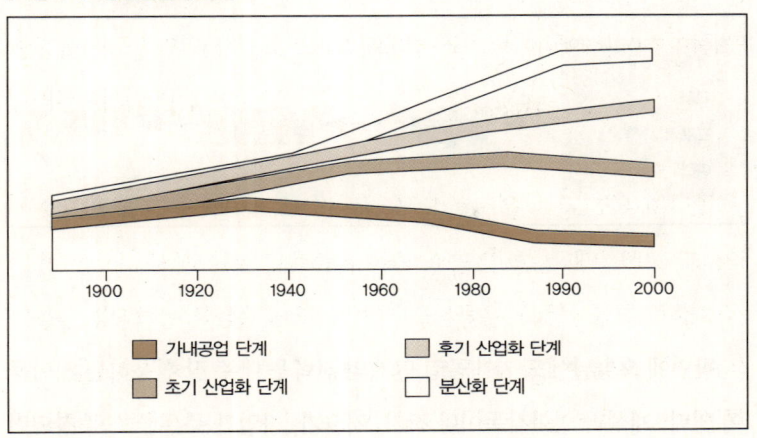

소수의 전문가 계층은 대개 왕궁이나 교회에서 일하며 주인들의 명성을 알리는 데 도움이 되었다. 그러나 이 단계에서 명성을 추구한 사람들 대부분은 혼자 힘으로 명성을 높였다. 오늘날에도 이처럼 원시적인 방법으로 인지도를 높이려고 애쓰는 사람들이 많다(〈그림 3-2〉 참고). 가령 노래에 소질 있는 소녀 가수지망생이 가족과 친구들로부터 가수의 재능을 인정받더니 급기야 노래교습을 받는다. 그러다가 프로필 사진을 찍고 이력을 꾸민 후, 카페나 라이브클럽 관리자에게 무대에 설 기회를 달라고 요청한다. 모두 거절당하면 의상과 머리 모양을 바꾸고 다시 무대에 설 기회를 찾는다. 그게 아니라면 거리 공연을 해서라도 재능을 선보인다. 십중팔구 이 가수지망생은 평판산업을 이용할 생각까지는 미처 못하고 있다. 계획 단계에서부터 그런 생각조차 없는 것이다.

[그림 3-2] **가내공업 단계**

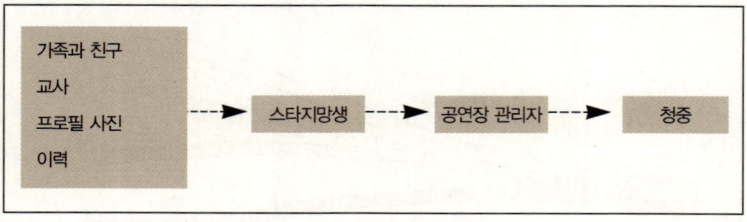

반면에 오늘날에도 가내공업 단계의 전략을 아주 잘 활용하는 사람들이 있다. 개성파 영화감독이나 작가, 저술가, 사업가 등은 스스로 창의력과 활력을 발휘하여 계획을 실행에 옮긴다. 예컨대 〈메이트원(Matewan)〉, 〈여덟 명의 제명된 남자들(Eight Men Out)〉, 〈론스타(Lone Star)〉, 〈선샤인 스테이트(Sunshine State)〉 등의 작품으로 유명한 미국 독립영화의 대표주자 존 세일즈(John Sayles) 감독은 영화계에서 가내공업 단계의 전략을 훌륭하게 활용한다. 세일즈는 창의성이 빛나는 작품을 쏟아내는데, 각본과 연출은 말할 것도 없고 제작까지 도맡는 등 작고 소소한 부분까지 직접 챙긴다. 또한 그는 예산도 직접 관리하는데, 저예산 작품은 주로 자비로 제작하고 배우들에게는 출연료를 후불제로 지불한다. 그리고 직접 영화홍보 캠페인도 벌인다. 이처럼 불리한 조건하에서도 세일즈는 평론가들의 갈채를 받고 대중에게 자신의 이름을 널리 알렸다.

세계적인 브랜드도 가내공업 단계의 전략을 적용할 수 있다. 노벨경제학상을 수상한 밀턴 프리드먼(Milton Friedman) 교수는 누구에게도 자

> **가내공업 단계의 특징**
>
> 1. 신규 시장진출자들은 주로 가족과 친구, 동료들로부터 지지와 후원을 받고, 소수의 관리인들로부터 조직적 지원을 받는다.
> 2. 신규 시장진출자들은 무엇보다도 자기훈련(self-training)과 자기주도(self-initiative), 불굴의 노력을 통해 인지도를 높이고자 한다.
> 3. 신규 시장진출자들은 애초에 시장의 본질을 제대로 이해하지 못하고, 시장상황에 대한 정보도 부족하다. 또한 평판산업 전문가들을 활용할 생각도 하지 못한다.
> 4. 시장진입 비용이 지극히 낮은 탓에 시장에 신규 시장진출자들이 대거 몰린다. 이들은 구매자 시장(buyers market, 공급이 많아서 구매자에게 유리-옮긴이)에서 지극히 주관적인 선발 기준을 가지고 있는 '공연장 관리자들(venue managers)'에게 매달린다.
> 5. 인기 상품이나 서비스를 한층 더 인지도를 높이는 핵심 수단으로 활용한다.
> 6. 신규 시장진출자들은 미디어를 활용할 기회가 적고 미디어 활용에 미숙하다. 따라서 인지도를 높이려면 입소문을 잘 활용해야 한다.
> 7. 이들은 전문가들의 도움을 받지 않고 '무대'에 설 준비를 한다.

신의 일을 맡기지 않은 채 스스로 비서 역할까지 도맡아 일하는 것으로 유명하다. 세일즈와 프리드먼 두 사람은 공통적으로 가내공업 단계에서 인지도를 높인 대표적인 인물이다.

초기 산업화 단계

평판산업 발달의 두 번째 단계다. 이 단계에서 탤런트 대행인(talent agent), 개인 매니저(personal manager), 홍보담당자(publicist), 전문 코치

[그림 3-3] 초기 산업화 단계

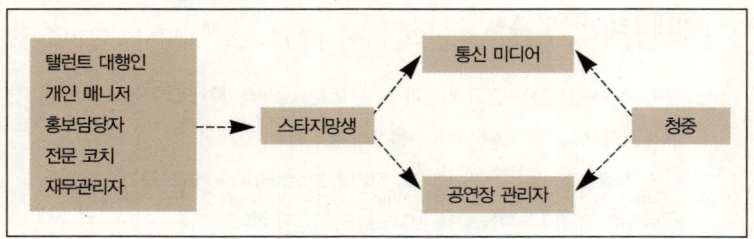

(professional coaches), 재무관리자(financial manager) 등의 전문가들이 나타났다. 이들은 의뢰인(스타지망생)의 재능을 발굴하는 한편, 그들의 잠재력을 개발하고 시장의 관심을 이끌어냄으로써 의뢰인의 몸값이나 보수에 대해 협상한다(〈그림 3-3〉 참고). 이 단계에서 스타지망생은 1차적으로 대리인, 홍보담당자, 변호사의 도움을 구한다. 스타지망생들이 어느 정도 인지도를 얻기 시작하면서 개인 매니저를 고용하여 사적인 일과 재정 업무를 맡긴다. 개인 매니저는 홍보담당자, 전문 코치, 비즈니스 매니저,[1] 회계사, 변호사, 투자전문가 등에게 일을 의뢰할 뿐만 아니라, 이들 전문가와 스타지망생의 관계도 관리한다. 이어서 홍보담당자는 통신 미디어를 통해 스타지망생의 이름과 이미지를 공연장 관리자와 표적청중(수익을 안겨줄 청중—옮긴이)에게 확산시킨다. 탤런트 대행인의 역할은 이런 홍보활동을 바탕으로 스타지망생을 위한 기회를 많이 확보하는 데 있다.

이들 전문가는 이 단계에서 전문적 지위를 충분히 확보하지 못하지

---

[1] Business Manager, 주로 연예인의 재정을 담당한다. 연예인에 따라 다양한 역할을 수행하는데, 수입을 일정하게 유지하고 계약협상이 잘 이행되고 있는지의 여부, 자금을 투자하거나 세금관리 등 재정적인 모든 문제에 대해 자문하는 역할을 한다. 미국에서 활동하는 비즈니스 매니저 대부분은 공인회계사 자격증을 갖고 있지만 반드시 면허나 허가증이 필요한 것은 아니다.

만, 다음 단계인 후기 산업화 단계에서도 여전히 활동한다. 이런 전문가들에게 도움과 협력을 이끌어내는 일은 주로 스타지망생의 몫이다. 또 이 단계에서는 총체적 전략계획을 따르기보다 필요할 때마다 의사를 결정하고 전략을 실행하는 경우가 많다. 즉 초기 산업화 단계에서 인지도 확대는 체계적 과정을 거치는 '집 짓는 일' 보다 '급한 불을 끄는 일'에 비유된다. 초기 산업화 단계의 전략은 완전하지는 않으나 꽤 효과가 있다. 초기 산업화 단계의 전략을 잘 활용하여 명성을 얻은 변호사 쟈니 코크란(Johnnie Cochran)의 이야기를 들어보자. 코크란의 이름값은 그가 법정에 나타나는 순간부터 힘을 발휘할 정도다. 그가 활용한 전략은 다음과 같다.

- 지사를 크게 늘려서 대대로 변호사들의 '소규모 영세업' 이라고 할 수 있는 개인손해배상 등의 사건 처리를 확대했다. 일부 대형 법률회사들이 초기 산업화 단계의 전략을 바탕으로 기업들에게 법률 서비스를 제공하는 사이 코크란의 전략은 더욱 빛을 발했다. 지사들이 코크란의 이름과 명성을 등에 업고 굴러갔기 때문이다.
- 시장가격전략을 실행하여 몸값을 정하고 의뢰인들을 지사로 끌어들였다.
- 로스쿨 강연, TV쇼, 정치행사, 법률 컨퍼런스 등 수많은 '무대'에 오름으로써 자신의 인지도를 전국적으로 확대했다.
- 전문 홍보담당자들을 대변인으로 활용하면서 자신의 이미지와 회사 이미지를 관리했다.
- 개인손해배상에 관한 법률을 다루는 전문가들의 컨소시엄을 구성했

다. 이로써 그의 슬로건처럼 '미국의 법률기업(America's Law Firm)'
에 딱 들어맞는 브랜드 자산(brand equity)을 충분히 보유한 셈이 되
었다.
- 코크란이 실행한 전략들은 상당한 효과를 발휘했다. 그의 사후에도 법률기업들이 신규 사업에 적용하는 강력한 마케팅 툴로서 그의 이름을 적극적으로 활용하며 널리 홍보했다.

변호사부터 기업가들에 이르기까지 명성을 추구하는 이들은 초기 산업화 단계의 전략을 많이 활용한다. 초기 산업화 단계 모델은 다음과 같은 특징을 보인다.

초기 산업화 단계의 특징

1. 신규 시장진출자들은 자체 판매촉진 전략을 수립하고, 관련 기관들을 되도록 많이 활용한다. 그리고 대부분 가격결정과 마케팅 기법을 활용한다.
2. 탤런트 대행인, 개인 매니저, 홍보담당자, 전문 코치, 비즈니스 매니저, 공연장 관리자와 같은 전문가들이 한정되어 있다.
3. 이런 전문가들은 대개 활동 시 나타날 수도 있는 위기에 대처하면서 의뢰인의 요구를 모두 충족시킨다는 목표 아래 일을 한다. 또 이들 전문가는 소규모 활동을 벌이고 역량의 수준이 천차만별이다.
4. 신규 시장진출자들은 이 단계에서 성숙한 시장에서는 확보가 쉽지 않은 '미디어 커버리지(media coverage, 미디어의 보도량-옮긴이)'를 확보할 수 있다.
5. 스타를 적극적으로 찾는 '공연장 관리자'가 주로 스타지망생들에게 기회를 제공한다.

후기 산업화 단계

후기 산업화 단계는 두 가지 핵심 요소로 특징지을 수 있다. 하나는 활동을 연계하기 위한 전문가 집단이 출현함과 동시에 평판산업 전문가들의 활동이 한층 정교화되었다는 점이고, 다른 하나는 인지도 획득과정의 통제권이 신규 시장진출자나 스타지망생에서 새로이 등장한 전문가들에게 넘어갔다는 점이다. 의상담당자, 사진담당자, 미용사, 메이크업 아티스트, 커뮤니케이션 전문가, 심리 전문가, 마케팅 전문가, 마케터 등이 바로 그들이다. 이들은 무명인을 유명인으로 변화시키고 그렇게 얻은 높은 인지도를 수익으로 전환해주는 역할을 한다. 아울러 가내공업 단계와 초기 산업화 단계에서 출현한 전문가들(탤런트 대행인, 개인 매니저, 홍보담당자 등)은 후기 산업화 단계에 들어서면서 자신들의 기술과 전문성을 더욱 갖추어나간다. 이런 전문가들은 협회나 조합을 세워 자신들의 이익을 보호하고 증진할 뿐 아니라, 구성원들에게 교육을 제공하고 면허나 자격증을 부여하는 제도를 운영하기도 한다. 명망 있는 전문가 집단이 조직을 기업으로 확장하여 국내뿐 아니라 해외에서 서비스를 제공하기도 한다. 또 상호 보완적인 다양한 분야의 전문가들이 네트워크를 형성하고 합작계약을 체결하기도 한다. 오늘날에는 이미지 변신에 들어가는 비용이 갈수록 커지고, 사회 곳곳에서는 이런 전문가들에 대한 의존도가 날로 높아지고 있다.

WSB(Washington Speakers Bureau, 워싱턴 연사 관리국)의 전략은 후기 산업화 단계의 특징을 보여주는 훌륭한 사례다. WSB를 비롯해 강연가를 소개하는 유명 단체들은 경영 전문가, 은퇴한 CEO, 전 정부관료, 동기부여 강연가들(inspirational speakers)에게 대행 서비스를 제공한다고 알려져 있다. 물론 이런 큰 단체들은 강연가를 기뻐서 날뛰게 하고 반대로 강연기획자가 놀라자빠질 만큼 강연료를 올리는 등 각종 대행 서비스를 제공하지만, WSB의 서비스는 그런 수준을 훨씬 넘어선다. 디트로이트를 자동차산업의 중심지로 만든 원칙을 똑같이 적용함으로써 'WSB 공장'은 다양한 전문가들을 동원하여 강연가들을 홍보하고, 강연기획자와 조직자들이 강연을 기획하는 데 도움이 되도록 조언한다.

WSB에 등록하는 강연가들은 대부분 이름값 하는 사람들이지만, 대개 빡빡한 강연일정과 세미나로 생계를 꾸린다. WSB는 이들에게 청중을 사로잡는 기법들을 가르치는데, 말하자면 이미지 컨설턴트를 파견하여 저명한 경영학 교수가 폭넓은 청중에게 유용한 정보를 제공하도록, 즉 교수를 정력적인 강연가로 변모시킨다. 또 이곳의 PR대행사들은 강연가들에 대한 새로운 소식과 이야기들을 홍보한다. 강연가들은 미디어를 활용하는 방법, 곤란한 질문에 대응하거나 그것을 피해가는 방법 등도 배운다. 이처럼 WSB는 표적시장 선정과 인증절차 시행 등 전략적 마케팅 계획을 바탕으로 완벽한 서비스를 제공한다.

비유하자면, '명성을 만드는 전문가들' 인 셈이다. 마치 대형 소비재 기업의 마케터가 신제품을 출시하듯 스타지망생을 스타로 변신시키는 것이다. 그런 시스템은 스타를 꿈꾸는 스망생들을 타깃으로 삼고, 스타지망생의 브랜드 콘셉트와 스토리를 세련되게 꾸미고, 대개 '확장된 아이덴티티(extended identity)' 로 통하는 브랜드 행동(behavior)을, 그리고 스타지망생의 역할과 유형을 강화하는 방식으로 설계한다.

후기 산업화 단계의 특징

1. 초기 산업화 단계에서 등장한 탤런트 대행사, 개인 매니저, 홍보담당자 외에 수많은 전문가들이 나타났다.
2. 다양한 전문가들이 모여 자신들의 이익을 보호하고 증진하기 위한 협력체를 조직한다. 때에 따라 등급, 면허, 자격요건을 정한다. 그 결과 (가공할 수준은 아니지만) 평판산업에 대한 진입장벽이 높아지고 전문가들의 전문성도 높아진다.
3. 전략과 전술은 스타지망생들보다는 외부 관리자들(전문가들), 또는 국내 및 해외에 서비스를 제공하는 대규모 '수직적 통합 기업들'이 운영한다. 이런 경향이 강해지면서 이런 대규모 기업들이 스타지망생들의 이름값을 높이고 그들을 지원하는 데 예산을 늘리려 한다. 인지도가 곧 투자수익으로 전환되기 때문이다.
4. 엔터테인먼트, 스포츠, 정치, 예술, 비즈니스, 종교 등의 분야에서 브랜드 개발이 전문화되었다.
5. 스타지망생이든 유명인이든, 그들은 공통적으로 자신의 수입 중 35~40%를 그들 뒤에 포진한 여러 전문가들을 지원하는 데 지불한다.

WSB처럼 강연가를 소개하는 단체들은 강연을 알선하는 대가로 강연료의 15~20% 정도를 받는다. 이런 수수료는 코칭, 훈련, 홍보 등의 서비스가 늘면 대략 35%까지 높아질 수도 있다. 또 행사 조직자가 나설 경우 수수료가 추가되고 수익배분이 이루어지기도 한다. 후기 산업화 단계에서의 인지도 창출에는 현대적 마케팅과 제품생산의 정교한 측면이 반영되기 시작한다. 어림짐작으로 처리하는 일이 줄고 마케팅 연구와 기획이 강화되며, 투자수익을 반영한 의사결정이 이루어진다. 이에 따라 오차가 줄어들고 정확성이 강화된다. 포장(Packaging), 가격결정

[그림 3-4] 후기 산업화 단계

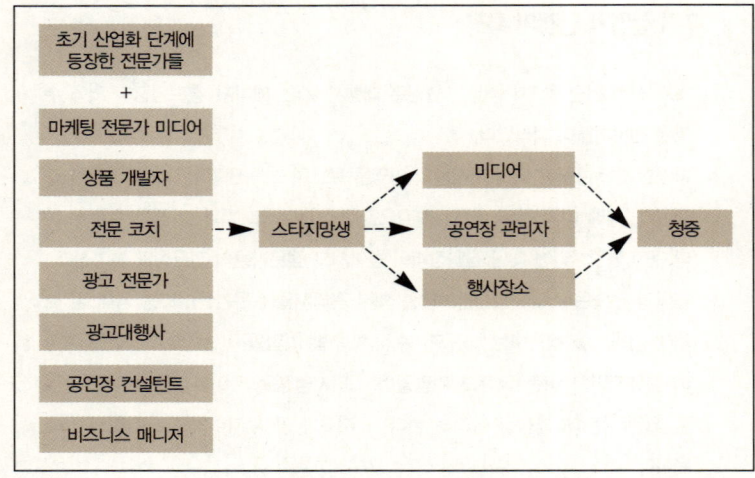

(Pricing), 광고(advertising), 유통(distribution)이 높은 인지도를 목표로 하는 전략 프로세스에 따라 종합적으로 이루어진다.

후기 산업화 단계가 이상적인 수준에 도달할 때, 평판산업은 고객의 니즈를 식별하고 숙련된 관리자 집단을 개발하며 경험과 재무분석, 리서치(〈그림 3-4〉 참고)를 바탕으로 한 평판창출 기법을 정립하는 방향으로 움직인다. 어찌 보면 모든 측면에서 통상적 비즈니스 운영 방식을 따르는 셈이다. 여기서 최종 목표는 퍼스널 브랜드 구축과정에 참여한 이해관계자들에게 많은 혜택을 돌려주기 위해 이익을 극대화하는 것이다. 다음 단계에서 이런 전통은 혁신과 분산화를 통해 더욱 강화된다.

분산화 단계

각 부문은 초기 산업화 단계를 거치는 내내 특정 지역(주, 도시, 지방)에 집중화되는 경향을 보인다. 즉 도박을 즐기는 이들이 라스베이거스로 몰리듯, 스타지망생들은 인지도를 높이기 위해 희망 분야가 발달된 지역을 찾아야 했다. 특정 분야를 대표하는 여러 도시들 가운데 특히 인지도를 높이기 위해 반드시 거쳐야만 했던 두 도시가 있다. 하나는 영화배우들이 꿈꾸는 할리우드요, 다른 하나는 사업가, 순수예술가, 조각가, 발레리나, 연극배우, 오페라 가수 등이 몰리는 뉴욕이다(〈그림 3-5〉 참고).

오늘날 뉴욕, 로스앤젤레스, 런던은 특정 분야를 대표하는 주요 도시로 남아 있지만, 통신기술의 발달로 정보교류와 교통의 속도가 엄청나게 빨라져서 평판산업은 네 번째 단계인 분산화 단계로 진화했다. 평판산업이 분산화 단계로 발달하면서 여러 도시들이 특정 분야를 대표하는

[그림 3-5] 분산화 단계

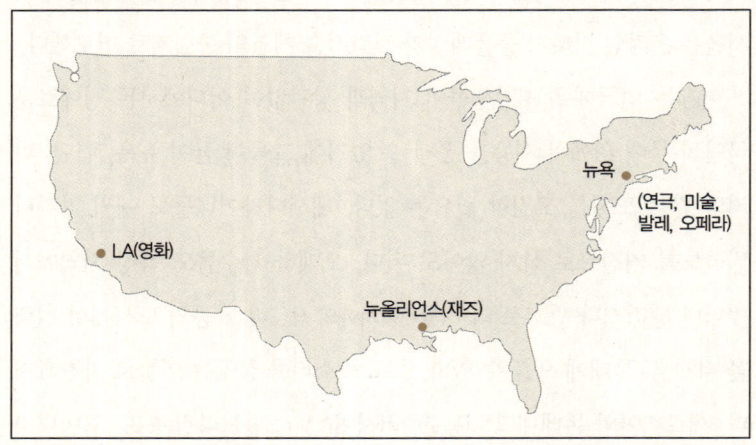

[그림 3-6] 후기 분산화 단계에 있는 도시들

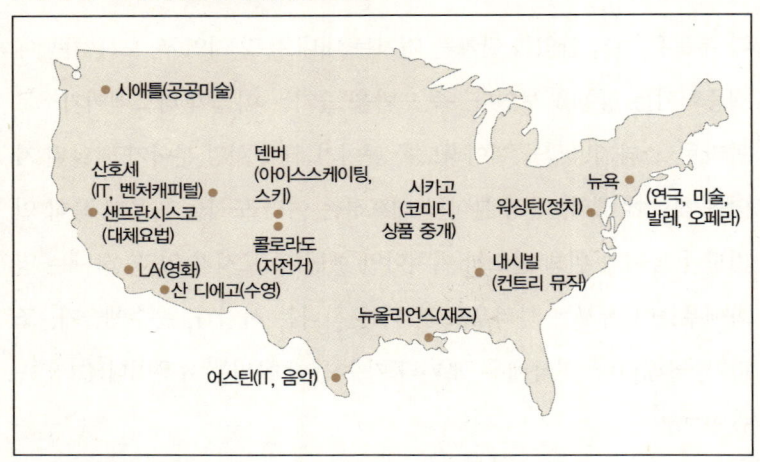

중심지로 변모하기 시작했다(<그림 3-6> 참고). 시카고는 상품 중개인, 배우, 상해전문 변호사들을 양성하는 거대한 시장으로 거듭났고, 샌프란시스코에서는 '라이프스타일의 달인들'이 속속 탄생하고 있다. 전 세계적으로 살펴보면, 베를린은 심포니 오케스트라의 대명사로 통한다. 프라하에는 기술사업가들이 몰려들었다. 도쿄는 애니메이션의 중심지로, 서울은 온라인 판타지 롤플레잉과 전략전술 게임의 중심지로 변모했다.

이제는 연극배우 지망생들이 지역과 상관없이 어디에서든 명예로운 극단의 무대 위에서 재능을 뽐낼 수 있기에 그들이 굳이 뉴욕, 런던, 파리와 같은 도시를 고집할 필요는 없다. 패션디자이너들도 애써 파리나 밀라노를 거점으로 삼지 않아도 된다. 오페라 가수들도 특정 지역에서 벗어나 댈러스나 팡코르 라웃(말레이시아의 섬), 바스 등의 도시에서 실력을 다진 후 무대에 오를 수 있다. 스포츠 스타를 꿈꾸는 이들도 마찬가지다. 세르비아와 몬테네그로(농구), 러시아(테니스), 브라질(축구), 도미니카 공화국(배구) 등에서 훈련을 받겠다고 고집할 필요가 없다.

'분산화'의 효과를 분명히 보여주는 사례로 정보기술이 발달하고 지원 서비스가 널리 확산됨으로써 스타지망생들이 희망하는 지역적 기반에서 인지도를 높일 수 있게 되었다. 예컨대 MTV는 모스크바, 방콕, 텔아비브와 같은 특정 지역에서 유명세를 떨치게 할 수 있고, 유명한 가수가 전 세계에서 인기를 끌도록 할 수도 있다. 경영학의 구루들은 자신들의 강의를 스트리밍 비디오나 팟캐스트를 통해 배포하고, 저명한 외과의사들은 화상기술을 활용하여 혁신적 수술기법을 전 세계에 선보일 수 있다.

이렇듯 평판산업은 지역적으로 확산되었을 뿐 아니라 세대의 구분을 넘어섰다. 과거에 스타지망생들은 성년이 되어서야 희망 분야에서 관심을 끌었지만, 오늘날 스타를 '발굴'하는 방식이 '양성'하는 방식으로 전환됨에 따라 새로운 '스타들'이 만들어지는 주기가 빨라졌고 그들에게 하루라도 더 빨리 '이미지 변신의 프로세스'를 적용한다. 평판산업의 발달과정에 유명세의 수명주기를 유지하기 위한 새로운 전략이 더해지면서 인지도에 대한 잠재적 보상이 엄청나게 늘어난다. 동시에 나이와 상관없이 인기를 오래토록 유지하고 제2의, 제3의 인물로, 또는 그 이상으로도 이미지를 변신할 수 있게 되었다.

평판산업이 급속도로 성장하고 있는 것만은 분명해보인다. 자기 자신을 강력한 퍼스널 브랜드로 구축하는 활동을 벌이는 사람들이 해마다 급속히 증가하고, 퍼스널 브랜드를 활용하는 기업과 단체들이 새로운 전략으로 무장하고 있다. 미국 최대 에이전시 CAA(Creative Artist Agency)와 ICM(International Creative Management)의 트레이닝 아카데미에서부터 급속히 성장한 유명인 전속광고,[2] 스타일리스트 샤론 골트(Sharon Gault)[3]와 같은 평판 전문가들,[4] 행사관리 전문가들에 이르기까지 평판산업은 호황을 누리고 있다.

 전통 산업들이 성장하는 유형과 달리, 평판산업 발달의 네 단계는 공존한다. 수많은 분야에서 퍼스널 브랜딩에 가내공업 단계의 전략을 적용하기도 하고, 전기 및 후기 산업화 단계의 전략을 적용하여 퍼스널 브랜드를 강화하기도 한다. 또 분산화 단계에서 퍼스널 브랜드가 급속히 증가하기도 한다. 산업 분야에 따라 다르지만 전략의 정교함 수준도 전반적으로 강화되고 있다. 명성을 얻은 사람은 한 단계 전략만 고집하지는 않는다. 가내공업 단계에서 유명세를 타게 되면 초기 산업화 단계의 전략을 활용할 것이고, 초기 산업화 단계의 전략으로 인지도를 높인 사람은 후기 산업화 단계의 전략을 적용할 것이다. 어느 단계에서도 인지도를 높이지 못한 사람이라면 이전 단계의 전략을 다시 적용할 것이다.

∴ 평판산업의 구조

자동차산업이 타이어, 철강, 페이트 등의 관련 산업 없이 굴러갈 수 없듯이 이름도 없는 사람을 '스타'로 만들어내는 평판산업 역시 여러 하위

---

[2] 일례로 레니 크라비츠는 Gap의 전속모델로, 야오 밍은 리복의 전속모델로 다년간 활동했다.
[3] 하루 촬영에 착수금조로 2, 500달러나 받기도 한다.
[4] 유명 컨퍼런스를 하루 운영하면서 수익을 2만 달러나 올리기도 한다.

[그림 3-7] **평판산업의 구조**

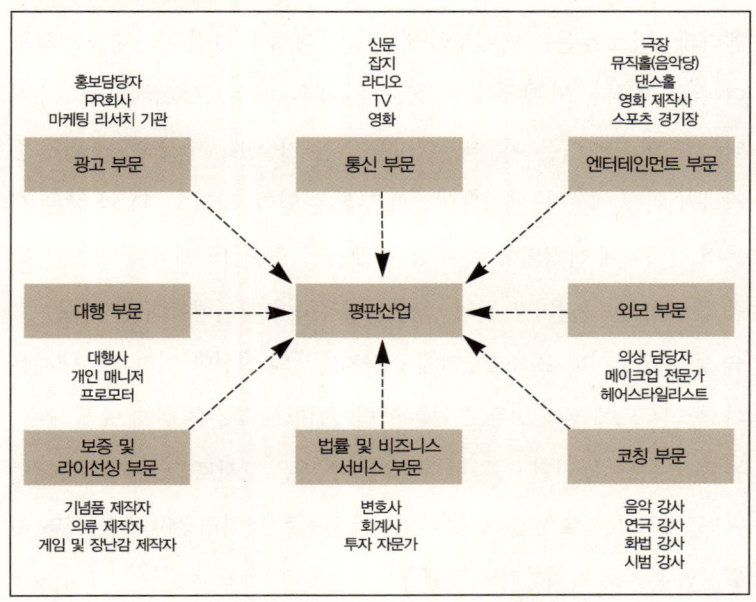

부문 없이는 돌아가지 못한다. 〈그림 3-7〉은 퍼스널 브랜드를 구축하고 홍보하는 데 뒷받침되는 주요 하위 부문들을 보여준다. 물론 이는 모든 분야에 해당하는 사항은 아니다. 사실 이름값을 높이고자 하는 종교지도자들이 평판산업을 활용하는 데 소극적이었고, 비즈니스 세계의 경영자들도 퍼스널 브랜드를 활용할 생각조차 하지 못하는 경우도 많다. 그럼에도 바야흐로 평판산업의 하위 부문에 기대어 이름값을 높이는 것이 보편적인 현상이 되었다. 평판산업을 이루는 하위 부문들을 하나씩 살펴보자.

엔터테인먼트 부문

엔터테인먼트 부문은 연예사업 및 예능인 배출과 관련된 단체들의 활동이 주를 이룬다. 이 부문에서 활동하는 배우, 감독, 프로듀서, 코디네이터, 영상편집자 등은 이른바 '환상을 심는 기술(the art of illusion)'을 증진하기 위해 애쓴다. 엔터테인먼트 부문은 영화, 라디오, TV와 같은 전통적 미디어에 한정되어 있지 않다. 오늘날 평판산업에서는 박물관, 각종 품평회, 농구경기장 등의 공간을 활용하여 자선행사에 참여하는 모습 등을 선보이며 표적청중에게 스타지망생의 신선한 이미지를 내세운다. 할리우드에 뿌리를 두고 있는 엔터테인먼트 부문은 현재 도쿄, 홍콩, 뉴델리, 시드니, 런던, 베를린, 파리 등 수 많은 도시로 그 세가 확장되었다. 그리고 (앞으로 설명하겠지만) 엔터테인먼트 영역의 서비스를 여러 하위산업 분야로 지원하기 시작했다.

대행 부문

이 부문에 속한 사람들은 의뢰인을 대신해서 수수료, 즉 '커미션'에 대한 협상을 벌이거나 계약체결 등의 일을 한다. 이전에 주로 엔테인먼트와 스포츠 부문에 한정되었던 대행 부문은 이제 활동영역이 급속히 늘면서 팽창 중이다. 이 부문에 속한 구성원들은 활동영역의 경계가 모호하고 이동이 잦은 환경에서 상당히 다양한 역량을 발휘하며 독창적인 활동을 벌인다.

스타인(Jules Stein, MCA창업자)과 와서먼(Lew Wasserman, 전 MCA 사장)이 반석 위에 올린 엔터테인먼트 회사 MCA는 대행 부문의 표준을 제시한다. MCA는 영화, TV 프로그램, 음악, 각종 소비재 등을 포괄적으로 다루고, 방송국과 유니버설 스튜디오도 인수했다. 이어서 수많은 연예 에이전시들이 MCA 모델을 표방했다. 연예계의 대부라 불리는 CAA(Creative Artist Agency)의 공동설립자이자 전 CEO 마이클 오비츠(Michael Ovitz)는 소니와 마쓰시타가 참여한 10억 달러 규모의 거래를 중개하기도 했다. 오비츠는 CAA를 떠난 후 경영자, 사업가, 투자거래 개발자로서 연이어 고배의 잔을 마시면서도 의뢰인과 에이전시 양측에 막대한 부를 안겨줄 대행산업의 비전을 견지했다.

미국 HBO(영화를 전문으로 하는 유선방송—옮긴이) 시리즈 〈안투라지(Entourage)〉에는 연예계와 성공한 에이전시(연예기획사)의 모습이 잘 그려져 있다. 에이전시 공동대표인 주인공 아리 골드는 '아주 괴팍한 욕쟁이'지만 닥치는 대로 거래를 만들어나간다. 아리는 출세를 위해 오직 의뢰인에게 헌신하는데, 에이전시의 성공을 생생히 그려낸다.

물론 〈안투라지〉와는 반대의 모습도 존재한다. 우디 알렌(Woody Allen)은 웃음을 만끽할 수 있는 영화 〈브로드웨이 대니 로즈(BroadWay Danny Rose)〉를 통해 성공하지 못한 연예인 매니저의 모습을 그렸다. 이 영화에는 눈먼 실리폰 연주자, 외다리 탭댄서, 어설픈 최면술사 등 삼류 공연가들이 등장하는데, 주인공 로즈는 의뢰인을 위해서든 자신을 위해서든 아무것도 해내지 못한다. 비록 가상의 이야기이지만 이 영화에서는 에이전시, 전담 매니저, 프로모터들의 다양한 생활상이 폭넓게 재현되었다.

─대행사

대행사들은 의뢰인 측과 의뢰인을 고용한 측의 중간에서 '필터 역할(완충 역할)'을 하기 때문에 의뢰인들 입장에서는 그들의 존재감이 클 수밖에 없다. 계약에 따라 다르지만 대행사들은 중간 역할을 해주고 돈을 받는데, 의뢰인이 거두는 수익의 일정 부분(적게는 10%, 많게는 35%가량)을 수수료로 받는다. 오늘날 대행사들은 각종 컨퍼런스나 기념회를 개최하고 뉴스레터를 발송하는 등의 활동을 통해 전문성과 대외 이미지를 강화해나가고 있다.

- 의뢰인 대신 거래를 추진하는 일이 대행사의 가장 중요한 역할이다. 대행사는 거래 기회를 찾고, 공연장 관리자나 연출자 등과 협의하고, 의뢰인을 대신해 계약 전반에 대해 협상하는 등 의뢰인의 계약실행을 돕는다.
- 대행사는 의뢰인이 활동하는 분야의 정보를 의뢰인에게 전달하되, 그 분야의 규칙과 관례를 잘 숙지하고 있어야 한다.
- 대행사는 자신의 의뢰인들이 시장에서 더욱 돋보이도록 자문과 코칭을 한다. 다시 말해 적절한 의상, 화법, 표현, 태도 등 전략적 지침을 의뢰인에게 제공한다. 또한 대행사는 의뢰인들이 전문 코치들로부터 훈련을 받도록 권유도 한다.
- 대행사들은 대개 영향력 있는 사람들이 포함된 인적 네트워크를 형성하고 그들에게 의뢰인을 소개하는 경우가 많다.
- 대행사들은 의뢰인의 인지도를 높이기 위한 행사나 공연을 기획하는 등의 홍보활동을 벌인다. 의뢰인이 고용한 홍보담당자가 의뢰인의 PR을 맡는 경우도 있다.
- 대행사들은 도서박람회, 강연, 광고방송 등을 통해 의뢰인을 널리 알

리고 이러한 '노출의 기회'를 늘리고자 한다.

과거의 대행사들은 대부분 오늘날처럼 거래 추진, 정보전달, 자문과 코칭, 홍보, 노출 기회 확보 등의 일들을 한꺼번에 처리하지는 못했다. 대다수 대행사들이 의뢰인의 있는 그대로 모습만을 홍보하려고 했다. 의뢰인을 상품화하여 상품의 질을 향상시킨다는 생각은 못했던 것이다. 그러나 지금은 세분화되고 정교화된 평판산업에서 이른바 '종합 서비스를 제공하는 대행사'의 비중이 커졌다. 이런 대행사는 의뢰인에게 가족 같은 역할을 하는 동시에 의뢰인의 친밀한 길잡이로 활동한다. 특히 엔터테인먼트와 스포츠 분야의 대행사들은 파트너십을 체결하여 의뢰인에게 일괄적인 서비스를 제공한다. 이 같은 종합 서비스 트렌드가 분야의 벽을 허물고 있어서 의뢰인들에게도 기회의 폭이 넓어지고 있다.

－개인 매니저

개인 매니저들은 대행사들보다는 소수의 의뢰인을 관리하지만, 대행사들에 비해 훨씬 종합적인 활동을 펼친다. 가령 의뢰인을 그림자처럼 따라다니는 개인 매니저는 의뢰인 대신 이메일을 쓰고 주식투자를 하며 부동산을 산다. 뿐만 아니라 의뢰인의 일정을 관리하고 의뢰인의 아이들을 학교에 데려다주기도 한다. 심지어 의뢰인 대신 정원사를 고용하거나 가정부를 해고하기도 한다. 이런 개인 매니저는 의뢰인이 거두는 수익의 일정 비율을 수수료로 챙기는 대행사보다 여러 부분에서 규제를 덜 받는다. 연예 매니저, 음반회사 사장, 홍보담당자, 저널리스트 등으로 활동한 바 있는 GVE(Gold Village Entertainment)의 사장 대니 골드버그(Danny Goldberg)는 그가 개인 매니저의 전형임을 증명하는 말을 남겼다.

"나는 협상자이면서 홍보담당자이고 아이디어 창출자이면서 상담사다."

세상을 떠난 가수 로라 브래니건(Laura Branigan)의 개인 매니저였던 시드 번스타인(Sid Bernstein)은 자신의 역할을 이렇게 묘사했다.

"나는 유모이자 정신과 의사요, 회계사면서 운전사다."

개인 매니저의 역할은 대형 기획사들처럼 제작에 참여하면서 날로 진화하고 있다. BGE(Brillstein-Grey Entertainment)와 같은 대형 기획사는 전통적인 전담관리 서비스를 제공할 뿐 아니라 영화, TV쇼를 제작하고 벤처사업에 공동투자한다. BGE의 전 회장이자 파라마운트 그룹의 회장인 브래드 그레이(Brad Grey)가 브래드 피트(Brad Pitt), 제니퍼 애니스톤(Jennifer Anniston)과 제작사를 공동운영하는 것을 보면 기획사의 활동영역이 얼마나 확대되었는지 알 수 있다.

- 프로모터

프로모터들은 무명 록그룹의 공연, 금융 세미나, 라스베이거스의 세계 권투 헤비급 타이틀 경기와 같은 행사를 추진한다. 프로모터는 의뢰인에게 귀속되어 일하기보다는 개별 행사를 두고 의뢰인의 대행사나 의뢰인과 계약을 체결한다. 주로 표적청중의 마음을 사로잡을 만한 가수나 배우의 공연을 추진한다. 프로모터는 행사에 필요한 자금조성과 보증을 책임지기 위해 상당한 위험을 감수한다는 점에서 일반 대행사 및 개인 매니저의 역할과 분명히 차이가 난다. 즉 프로모터는 투자자, 스폰서, 표적청중 등으로부터 자금을 끌어다 모으고, 필요한 인력을 고용하고 행사를 기획하여 예상수익을 달성하고자 한다.

대행사와 개인 매니저, 프로모터는 모두 의뢰인(일종의 '판매자')을 대신해 일하지만, 일종의 '구매자'를 대신하는 부킹 에이전트[5]나 공연장 관리자, 캐스팅 디렉터[6]와는 역할이 근본적으로 다르다. 부킹 에이전트는 극장, 콘서트 홀, 비즈니스 컨퍼런스에서 공연이나 강연할 대상을 물색하고 그에 대한 '커미션'을 받는다. 공연장 관리자는 대개 공연장의 직원인 경우가 많은데, 연기자 또는 연기자의 대행사와 직접 소통하며 일을 한다. 캐스팅 디렉터의 역할은 주로 영화, 연극, 광고 등에 출연시킬 적절한 배우를 섭외하는 일이다.

광고 부문

다양한 홍보전략을 구사하여 의뢰인의 인지도나 평판을 높이는 전문가 또는 기관들이 광고 부문을 구성한다. 이 부문에서 활발히 활동하는 개인 홍보담당자, PR회사, 광고대행사는 시장조사자라는 역할의 비중이 상당히 높다. 사실 개인 홍보담당자는 유명인의 프로모터 역할을 하는 경우가 많았는데, 뛰어난 저술력을 바탕으로 의뢰인에게 관심이 집중되도록 하는 일을 했다. 본래 언론 홍보담당자(press agent)라 불린 그들은 기자와 같은 언론인들이 '법의 범위에서 벗어나지 않는 스토리'를

---

5 아티스트와 계약을 맺고 고용주 또는 영화 제작자에게 연결하는 역할을 하는 일종의 용역 에이전트다.
6 영화, TV의 배역담당 책임자.

작성하게 하거나, 세간의 관심을 집중시킬 만한 이야기를 만들어내게 한다. 개인 홍보담당자들은 언론계에 몸담았던 사람들이 많기 때문에 그들의 옛 고용주의 도움을 이용해 의뢰인의 인지도를 높이는 경우가 많다.

PR회사들도 광고 부문에서 핵심 역할을 한다. 이들은 초기에 대중, 또는 입법부나 여러 영향력 있는 이해당사자 집단을 상대로 개인이나 기업, 공공 부문의 조직들을 대변하는 역할을 했다. WHO는 세계적 홍보대행사 웨버 샌드윅(Weber Shandwick)을 통해 비만의 악영향을 유럽에 알렸다. 웨버 샌드윅은 여론조사 결과를 내세우며 의료계가 줄기세포 연구를 촉진하는 것을 돕기도 했다. 오늘날 위버 샌드윅, 힐 앤 놀튼(Hill and Knowlton), 버슨 마스텔러(Burson Marsteller) 등의 대형 PR기업들이 PR, 상품홍보, 기업 커뮤니케이션(corporate communication), 로비, 자문 서비스를 동원하여 개인이나 기업, 도시, 국가의 인지도를 높이는 일을 한다. 뿐만 아니라 대형 PR기업들은 불법행위에 연루되었다는 기사와 같이 기업에 불리한 보도를 막고 조정하는 역할도 한다. 새롭게 변모하는 PR기업들은 '일괄적 서비스(full service)'의 의미를 바꿔놓고 있는데, 자체적으로 PR부서뿐 아니라 브랜드개발 부서와 행사기획 부서도 운영한다.

기업보다는 주로 개인의 PR에 전문화된 기업들도 속속 생겨났다. 이런 소규모 PR기업들은 의뢰인들을 '스타'나 '유명인사'로 정립시키고 다양한 언론매체, 이벤트, 마케팅 및 홍보전략을 동원하여 의뢰인들의 이미지를 널리 강화시킨다. 이를테면 무명배우의 인지도를 높여서 친숙한 이미지로 강화해주거나, 작가나 강사의 인지도를 높이는 활동을 벌이기도 하는 것이다. 이처럼 분야의 벽이 무너지면서 다양한 분야의 전문가들, 즉 영세사업자, 무명배우, 운동선수 등 각계각층의 사람들이 '스타'로 거듭날 수 있게 되었다.

광고 부문의 큰 줄기를 형성하는 광고대행사들은 온갖 상품, 서비스, 사람, 장소, 아이디어, (사회적)운동 등을 홍보한다. 그리고 해마다 대략 10% 성장세를 보이고 있다. 또 디지털 시대가 도래한 이후 인터넷의 발달과 더불어 광고산업도 급속히 변모하고 있다. 여론조사기관 지식네트워크(Knowledge Network)에 따르면, 미국인들이 미디어를 이용하는 시간 중 15%를 인터넷 서핑에 투자하는 것으로 나타났다. 일부 전문가들은 15%가 과소평가된 수치이며, 미국인들이 미디어를 이용하는 시간 중 최소 30% 이상을 인터넷에서 보낸다고 주장한다. 이처럼 눈부신 속도로 성장하는 인터넷 시장의 경우 과거에는 예산이 부족해 진입할 엄두도 못 냈던 분야에 소규모 자본으로 진입할 수 있는 기회를 제공한다. 이런 변화에 편승하여 광고대행사들도 변신을 거듭했다. 광고대행사들은 새로운 미디어 환경에 접어들면서 수익창출 모델을 새로이 모색하게 되었다.

광고 부문은 미디어 전문가, 아트 디렉터, 마케팅조사 전문가, 광고기획자 등이 활발히 활동함으로써 원활하게 돌아간다. 대다수 광고대행사들은 이들 말고도 웹사이트 관리자, 인터넷 광고전문가, 소프트웨어 엔지니어 등과 함께 새로운 미디어 시대에 동참하고 있다. 광고산업은 다음 네 가지 기초적 기법을 바탕으로 '이름값 높은 사람들'의 최대 고용주로 부상했다.

- 배우 : 제품이나 서비스를 적극적으로 홍보한다.
- 전속모델 : 장기간 전속계약을 체결해 제품과 서비스 판매를 촉진하고, 대부분 광고주와 긴밀하게 협력한다.
- 평가단 : 자신들의 업무에 제품과 서비스를 활용해보고 해당 상품의 품질과 가치를 증명한다.
- 제품 보증인 : 평소 제품이나 서비스를 사용하지 않았더라도, 특정 제품에 자신의 이름이나 얼굴을 새겨 홍보효과를 낸다.

광고의 핵심 요소는 창조성과 기발한 아이디어다. 하지만 검증된 기법이나 방식, 리서치(research), 인구통계학적 정보, 니즈, 인지도와 선호도, 장소, 미디어 비용, 지리적 시장 등이 중요한 요소로 자리를 잡았다. 아울러 이런 정보를 제공하는 마케팅 조사 전문가의 비중도 높아졌다.

통신 부문

인지도나 평판은 대부분 미디어를 통하여 인식된다. 이미지, 제품, 스토리 등 우리가 소비하는 모든 상품은 미디어 채널을 통해 확산된다. 더 없이 훌륭한 전략, 적기에 출시하는 상품, 감동적인 스토리를 아무리 내세운다 해도 통신 부문의 채널을 통하지 않고서는 모든 것이 실패로 돌아갈 것이다. 스타를 꿈꾸는 사람들이 넘쳐나고 하나같이 변신을 거듭하며 홍보전략을 펼친다 해도 미디어를 효과적으로 활용하지 않는다면 실패의 잔을 들 수밖에 없다. 미 국무장관 힐러리 클린턴은 자신의 측근이나 지인들에게 총명하고 역동적이며 원칙을 지키는 일벌레로 알려져 있으나, TV에서는 차갑고 냉정하며 영악한 이미지가 강조되었다. 이런 인식 때문에 힐러리는 정치활동을 하는 것에 대한 대중의 지지를 얻기 어려웠다. 영부인에서 상원의원으로 돌아온 후 힐러리는 동료 의원들이나 지지자들에게도 부드럽고 친밀한 이미지를 보여주고자 신중을 기했다.

홈 CGV(네트워크 TV), 케이블 TV, 라디오, 영화, 신문, 잡지, 인터넷은 제 각각 유명인에 대한 대중의 커져가는 관심을 활용하는 방향으로 전문화되었다. 〈피플(People)〉, 〈어스(Us)〉 등의 잡지, 〈록클라인(Rockline)〉, 〈래리 킹 라이브(Larry King Live)〉와 같은 TV쇼(시청자 전화참여 형식), 각양각색의 TV 토크쇼, 공식 인터넷사이트, 무수한 인터넷 블로그, 팟캐스트, 채팅룸 등이 광고산업의 밑거름이 되고 있다. 이처럼 주옥같은 요소들의 가치를 깨우친 이들만이 광대한 시장으로 진출하고 막대한 이익을 향유할 것이다.

일하는 엄마들을 위한 브랜드

캐시 아일랜드(Kathy Ireland)는 잡지 〈스포츠(Sports)〉의 표지에 최신 수영복을 입고 등장하면서 1990년대를 대표하는 슈퍼모델로 자리 잡았다. 오늘날 그녀의 이름은 성인 남성들보다 일하는 여성들에게 더욱 친숙하다. 그녀의 브랜드 'KIWW(Kathy Ireland WorldWide)'는 사무실 의류 또는 가구와 같이 일하는 엄마들을 위해 설계한 제품들을 상징하면서 '일하는 엄마들에게 최고의 친구'로 자리매김하였다. 캐시는 두 가지 측면에서 성공을 거두었다. 미디어와 인터넷을 최대한 활용했고, 육체적 매력과 강한 모성애를 연상시키는 브랜드의 호소력을 끌어낸 것이다. 이 같은 캐시의 변신과 성공은 정확한 표적시장의 식별에 뿌리를 둔다. 그녀는 집안일과 가사의 균형을 유지하면서 여성으로서의 삶을 유지하고파 하는 일하는 여성들을 표적으로 삼았다. 동시에 그녀는 동원할 수 있는 모든 채널에 자신의 이름과 상품을 노출하여 표적고객들이 그것들을 쉽게 인지하게 했다. 또 웹사이트 'Kathyireland.com'을 통해 자신의 이미지를 전 세계에 확산시켰는데, 고객들과 쌍방향 소통이 이루어지면서 고객들의 실제 니즈를 파악했다. 뿐만 아니라 그녀는 수많은 소매점, 온라인 쇼핑몰, 그녀의 책을 이용해 자신의 상품들을 확산시켰다. 그녀가 '소중한 브랜드 파트너들'이라고 칭한 전략적 파트너십(제휴관계)은 브랜드 인지도 확대에 크게 기여했다. 'FurnitureFind.com', 'Arrow Home Fashions', 'Tinwood Ventures', 'Atla Window Coverings' 등이 캐시와 파트너십을 맺었다. 비영리적 활동으로도 명성을 쌓고 있는 그녀는 동기부여 강사로서 여러 여성단체를 대상으로 강연활동도 활발히 벌이고 있다. 그녀는 신 채널과 구 채널 모두를 통해 표적고객을 찾아내어 자신의 브랜드를 판매한다. 그녀가 일류 브랜드로 거듭나고 신뢰의 이미지를 쌓는 일에 그녀의 친숙한 이름값이 결정적인 작용을 했다.

외모 부문

퍼스널 브랜딩에 이미지가 핵심 요소로 자리 잡으면서 외모 관련 사업도 빠르게 성장하고 있다. 엔터테인먼트 부문은 메이크업 전문가를 빼놓고 생각할 수 없다. 메이크업 전문가들은 엔터테인먼트 부문을 넘어서 상품이나 서비스를 보기 좋게 꾸미려 하는 사업가들을 대상으로 영역을 급속히 확대하고 있다. 헤어스타일리스트와 메이크업 아티스트 외에 의상스타일리스트, 컬러 컨설턴트(color consultant, 색채 관리사), 이미지 코디네이터, 피부과 전문의, 성형외과 의사 등도 신규 시장진출자들이 외모를 바꾸거나 가꾸는 데 핵심 역할을 한다. 어느 분야를 막론하고 경쟁이 극심해진 환경에서는 더 아름답고 호감 넘치는 이미지가 경쟁력으로 작용한다. 이런 환경에서 경쟁력을 유지한다는 일은 단순히 얼굴을 꾸미는 일 이상으로 외모에 많은 투자를 해야 함을 의미한다.

외모 관련 산업은 단순히 얼굴이나 몸매를 가꾸는 차원 이상으로 전문화되었다. 가령 훌륭한 몸매를 유지하기 위해 영양사와 개인 주방장의 도움을 받기도 한다. 이들의 몸값은 우리가 생각하는 것보다 상당히 높다. 이 외에 '구매 대행인'을 통하면 시간을 절약하고 합리적으로 물품을 구매할 수 있는데, 미국에서는 이들의 하루 일당이 500달러에서 750달러에 이른다. 개인 트레이너(personal trainer)는 한 시간에 100달러에서 250달러 정도 받는데, 일정을 정해서 의뢰인의 집까지 직접 방문한다. 오늘날 세상 곳곳에는 스타를 꿈꾸는 이들과 이들을 돕는 전문가를 꿈꾸는 사람들로 북새통을 이룬다. 이들이 세계적으로 성장세에 있는 외모산업의 핵심 구성원들이다.

코칭 부문

스타지망생의 이미지 변신을 지휘하는 사람은 과연 누구일까? 분야에 따라 다르지만 스타지망생의 이름값을 높이기 위한 전략은 대행사, 개인 매니저, 가족 구성원, 또는 스타지망생 본인의 손에 달려 있다. 가수는 발성훈련을, 정치가는 연설훈련을, 운동선수는 해당 종목에 관한 훈련을 받아야 할 것이다. 물론 자신의 분야에서 역량을 키우고 싶은 사람들이라고 해서 무조건 스타를 꿈꾼다는 법은 없겠지만, 대부분 해당 영역에서 이름값을 높이려 하고 이런 명분이 코칭산업의 성장동력이 되고 있다.

코칭 부문은 몇 가지 이유로 빠르게 팽창하고 있다. 과거에 비해 평판산업에 대한 인식이 확대되었고, 성공 또는 실패하는 이미지에 대한 정보교류도 빨라졌다. 또한 광대한 전문코칭 서비스시장도 새로운 바람을 타고 있다. 이제 어디서든 라이프스타일 컨설턴트, 프레젠테이션 코치, 프리랜서 노래 또는 춤 강사, 이미지 컨설턴트의 도움을 받을 수 있다. 물론 이런 코치나 강사들이 여전히 평판산업의 가내공업 단계에 머물러 있는 경우도 많지만, 전문 코칭 부문은 나날이 규모가 확대되고 정교함이 강화되고 있다. 경력이 많은 스피치 컨설턴트(speech consultant, 강연지도사)는 보수를 10만 달러 이상 받기도 한다. 분야에 따라 다르지만 이들은 강의 한 번에 5,000달러에서 1,000달러를 받고 시간당 강의료를 250달러에서 500달러를 받기도 한다. 높은 수익 잠재성에 기대어 스피치 아카데미도 속속 생겨나고 있다.

법률 및 비즈니스 서비스 부문

각계각층의 스타지망생들 중에 모든 일을 도맡아 할 수 있는 사람은 드물다. 사실 그렇게 할 만한 시간도 부족하다. 셀러브리티 소스(Celebrity

Source)의 사장 리타 타틸(Rita Tateel)은 이런 말을 남겼다.

"시간이 그들에게 가장 중요한 '필수품' 이다. 많은 사람들이 유명인과 시간을 함께 하고 싶어하지만, 유명인들은 시간을 나눌 여유가 거의 없다."

갑작스레 많은 돈을 만진다거나 그 돈을 현명하게 투자해야 하거나 회사와 같은 합법적 단체를 세우거나 부동산에 투자해야 할 때, 대부분 변호사나 회계사, 투자전문가 등을 찾게 마련이다. 일반적으로 고소득을 올리는 유명인들이 이들의 도움을 필요로 하는 것은 당연하다. 한편 '보호' 의 측면에서 스타지망생들을 관리하는 데 중요한 문제들이 많이 대두되었다. 말하자면, 복권 당첨자들과 다를 바 없이 스타지망생들도 주식거래, 보험가입, 신생 기업과의 거래, 지인들과의 거래 등의 유혹에 빠질 수 있다. 이 모든 경우에 의뢰인이 의심스러운 거래를 하지 않도록 자문하고 브랜드 아이덴티티를 훼손하지 않도록 돕는 것이 법률 및 비즈니스 서비스 부문에서 하는 일이다.

이 부분의 수익 잠재성을 본 법률 및 회계 서비스 회사들은 연예인, 운동선수, 정치인 등을 대상으로 전문화된 서비스를 제공한다. 사실 시장에서 정립된 많은 브랜드들(유명인들)이 이런 회사들에게 비싼 수수료를 지불하면서 재무관리를 위임한다. 그러나 재무관리자들의 역할은 재무관리에만 한정되지 않는다. 영화배우 에드워드 애스너(Edward Asner)의 비즈니스 매니저로 일한 바 있는 회계사 마빈 스나이더(Marvin Snyder)의 이야기를 들어보자.

"비즈니스 매니저는 여러 사람의 역할을 맡는다. 즉 고문 역할과 동시에 정신과 의사 역할도 한다. 왜냐하면 의뢰인의 돈을 다룰 때는 문제의 소지가 있는 일, 의뢰인의 결혼, 가족, 아이들, 애인과 연관된 일 같은 것도 다루기 때문이다. 의뢰인과 끈끈한 유대관계를 맺으면 의뢰인은 다른 사람에게 말하지 못할 내용까지도 매니저에게 속 시원히 털어놓을 것이다."

보증광고 및 라이선싱(특허) 부문

평판산업이 갈수록 정교화되고 있는 탓에 스타지망생들은 광고 출연, 음반계약, 권리계약을 더 이상 혼자 도맡아서 할 수 없게 되었다. 스타라는 이미지가 훼손되고 도용될 수 있기에 전문가의 도움이 절실해진 것이다. 이런 이유로 유명한 배우나 운동선수들이 전속계약을 통해 상품을 홍보하는 보증광고(endorsement)가 성행하게 되었다. 일례로 러시아의 테니스 요정 안나 쿠르니코바(Anna Kournikova)는 아디다스와 요넥스의 광고에 등장했다. 유명인들이 보증광고가 아닌 일종의 홍보대사 역할을 하기도 하는데, 쿠르니코바는 이런 방식으로 오메가 시계와 라이코스를 홍보했다.

유명인들은 이런 활동을 통해 본업에서 거두는 수익보다 훨씬 많은 돈을 벌기도 한다. 테니스계의 흑진주라 불리는 비너스 윌리엄스(Venus Williams)는 아메리칸 익스프레스, 리복, 윌슨, 맥도날드와 전속계약을 맺어 매년 수백만 달러를 벌어들였다. 유명한 배우나 가수들도 윌리엄스처럼 전속계약으로 수입을 올리고 있다. 윌리엄스는 인지도를 극대화함으로써 수익을 증대시키고 새로운 사업기회를 포착한 셈이다.

의류에서부터 향수, 비디오게임, 커피 등에 이르기까지 다양한 상품을 만드는 제조업자들은 주로 유명인을 제품의 모델로 내세운다. 그리고 상품을 출시하기 전에 브랜드 네임의 특허를 받는다. 따라서 이런 회사들은 유명인들의 이름을 제품에 새기고 대가를 지불한다. 대량 판매를 하는 회사들은 유명인의 얼굴과 이름을 내세워 상품 판매에 열을 올린다. 따라서 제품개발자와 유통업자는 대규모 광고홍보 대신 유명인의 이름을 내세워 소비자들의 관심과 신뢰를 얻을 수 있는지 제일 먼저 고려해야 한다. 상품에 매료된 소비자들은 스타의 이미지와 상품의 품질(perceived quality)을 동일시하는 경향이 있다. 바로 이름값의 영향력이다. 가령 상표 없는 도시락통과는 달리, 아이들에게 인기가 많은 만화 캐릭터가 찍힌 도시락통은 불티나게 팔려나갈 것이다.

마케팅 입장에서 볼 때 유명인과 관계가 있는 것은 팬들뿐만 아니라 평소 팬은 아니지만 유명인의 이미지에 친숙해서 구매를 결정할 가능성이 있는 사람들까지 사로잡아야 한다. 그것이 핵심이다. 유명인과 상품과의 결합이 장기간 지속될지는 논란의 연장선상에 있지만, 널리 알려진 얼굴이 관심을 끈다는 점에는 의문의 여지가 없다. 나이키 광고에 등장한 영웅적 인물들은 소비자들의 관심을 사로잡기에 충분했다.

보증광고와 특허는 제조업자나 서비스 공급자들이 경쟁자들과 차별화하는 강력한 수단으로 급격히 확대되었다. 보증광고와 특허는 훌륭한 상품, 강력한 가격 경쟁력, 시기 적절한 대안이 되기보다는 인지도가 차별성으로 인식되는 시장에서 소비자들의 시선을 끌고 인지도를 높이며, 경쟁력을 갖추는 기능을 한다.

적절한 전속모델 선택

핵심 요건
1. 인지도 : 귀에 익은 이름이 새겨진 광고가 소비자들의 관심을 끈다.
2. 연상 : 전속모델의 개성이 제품의 품질을 연상케 한다.

전속모델 선정 시 고려해야 할 사항은 무엇일까? 어떤 점에서 전속모델이 호감이 가는 이미지를 형성하고 판매율을 높일까? 통상적으로 기업들은 '제품 적합성(product fit)'을 핵심 요건으로 고려한다. 영국의 대형은행 바클레이즈의 전속모델 사무엘 잭슨(Samuel L. Jackson)은 처음부터 시골길을 걸어 내려오며 지적으로 이야기하는 모습으로 그려졌다. 'Fluent in Finance(재정에 대해 유창하게 말하라)' 캠페인의 일환인 그 광고에 힘입어 신규 계좌가 늘면서 바클레이즈는 다방면에서 눈부신 성과를 거두었다. 그러나 거친 이미지를 풍기는 할리우드 영화배우가 '브랜드의 얼굴'이 되지 않을까 우려한 바클레이즈는 곧 그 광고를 중단했다. 사실 사무엘 잭슨이 영화 속에 보이는 비사회적 행동도 브랜드 이미지에 타격을 입힐지 모를 노릇이었다. 유명인과의 전속계약으로 잠재적 위험성을 안고 가면서도 기업들은 기꺼이 유명인에게 막대한 비용을 지불하면서 승부수를 던지려 할 것이다. 어느 보수적인 패션 브랜드는 남자를 잘 유혹할 것 같은 안젤리나 졸리(Angelina Jolie)를 '브랜드의 얼굴'로 만들지 않았는가. 이를 두고 랜도 어소시에이트(Landor Associate, 미국의 유명 CI업체)의 매니징 디렉터 알렌 아담슨(Allen Adamson)은 이렇게 분석했다.

"졸리는 일부 팬들의 기대에 못 미칠지도 모른다. 하지만 브랜딩에서 어느 정도 위험을 감수하는 편이 낫다. 더 많은 관심을 이끌어내기 위해서다."

전속계약을 맺은 기업이나 조직은 상품을 전속모델의 이미지와 결합하려고 한다(물론 그 반대의 일도 벌어지곤 하지만). 상품과 전속모델이 하나로 통하는 순간부터 막대한 혜택이 돌아온다. 골프 스타 아놀드 파머(Arnold Palmer)를 전속모델로 둔 발보린 모터 오일은 큰 성과를 거두었다. 절제하고 믿음이 가는 파머의 이미지가 남성들의 구매를 촉진한 것이다.

소비자의 선호도와 인식도 신중하게 고려해야 할 사항이다. 이 두 성향의 수준이 높을수록 강한 인상을 남긴다. 〈골프 월드 비즈니스(Golf World Business)〉가 실시한 여론조사를 봐도 아놀드 파머가 여전히 인기를 누리고 있음을 분명히 알 수 있다. 파머는 친밀성, 선호성, 신뢰성, 세 가지 측면에서 최고 점수를 받을 만하다. 마찬가지로 여행사 프라이스라인닷컴은 세계적으로 추앙받는 영화배우 윌리엄 샤트너(William Shatner)[7]를 광고모델로 내세웠다. 암을 극복한 사이클 영웅 랜스 암스트롱(Lance Armstrong)은 코카콜라, 수바루, 나이키, 브리스틀-마이어스 스퀴브와 연이어 전속계약을 맺었다. 디스커버리 채널은 암스트롱에게 2,700만 달러 이상을 투자하기도 했다. 주로 미국인들만 암스트롱의 경기를 본다는 한계가 있었음에도 불구하고 이 계약은 큰 성공으로 이어졌다. 암스트롱의 '스토리'가

---

[7] 인기 드라마 〈스타트렉(Star Trek)〉에 출연했다.

마음을 사로잡고 감동을 선사했기에 그의 이미지는 스포츠 스타를 넘어 미국의 우상이 되었다. 하지만 이처럼 완벽한 스토리도 암스트롱이 약물복용 혐의[8]를 받았을 때처럼 어떤 변수로 인해 힘을 잃을지도 모른다. 그럼에도 이런 위험은 오늘날의 트렌드에 전혀 영향을 미치지 않는다. 광고대행사들은 저마다 유명인과의 전속계약에 큰 힘을 기울이고 있다.

전속모델 선정 시 문화 트렌드를 고려하는 것도 잊어서는 안 된다. 과거 수십 년 동안은 논쟁의 소지가 많은 인물이 상품의 신뢰도를 훼손한다고 여겼지만, 지금의 트렌드는 분명히 개성 강한 인물을 광고모델로 앞세우는 것이다. 애플은 저작권을 확보하지도 않고 랩퍼 에미넴(Eminem)의 곡 〈Lose Yourself〉를 아이팟 광고에 사용했다. 그래서 에미넴과 그의 음반사가 애플을 상대로 소송까지 제기했지만, 양측이 저작권계약을 체결하면서 사건이 일단락되었다. 할리우드 여배우 하이디 플라이스(Heidi Fleiss)는 불법공모, 탈세, 돈세탁 등의 혐의로 기소된 후에도 란제리와 잠옷 광고를 계속했다. 오늘날 시장은 갈수록 다양화되고 있다. 다양한 개성을 가진 인물들이 기업과 전속계약을 체결할 기회가 늘어났다. 전통적으로 '멋진' 인물만을 바라던 광고시장에 개성 강한 인물들이 등장하여 대중의 라이프스타일과 가치를 더욱 정확히 반영하고 있다.

'노출 관리'에도 신경을 써야 한다. 가령 유명한 배우라면 누구든

---

[8] 한 프랑스 신문이 암스트롱이 투어 드 프랑스 빅토리 첫 출전에서 EPO 약물을 복용했다는 의혹을 제기했다.

되도록 많은 상품 광고에 자신을 노출하려 할 것이다. 이런 현상이 심화될수록 소비자들은 광고에서 눈을 쉽게 떼고 만다. '과다 노출'은 어떤 결과를 초래할까? 상품들의 전속모델이 겹침으로써 소비자들이 전속모델에게 끌리지 않게 된다. 이런 요소를 사전에 파악하고 광고모델이 다른 기업과 장기 전속계약을 맺었는지의 여부도 주의 깊게 살펴야 한다.

비즈니스 외에 의료와 법률 분야에서도 유명인을 앞세운 광고 캠페인을 활발히 펼치고 있다. 경쟁이 극심한 의료계에서는 병원들이 저마다 명망 있는 간 전문의나 심장이식 전문의를 내세우고 획기적인 시술을 개발했다고 홍보한다. 법조계에서는 인쇄매체, 케이블 방송, 인터넷 등 가능한 한 많은 채널에 이름을 노출하는 전략도 펼쳐진다. 분야를 막론하고 유명인을 모델로 한 광고가 소비자들의 마음을 사로잡는다 해도 과언이 아니다. 유명인과의 전속계약은 지속적으로 확대될 것이다. 경쟁이 극심한 지금의 시장환경에서 그것만큼 강력한 무기가 없기 때문이다.

∴ '평판 서비스' 산업의 발달

일종의 '평판 서비스'를 제공하는 기업들이 속속 생겨나고 있다. 셀러브리티 서비스 인터내셔널(Celebrity Service International, Inc.,)도 그런 회사들 중 하나다. 미국과 유럽을 활동영역으로 하는 이 회사는 60년 넘게 각계각층의 유명인사들의 활동에 대한 세밀한 데이터베이스를 운영한다. 주로 유명인사들이 이 회사의 서비스를 이용하는데, 이 회사에 등록한 회원은 게시판, 전화번호 검색 서비스, 할리우드 행사일정 리스트 외에 엔터테인먼트 분야 기업들의 광범위한 리스트가 포함된 온라인 디렉터리를 이용할 수 있다.

수천 달러에서 10만 달러에 이르는 수수료를 받고 유명인들이 보유한 별장에서 휴가를 주선하는 회사들도 생겨났다. 대표적인 회사로 오버시즈 커넥션(Overseas Connections)이 있다. 이런 회사를 통하면 세계 곳곳에 소재한 스타의 별장에서 멋진 시간을 보낼 수 있다.

평판산업 세계에 이런 유형의 기업들이 많이 등장하고 있다. 스타가 되면 이른바 두 유형의 지원 시스템, 즉 지원인력을 거느리게 된다. 집에서 일을 돕는 인력과 대외 활동을 돕는 인력이다. 대행사, 개인 매니저, PR담당자 등이 두 유형의 인력에 속한다. 그 밖에 한 장소에서 지극히 한정된 역할을 하는 인력들도 있다. 그러나 지원인력들은 의뢰인을 따라 자연스레 많은 곳을 돌아다닐 수밖에 없다. 해외로 자주 나가는 스타는 집안일을 보는 인력들을 대동하는 경우가 많다. 막대한 비용을 감당하지 못하는 경우 완전히 원시적 수준(평판산업의 원시적 단계)에서 필요한 일을 처리해야 한다. 재봉사부터 치과의사에 이르기까지 개개 인력은 언동에 신중을 기한다. 공정한 경쟁이 옛 말이 된 강력한 미디어시장에서 유명인들은 자신들에게 불리한 정보가 유출될까봐 늘 노심초사한다. 예컨대 전속계약을 맺은 스포츠 스타가 흔한 성병 치료를 받았다고 해서 전속계약을 해지당할 수 있고, 아이들에게 인기 만점인 배우가 불면증으로 수면제를 복용한다는 이유로 아동 프로그램에서 하차할 수도 있다. 또는 일류 모델이 여드름이 났다는 이유로 전속모델 계약을 취소당할지도 모른다. 이처럼 사소한 일이 큰 화로 이어질 수 있기 때문에 집에서나 밖에서나 지원인력들은 사소한 정보라도 새나가지 않도록 주의를 기울인다.

리무진 회사, 경호보안 업체, 최고급 휴양지, 고급 레스토랑, 헬스 스파 등의 건강시설과 같이 대체로 유명인들을 대상으로 한 서비스 업체도 늘고 있다. 이런 서비스 부문의 성장이 경제에 미치는 파급효과는 실로 엄청나다.

안을 훤히 들여다볼 수 있게 된 것이 평판산업의 변화라고 할 수 있다. 산업 전반이 서비스 기법의 노출을 차단하는 구조로 이루어져 있었지만, 이제는 평판산업의 구조를 훤히 들여다볼 수 있게 되었다. 전국에 방영되는 토크쇼에서 유명한 배우들과 그들의 개인 매니저, 스탭들은 성공비결을 거리낌없이 밝힌다. 사실 그런 배우를 보좌하는 스탭이나 그들이 스타로 거듭나는 데 일조한 사람들이 연예 프로그램에 등장해 이름을 알리는 일도 자주 볼 수 있다.

유명인을 추앙하는 문화 탓인지 예비 스타를 발굴하는 각종 프로그램도 인기를 끈다. 이런 흐름에 따라 평판산업 분야의 매력에 대중의 관심이 집중되고 있다. 어느 새 평판산업이 우리의 경제 및 문화의 구조에 깊이 뿌리를 내리고 있는 것이다.

CHAPTER 4

인지도 피라미드

PHILIP KOTLER PERSONAL MARKETING

부유한 남부 캘리포니아 사람들이 벌인 신년 축하파티를 떠올려보자. 아래와 같은 사람들이 파티에 참석했다.

- 로드 스튜어트(Rod Stewart), 영국의 인기가수
- 세레나 윌리엄스(Serena Williams), 테니스 선수
- 핀 쉬들란(Finn E. Kydland)과 에드워드 프레스콧(Edward C. Prescott), 노벨상을 수상한 경제학자들
- 폴 리드커 박사(Dr. Paul Ridker), 심혈관계 세계 최고 전문가
- 프라할라드(C.K. Prahalad), 경영학의 구루
- 다이안 소이어(Diane Sawyer), 인기 여성 뉴스앵커

- 어셔 레이몬드(Usher Raymond), R&B 인기가수

 이 사람들 외에 파티에 초대받은 다른 이들은 무엇을 하고 있을지 한 번 상상해보라. 젊은이들은 윌리엄스와 어셔 주위를 맴돌며 두 사람을 향해 선망의 눈빛을 보내고 있다. 나이를 지긋이 먹은 사람들은 ABC뉴스 간판 앵커 소이어에게 시선을 집중한다. 이들보다 나이를 더 먹은 노년층 사람들은 60대 중반에 접어든 스튜어트를 보며 추억에 빠져든다. 쉬들란과 프레스콧이 노벨상 수상자라 해도, 두 사람의 말에 귀기울이는 사람은 별로 없다. 또 리드커 박사가 아무리 자신의 분야에서 이름을 날렸다 해도 그를 알아보는 사람은 별로 없다.

 이 파티를 보면 인지도에 대한 몇 가지 중요한 사실을 발견할 수 있다. 엔터테인먼트, 학문, 비즈니스, 스포츠, 언론, 의료 등 사회 각 분야마다 인지도가 높은 사람들이 모여 있다. 그리고 이들은 자신들의 분야 밖에서 보통 사람들과 다를 바 없이 취급되기도 하지만, 자신들의 분야에서 만큼은 명성이 높고 존경을 받으며 이름값에 걸맞은 보상도 받는다. 몇몇 분야에서 퍼스널 브랜드(특히 엔터테인먼트, 스포츠, 정치 분야에서)가 해당 분야의 경계를 넘어 폭넓은 대중에게 인지되는 경우가 있다. 다른 분야의 브랜드들보다 많은 사람들에게 공로가 인식되고 많은 뉴스거리를 만들어내기 때문이다. 이 세 분야의 '슈퍼스타들', 가령 클린트 이스트우드(Clint Eastwood), 비욘세 놀스(Beyonce Knowles), 타이거 우즈(Tiger Woods), 미아 햄(Mia Hamm), 조지 부시(George W. Bush)와 같은 인물들은 다른 분야에서 제 아무리 명성을 떨치는 사람들이 나선다 해도 인지도 면에서 그들보다 앞설 것이다. 이런 '서열화'는 시장영역들

간에도 나타난다.

신규 시장진출자들은 자신들이 속한 분야의 환경에 자신들을 꿰맞출 생각조차 하지 못하는 경우가 많다. 해당 분야의 규칙과 관례, 절묘한 기회가 될 만한 것들을 고려해야 마케팅에서 성공할 수 있다. 그러나 해당 분야를 철저히 조사하지 않고 오로지 이름만 알리겠다고 무모하게 덤벼드는 경우가 허다하다. 시장에 진입하기에 앞서 마케팅 계획을 세우고 '스타가 탄생하는 시장영역'과 '인지도의 서열화' 개념을 먼저 이해해야 한다.

'스타'가 탄생하는 시장영역

사람들은 온갖 방법을 동원해 인지도를 얻는다. 직업에서 거둔 성과, 독특한 개성과 라이프스타일, 대물림, 우연, 선풍적 인기를 끌 만한 일 등이 모두 인지도를 높이는 요인으로 작용한다. 이 중 가장 일반적인 요인으로 직업에서 거둔 성과를 들 수 있다. 어느 분야든 위로 최고 권위자부터 아래로 신규 시장진출자들까지 구성원들이 인지도에 따라 피라미드 구조가 형성된다. 이 피라미드에서 역량과 평판을 어느 정도 쌓은 사람들이 중간 계층을 형성하고, 최고 권위자 두세 명 정도가 최고 위치에 있을 것이다. 이를테면 소프트웨어 부문에서는 빌 게이츠가 최고점에서 제왕의 자리를 지키고, 패션 디자인 부문에서는 베라 왕(Vera Wang)이 최고봉에 있을 것이다. 금융전문 미디어 부문에서는 '금융 미디어 황제' 마이클 블룸버그(Michael Bloomberg)가 떠오를 것이다. 그는 그런 영향력에 힘입어 뉴욕 시장에 당선되기도 했다. 어느 분야에서든 '브랜드 리더(brand leader, 상품으로 말하면 인기 상품-옮긴이)'가 나오게 마련이다.

여성, 남성, 흑인, 히스패닉, 게이, 사교계 부유층 등을 대표하는 인구학적 그룹들(demographic groups)의 리더들도 높은 인지도를 얻는다. 각 그룹은 자신들을 대표하고 이끌 리더, 나아가 '우상'을 필요로 하기 때문이다. 이런 측면에서 유명 방송인 러시 림보(Rush Limbaugh)는 신자유주의 운동의 브랜드 네임이 되었고, 마사 벅(Martha Burk)은 NCWO(전미여성단체연합)의 의장이 되었다. 마찬가지로 AARP(미국은퇴자협회)의 CEO 윌리엄 노벨리(William Novelli)는 노령층을 위한 운동에 앞장서고 있다.

독특한 개성이나 라이프스타일도 인지도를 높이는 요인이다. 짐 캐리(Jim Carrey)는 TV쇼 〈인 리빙 컬러(In Living Color)〉, 영화 〈에이스 벤추라(Ace Ventura)〉, 〈마스크(The Mask)〉, 〈덤 앤 더머(Dumb & Dumber)〉 등에 출연해 독특한 코미디를 선보이며 명성을 날리기 시작했다. 측지 돔(geodesic dome)으로 잘 알려진 건축가 벅민스터 풀러(Buckminster Fuller)는 다방면(건축가, 사업가, 수학자, 엔지니어)에서 능력을 발휘했지만, 그것들 중 어느 하나에 특별한 탁월함을 드러내지는 못했다. 대신 부단히 현상유지를 타파하려는 그의 개성이 높은 평판으로 이어졌다. 정치인 밥 돌(Bob Dole), 영화배우 버트 레이놀즈(Burt Reynolds) 등도 자신들이 몸담은 정치, 영화 분야에서 찬사를 받으면서 언론에 오르내리는 저명인사가 되었다. 특히 돌은 자신이 발기부전 치료제 비아그라 임상시험에 참여했다는 사실을 털어놓으면서 발기부전 문제를 음지에서 양지로 끌어올렸다.

'영웅들의 전당'이라 일컬을 만한 라이프스타일 부문으로 '반문화 운동(counterculture)'을 들 수 있다. 보헤미안족, 비트족, 히피족, 펑크족, 사이버펑크족 등의 하위문화(subculture) 사람들은 오랫동안 반문화 운동을 벌여왔다. 오늘날의 보수적 문화 트렌드 속에서 이들의 문화가 젊은 이들 사이에 퍼질 가능성이 높아졌지만, 그 가능성을 가로막는 높은 벽이 여전히 존재한다. 아비 호프만(Abbie Hoffman), 앨런 긴즈버그(Alan Ginsberg), 켄 키지(Ken Kesey), 람 다스(Ram Dass), 티모시 리어리(Timothy Leary)는 모두 1960년대와 1970년대에 새로운 가치와 혁신적 라이프스타일 지향 운동에 앞장섬으로써 이름을 날렸다. 우리에게 잘 알려진 앤드류 베일 박사(Dr. Andrew Weil)와 버니 시겔 박사(Dr. Bernie Siegel)는 건강한 삶을 추구하는 오늘날의 대안문화[1] 형성에 기여했다. 라이프스타일 부문에서 활약한 구세대 '스타들'은 주로 '자기홍보기술'을 통해 추종자들의 격찬을 이끌어냈다. 그러나 지금은 신세대 '스타들'이 토크쇼에 등장하고 정평이 난 행사장에서 강연하며 베스트셀러를 내는 일이 흔해졌다.

가족으로부터 명성을 대물림 받는 이들도 있다. 큰 인기를 누린 다이애나 세자비의 아들 윌리엄 왕자가 대표적인 예다. 포드, 록펠러, 케네디 가(家)의 사람들은 출신만으로 유명세를 탄다. 술수를 쓰거나 가족의 명성을 악용하여 유명세를 얻는 경우도 있다. 대물림 받는 명성은 명성을 좇는 사람들이 결코 만들어낼 수 없는 것이며, 그것을 최대한 활용하는 것만이 그러한 명성을 유지하는 길이다.

우연히 명성의 수혜자가 되는 사람들도 있다. 예컨대 수터(W.G Sutter)

---

[1] alternative culture, 후기 산업사회가 파괴한 인간성의 회복을 주안점(主眼點)으로 하는 사조(思潮).

는 캘리포니아에 있던 자신의 제재소에서 우연히 금광을 발견하면서 유명해졌다. 또 명성이라는 말을 붙이기 어렵겠지만, 존 바빗(John Bobbitt)은 자다가 아내에게 성기를 절단당한 일로 유명세를 탔다.

반대로 '상황 판단을 잘하는 사람'으로 자신을 포지셔닝함으로써 명성을 얻기도 한다. 일례로 경제학자 로버트 쉴러(Robert J. Shiller)는 저서 《이상과열, 거품증시의 탄생과 몰락(Irrational Exuberance)》을 버블경제가 붕괴하는 시점에 내놓으면서 2000년 버블을 예견했다.

마지막으로 사회가 놀랄 만한 일을 벌여서 선풍적 인기를 끄는 사람들도 있다. 마술사 데이비드 블레인(David Blain)은 고난이도의 거리 마술을 선보였다. 그는 2003년 영국 런던 템즈 강 주변에서 플라스틱 상자 안에 들어가 44일 동안 물만 마시며 버텨냈다. 그는 마술사라기보다 록스타의 인상을 풍긴다. 그 밖에 높은 건물을 맨손으로 타고 오르는 사람, 개썰매를 타고 북극점에 도달한 사람, 노 젓는 배를 타고 세계항해에 성공한 뒤 책을 내거나 신문 헤드라인 기사에 등장하는 사람도 세상의 주목을 받는다. 심지어 살인을 저질러서 살인의 동기를 연구하는 심리학자 논문에 등장하여 유명세를 타는 사람도 있다.

지금까지 살펴본 결과 몇 가지 시사점을 얻는다. 물려받았거나 우연히 획득한 명성은 시작부터 명성은 얻은 꼴이지만, 대개 그렇게 얻은 명성을 유지, 확대하기가 어렵거나 불가능하다. 사회를 깜짝 놀라게 한 일도 잠시나마 유명세를 타게 하지만 오래 지속되지 못한다. 따라서 자발적으로 명성을 좇는 이들이라면 전략과 계획이 수반된 활동이 인지도를 높이는 데 훨씬 효과적임을 기억해야겠다.

이른바 '스타'가 될 수 있는 부문들 가운데 브랜드 개발전략의 수행에 치중하는 열 개 부문은 다음과 같다.

- 엔터테인먼트, 스포츠, 정치, 문화, 비즈니스, 종교, 과학, 전문직, 학문, 기술

이들 가운데 최고봉은 엔터테인먼트 분야다. 이 분야에서는 인지도가 생존과 큰 관련이 있다. 연예인들은 대중의 관심을 끌어야 수익을 거둘 수 있다. 즉 이름을 널리 알리고 팬을 더 많이 확보할수록 몸값이 올라간다. 놀랄 일은 아니지만 연예인들은 평판산업 초기부터 인지도를 높이는 기술을 활용해왔다. 대중들에게 보이는 이미지를 계속 관리해야 했기에 연예인들은 홍보담당자, 광고대행사, 개인 매니저, 코치 등에게 크게 의존했다.

스포츠 스타를 꿈꾸는 이들은 이름값을 높이려 하기에 앞서 최소한의 육체적·정신적 역량을 갖춰야만 한다. 그렇지만 이름을 알리는 전략적 결정에 치중해야 할 때도 있다. 종목별로 유명한 지역에서 특히 그런 전략을 펼쳐야 한다. 이를테면 야구로 유명한 미국, 축구로 유명한 아르헨티나, 크리켓으로 유명한 인도, 하키로 유명한 캐나다에서는 선수의 인지도를 높이는 전략에 집중해야 한다. 골키퍼 팀 하워드(Tim Howard)는 MLS(미국 메이저리그 축구) 시절 최고의 골키퍼로 군림했지만, 맨체스터 유나이티드로 이적한 후에는 그다지 명성을 떨치지 못했다. 반대로 수영 챔피언 이안 소프(Ian Thorpe)는 멋진 해변과 서핑으로 유명한 호주에서 우상으로 군림했다.

선거에서 승리하기 위해 인지도를 높여야 하는 정치인들은 인지도 제고 전략을 총동원한다. 정치 컨설턴트와 PR전문가, 광고대행사, 마케팅 조사기관을 통하고 각종 언론매체에 얼굴을 노출하며 자신들의 정당이 가진 자원을 모두 활용한다. 연예인들은 뜻대로 외모를 뜯어고치고 자신들의 '스토리'를 바꾸려 한다. 대중도 대개 그런 변화를 고대한다. 하지만 정치인들은 '이미지메이킹 전략'이 노출되지 않도록 각별히 신경 써야 한다.

작가, 시인, 화가 등 문화예술 부문 사람들 역시 이미지메이킹 전략을 활용한다. 작가나 미술가들이 주로 무명으로 활동한 과거와 달리(사후에 유명해지는 경우가 많았다), 오늘날 문화예술 부문은 브랜딩을 적극적으로 펼치는 환경으로 변했다. 이미지를 향상시키고 새로운 기회를 모색하기 위해 예술가를 활용하는 기업들이 늘고 있다. 경제분석가 로버트 커트너(Robert Kuttner)는 문화예술 부문의 덕을 톡톡히 봤다. 그가 주로 활동하는 가장 큰 '무대'는 〈비즈니스위크〉의 정기칼럼 'Economic Viewpoint'와 그가 저술한 책 몇 권이 고작이었다. 그러던 중 그는 국립 공영라디오(National Public Radio)를 통해 논평을 흘려보냈다. 이후 그는 더 많은 유명 통신채널들을 통해 자신을 노출시키면서 이름을 알려나갔다. 그 결과 경제정책에 관한 인기 논평자뿐 아니라 경제 현안을 이해하기 쉽게 설명하는 경제 권위자로 이미지가 바뀌었다.

보수성이 짙은 종교 분야에서도 어느 정도 동등한 계급과 상위 계급들에게 보이는 이미지에 따라 성공이 결정된다. 종교 조직은 조직적으로 이루어져 있어서 모든 종파들이 지방, 지역, 국가, 때로는 세계적 차원에서 인지도를 높이려 한다. 종교 조직의 각 계급에 위치한 이들은 한 수준 높은 계급의 한정된 자리를 두고 서로 경쟁한다. 사제들은 주교 자리를 두고 경쟁할 것이고, 대주교들은 추기경 자리를 두고 경쟁할 것이다. 하지만 이처럼 보수성이 강한 종교집단에서조차 성공이 어느 정도는 이미지에 달려 있다. 따라서 종교 조직에서 인지도를 높이려면 종파의 교리를 파악하는 일이 우선이다. 유명해지고 싶다는 것을 신도들이 알게 된다면 거센 비난이 쏟아질 것이다.

비즈니스 부문은 비즈니스 리더를 영웅화하는 측면에서 진화를 거듭해왔다. 한때 비즈니스 리더와 영웅을 한 쌍으로 보는 것은 위험하고 품위가 없는 일로 여겼지만, 오늘날 실재보다 이미지메이킹에 치중하는 CEO들이 비난을 면치 못함에도 불구하고 현대 비즈니스의 트렌드는 비즈니스 리더들이 회사와 자신들을 위한 기회의 수단으로서 명성을 추구하는 방향으로 흘러간다. 비즈니스 분야에서는 특히 관심 사업 분야와 비즈니스 리더의 평판 확대전략, 소통 채널들을 일직선상에 신중하게 배열하는 것이 핵심이다. 이런 이미지메이킹의 귀재로 모토롤라 회장 에드 젠더(Ed Zander)가 있다. 그는 모토롤라의 커뮤니티를 넘어 광대한 기술시장에서 권위 있는 분석가들과 자신의 비전을 나누면서 능숙하게 인지도를 높여나갔다.

유명 CEO들이 비난받는 경우도 있지만 비즈니스 리더들은 모두들 인지도를 높이려 애쓴다. 인지도가 비즈니스 리더들의 핵심 경영도구가 된 것이다. 그래서 이런 흐름은 특정 부분에 관해 인지도를 높이는 쪽으로 가고 있다. 이는 얼마 전까지만 해도 거의 볼 수 없는 현상이었다. 30여 년 전, PR대행사 루더 핀(Ruder Finn)을 공동 설립한 데이비드 핀(David Finn)은 회사의 주가를 높이기 위해 〈하버드비즈니스 리뷰〉를 통해 '비즈니스 리더들이 세상의 관심을 얻기 위해 애써야지 그것을 회피해서는 안 된다'고 강조했다.

한편 사회복지에 관심을 가진 비즈니스 리더들이 수없이 많지만, 약간 의문의 여지가 남는다. 왜 그들은 회사 뒤에 숨어서 그들의 인간적인 면모를 드러내지 않는 걸까? 리더십이란 최고 경영자가 사업을 운영하는 모습이 드러나는 환경을 과감히 만들어내는 것이다. 따라서 기자의 질문을 회피하고 사람들의 입에 오르내리는 것이 싫어서 몸을 숨긴 채 이름을 알리지 않겠다고 생각한다면 버려야 한다. 비즈니스 리더들은 자신들의 단점이 드러나는 것보다 사람들이 눈살을 찌푸리는 것을 더 두려워할 때가 있다.

과학 부문에서도 대대로 위인들이 많이 탄생했다. 갈릴레오, 코페르니쿠스, 뉴턴, 파스퇴르, 퀴리, 아인슈타인 등은 이름만 들어도 쉽게 떠오르는 인물들이다. 오늘날 마거릿 미드(Margaret Mead), 조나스 솔크(Jonas Salk), 제임스 밴 앨런(James Van Allen), 스티븐 호킹(Stephen Hawking)과 같은 걸출한 인물들이 어느 정도 평판산업의 전략을 활용하는 것을 보면 과학 부문에서도 인지도를 얼마나 중시하는지 알 수 있다. 물론 발명이나 성과물이 이름을 알리는 핵심 요인으로 작용하겠지만, 인지도나 평판이 미치는 영향력은 그 가치를 재기가 어렵다. 연구자금을 두고도 경쟁이 치열해서 연구소들은 과학자들의 인지도를 높이려고 물심양면으로 애쓴다. 어느 분야의 인지도가 높아짐에 따라 데이비드 그라함(David Graham) 박사와 같이 진실을 알린 사람들이 이름을 알리기도 한다. FDA의 의약품평가연구센터의 그라함 박사는 'Cox-2'의 위험성을 알리면서 언론의 주목을 받았다.

과학 부문 외에 여러 전문 분야에서 '이미지메이킹'이 확산되고 있다. 건축가 프랑크 게리(Frank Gehry), 변호사 데이비드 보이스(David Boies), '영혼까지 어루만지는 의사'로 칭송받는 메멧 오즈(Mehmet Oz)는 해당 분야에서 이미지메이킹에 성공한 사람들이다. 이들은 각자 영역에서 역량이 부족해서가 아니라 새로운 경쟁환경에 적응한 셈이다. 해당 분야에 대한 전문성만으로 명성을 떨치는 시대는 점차 사라져가고 있다.

학문 부문에 속하는 교육기관들도 저마다 인지도를 쌓고자 애를 쓴다. 대학의 홍보부서는 연구실적, 특화된 강의, 뛰어난 교수진과 연구진, 재단 등을 언론에 알린다. 이처럼 대학과 같은 교육기관이나 학술기관들이 인지도를 쌓을 수 있는 수준이나 범위는 날로 확대되고 있다. 가령 이제 어느 학과에 소속된 평범한 대학생일지라도 고등학교 동문회 잡지에 등장하거나 고등학교 후배들 앞에서 대학생활을 이야기해줌으로써 대학이 예비 신입생을 확보하는 데 한몫을 하고 있다.

스탠퍼드 대학 법대 교수 로렌스 레식(Lawrence Lessig)은 새로운 미디어 환경에서 나타나는 지적 재산권 문제를 비판하며 프리소프트웨어 운동을 지지하고 있다. 레식은 명망 있는 학술지는 말할 것도 없고 자신의 웹사이트와 블로그에 연구와 학술자료, 그리고 신간 자료를 게재해놓았다. 그는 또 〈와이어드(Wired)〉에 매달 칼럼을 쓰고 《코드 : 사이버 공간의 법이론(Code and other Laws of Cyberspace)》을 비롯 여러 책을 펴냈다. 레식은 유명한 소송에 전문가 증인으로 자주 등장하여 사이버 공간 저작권의 권위자로서 퍼스널 브랜드를 강화했다. 이처럼 신뢰감 있는 노출을 통해 인지도를 쌓음으로써 그는 사이버 공간을 지배하고 스탠퍼드에 혜택을 주고 있다.

∴ 이미지메이킹이 확산되는 부문

이미지메이킹이 확산되고 있는 부문들은 세 그룹으로 나눌 수 있다. 첫 번째는 전통적으로 재정적, 사회적, 사적 측면에서 이미지메이킹에 대한 인식이 낮아 구성원들이 인지도 확대에 소극적인 그룹이다. 그런데 지금은 이 그룹에서도 개성을 최대한 활용하려는 움직임이 일어나 '이해상충'의 현상이 나타나고 있다. 이 그룹에 속한 구성원들은 인지도 확대와 비용 대비 보상의 문제를 두고 의식적 의사결정을 내린다. 가령 무명의 생물학자가 인기 과학자가 되어 막대한 수익을 거둘 수 있게 된 지금, 이 분야에 속한 구성원들은 세 부류의 사람들을 만족시키는 방향으로 의사결정을 내릴 것이다. 바로 본인, 같은 업종 사람들, 대중이다. 이 세 부류의 사람들을 동시에 만족시키기란 보통 어려운 일이 아니어서 그에 대한 합리적인 전략이 필요하다.

두 번째는 체계적 이미지메이킹 기법이 정착된 환경에서 구성원들이 높은 인지도의 혜택을 톡톡히 보는 그룹이다. 예컨대 의사, 변호사, 건축가와 같은 전문가들이 이 그룹에 속한다. 건축가들은 강연회를 열거나 방송에 출연하는 등 여러 가지 방법으로 자신들의 건축기법을 홍보하여 의뢰인을 지속적으로 확보한다. 이 그룹의 이미지메이킹 활동 수준이 엔터테인먼트와 스포츠 부문의 수준만큼 확대되고 있기는 해도,

여전히 전문성은 부족한 듯보인다. 이 그룹의 사람들 중에는 아직도 전문가들의 도움 없이 원시적인 수준의 홍보를 펼치는 사람들이 많다. 시장조사 전문가, 마케팅 컨설턴트, PR회사의 도움을 받을 때도 있지만 투자를 꺼려하는 사람이 많은 것이다.

세 번째는 정교한 이미지메이킹 기법들이 정립된 환경에서 구성원들이 이미지메이킹으로 큰 혜택을 누리는 그룹이다. 대표적으로 엔터테인먼트 부문이다. 그 밖에 비즈니스 부문에 속한 비즈니스 리더들도 이미지메이킹의 혜택을 톡톡히 보고 있다. 한편 비즈니스 리더들이 연설문 작성자, 외모 컨설턴트, 미디어 등의 도움을 받고 있지만, 그에 따른 역효과도 일어나고 있다.

인지도의 영향력이 기대 이상으로 커지고 있는 오늘날, 활동영역과 이미지메이킹의 수준을 구별하기가 갈수록 어려워지고 있다. CNN 의학전문 기자 산제이 굽타(Sanjay Gupta)는 알고 보면 인지도 높은 전문의다. 아틀란타에 위치한 에모리 대학병원과 그레디 메모리얼 병원에서 신경외과 전문의로 일하는 굽타 박사는 두 가지 역할을 수행하고 있는 셈이다. 그러나 대중은 대부분 굽타 박사를 CNN 의학전문 기자로만 알고 있다. 동안인데다가 TV에서 하얀 의사가운을 입은 모습은 거의 보여주지 않아 대중에게 친근한 인상을 남기는 동시에 보건문제 권위자의 이미지를 구축했다. CNN 기자의 이미지와 보건문제에 대한 탁월한 분석능력이 조합되어 즉시 대중에게 호소하는 브랜드가 형성된 것이다. 굽타 박사는 이런 활동에 더해 〈타임〉에 칼럼을 기고한다. 그가 보건문제 권위자에서 주류 인사로 거듭난 것을 보면 그의 퍼스널 브랜드가 얼마나 강력한 영향력을 발휘했는지 가늠할 수 있다. 2003년 〈

피플〉은 그를 'Sexiest Men Alive(세상에서 가장 멋진 남자들 중 한 명)'이라며 극찬했고, 〈유에스에이 투데이(USA Today)〉는 그를 '대중문화의 아이콘'이라며 치켜세웠다. 자기 고유의 영역을 넘어 의사라는 근엄하고 차가운 이미지 대신 젊고 친근한 이미지를 구축한 것이 성공으로 이어진 셈이다.

'이미지 변신'이 모든 분야에서 트렌드로 자리를 잡아가고 있다. 그리고 다음과 같은 이유로 분야에 따라 다양한 수준에서 이미지메이킹의 효과가 나타난다.

- 역량을 평가하는 기준이 모호한 분야에서 이미지메이킹의 효과가 크다.
가령 '이미지메이커'들은 별 볼일 없는 사람도 잘 포장하여 인지도를 높일 수 있다. 예컨대 이름이 알려지지 않은 채 선거에 나서는 후보가 이미지메이커의 도움으로 인지도를 높일 수 있는 것이다. 오늘날 예술가들도 이미지메이킹 덕을 톡톡히 보고 있다. 가령 예술 분야에서 역량을 평가하는 기준이 너무도 다양해 우리는 주로 평론가들의 평론에 기대어 예술작품을 평가한다. 이에 반해 한층 전문화된 기준에 따라 평가받는 음악 분야에서 바이올리니스트가 탁월한 실력을 갖추지 못한다면 명성을 떨치기 어려울 것이다.
- 이미지메이킹은 대중과 미디어의 관심을 크게 받는 분야에서 효과가 크다.
엔터테인먼트, 스포츠, 정치와 같이 대중의 관심이 집중되는 분야에서 스타를 꿈꾸는 이들은 되도록 미디어에 노출을 많이 하려 한다. 미디어 역시 볼거리들을 제공하기 위해 많은 소재들을 필요로 한다.

이처럼 인기 분야에서 극적인 이미지메이킹이 일반화되었다. 이와는 달리 꽃 장식, 이불 만들기, 개썰매 등의 전문 분야에 대중은 그다지 관심을 두지 않는다. 이런 분야의 '스타들'은 이미지메이킹을 하더라도 투자 대비 이익을 거두지 못하는 경우가 많다. 그럼에도 이런 분야에 종사하는 개인들도 이제 입소문, 상표출원, 각종 이벤트, 웹사이트와 같은 전문화되고 비용효율적인 채널을 이용함으로써 이름값을 높일 수 있게 되었다.

- 이미지메이킹은 경쟁이 치열한 분야에서 효과가 크다.

쟁쟁한 배우들이 치열하게 경쟁하는 할리우드와 같은 곳에서 이미지메이킹에 대한 투자는 차별성을 만드는 수단으로 통한다. 이와는 달리 리히텐슈타인(Liechtenstein, 스위스와 오스트리아 사이에 있는 나라-옮긴이)의 역사를 연구하는 분야에서 일인자가 되려고 경쟁하는 사람은 그다지 많지 않을 것이다. 이런 분야에서는 일인자가 얻는 혜택이 상대적으로 적다. 그러나 이미지메이킹을 하지 않더라도 충분히 좋은 평판을 얻을 수 있다.

- 이미지메이킹은 홍보에 투자를 많이 하는 분야에서 효과가 크다.

흔한 예로 정치선거에서 승리는 유권자의 지지율에 달려 있다. 지지자를 최대한 많이 확보해야 하는 후보자들은 여론을 파악하고 호소력 있는 연설을 준비해서 집회를 연다. 그리고 TV와 라디오, 신문 등에 모습을 드러내는 방법으로 이미지메이킹을 한다.

- '이미지메이커'들이 높은 수익을 거두는 분야에서 이미지메이킹이 확산되는 경향이 있다.

이미지메이커들은 수익성이 좋거나 인지도가 큰 수익으로 이어지는 분야에 집중한다. 다시 말해 엔터테인먼트, 스포츠, 정치 분야 처럼 이미지메이킹이 성공에 결정적 기능을 하는 분야에서 이미지 메이커들 또한 큰 수익을 올린다. 비즈니스와 종교 분야를 비롯 의료, 법률과 같은 전문 분야에서도 이미지메이커들의 활약이 돋보인다.

∴ 인지도의 범위 수준

명성은 하나의 고정된 범위에서 퍼지지 않는다. 유명인들의 인지도 수준이 서로 크게 차이가 난다는 말이다. 유명한 가수가 동맥에 정통한 최고의 전문가보다 인지도가 높고, 스포츠 스타는 노벨상을 수상한 어느 경제학자보다 얼굴이 잘 알려졌다. 유명 가수와 스포츠 스타는 그들 고유의 영역 밖으로 인지도를 확대했기에 이런 일이 가능한 것이다. 인지도의 범위 수준을 이해하려면 우선 인지도가 '공간과 시간' 두 가지 차원에서 인식된다는 사실을 이해해야 한다. '공간'은 해외, 국내, 지방, 소지역 등 인지도의 범위를 뜻하고, '시간'은 하루, 일주일, 일 년, 영원히 등 인지도가 얼마나 오래 지속되는지를 의미한다. 이 두 가지 차원에 따라 인지도 수준이 20단계 이상으로 나뉜다(〈그림 4-1〉 참고). 1단계는 한 수영선수가 물에 빠진 소년을 구한 덕에 자신의 마을에서 하루 정도 이름이 알려진 수준을 말한다.

∴ 인지도 지속기간

그림에서 보는 바와 같이 8단계는 일주일 동안 해외에 이름이 알려지는 수준을 말한다. 몸이 붙은 샴쌍둥이가 이 단계에서 사람들의 관심을 끌었을 것이다. 9단계는 소지역의 관료가 임기 1년 동안 이름을 알리는 수준이 될 것이다. 크리켓 스타 수바시샨드라 굽트(Subhashchandra Gupte)는 15단계에서 명성을 떨쳤을 것이다. 크리켓이 주로 과거 영국의 식민지 지역에서 유행했기에 굽트는 영국 내에서 이름이 널리 알려져 있다. 흔하지는 않으나 명성의 절정에 이른 사람들이 20단계에 속한다. 이들은 세상에 널리 이름을 알렸고, 영원한 명성을 얻었다. 예수, 붓다, 헤롯대왕, 조지 워싱턴 등이 종교와 문화, 민족 차원에서 불멸의 명성을 얻었다.

〈그림 4-1〉에서 보듯, 1단계가 최하위 수준이고 20단계가 최고 수준이며 왼쪽에서 오른쪽으로 옮겨갈수록 인지도의 범위가 커진다. 하지만

[그림 4-1] **인지도의 범위 수준**

		인지도의 범위			
해외	4	8	12	16	20
국내	3	7	11	15	19
지방	2	6	10	14	18
소지역	1	5	9	13	17
	하루	일주일	일 년	한 세대	영원

가령 4단계와 17단계에 있는 인지도의 영향력을 비교하기란 쉽지 않다. 단 하루 전 세계에 이름을 떨친 사람이 지역 사회에서 영원히 이름을 남 긴 인물보다 사람들 기억에 오래 남을까? 명성이 높아진다는 것은 더욱 넓은 지역으로, 더욱 오랫동안 명성을 떨친다는 의미이지만 명성의 수준을 비교하기란 쉬운 일이 아니다.

∴ 인지도 도달 범위

인지도의 범위는 〈그림 4-2〉와 같이 피라미드 형태를 띤다. 피라미드의 최하위 단계는 인지도를 쌓지 못한 다수의 사람들이 차지한다. 바로 위의 단계는 현지 수준(소지역)에서 인지도를 쌓은 사람들이 차지한다. 다음 단계는 현지 수준을 넘어 지역적 수준에서 인지도를 쌓은 사람들의 몫이다. 그 다음은 국가적 수준, 또 국제적 수준에서 인지도를 쌓은 사람들이 차지한다. 단계가 높아질수록 각 단계에 위치한 사람들의 수가 줄어든다. 대체로 피라미드의 최하위 계층은 광범위하게 분포하지만, 위의 단계로 이동할수록 그 수준이 좁아지고, 최고 계층은 소수 사람들로 구성된다. 피라미드 형태는 시장영역이 성장함에 따라 변한다. 등산에 비유하면, 초기 단계라고 할 수 있는 산 입구에는 등산 초보자들이 몰려 있지만, 숙련된 등산가는 몇 사람밖에 없는 꼴이다. 또 특정 부문에 대한 관심이 높아질수록 초보자들이 피라미드 최하위 계층에 모여든다. 이처럼 초보자들이 몰려든다는 것은 피라미드의 중간 계층이 한층 성장하리라는 것을 암시한다. 이익을 추구하는 사업가들은 특정 부

[그림 4-2] 인지도 피라미드

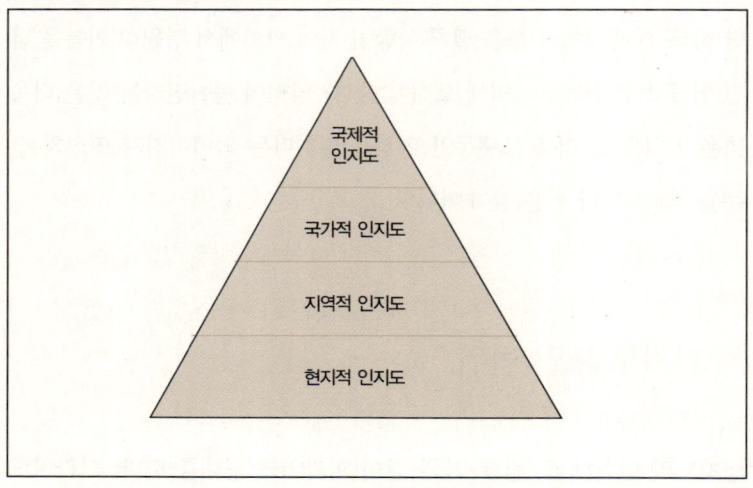

문에 진입한 후 각종 이벤트와 홍보를 벌임으로써 충성고객을 만들어나 갈 것이다. 그 다음 앞서 등산에 비유했듯, '등산객' 몇 명에게 영원성 (영원한 인지도)을 부여하여 다른 '등산객들'을 감화시키는 전설 같은 '스토리'를 만들어 퍼뜨릴 것이다. 결국 해당 부문의 피라미드는 최하위 계층에 초보자들이 몰려들고 중간 계층이 성장하면서 안정적인 형태를 유지할 것이다.

어느 산업 분야를 막론하고 명성을 떨치는 이들은 대개 각자의 영역 내에서만 이름이 알려진 경우가 많다. 미국 장의업협회 회장 로버트 비긴스(Robert J. Biggins)는 장의산업 종사자들은 잘 알지만, 다른 산업 종사자들은 그가 누구인지 알지 못한다. 또 대중은 이런 분야에서 이름을 날린 사람들에게 별로 관심이 없다. 한편 분야의 경계를 넘어 명성을 떨치는 '스타'들이 존재하게 마련이다. 명성의 절정에 이른 영화배우나 스포츠 스타는 대중의 관심을 한 몸에 받는다. 이런 '스타들'이 활동하는 인기 산업 분야는 애초 대중의 관심이 집중되는 영역이기 때문에 이미지메이킹이 스타 지망생들을 알리는 수단으로 널리 확산될 수밖에 없다.

이제 피라미드의 각 단계에 위치한 사람들에 대해 면밀히 살펴보자.

현지적 인지도

지역을 대표하는 기관이나 단체에서 명성을 떨친 사람들이 이 수준에 있다. 시장, 투자전문가, 변호사, 사업가, 축구코치, 유명 강사 등이 이 그룹에 속할 것이다. 대중의 '스토리' 욕구를 충족시키면서 이름을 떨치는 사람들도 있다. 이른바 '나쁜 여자', '나쁜 남자', '스크루지', '플레이보이', '자선가', '기인', '젊은 미망인', '일류 운동선수'로 소문이 자자한 사람들을 말한다. 편리하게도, 끊임없이 '스토리'를 찾아다니는 지역 미디어가 이들의 인지도를 높여준다.

과거 좁은 지역에 거주한 사람들은 인지도를 높일 방법이 없었다. 인지도는 직장생활이나 사회생활을 하는 중에 부수적으로 생기는 결과물에 불과했다. 하지만 좁은 지역의 거주자들도 이제 이미지 컨설턴트와 마케팅 전문가 등 이미지메이커들의 도움으로 인지도를 확대하고 있다. 그럼에도 소지역에서 '스타'를 꿈꾸는 이들은 자신들의 지역을 벗어나 더 넓은 지역으로 진출해야 성공을 앞당길 수 있다. 지방의 작은 마을에서 활동하는 가수나 화가는 더 넓은 문화의 중심지로 진출해야 하고, 정치인은 도시나 수도로 활동의 영역을 넓혀야 한다. 한편, 좁은 지역에서 명성을 떨친 사람들이 국가적으로 이름을 떨친 사람들보다도 지역사회

주민들에게 영향력을 더욱 발휘하는 경우가 많다. 지역사회 주민들에 대한 접근이 훨씬 용이하기 때문이다.

지역적 인지도

대표적인 예로, 지역의 방송국이나 라디오 방송국은 해당 지역 전체로 인지도를 확대하는 기능을 한다. 따라서 뉴스앵커는 지역 방송국이 속한 도시나 주변 지역까지 널리 이름을 알린다. 지역적 인지도를 가진 사람들은 그들의 인지도를 발판으로 더 높은 단계의 인지도를 쌓을 수 있다. 라이언에어의 회장 마이클 오리어리(Michael O'Leary)는 본사가 있는 아일랜드에서 이름을 날렸지만, 회사를 유럽의 대표적 저가 항공사로 키우면서 전 세계적으로 명성을 떨치고 있다. 오리어리의 지역적 인지도는 유럽으로 서비스를 확대하는 발판이 되었다.

해당 영역에서 순차적 단계를 밟지 않고 한 순간에 지역적 수준에서 국가적 수준으로 이름을 떨치는 사람들도 있다. 존 에드워드(John Edward)는 지역적 수준에서 명성을 떨친 변호사였으나 정치에 몸담고 얼마 지나지 않아 민주당의 대통령 후보로 지명되면서 한 순간에 국가적 인지도를 쌓았다. 이후 에드워드는 국가적 인지도를 발판으로 유명 정치인으로 거듭났고, 이어서 부통령 후보로 나서 한번 더 이름을 날렸다. 비록 선거에서 당선되지는 못했지만, 미국에서 그를 모르는 사람은 거의 없다. 그는 변호사에서 정치인으로 거듭나며 지역적 인지도를 국가적 인지도로 확대한 대표적 인물이다.

국가적 인지도

국가적 인지도는 세 가지 유형으로 나뉜다. 첫 번째는 인지도가 해당 산업 종사자들 사이에서만 높은 유형이다. 다국적 기업이나 단체에 소속된 담당 책임자들이 이 유형에 속한다. 두 번째는 인지도가 해당 산업의 범위를 넘어서는 유형이다. 특히 엔터테인먼트, 스포츠, 정치 분야처럼 인지도가 높은 분야에서 명성을 떨치는 사람이 이런 유형에 해당한다. 이처럼 인기 분야에서 명성을 떨치는 사람들 사이에서도 차이는 분명히 나타난다. 바로 '스타'와 '슈퍼스타'의 차이다. 예컨대 텍사스 레인저스의 1루수 마크 테세이라(Mark Teixeira)는 스타임이 분명하지만 뉴욕 양키스의 알렉스 로드리게스(Alex Rodriguez)는 슈퍼스타다. 마찬가지로 문학 분야에서 성공한 소설가 조나단 프란젠(Jonathan Franzen)은 스타이지만, 스릴러의 대가로 통하는 존 그리샴(John Grisham)은 그야말로 슈퍼스타다. 캔디 회사 투시 롤의 회장 겸 CEO 멜빈 고든(Melvin Gordon)과 델 컴퓨터의 회장 마이클 델(Michael Dell) 사이에도 이런 차이가 나타난다.

세 번째는 우연히 유명세를 타는 유형을 말한다. 사회를 떠들썩하게 만든 범죄를 저지르거나 사회가 깜짝 놀랄 만한 일을 벌이는 일, 또는 주요 대회에서 상을 타는 사람들이 이런 유형의 인지도를 얻는다. 하지만 이런 식으로 얻은 인지도는 지속성이 매우 떨어질뿐 아니라 그에 대한 보상도 미미하다. 임신한 아내를 살해한 스콧 피터슨(Scott Peterson)이 유명세를 탄 경우가 좋은 예다.

국제적 인지도

정보통신 기술의 발달에 힘입어 단지 국내에서 이름을 떨치던 사람들이 이제 글로벌 시장으로 눈을 돌릴 수 있게 되었다. 사업을 급속히 확장한 인도의 영화회사 볼리우드(Bollywood)를 이제 독일 사람들도 잘 알 정도다. 마찬가지로 테니스 스타 저스틴 헤닌-하덴(Justine Henin-Hardenne)은 벨기에 출신이지만 미국인의 사랑을 받으며, 농구 스타 야오 밍은 중국 출신이지만 세계적으로 많은 팬을 거느리고 있다. 그는 NBA 1순위 드래프트에 오르고 최소 중국의 10억 인구를 사로잡는 영향력 덕분에 애플, 비자, 나이키 등의 글로벌 브랜드와 전속계약을 맺어 막대한 부를 챙겼다. 이런 전속계약들 때문에 그의 인지도는 더욱 확대되었다. 1960년대 젊은이들의 우상으로 떠올랐던 비틀즈는 세계적 인지도가 영역의 한계를 가로질러 마치 전염병처럼 급속히 확산됨을 보여준 훌륭한 사례다. 오늘날에는 급속히 성장하고 진화하는 다양한 채널들이 등장하여 비틀즈와 같은 세계적 인지도를 확대하기가 한결 쉬워졌다.

인기 영화배우나 가수는 자신의 영화나 음반이 위성이나 인터넷으로 전 세계에 전파됨으로써 국제적 인지도를 얻는다. 자크 시라크(Jacques Chirac), 토니 블레어(Tony Blair), 교황 베네딕토 16세(Pope Benedict XVI)와 같은 정치, 종교 지도자들은 세계적 단체를 거느리고 수많은 채널을 통해 전 세계로 이미지가 확산되면서 국제적 명성을 쌓았다.

∴ 인지도의 지속성

인지도는 확대되는 지역 범위(공간)뿐 아니라 지속되는 기간에 따라서도 차이가 나타난다. 사람에 따라 인지도는 하루, 일주일, 일 년, 한 세대, 또는 영원히 지속된다. 이처럼 인지도는 일정한 시간의 한계를 가진다. 흔치 않지만 전설로 남아 영원한 명성을 떨치는 인물들도 있다.

하룻동안의 인지도

'팝의 교황'으로 불리는 앤디 워홀(Andy Warhol)은 "미래에는 모든 사람들이 15분 만에 유명한 사람이 될 것이다"고 말했다. 인쇄 및 방송 미디어가 폭발적으로 증가하고 그런 미디어들의 시공간을 끊임없이 사람들의 스토리로 채워야만 하는 현상을 빗댄 말이다. 블로거들은 말할 것도 없고 기자들은 늘 사람에 관한 흥미로운 이야기를 찾아다닌다. 그들에게는 모든 사람, 모든 스토리가 방앗간에서 재료로 사용되는 곡식과 같다. 기자나 블로거는 그런 뉴스들을 찾아 널리 퍼뜨린다. 물에 빠진 소년을 구한 남자, 복권에 당첨된 여성, 우수 교사상을 받은 교사와 같은 사람들이 대략 하루 정도 이름을 날린다. 이들은 지역신문 1면에 등장하거나 간혹 주요 신문에 등장하기도 한다. 이후 이들의 인지도는 금세 사그라들고 대중의 기억에서 잊혀진다. 그러나 이처럼 하룻동안의 인지도가 사람들의 기억에서 되살아나는 경우도 있다. 작은 마을에서 사람들의 입에 오르내렸거나 슈퍼마켓에서 사람들이 알아보거나 미디어의 보도량(media coverage)이 많았거나 지인들이 기억해줄 때가 그렇다. 한편 하루 정도 지속되는 인지도는 물질적 이익이나 보상으로 연결되기가 어렵다.

요즈음의 미디어는 어느 분야를 막론하고 유명인보다 보통 사람들의 '스토리'에 큰 비중을 둔다. 대중이 끊임없이 새로운 얼굴을 찾기 때문에 무언가 극적인 일을 벌인 '보통 사람들'에게 관심을 갖게 된 것이다. 앤디 워홀의 예언이 적중한 것이라고나 할까.

그렇다면 하루 정도 '반짝 나타나는 스타들'은 왜 생길까? 무엇보다 아주 다양한 이유로 대중에게 끊임없이 스토리를 제공해야 하기 때문이다. 뉴스를 보면 늘 획기적인 의료시술의 개발, 갑자기 닥친 재앙, 사람을 구한 영웅 이야기처럼 대중의 흥미를 끌 만한 '스토리'가 나온다. 또는 '오늘의 인물' 같은 순서를 마련해 사람에 관한 스토리를 소개한다. 이는 미디어가 끊임없이 사람을 찾아다녀야 하는 이유이기도 하다. 그 결과 단기간에 수많은 사람과 사건에 대한 소식을 전하지만, 그런 소식은 대중의 기억에서 쉽게 사라진다. 그럼에도 용감한 소방관, 혁신적인 시술을 개발한 의사처럼 개성이 강한 사람의 스토리는 대중의 기억에 좀더 오래 남는다.

일주일 동안의 인지도

계속해서 전개되는 스토리 속의 주인공, 이런 유형의 인물은 하루 이상 대중의 관심을 붙잡는다. 연인을 살해한 여성, 가상현실에 빠져든 남성, 스캔들에 연루된 정치인 등은 사건이 해결될 때까지 세간의 관심을 받는다. 대중은 대개 이런 사람들이 법정에서 조사를 받거나 정상으로 되돌아오는 과정을 놓치지 않으려 한다. 결국 사건이 해결되는 것을 봐야지만 대중은 만족하거나 분개하면서 관심을 끈을 놓는다. 일주일 정도 지속되는 이런 '스토리'는 대중의 일상사에 포함되어 있다. 리얼리티 시리즈, 탤런트 쇼(아무추어 연예인들이 연예계에 진출하기 위해 하는 공연—옮긴이), 재벌의 가족 간 불화와 같은 사건들이 '스토리'의 풍부한 소재가 된다. 대개 사건이 해결되면 대중의 궁금증도 희미해진다.

'일주일 정도 지속되는 스토리'는 몇 가지 요소로 지탱된다. 미디어는 흥미로운 뉴스거리를 끊임없이 뽑아내어 퍼뜨린다. 특히 유명 단체와 관련된 스토리는 지속성이 늘어나는 경향을 보인다. 상업적인 목적으로 그 스토리를 계속 전개하기 때문이다. 인지도가 일주일 이상 지속되다 보면 브랜딩의 측면에서 상업적 경쟁력을 더 많이 발휘하게 마련이다. 지명수배자, 비리에 연루된 정치인, 사퇴 위기에 처한 CEO들은 모두 한두 번쯤 TV나 라디오에 등장하여 사람들 앞에 서게 되고, 그로 인해 사람들의 기억 속에 일정 기간 동안 기억된다.

일 년 동안의 인지도

매년 탄생하는 '올해의 인물들'은 미디어의 관심을 한 몸에 받는다. 그들은 저마다 〈타임〉의 표지에 '올해의 인물'로 등장하거나 '화제의 인물'에 선정된다. 그들 중에는 노벨상 수상자도 포함되어 있다. 1927년이 비행사 찰스 린드버그(Charles Lindbergh)의 해, 1984년이 '스릴러' 앨범으로 팝스타가 된 마이클 잭슨(Michael Jackson)의 해였음은 부인하기 어렵다. 정치 분야를 보면 플로리다 주 국무장관 캐서린 해리스(Katherine Harris)와 민주당 대통령 후보로 나섰던 하워드 딘(Howard Dean)도 한 해를 대표했던 인물이다. 문학 분야에서는 소설 《뱀파이어와의 인터뷰》를 낸 앤 라이스(Anne Rice)와 《프라이데이 나잇 리미츠》를 낸 H. G. 비신저(H. G. Bissinger)가 한 해를 대표했다. 엔터테인먼트 부문에서는 골든글로브, 아카데미와 같은 시상식을 통해 한 해를 대표한 스타가 탄생한다. 특히 아카데미 수상자들은 미디어에 수없이 등장하고 몸값이 올라가면서 부와 명성을 동시에 얻는다. 이처럼 한 해를 대표한 인물들은 장기간 인지도를 유지하는데, 그 기간 동안 명성의 절정에 이르거나 영원한 '퍼스널 브랜드'로 자리매김하기도 한다.

인지도의 지속성을 시간적으로 구분하는 일은 대중의 관심을 확인한다는 점에서 매우 중요하다. 대중은 누가 정상에 올랐는지 늘 궁금하다. 이는 각종 미디어가 여러 사람을 '이달의 인물'이나 '올해의 인물', '10년을 대표하는 인물'로 선정, 홍보하는 데 유인으로 작용한다. 또 다양한 선정기준이 이런 유인을 뒷받침한다. 단기간에 성공을 거두었는가, 수십 년 동안의 노력으로 성공을 거두었는가, 신생 분야를 대표하는가, 해당 분야에 오래 몸담으면서 '특별한 일'을 벌였는가 등이 기준이 된다.

한 세대 동안의 인지도

한 세대를 풍미한 인물들은 그 세대를 대표하는 영웅, 우상, 상징 등으로 통한다. 엘비스 프레슬리부터 넬슨 만델라에 이르기까지 많은 이들이 한 세대를 이끌었다. 이들의 시대에 대중은 이들의 명성이 영원할 것으로 여겼다. 하지만 대중의 기억에 영원히 남기란 결코 쉬운 일이 아님을 역사가 증명한다. 안토니오 살리에르(Antonio Salieri)는 당대를 대표한 천재 작곡가였다. 그는 모차르트가 아닌 자신이 일인자가 되고 싶었다. 하지만 그것은 그만의 생각이었다. 다음 세대 사람들은 살리에르의 이름도, 살리에르의 음악에 대해서도 잘 알지 못했다. 한 세대의 상징이었던 작곡가는 그렇게 대중의 기억에서 사라졌다.

사람이 아닌 단체가 인물의 이름을 세대 동안의 인지도로 전파하기도 한다. 스탠퍼드 대학에서 함께 공부한 빌 휴렛(Bill Hewlett)과 데이비드 패커드(Dave Packard)가 공동창립한 휴렛팩커드는 현재 첨단산업 분야에서 세계적 명성을 얻고 있다. 하지만 사실 휴렛과 팩커드는 오래 전에 세상을 떠났고, 그보다 더 오래 전에 은퇴했다. 회사가 계속해서 두 사람의 이름을 사용하고 광고를 통해 두 사람의 경영철학을 선전하며, 비천한 출신이던 그들이 팔로알토(Palo Alto)에 위치한 차고에서 창업한 '스토리'를 전파하면서 두 사람의 이미지가 회사에 녹아들었다. 휴렛팩커드는 컴팩과 합병한 이후 웹사이트에 회사의 창립배경과 창립자들의 이력을 노출시켰다.

홍보기법을 잘 활용해도 한 세대를 풍미했던 명성을 되살릴 수 있다. 패티 라벨(Patti LaBelle)은 1970년대를 풍미한 가수였지만 향수를 불러일으키는 순회공연에서 인기곡을 다시 부르고 홈쇼핑에서 의류를 선전하며, 각종 행사에 참석함으로써 과거에 누렸던 인기를 되찾았다. 한편 한 세대를 정복한 '영웅들'은 새로운 스타일과 콘텐츠를 내세우기도 한다. 스팅(Sting)은 1980년대 초 영국 록밴드 폴리스에 몸담으면서 큰 인기를 끌었고 폴리스가 해체된 후 솔로로 독립해서도 여지없이 인기몰이를 했다. 수십 년간 록에서 팝, 재즈, 월드비트까지 다양한 음악 장르를 넘나들면서도 스팅은 폴리스 시절 못지않게 팬들의 사랑을 받았다. 스팅은 팝 가수 크레그 데이비드(Craig David)와 콤비를 이루고 황금 시간대에 방영된 〈앨리맥빌(Ally McBeal)〉에 카메오 출연을 함으로써 인지도를 더욱 확대했다. 스팅이 초창기의 인기를 완전히 되찾지는 못했지만, 한 세대의 우상으로 사람들 기억에 영원히 자리 잡은 인물임이 분명하다.

영원한 명성

시대를 초월하여 전설로 남는 인물들이 있다. 실제로 그들의 인지도는 영원히 지속된다. 먼 옛날부터 교황, 왕, 대통령, 장군들이 수없이 나타나고 사라졌다. 그들 중 몇 사람만이 영원한 명성을 얻었다. 역사에 남을 만한 업적으로 대중에게 경외심을 불러일으켰기 때문이다. 이런 인물들은 신에 버금가는 인물로 숭상받기도 한다. 이들의 명성은 사실과 분리될 수 없는 소설 같은 이야기를 토대로 널리 퍼진다. 한때 케네디 부부(존 케네디와 재키 케네디)는 아서왕과 카멜롯의 전설에 비유되기도 했다. 그럼에도 이제는 영웅주의를 브랜딩에 적용하고 마케팅 기술을 잘 활용하여 대중을 전설 속으로 충분히 끌어들인다. 가령 롤링 스톤스(Rolling Stones)의 믹 재거(Mick Jagger)의 경우 그의 탁월한 음악적 재능과 블루스 풍의 로큰롤에 영웅주의를 덧씌운다면 전설의 뮤지션으로 자리매김할 것이다. 세계적인 패션회사 랄프로렌의 창립자 랄프 로렌(Ralph Lauren) 또한 이미지메이킹을 통해 전설의 인물로 거듭날 가능성이 높다.

CEO 잭 웰치(Jack Welch)의 성공과 위기

'위대한 영웅', '세계 최고의 비즈니스 리더', '한 세기를 대표하는 관리자', 등등 잭 웰치를 격찬하는 수식어는 한두 가지가 아니다. 2001년 GE의 CEO에서 물러났을 때 그는 연매출액을 250억 달러에서 1,300억 달러로 끌어올림으로써 가히 영웅과 같은 대접을 받았다. 이처럼 위대한 업적을 세운 덕에 웰치는 은퇴하면서 전용기와 리무진, 사무실, 아파트, 보험 서비스를 평생 사용할 수 있는 보상을 받았다. 뿐만 아니라 자서전 《잭 웰치, 끝없는 도전과 용기(Jack: Straight from the Gut)》를 출판해 710만 달러를 벌어들여 자선단체에 기부했다. 전설의 CEO는 세계 어디를 가나 환영받고 높은 보수를 받으며 비즈니스 컨퍼런스 강단에 섰다. 어느 컨퍼런스 조직자라도 그런 '영웅'을 찾는다. 잭 웰치는 어떤 자리도 성공적으로 이끄는 보증수표임에 틀림없었다. 웰치는 비즈니스계의 전설로 영원히 기억될 것처럼 보였다.

하지만 2004년 3월 4일, 웰치의 평판이 흔들리기 시작했다. 〈하버드 비즈니스리뷰〉의 편집자들이 편집장 수지 웨들로퍼(Suzy Wetlaufer)의 사임을 공식요청한 사실을 〈월스트리트저널〉이 보도한 날이었다. 편집자들은 웰치를 인터뷰하면서 회사의 윤리규정을 어겼고 편집장으로서의 신망을 잃었다고 주장했다. 일주일 후 기사가 하나 더 발표되었다. 수지의 '이해충돌'에 관한 논란이 일어났고 수지가 사임했다는 소식이었다.

이 기사는 수지가 사임하지 않도록 웰치가 뒤에서 힘을 쓴 사실도 전했는데, 이는 〈하버드비즈니스리뷰〉 내의 반발을 더욱 거세게 했고 웰치의 의도에 대해 의혹을 불러일으켰다. 상황은 갈수록 악화되었다. 웰치가 두 번째 부인 제인과 이혼하면서 GE에서 은퇴할 때 받은 돈이 엄청난 수준이었다는 사실이 법정 서류를 통해 만천하에 드러났다. GE의 투자자들은 격분했다. 회사 전용기와 리무진, 초호화 아파트, 골프장 회원권, 보험 서비스 등 누가 봐도 엄청난 특혜를 누리는 것처럼 보였다. 특히 아파트 월세가 8만 달러에 육박했고, 전용기의 월 사용액은 29만 1,869달러에 달했다. 사실이 폭로되어 궁지에 몰린 웰치는 결국 〈월스트리트저널〉을 통해 업무인계에 필요한 통상적 지원 사항을 제외한 모든 보상을 취소하겠다고 밝혔다. 그러나 웰치는 그다지 평판을 회복하지 못했다. 마지못해 결정을 내린 것처럼 비쳤기 때문이다. 한편 보기 흉한 이혼소송이 공개되면서 다른 CEO들까지 여론의 도마 위에 올랐다. 이후 웰치는 제인과 이혼에 합의한 후 수지와 결혼했다. 결국 숱한 논란으로 잭 웰치의 전설은 영원히 흠이 나고 말았다. 하지만 그것은 성공한 삶에서 티도 안 나는 오점에 지나지 않았다. 웰치는 이미지를 재구축하는 데 힘을 쏟았다. 수지와 함께 베스트셀러를 냈고 대대적인 홍보를 벌이는 한편, 주요 대학과 CEO들의 컨퍼런스에 계속 모습을 드러냈다. 그리고 늘 대외적으로 온화한 이미지를 보이기 위해 노력했다.

웰치의 명성은 두 가지 이유로 지속되는 것 같다. GE에서 이룬 업적이 영원히 기억됨으로써 웰치의 핵심 추종자들이 그를 계속 신뢰하기 때문이고, 그의 특기인 저술, 강연, 자문에 중점을 둠으로써 변화하는 소통환경에 잘 적응했기 때문이다.

다양한 계층, 전문직업, 다양한 관심사로 세분화된 지금 사회에서 각 산업 부문은 다각도에 걸친 분석을 바탕으로 각 부문 고유의 규칙과 관례를 고려하여 이미지메이킹 전략을 구상해야 한다. 연예인이라면 유명 기업과 전속모델 계약을 맺고 인기 TV쇼에 출연하거나 개인 전용기를 선보여도 될 것이다. 이와 달리 과학자라면 이런 활동은 어울리지 않는다. 대신 신뢰를 유지하기 위해 과학잡지에 지속적으로 논문을 발표해야 한다. 사회가 추구하는 가치와 관심사가 바뀌면서 '스타'를 배출하는 산업 부문들도 변화의 흐름에 동참하고 있다.

　일주일 정도 이름을 알린 이들은 미디어의 일시적 관심 대상이라는 현실에서 벗어날 방법을 신중히 구상해야 하고, 일 년 정도 이름을 떨친 브랜드라면 과다 노출과 인지도의 지속성 측면에서 전략을 검토해야 한다. 이 모든 요소들은 퍼스널 브랜딩 전략의 핵심을 차지하지만, 명성을 추구하는 사람들은 다른 무엇보다 마케팅이 표적청중을 향해 있는가를 늘 인지해야 한다. 표적청중을 찾아서 관심을 이끌어내고 상품을 구매하도록 유도하며, 그들을 충성고객으로 만들어 입소문을 내고 다니도록 하는 것이 핵심이다. 다음 장에서는 마케팅 측면에서 '고객'에 대해 집중적으로 분석한다.

CHAPTER 5

스타에 열광하는 고객

PHILIP KOTLER PERSONAL MARKETING

토미 힐피거(Tomy Hilfiger), 도나 카란(Donna Karan), 마이클 코어스(Michael Kors)는 모두 소비자들에게 자신들의 브랜드 이미지를 각인시켰다. 어느 분야보다 경쟁이 극심하고 막대한 투자가 필요한 패션산업에서 특히 힐피거는 탁월한 전략으로 최고의 명성을 떨쳤다. 그가 추구한 '브랜드 아이덴티티'는 늘 고객을 향해 있었다. 힐피거는 천천히, 전략적으로 부상했다. 힐피거는 뉴욕 엘미라에서 단돈 150달러를 가지고 청바지사업을 시작한 후 반더빌트 청바지의 모한 뮤자니(Mohan Murjani)와 파트너십을 체결함으로써 시장에서 두각을 나타냈다. 그리고 마침내 '토미 힐피거'를 세우기에 이르렀다. 젊은 층을 표적으로 한 토미 힐피거 브랜드는 로우엔드(low end, 같은 종류의 제품 중 가장 가격이 낮은 제품—

옮긴이) 제품군을 내세웠는데, 보수적이거나 부유층에 어울리는 브랜드로 포지셔닝했다. 힐피거는 1990년대에 여성 의류와 향수로 제품군을 늘리면서 명성을 확대했다.

힐피거는 고객에게 각인되는 의류의 브랜드 네임을 늘 고민했고, 패션전문 기자, 디자이너, 유명 배우 등 '오피니언 리더들'을 겨냥해서 소비자들에게 접근했다. 1990년대에 폭발적인 인기를 끌던 몇몇 유명 래퍼들에게 의류 협찬을 함으로써 그들이 출연한 각종 쇼와 프로그램을 통해 트렌드와 브랜드의 개성을 드러나도록 했다. 하지만 모든 것이 지난 세기의 일이었다. 힐피거는 쉽게 변심하는 소비자들을 매료시키기가 쉽지 않음을 깨달았다. 휴고보스, 캘빈클라인 같은 전통 브랜드와 숀 존, 펫팜과 같은 신인 유명 가수들의 패션 라인 사이에서 경쟁이 날로 치열했다. 이런 시장환경에서 새로운 흐름을 찾던 힐피거는 중간에 갇혀 어느 쪽 소비자들에게도 호소하지 못했다. 결국 매출과 이익이 모두 떨어지면서 미래에 먹구름이 몰려왔다. 이후 힐피거는 고급 소재와 정제된 디자인으로 차별화한 'H 힐피거' 라인을 선보였다. 그리고 '칼 라거펠트'까지 인수하여 랄프 로렌, 페리 엘리스, 리즈 클레이본과 어깨를 겨루는 브랜드로 거듭났다. 또 자신의 퍼스널 브랜드를 되살리고자 디자이너 지망생들의 이야기를 소재로 다루는 리얼리티쇼 프로그램에 출연했다. 그 결과 인지도가 널리 확대되면서 고객 중심의 브랜드를 널리 홍보하게 되었다. 힐피거는 깨달았다. 자신의 인지도와 상품군을 고객의 트렌드와 조화시켜야만 살아남을 수 있다는 사실을 말이다.

∴ 마케팅의 핵심, 청중

어느 분야든 고객이 없다면 굴러가지 않는다. 오늘날 생산과 마케팅 측면에서는 고객을 찾아 그 고객에게 적합한 상품을 연결하는 일이 수익 창출의 기본이라 생각한다. 그리고 고객의 욕구와 기대에 관한 아주 미묘한 부분까지 상품에 정확히 적용한다. 오늘날에는 시장의 발굴과 세분화가 통계적 정확성으로 뒷받침된다는 것이 참으로 놀라운 일이다. BMW가 330i와 760i의 구매고객들을 어떻게 비교분석했는지 들여다보면 경탄할 수밖에 없다. BMW에서는 고객들의 구매 태도와 라이프스타일, 구매성향 등을 비교분석한 자료들을 산더미처럼 쌓아놓고, 그 자료들을 토대로 10년 후의 고객 니즈까지 예측한다.

적십자는 기부에 대한 대중의 관점을 파악하기 위해 나이, 소득 수준, 다른 자선단체들의 현황 등을 바탕으로 여론조사를 벌인다. ABC는 프로그램 시작 후 15분 동안의 시청률을 아주 정확히, 종합적으로 뽑아낸다. 하지만 비리에 연루된 저명한 금융전문가가 명성을 되찾을 수 있을지, 또는 비난의 대상이 된 유명 영화배우가 화려하게 복귀할 수 있는지 분석가들에게 물어보면 별다른 대답을 하지 못하다가 이렇게 말할 것이다.

"사람들은 변덕이 너무 심합니다. 늘 의욕이 생겼다 말았다 하니까요. 변수가 너무 많습니다. 사람들이 사려는 브랜드는 예측하기 어렵습니다."

고객 인식과 고객 선호도를 두고 전문가들이 벌이는 토론은 마법, 흡인력, 실재, 행운과 같은 난해한 담론으로 흐르기 십상이다. 명성을 추구하는 이들은 이런 잘못된 담론에 빠져 있을 여유가 없다. 본인들뿐 아니라 시장에 변화를 일으키기 위해 다음 질문들을 부단히 고민하면서 시장의 속성을 완전히 이해해야만 한다.

- 시장을 차지하고 있는 고객들은 누구인가?
- 고객들은 어떤 유형의 사람들인가?
- 고객들은 무엇을 원하고, 무엇을 얻기 바라는가?

유명인과 그 추종자들 사이의 관계성에 대한 문제는 늘 논쟁의 대상이었다. '오로지 대중이 스타를 만들 수 있다'는 상투적인 말은 대중이 언제라도 찬양하는 대상을 바꿀 수 있다는 통념만 드러낼 뿐이다. 고객들이 변덕스럽고 스타들이 매몰차게 버림을 받고 느닷없이 신인이 그 빈자리를 차지한다는 것은 누구나 아는 사실이지만, 유명인과 청중과의 관계성은 일반 통념과 달리 충분히 예측하고 이해할 수 있다. 고객의 선호도를 예측하기에 앞서, 이미지메이커들은 청중의 관심을 유발할 요소들은 물론, 청중을 고객으로 이끄는 친밀성에 대해 깊이 이해해야 한다.

∴ 참여 수준에 따른 청중의 유형

궁극적으로 인지도 확대에 투자한 마케팅 비용은 어떻게 회수할까? 당연히 대중으로 하여금 음반을 구매하게 만들고 강연에 참석하게 만들며, 스포츠 경기 관람권을 사게 하고, 성형수술을 받게 하고, 세미나에 참석하도록 유도하여 회수해야 한다. 이 때문에 청중의 관심 수준을 높이는 유명인의 능력이 마케팅의 성공을 좌우한다. 〈그림 5-1〉의 사다리는 참여 수준에 따른 청중의 유형을 보여준다. 여기서는 다양한 유형의 청중이 저마다 수행하는 역할에 대해 살펴본다.

사다리 맨 위에 위치한 청중(높은 인지도에 개의치 않는 청중과 그것에 아주 집착하는 청중)이 가장 매력적인 잠재고객임에도 이미지메이커들은 둘 사이의 중간 정도에 위치한 청중에게 훨씬 더 관심을 가진다. 앞서 살펴본 바와 같이 명성을 추구하는 이들의 계층이 피라미드 형태로 분류되듯, 청중의 유형은 관심과 참여 수준, 퍼스널 브랜드에 대한 의존도에 따라 사다리 형태로 분류된다.

'눈에 띄지 않는' 고객들

인기가수나 유명한 배우를 싫어할 뿐 아니라 유명세 자체를 부정하는 사람들을 주위에서 쉽게 볼 수 있다. 〈프렌즈〉의 스타 제니퍼 애니스톤과 〈투나잇쇼〉의 진행자 제이 레노(Jay Leno)에 대해 말하면 멍한 표정과 무관심으로 일관하고 심지어 경멸의 눈빛을 보내는 사람들이 바로 그들이다. 〈그림 5-1〉의 사다리 맨 아래에 위치한 이들은 가장 도움이 안 되는 청중으로 대표된다. 이처럼 미디어의 선전에 무관심한 '눈에 띄지 않는' 고객들은 유명인을 내세우는 것에 거부감을 갖거나 유명인을 대수롭지 않게 생각한다. 이들은 유년기나 청소년기에 우상으로 여기는 사람이 있었을지 모르지만 성장하면서 그런 일을 유치하게 생각하게 되었고, 어쩌면 그들 마음속에 '스타'라는 존재가 자리를 차지하기 쉽지 않

[그림 5-1] 청중 유형분포 사다리

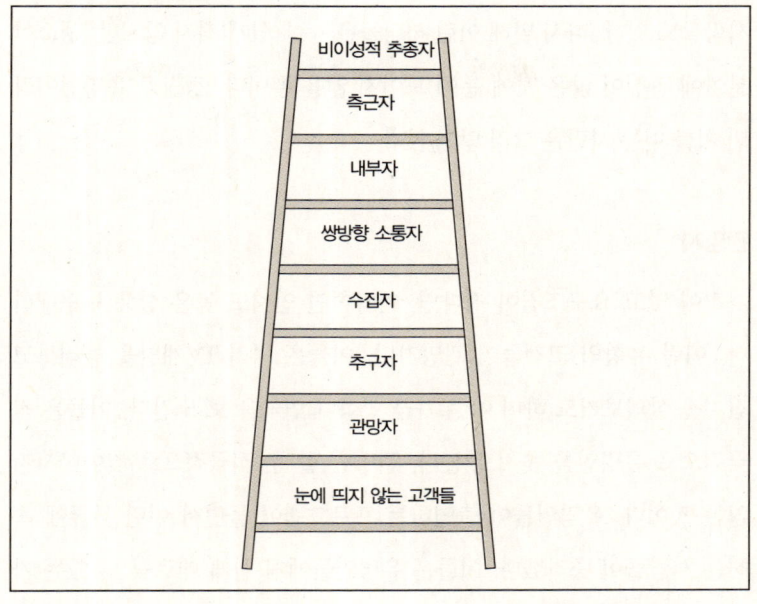

을 수도 있다. 하지만 이들이 고객으로서의 가치가 아예 없는 건 아니다. 사실 이들의 관심사가 주류에서 멀리 벗어나 있을 뿐이다. 예컨대 지방 방송국 진행자에게 열광하는 전구수집가나 IBM 컴퓨터와 호환되는 칩셋을 최초로 개발한 다도 바나토(Dado Banato)를 숭배하는 컴퓨터 기술자는 인지도가 낮은 분야에 관심이 있을 뿐, 모두 그들만의 '스타'를 마음에 품고 있는 고객들이다.

흔치 않은 방법으로 또는 흔치 않은 장소를 찾는 고객들도 브랜드 개발자들의 눈에 잘 들어오지 않는다. 이런 고객들은 평생 극장에 가지 않을 수도 있지만, 여성 클럽 오찬행사에 제일 먼저 참석할 수도 있다. 또

연예인들에게 무관심하지만 지역에서 열리는 종교행사에 관심이 많은 사람들도 있다. 다시 말해 이런 사람들은 눈에 쉽게 띄지 않지만, 생소한 분야에 관심이 많은 탓에 눈에 보이지 않을 뿐이다. 정말로 유명인이라면 치를 떠는 사람은 그리 많지 않다.

관망자

가격이 낮고 요구조건이 적다면, 이왕이면 인지도 높은 상품을 구매한다. 이런 유형의 고객들이 관망자다. 이들은 여러 TV채널을 둘러보고 잡지를 살펴보기도 하며 아주 가끔 영화나 연극을 보러 간다. 이들은 적극적으로 유명인을 좇지 않는다. 관망만 할 뿐 적극적으로 찾아나서지 않는 것이다. 유명인들이 출연하는 프로그램이 늘면서 이런 부류에 속하는 사람들이 증가했다. 이들은 유명인들에게 쉽게 매료될 수 있는 가능성이 높아 마케터들에게 최고의 표적이 될 수도 있다.

추구자

일시적으로 또는 우연히 유명인에게 강하게 끌린 '관망자들'은 좀더 적극적인 자세로 유명인을 좇게 될지 모른다. '스타'를 찾아나서는 셈이다. 그러다가 좋아하는 가수의 콘서트나 정치인의 강연, 화가의 전시회에 열심히 참석한다. 이처럼 스타의 '라이브 공연'을 볼 여건이 안 되면 앨범을 구입하거나 정치인의 저서를 사거나 복제 미술품이라도 집에 걸어둔다. 물론 추구자들만 이런 식으로 구매하는 것은 아니다. 가령 브라질 추구자들은 '마델라나(Madelana)'를 즐겨 듣는 것은 이 노래를 사랑해서이지 이 노래를 부른 가수 질베르토 길(Gilberto Gil)에게 매료되었기 때문만은 아니다. 그래도 인지도의 호소력이 주요 요인으로 작용했기에 추구자들은 똑같은 노래를 부른 다른 가수의 음반보다 길의 음반을 더 많이 구매하는 것이다. 이처럼 '능동적' 고객층인 추구자들은 유명인의 브랜드를 구매하는 데 아낌없이 투자한다. 이로써 추구자들은 '평판산업' 의 핵심 고객층이 되고 유명인을 찾는 형태가 '구매' 를 밑바탕으로 이루어진다. 이것은 공정한 거래라 할 수 있다. 추구자들은 많은 비용을 지불하는 대가로 유명인 숭배에 따르는 희생의 기쁨을 느끼든 자기 만족감에 빠지든 보상을 받는 셈이다. 그래서 추구자들은 폭우가 쏟아지는 날에도 콘서트장으로 달려가고 끝이 보이지 않는 줄을 서서라도 경기 관람권을 끊는다. 추구자들은 헌신으로 대변되는 이런 활동을 통해 투자에 대한 심리적 보상을 얻는다.

수집자

수집자들은 각종 행사와 이벤트에 참여하는 것은 물론이요, 행사와 사람을 떠올리게 하는 물건까지도 구입하는 고객층이다. 이들은 지폐나 기념 티셔츠를 비롯한 기념품들과 기념할 만한 물건들을 보물처럼 아낀다. 오늘날 퍼스널 브랜드의 제작과 유통은 수집자들의 니즈를 해결하는 역할을 충분히 해내고 있다. 수집자들은 행사 현장이나 인터넷 주문을 통해 그런 물품을 구매한다. 수집자들은 왜 수집에 열을 올릴까? 한마디로 동기는 간단하다. 경험에 대한 감사를 표시하고, 실물 형태의 저작물을 소유함으로써 경험을 생생하게 유지하고 싶어서다. 가치가 몇 배가 되리라 기대하며 투자 목적으로 수집하는 사람들도 있지만, 수집자들 대부분은 자신들의 '보물' 을 팔아넘기는 것을 꿈에서도 생각하지 않는다. 수집자들은 또한 생각이 비슷한 사람들과 소통하는 것을 즐긴다. 이들이 '스왑 밋'[1]을 열심히 찾는 것을 보면 이들의 열정이 어느 정도인지 짐작이 간다. 궁극적으로 수집자들은 브랜드에 대한 '물리적 친밀감'을 얻는다. 이는 추구자들이라면 전혀 경험하지 못하는 것이다. 마케터들은 수집자들을 통해 수익을 배가할 기회가 생긴다.

쌍방향 소통자

쌍방향 소통자들은 '스타'와 소통하고 싶은 욕구를 지닌 고객층이다. 다시 말해 이들은 콘서트나 운동경기를 관람하고 기념 티셔츠를 사는 것에 만족하지 않는다. 나아가 이들은 자신들의 우상이 자신들과 사람 대 사람으로 소통해주기를 바란다. 쌍방향 소통자들은 생각이 비슷한 사람들끼리 똘똘 뭉치는 경향이 있는데, 과거로 치자면 일종의 '클럽'을 결성하던 형태가 다양한 형태로 변화, 진화하고 있다. 즉 회원제를 기반으로 한 쌍방향 소통자들의 그룹이 최첨단 정보통신 기술의 발달과 맞물려 좀더 '간접적' 형태로 변화했다. 또 소셜네트워크의 확산에 따라 쌍방향 소통자들이 웹이나 채팅을 통해 그들의 '우상'과 직접 대화하며 소통한다. 유명인들은 대부분 이런 트렌드를 의식하고 소셜네트워크를 이미지메이킹에 활용하기 시작했다. 이처럼 인터넷이 소통의 장으로 부각되면서 어느 분야를 막론하고 유명인들은 추종자들을 유지하고 늘리기 위해 자신들의 웹사이트를 수시로 업데이트한다.

---

1 swap meet, 싼 물건, 중고품 등을 교환하는 모임 또는 시장.

인지도를 높이는 온라인 일기장 – 블로그

블로그는 자기 표현, 의견교환과 소통, 토론의 발로로 탄생했지만, 전통적인 뉴스 조직들(news organizations)이 주관적이고 편파적인 보도를 하지 않도록 하는 기능도 한다. 블로거들은 일종의 '웹 로그'이자 '웹 저널'인 블로그에 실시간 새로운 소식과 의견을 올리는데, 관심 분야에 따라 내용과 운영 형태가 매우 다양하다. 유명 영화배우들이나 인기가수들도 블로그를 이용해 팬들과 소통한다. 정치인들도 예외가 아니며 대기업 CEO들은 말할 것도 없고 어느 분야든 많은 사람들이 블로그를 소통의 장으로 활용한다. 테크노 뮤직 장르를 도입한 것으로 유명한 싱어송라이터 모비(Moby)는 가수와 사업가로서 성공을 거두었다. 열성적인 팬들을 발굴하고 그들과 쌍방향으로 소통한 것이 성공비결이었다. 모비는 대부분 블로그를 통해 이처럼 혁신적인 활동을 벌인다.

잡지 편집자들도 독자들과 토론하고 소통하기 위해 블로그를 활용한다. 가령 독자들이 〈비즈니스위크〉 웹사이트에 회원등록을 하면, 〈비즈니스위크〉 편집자들의 다양한 블로그에 글을 남기고 웹 전용 서비스를 이용할 수 있다. 그 밖에 예술에서 정치 분야에 이르기까지 블로그상에서 의견을 교환하고 토론하는 일이 일반화되었다. 테네스 대학 법학 교수 글렌 레이놀즈(Glenn Reynolds)는 블로그 덕을 톡톡히 보는 사람들 중 하나다. 레이놀즈의 블로그 'instapundit.com'은 다른 블로그들과의 링크와 일반 뉴스를 비롯, 팟캐스트 등의 각종 온라인 콘텐츠를 제공한다. 한마디로 레이놀즈의 블로그는 정치문제를 다루는 전 세계적인 토론장이 된 셈이다. 그에게 집중된 관심은 여러 모로 그에게 도움이 되었다. 그가 운영하는 소규모 음반회사 원더독(WonderDog)과 그가 틈틈이 갈고 닦은 음악적 재능이 자연스레 홍보되었다.

블로그는 정보기술이 인지도를 높여준다는 걸 보여주는 훌륭한 사례다. 이제 블로그만 잘 활용해도 얼굴이 알려지지 않은, 무명의 인물들이 핵심 시장영역을 정립하고 그 시장의 선도자로 나설 수 있음은 물론, 해당 영역에서 '스타'로 거듭날 수 있게 되었다. 이런 현상은 전통적 브랜드 생산업자들에게 '공급과 수요곡선의 불균형'이라는 위험을 안겨주고 있다. 급속히 늘어난 스타 블로거들이 시장에 위협적으로 몰려들면서 대행사, 광고업자, 마케터들의 입지를 흔들고 있는 것이다.

내부자

한 단계 위로 올라가면 내부자들이라는 고객층이 존재한다. 이들은 자신들의 우상과 일종의 쌍방향 소통을 하면서 긴밀한 관계를 형성하려 한다. 이들은 1970년대에 흔히 보였던 '그루피'[2]에 비유된다. 이들은 유명인과 청중 사이의 벽을 넘어서 나름대로 독특한 방식으로 세간의 주목을 받는다. 신시아 플레이스터캐스터(Cynthia Plastercaster)의 활동이 대표적인 예다. 그녀는 자칭 'recovering groupy(부활한 그루피)'라

---

[2] groupies, 극성스런 팬들, 자신의 우상을 위해 시간과 마음을 아끼지 않는 팬들.

부르며 유명한 남성 연예인들의 성기를 석고상으로 만들면서 유명세를 탔다. 그녀의 웹사이트는 성기 모양으로 생긴 플래시 애니매이션으로 가득하다. 1970년대에 일부 그루피들은 자신들의 우상들을 극성스럽게 따라다니고 잠자리를 같이하거나 약물을 복용하기도 했다. 하지만 '내부자들'은 궁극적으로 자신들의 존재를 자신들의 우상들에게 각인시키고 좀더 깊은 곳까지 들여다보며 우상들의 눈으로 세상을 바라보려 한다.

세상의 모든 영역에서 '스타(퍼스널 브랜드)'와 긴밀해지려는 내부자들의 '충동' 현상이 나타난다. 경영학의 대가 마이클 포터(Michael E. Porter)가 비공개 기업 강연일정을 잡으면, 선별된 '내부자들' 그룹이 그 강연에 참석한다. 일반 가정에서 집을 영화제작 세트로 제공하는 것도 그에 대한 대가를 받아서이기도 하지만 배우들과의 사적인 관계에 많이 좌우된다. 이제 외과의사에서부터 천문학자, 기업 CEO에 이르기까지 분야를 막론하고 모든 이들이 자신들과 긴밀한 관계를 맺고자 하는 헌신적인 추종자들을 거느린 채 브랜드 연계(brand connection)를 이루어나갈 수 있다.

측근자

측근자들은 유명인들을 가장 가까이에서 지원하는 사람들을 말한다. 추종자 층에 있다가 측근자가 된 사람들도 있지만, 이들은 대부분 유명인을 지원하는 위치에서 충성과 애착이 증명되어 최측근이 된 사람들이 많다. 유명인의 개인 이발사, 헤어스타일리스트, 의상담당, 집사뿐 아니라 형제자매, 대행사, 비즈니스 관리자 등도 측근자들에 속한다. 측근자들은 자신들의 우상에게 헌신하고 봉사하는 대가로 일종의 '독점 정보'를 얻는 특권을 누린다. 어느 정치인의 개인 이발사는 대통령 선거에 출마하려는 정치인의 생각을 제일 먼저 알 수 있고, 유명한 여가수의 어머니는 유명 가수들만 모이는 파티에 동참할 수도 있다. 또 대통령이 아끼는 요리사는 대통령이 구상한 정책을 가장 먼저 접하게 될 수도 있다. 아는 것이 힘이라는 통념이 퍼진 오늘날, 측근자들은 이런 '특권'을 누림으로써 헌신하고 봉사한 것에 대한 엄청난 대가를 얻는 셈이다.

특히 이들 중 이른바 '연결자(visibility connector)'는 다양한 분야의 유명인들과 가까운 관계를 맺고 있다. 이들은 자신들의 사회적 지위를 토대로 유명인들의 인맥 형성에 중간 역할을 한다. 유명 나이트클럽 사장에서부터 유명 리조트의 바텐더, 한 도시를 대표하는 부유한 자선사업가 등이 '연결자' 역할을 하기도 한다. 이들 역시 자신들의 헌신과 봉사에 따르는 막대한 보상을 얻는다. 추종자들처럼 그들 스스로 유명세를 타고 '사다리'에서 아래 단계에 위치한 고객층들이 보기에 꿈 같은 일을 실제로 누린다.

비이성적 추종자

이를테면 관망자들은 영화를 보러가고, 추구자들은 음반을 구매하고, 쌍방향 소통자들은 이메일을 쓰고, 측근자들은 유명인을 지원하고, 연결자들은 디너파티를 연다. 〈그림 5-1〉 사다리는 위로 올라갈수록 고객의 참여(스타와의 친밀성) 수준이 높아진다는 특징을 보인다. 사다리 맨 위에 위치한 비이성적 추종자는 유명인을 향한 '친밀성'의 수준이 지나치게 강해서 유명인과의 관계가 부정적이고 위협적이며, 간혹 치명적으로 치닫게 할 수도 있다. 이들도 여러 하위부류로 나뉜다. 먼저 이들 중 '집착자들'은 유명인의 저녁식사를 방해하거나 시도 때도 없이 전화를 걸고 유명인이 참석한 파티에 난입하는 등 사인을 받기 위해 유명인 뒤를 졸졸 따라다닌다. 이들은 대부분 눈에 잘 띄지 않지만, 저마다 별난 방법으로 유명인을 숭배한다. 이런 이유로 니콜 키드먼(Nicole Kidman)은 그녀의 집 앞에 수시로 나타나는 한 남자를 고소했고, 셰릴 크로(Sheryl Crow)는 15개월 동안 자신을 스토킹한 남성 팬을 법정에 세웠다(결국 그 남자는 무죄판결을 받았고 크로에게 사과했다. 참고로 이 남자는 일주일 정도의 인지도를 얻었다).

'집착자들' 보다 '폭로자들'이 유명인의 이미지를 훼손할 가능성이 더 높다. 폭로자들은 집착자들과는 달리 계획적이고 전략적인 방법을 동원한다. 기자들처럼 유명인의 사생활을 캐내어 폭로하는 사람들이 이 부류에 속한다. 인지도를 높이는 것이 성공비결로 통하는 지금, 모든 분야에서 폭로자들이 늘고 있다. 예컨대 영국 왕궁의 집사 폴 버렐(Paul Burrel)은 자신의 책 《왕족의 본분(A Royal Duty)》을 통해 다이애나 왕세자비와 성관계 맺은 사실을 폭로했다. 또 〈샌프란시스코 크로니클(Sanfrancisco Chronicle)〉 기자 두 명은 그들의 책에서 메이저리그 스타 제이슨 지암비(Jason Giambi)와 베리 본즈(Barry Bonds)가 스테로이드를 복용한 사실을 폭로했다. 폭로자들의 수법은 날로 진화하고 있다. 그들은 유명인들이 과도하거나 보기 드문 태도를 보이는 것을 놓치지 않는다. 유명인들과 그 측근들이 사용하는 교묘한 전략들도 찾아내어 폭로한다. 폭로자들은 기껏해야 유명인들의 이력에 흠집을 내겠지만, 정신적으로 문제가 있는 폭로자들은 상당한 위험을 초래할 수도 있다. 이들은 이른바 '파괴자들' 이라 부른다. 이들 중에는 유명인에게 편지를 쓰고 '답장을 주지 않으면 자살하겠다'고 협박하는 이들도 있다. 또 유명인을 졸졸 따라다니며 영원한 사랑과 헌신을 고백하는 스토거들이 있는가 하면, 친자확인 소송을 벌이거나 유명인의 이름과 브랜드를 도용하기도 한다. 이런 파괴자들은 현실과 환상을 구분하지 못한다. 비정상적 인격자들이 살인을 가장 친밀한 행동으로 인식한다는 연구결과도 나왔듯이, 파괴자들은 자신들의 우상에게 너무나 집착한 나머지 살인을 시도하기도 한다. 한 예로, 한 남자는 조디 포스터를 만나게 해주지 않으면 레이건 대통령을 살해하겠다고 협박했다. 정신병을 앓았던 존 레논의 열성팬 마크 채프먼(Mark Chapman)은 결국 존 레논을 살해했다. 실제로 그는 레논의 이름이 찍힌 사원증을 차고 레논의 필체를 사용했으며 연상의 일본 여성과 결혼할 정도로 자신과 존 레논을 동일화했다.

파괴자들은 정신 치료를 받아야겠지만, 이런 현상의 본질은 생각보다 쉽게 이해가 된다. 스타를 우상시하는 문화 속에서 판매전략이 청중에게 동일성을 갖도록 만든 것이 원인이라 할 수 있다. 이에 제품개발자들은 소비자들의 자아상, 심리적 니즈를 조사하고 인구통계학적으로 분석하여 그것들을 상품에 구체화시킨다.

이른바 '스타'와 브랜드를 동일시하려 애쓰는 이미지 마케터들은 정교한 커뮤니케이션 시스템을 바탕으로 상품 마케팅 프로세스를 강화하고 소비자들의 피드백을 분석하여 호소력과 설득력 갖춘 메시지를 만들어내려 한다. 그러나 불행히도 마케터들과 브랜드 개발자들은 브랜드와 인물을 지나치게 동일시하려다가 이런 과정들을 제어하지 못하는 경우가 많다. 인물의 개성을 잘 녹인 상품들도 있지만, 팬이나 추종자들이 가지는 열정은 노렐코 면도기(Norelco razors)나 아마나 냉장고(Amana freezers)와 같은 상품을 향한 열정과는 다르다. 마케팅과 광고를 통해 냉장고에 실재성과 온정, 호감을 녹일 수 있을지 모르겠지만, 이는 '스타'의 '팬들'을 유명한 가수나 영화배우, 토크쇼의 진행자가 내뿜는 카리스마(흡인력)에 빠져들도록 하는 것과는 질적으로 다르다. 판매율을 중요시하는 마케팅의 영역에서 이에 대해 선을 긋고 딱히 이것이 옳다고 말하기 어려운 것이다.

∴ 청중의 참여도 확대

청중은 〈그림 5-1〉 사다리상의 위치에 따라 다양한 보상을 얻는다. 또한 다양한 산업 부문에서 아주 다양한 방식으로 각 유형의 청중에게 접근한다. 방송계가 TV 시청률을 좌우하는 관망자들에게 비중을 두는 반면, 연극계는 공연장을 찾고 관람권을 구매하는 추구자들에게 더 관심이 많다. 사실 산업계에서 지금까지 '숨어 있는 고객들'을 제대로 발굴하지 못했고, 관망자들을 적극적인 추구자들로 거듭나게 하지도 못했다. 수익을 일으키는 열성적 팬으로 만드는 기술이 부족했던 탓이다. 하지만 이제 여러 산업 부문에서 다음과 같은 변화가 일어나고 있다.

- 종교 부문 : 전도자들은 수동적 관망자들을 적극적인 추구자들로 능숙하게 변화시킨다. 예컨대 먼저 팸플릿을 배포하면서 전도하되, 관

망자가 전도를 수락한다는 가정하에 기부를 요청하고, 개인화한 DM('personalized' DM)을 보내어 관망자들이 전도를 받아들이도록 만든다.

- **엔터테인먼트 부문** : TV 및 라디오 방송국은 으레 시청자들을 '사다리'의 위쪽으로 향하도록 유도한다. 이를테면 MTV는 새로운 수익원을 찾는 차원에서 리얼리티 쇼에 유명인사들을 대거 출연시켜왔다. 리얼리티쇼에 이어지는 각종 연예 프로그램들은 관망자들을 추구자 이상으로 변화시킨다. 인기 리얼리티쇼 〈어프렌티스〉에 열광하는 팬은 DVD를 구입하고 스마트폰에서 쇼를 보기 위해 어플리케이션을 다운로드 받는다.

- **스포츠 부문** : 메이저리그 팀들의 경우 스프링 캠프를 선수들과 팬들(수집자들)이 함께 훈련받는 방식의 '판타지 캠프(fantasy camp)'로 확장하고 있다. 시카고 화이트삭스는 판타지 캠프와 투자 세미나를 결합시켰다. 판타지 캠프가 수지가 맞다 보니 일부 구단들은 캠프 사업을 전문으로 하는 회사까지 세웠다.

이런 변화는 청중의 개입 수준을 정확하고 치밀하게 분석하는 것이야말로 지금의 시장환경에서 경쟁우위를 달성하는 길이라는 걸 암시한다. 이런 트렌드를 고려하되 스타를 꿈꾸는 이들은 투자함으로써 '숨어 있는 소비자들'을 사다리 위쪽으로 이동시켜 합당한 투자수익을 거둘 수 있는지 고려해야 한다. 또 자원이 지극히 한정되어 있다면 표적시장에 집중할지, 전망이 좋은 틈새시장을 공략할지 결정해야 한다.

∴ 인지도의 영향력 측정

인지도의 영향력을 측정하는 일에서 기본은 광고에 내세운 인물이 시장을 매료시키거나 매료시키지 못하는 이유를 분석하는 것이다. 과거에는 경험과 직관에 기대어 이런 분석을 수행했다. 또한 브랜드 디자이너와 개발자들은 정교한 검증과정 없이 전속모델 계약을 맺었으며, 그런 '신기한 재주'를 부린 대가로 늘 높은 몸값을 받았다. 하지만 평판산업이 발달하면서 평판이 훼손될 위험이 늘 잠재하고 막대한 투자를 할 수밖에 없는 시장환경이 조성되었다. 이런 시장환경에서 의사결정을 뒷받침할 프로세스가 없다면 실패는 불을 보듯 분명하다.

스타를 꿈꾸는 이들과 이미지 마케터들은 청중을 매료시키는 영향력을 다섯 가지 지표로 측정할 수 있다. 그 중 하나가 '참석률(돈을 지불하고 참석한 사람의 수)'이다. 예컨대 매표소 영수증, 팔린 콘서트 티켓 수, 모금행사 참석자 수, 세미나 참석자 수, 유명인이 주최한 자선행사의 모금액 등을 말한다. 마케터는 매표소에서 집계한 매출액에 광고홍보 비용을 더해 분석하고 '장소'가 청중을 끄는 데 미친 영향력까지 분석하여 대략적으로 유명인의 호소력 수준을 가늠한다.

프랑스가 낳은 가수 파트리샤 카스(Patricia Kaas)의 매니저가 청중을 끄는 카스의 호소력을 측정하여 개선할 점을 찾고자 한다고 가정해보자. 이때 열광적인 팬들을 많이 거느릴 수 있는 방법을 찾는 것은 값을 매길 수 없을 정도로 가치가 있다. 수는 적지만 명망과 영향력을 갖춘 팬을 발굴하는 방법 역시 매우 소중하다. 단, 그런 방법들은 정확한 수치로 환원하기 어렵다. 또한 매표소에서 거둔 수익과 같은 수치로는 유명인이 어떤 점에서 호소력을 발휘했는지 측정하기 어렵다. 분명한 사실은 개인 마케팅(person-marketing) 전략을 개발한다는 측면에서 참석률보다 더 뛰어난 지표가 필요하다는 점이다.

두 번째로 소개할 'Q 스코어(Q Score)'는 주로 엔터테인먼트 분야에서 '스타'에 대한 대중의 선호도와 인지도를 측정하는 데 활용하는 지표다. 이는 광고업자들과 제조업자들이 상품의 전속모델이나 영화의 주연배우, TV쇼의 진행자를 선정하는 데 결정적 정보가 된다. 'Q 스코어'에서 측정 대상(유명인)은 다음에 소개하는 여섯 가지 기준에 따라 등급이 결정된다.

Q 스코어 시스템 평가지표

평가지표 : 수행자는 _____ 다.

1. 가장 선호하는 인물이다.
2. 아주 훌륭하다.
3. 훌륭하다.
4. 유망하다
5. 형편없다.

N. 이름도 들어보지 못한 사람이다.

Q 스코어 평가는 대략 다음 순서를 따른다. 6개월에 한 번씩 평가를 수행하되, 1,700명 이상의 인물을 평가한다. 평가할 인물에 대한 구체적인 내용은 의뢰인들로부터 받는다. 개별적 요청사항도 반영한다. 그 다음 국내 대표적 표본 1,800명(어린이, 청소년, 성인)의 평가에 따라 각 인물의 등급을 결정한다.

Q 스코어는 유명인의 인기를 평가하는 데 유용한 도구가 된다. 한편, 극과 극을 이루는 사례를 하나 소개한다. Q 스코어 평가로 최고 등급을 받은 ABC 간판 배우 드류 캐리(Drew Carey)와 최하 등급을 받은 코미디 영화감독 우디 알렌(Woody Allen)의 이야기다. 두 사람 모두 인지도가 높고 이름만 들어도 알 만한 인물들이다. 그런데 평가결과로 보면 캐리는 선호도가 높았고, 알렌은 선호도가 낮았다. 하지만 전속모델을 뽑거나 주연배우를 선정하는 경우, 이 두 사례를 분석해볼 필요가 있다. 인구통계학적 분석을 통하면 우디 알렌의 인기에 대한 실상이 드러난다. 그가 내연녀의 수양딸과 결혼한 것을 두고 말이 많았음에도 그는 그의 영화를 사랑하고 그의 삶을 동경하는 베이비부머 세대들에게 여전히 호소력을 발휘할지 모른다. 반면에 캐리는 섬세함과 도시적 매력을 발산하는 우디 알렌과 달리 젊은 세대를 겨냥한 시장에서 호소력을 발휘한다.

광고대행사, 정치위원회, 자선단체 등 유명인을 내세우는 단체들은 유명인이 청중에게 어떤 유형의 매력을 발산하는지 알아야 한다. 이런 측면에서 Q 스코어가 도움이 된다. 그러나 인지도와 선호도가 유명인의 이미지 전부를 차지하지는 않는다. 그래서 지금은 기업들이 인터넷상에서의 지표들을 활용한다. 예컨대 마케팅 회사 하네스(Hanes)는 마이클 조던을 광고모델로 한 광고 캠페인을 준비하면서 소비자 500명에게 유명한 스타들의 사진을 보여주고 스타일과 친밀성을 포함한 수많은 기준에 따라 평가하도록 유도했다. 상품과 스타와의 관계성을 되도록이면 정확하고 과학적으로 평가하는 것이 이 조사의 목적이었다.

인기도를 조사하는 세 번째 지표로 설문조사를 소개한다. 여론조사는 브랜드 이미지에 대한 소비자들의 실제 인식을 조사하는 데 유용하다. 운동선수, 배우, 코미디언, 요리전문가, 기업가, 예능 프로그램 사회자, 저널리스트, 정치인, 가수 등이 설문조사 대상에 포함된다. 주로 외부 조사기관이 조사 대상을 두고 정밀한 예비조사와 사후조사를 통해 신뢰성, 브랜드와의 연관성, 전반적인 소통 능력, 대중에 대한 호소력 등을 평가한다.

하지만 이처럼 정교한 조사과정으로도 밝히지 못하는 부분이 있다. 설명하자면 윌리엄 샤트너가 프라이스라인의 전속모델로 큰 성공을 거두었는지, 코미디언 레이 로마노(Ray Romano)가 어떻게 인기를 끌었는지 설문조사만으로 밝히기 어렵다. 또한 조니 뎁(Jonny Depp)과 휴 그랜트(Hugh Grant) 중 한 명을 설문조사를 실시해 차기 영화의 주연으로 선정할 수 있을지는 몰라도 애당초 이들이 어떻게 스타의 반열에 올라섰는지는 알아내기 어렵다. 이처럼 엔터테인먼트 부문에서 일반화된 설문조사는 청중의 눈에 비친 유명 스타의 단면에 치우쳐서 스타가 가장 잘 해낼 수 있는 역할을 예측하기 어렵다.

네 번째로 많이 활용하는 지표로서, 닐슨(Nielson)이나 아비트론(Arbitron) 등의 시청률 조사기관을 통해 TV나 라디오 프로그램의 시청률을 조사한다. 가령 두 토크쇼의 시청률을 비교하여 시청률이 높은 토크쇼의 진행자가 시청률이 낮은 토크쇼의 진행자보다 인기가 많다고 추측하는 방식이다. 그러나 이러한 추측에는 논리적 비약이 있다. 진행자의 인기 외에 쇼의 구성, 방영 시간대, 방청객 유형, 언론비평, 네트워크나 방송지역, 앞 시간대에 방송되는 인기 프로그램 여부는 평가하기 어렵기 때문이다.

마지막 다섯 번째 지표는 온갖 수치나 자료를 종합해서 그 규모를 토대로 인기도를 평가하는 방식이다. 이 외에도 특별한 형식을 따지지 않고 유명인의 의상이 팔린 금액, 유명 잡지가 평가한 부와 명성에 관한 순위, 전속계약을 통해 거둔 수익, 포털사이트 검색어 순위 등을 토대로 인기도가 가늠된다. 아래 내용들을 참고하면 도움이 될 것이다.

- 팬클럽의 규모와 팬 수
- 편지나 이메일의 양
- 강연 초대 횟수
- 포스터, 달력, 비디오 판매량
- 유명인들이 파티에 참석한 사실을 보도한 횟수
- 유행을 일으킨 수준
- 유명 언론에 노출된 횟수
- 잡지의 표지인물에 선정된 횟수
- 인터넷 홈페이지 고정방문객 수

PHILIP KOTLER

인지도를 높이는 홈페이지

인터넷 웹사이트는 세계적으로 수백 만 개에 이르며 저마다의 인터페이스로 운영된다. 독특하고 차별화된 웹사이트는 날마다 방문객들로 넘쳐난다. 웹 기술의 발달로 투자를 많이 한 웹사이트가 사람들의 관심을 끌 수 있겠지만, 비용을 적게 들이더라도 유용한 콘텐츠를 내세운다면 충분히 인기몰이가 가능하다. 패트릭 맥도널드(Patrick Macdonald), 빌 웰즈(Bill Wells), 재키 찬(Jackie Chan)은 서로 다른 분야에 종사하지만, 한 가지 공통점이 있다. 웹사이트를 활용하여 경쟁 '브랜드들' 과 자신들을 차별화시키고 브랜드 충성도를 높이고 있다는 점이다.

맥도널드는 자신의 연구실적 등을 웹사이트에 업데이트하는 전략을 펼친다. 라살 대학 홈페이지에 링크되어 있는 맥도널드의 홈페이지는 잠재고객들에게 맥도널드가 제공할 서비스를 홍보하는 기능을 한다. 프리랜서 디지털 아티스트(digital artist, 컴퓨터를 이용해 시각효과를 창출하는 사람—옮긴이)이자 웹사이트 개발자를 꿈꾸는 맥도널드로선 표적청중에게 자신을 홍보하는 셈이다. 웹사이트에 접속하면 맥도널드의 이력, 포트폴리오, 관련 사이트들은 말할 것도 없고 친한 친구 사이에서 부부가 된 그의 결혼이야기까지 엿볼 수 있다. 그리고 프리랜서 디지털 아티스트를 꿈꾸는 이들이 유용한 정보를 얻어갈 수 있다. 맥도널드는 호스팅 업체를 통해 웹사이트 방문율을 분석해서 웹사이트의 인기도와 호감도를 평가한다.

텍사스 주에서 활동하는 상해전문 변호사 빌 웰즈는 홈페이지(www.billtwells.com)를 이용해 자신의 이미지를 전국적으로 확산시켰다. 홈페이지에 접속하는 순간 검은 양복에 푸른 넥타이를 맨 웰즈의 모습이 나타난다. 이어서 상해 관련 메뉴를 클릭하면 웰즈의 경력이 소개되고, 소송에 관련된 궁금증이 해소된다. 상해 분야에서 수많은 변호사와 경쟁하는 웰즈는 홈페이지를 통해 예비 의뢰인들을 끌어들이고 회사의 인지도를 높이는 셈이다.

인기 영화배우이자 감독인 재키 찬(성룡)도 홈페이지(www.jackie-chan.com)를 통해 팬들과 직접 소통한다. 그는 사진, 비디오, 오디오 클립, 영화 관련 소식 등을 홈페이지에 업데이트하면서 팬들과 지속적으로 교류한다. 또한 일기와 팬들에게 보내는 편지를 공개하고 '키즈 코너(kids' corner)'를 통해 영화배우로 살아온 일대기를 보여준다.

수많은 예비 고객들에게 자신을 마케팅하는 일은 흔한 일이 되어버렸다. 따라서 누구나 마음만 먹으면 돋보일 수 있다는 사실을 기억해야 한다. 앞서 소개한 세 사람의 사례를 보면 무수한 경쟁자들보다 표적청중을 매료시킬 만한 관심거리들을 갖추고 있다는 점이 확인된다. 오늘날에는 단순히 웹사이트를 구축하는 수준에서 벗어나 더욱 다양한 기술이 접목된 홈페이지 구축으로 누구나 자신을 효과적으로 마케팅할 수 있다.

∴ 성대한 디너파티 시나리오

청중의 선호도와 욕구를 평가하는 독특한 방법을 하나 소개한다. 유명 인사들이 참석하는 성대한 디너파티가 열린다고 가정하자. 그리고 다음 내용에 대한 청중의 반응을 평가한다. 이처럼 가상 시나리오를 설정해

보는 것도 유명인의 인기를 측정하는 좋은 방법이다.

디너파티 시나리오

당신은 디너파티 초청장을 세 개나 받았다. 그런데 세 파티 모두 같은 시간에 열린다. 어쩔 수 없이 파티 한 곳만 참석할 수밖에 없는 것이다. 세 디너파티의 주인공은 다음과 같다. 참석하고 싶은 디너파티를 정하고 그 이유를 설명해보라.

1 브리트니 스피어스(팝의 여왕)
2 버락 오바마(미국 대통령)
3 워렌 버핏(투자의 귀재이자 버크셔해서웨이 회장)

응답자는 다음 이유로 각 디너파티를 선택했을 것이다.

1 선정성 논란을 일으킨 섹시 가수를 보고 싶어서
2 막강한 권력을 가진 정치인을 보고 싶어서
3 세계적인 투자가이자 사업가로부터 투자원칙을 배우고 싶어서

응답자들은 지시에 따라 함께 저녁을 먹고 싶은 유명인사의 이름과 그 이유를 밝힌다. 응답자들에게 다음과 같이 다양한 동기가 작용했을 것이다.

- 호기심("디너파티에 참석한 내게 브리트니 스피어스는 어떤 반응을 보일까?")
- 토론하고 싶은 욕망("나폴레옹은 세계를 정복하려고 했는데, 내가 이 정도도 못하랴?")
- 동경하는 대상을 만났다는 자부심("머라이어 캐리 같은 가수가 또 나올 수 있을까?")
- 지식욕("짐 크레이머보다 주식시장에 정통한 사람은 없어!")
- 공상("브래드 피트의 눈에 빠져들고 싶어!")
- 고상한 경험("세계 최고의 피아니스트 마우리치오 폴리니의 연주를 듣고 싶어!")
- 전문성에 대한 과시욕("로즈마리 클루니는 전설의 가수이자 가수들의 롤 모델이었지!")

이처럼 디너파티 시나리오를 설정함으로써 우리가 유명인에게 매료되는 심리 메커니즘을 가장 기본적인 수준에서 밝힐 수 있다. 왜 청중의 심리 메커니즘을 밝혀야 할까? '스타들'이 팬을 열광하게 하는 이유가 분명해지면 전략의 범위가 확대되어 전략을 좀더 최적화할 수 있다.

∴ 인구통계학적 분석과 심리 특성적 세분화

인구통계학적 분석과 심리 특성적 세분화는 이미 엔터테인먼트, 정치,

종교 등의 분야에서 활용하고 있는 기법으로서 마케터들의 강력한 도구로 자리매김하리라 보인다. 인구통계학적 분석은 성별, 나이, 지역, 경제적 수준, 학력 수준, 직종 등의 기준에 따라 사람들을 분류하는 기법이다. 심리 특성적 세분화는 가치, 태도, 성격 등의 심리적 구성요소들을 기준으로 사람들을 분류해서 '성취형(achievers)', '욕구충족형(need driven)', '사회의식형(societally conscious)', '추종형(followers)' 등의 용어로 설명한다.

정치선거 후보자들이나 종교지도자들의 호소력을 평가하는 데에도 이 두 기법을 활용한다. 브랜드 개발자들은 청중을 두 기법에 따라 세분화함으로써 기존 청중을 식별할 뿐 아니라 예비 청중을 발굴할 수 있다.

∴ 성별과 청중

심리 특성적 세분화 기법의 주요 범주인 성별만을 기준으로 해도 브랜드 파워를 충분히 측정할 수 있다. 얼마 전까지만 해도 남성과 여성이 관심을 갖고 마음을 쓰는 브랜드가 다르다는 연구결과가 지배적이었지만, 그러한 차이는 점차 사라지고 있다. 예컨대 오늘날 스포츠를 즐기는 여성들이나 패션 트렌드에 관심을 갖는 남성들이 늘어났다. 따라서 남성과 여성의 마음을 모두 뺏는 브랜드가 막대한 수익을 발생시킬 가능성이 크다. 브랜드 개발자들은 인구통계학적 분석과 심리 특성적 세분화를 통해 생산과 마케팅 관련 기본정보를 얻을 수 있다. 팀 맥그로(Tim McGraw) 형의 가수를 MTV형 포맷에 포지셔닝하기 위해 음반회사는 표적청중을 어떻게 결정할까? CEO의 높은 인지도를 활용하고 싶은 기업들은 표적시장에서 호소력을 발휘하는 개성만점 CEO를 어떻게 선정할까? 갈수록 세분화되는 지금의 시장환경에서 일종의 인구통계학적 차별성이 경쟁력으로 작용한다. 투자에 앞서 인구통계학적 분석과 심리 특성적 세분화를 실행함으로써 주주들을 안심시키고 회사의 가치를 증대시킨다.

∴ 연령

연령층도 유용한 인구통계학적 요소다. 사람과 상품을 브랜딩하는 마케터들은 연령층을 기준으로 브랜드 개발에 나서고 시장에 포지셔닝한다. 스타를 전속모델로 내세운 브랜딩이 일반화된 향수시장은 연령에 따라 수요가 달라짐을 잘 보여준다. 강조하건대 이런 유형의 상품시장에서 연령은 주요한 유인으로 작용한다. 가령 미국에서는 유명 향수제품군 대부분이 10대 중반에서 30대 초 연령층을 주요 타깃으로 삼는다. 이 연령대가 아닌 사람들에게는 상품의 호감도가 떨어지고 만다. 따라서 표적연령층을 벗어나는 사람들을 사로잡으려면 그에 알맞은 새 상품을 개발해야 한다. 이런 측면에서 자동차, 이동전화기, 의류 등도 마치 유행가처럼 트렌드를 타고 있다.

분명한 사실을 하나 말하자면 '스타'를 동경하는 팬들 대부분은 어리고 젊은 고객이라는 점이다. 이들은 매력적인 연예인들을 우상으로 삼고 그들을 따라하며 유행을 선도한다. 청소년들이 스타를 동경하는 일은 사춘기 시절의 돌파구가 되기도 한다. 청소년들은 동경하는 스타를 만나 환상을 품고 자신들의 우상으로 삼으며, 한편으로 '부모님은 이들을 싫어해. 그래서 오히려 이들이 좋아' 하고 반발 심리를 드러내기도 한다. 10대 여성들을 표적으로 한 시장은 스타를 연결한 음반, 영화, 의류 등의 상품 비중이 높고 인구통계학적 분석을 적용하는 경우가 많다. 이런 시장의 수익성이 엄청나다는 건 더 이상 말할 필요도 없다.

젊은 남성들은 인기 있는 영화배우나 TV스타뿐 아니라 스포츠 스타에게 열광하고 비디오게임과 같은 첨단 미디어 기술에 매료된다. 그래서 스포츠를 즐기는 남성들은 뉴욕 양키스 팀의 모자를 사고 LA 레이커스 로고가 찍힌 셔츠를 구입한다.

나이키가 농구황제 마이클 조던을 내세운 에어 조던 광고는 젊은 남성층을 겨냥한 훌륭한 마케팅 사례다. 그 광고가 나오기 전만 해도 운동선수를 내세운 광고가 극적 감흥을 불러일으킨 경우는 거의 없었다. 에어조던 광고는 시장의 니즈를 분석하고 그것을 상품에 충분히 녹임으로써 이런 한계를 넘은 훌륭한 사례로 꼽힌다. 환상적인 덩크슛을 선보인 광고 속 조던은 도전의식과 자신감을 풍긴다. 이런 일종의 영웅주의는 남성들의 '판타지'를 자극했다. 이는 남성 시장에서 인물 중심의 광고가 상품 중심의 광고보다 효과를 발휘하는 이유이기도 하다. 또 영웅주의는 상품과 스타의 업적이 묶여 상징화되는 효과로 이어진다. 이어서 이런 효과가 시너지로 작용하여 수많은 기업들이 조던과 전속계약을 맺기 위해 긴 줄을 섰다.

∴ 심리 특성적 요소의 변화

중장년층 팬

세계화가 급속히 진행되는 오늘날, 나이는 이미지 형성에 큰 작용을 한다. 사람들은 동경하는 인물이 나이가 들수록 그의 브랜드 역시 원숙해지리라고 예상한다. 가령 50대는 여전히 숀 캐시디(Shaun Cassidy)를 그리워한다. 펑크록의 창시자 이기 팝(Iggy Pop)을 잊지 못하는 60대는 구식이며 감정이 메말랐다며 핀잔을 들을지도 모른다. 우리는 대개 유명인을 동경한다는 측면에서 나이를 먹을수록 엔터테인먼트나 스포츠 부문에서 종교, 학문, 비즈니스, 패션 등 다소 '엄숙한' 분야 쪽으로 취향이 바뀐다고 여긴다. 엔터테인먼트 분야 하나만 두고 보더라도 록에서 성인가요로, 롤링스톤즈에서 캐니지로 취향이 바뀌는 식이다. 이처럼 나이를 먹어가면서 동경하는 대상이 바뀌는 경우가 많다. 소비자들은 나이가 들면서 '브랜드 관여(brand involvement)'에 있어 다음과 같이 여러 변화를 맞이한다.

- 브랜드 선택 시 '원숙한' 관심과 가치가 더욱 밀접하게 반영된다.
- 충동적 경향이 줄어든다. 가령 무대 위로 뛰어오르거나 동경하는 가수처럼 머리를 염색하는 일이 준다.
- 팬 충성도(fan loyalty)가 깊고, 취향이 잘 바뀌지 않는다.
- 젊은 시절에 열광했던 스타를 그리워하며 애써 그들을 찾는다.
- 인공적인 이미지에 현혹되지 않는다. 젊은층에게 잘 통하는 이미지 메이커 전략이 잘 안 통한다.

성인들은 대중문화에 적응해야 한다는 사회적 압박감을 어느 정도 느낀다. 그러나 평판산업이 발달한 오늘날, 소비자들에게 전달되는 메시지가 설득력을 발휘하면서 각인되는 경우가 많기 때문에, 소비자들이 나이가 들었다고 해서 꼭 스타에 대한 동경심이 감소했다고 보기는 어렵다. 또 TV나 라디오와 같은 채널이 다변화되면서 미디어를 통한 후광 효과가 엄청나게 커졌고 '브랜드 관여 연령층'이 확대되었다.

그래도 여전히 중장년층이 스타에 열광하는 모습이 어울리지 않다는 인식이 팽배하다. 여기에는 어느 정도 모순이 숨어 있다. 주위를 둘러보면 어린 시절에 동경했던 스타를 여전히 가슴에 품고 사는 어른들을 쉽게 볼 수 있다. 중장년층은 방에 연예인 사진을 붙여놓거나 연예인의 머리 모양을 따라하지는 않지만, 루이비통 핸드백을 들고 엠마 왓슨이 출연한 영화를 보며 유명인이 주최한 디너쇼에 참석한다. 자연스레 또래들과 어울리는 청소년들은 유명한 가수의 콘서트에 우르르 몰려가고 친구들과 함께 연예인처럼 헤어스타일을 바꾼다. 반면에 사람들의 시선을 잘 의식하는 성인들은 잡지를 읽거나 토크쇼를 시청하거나 베스트셀러에 오른 책들을 살펴보는 등 개별적으로 움직이는 경향을 보인다.

한편, 나이가 들어가면서 유명인을 바라보는 관점이 변하는 경우가 많다. 왜 그럴까? 나이가 어릴수록 세상을 바라보는 시야가 좁기 때문인지도 모른다. 어린 시절에는 저마다 우주인 네일 암스트롱이나 축구 스타 데이비드 베컴, 혁신의 아이콘 스티브 잡스와 같은 사람이 되겠다는 꿈을 품는다. 하지만 나이가 들면서 현실에 적응하게 되고, 마음속 환상은 점점 사라진다. 그러다가 결국 무언가 좀더 진지하고 자신들의 삶과 가치에 더 어울릴 것 같은 대상으로 관심을 바꾼다.

경영 컨설팅 기업 액센츄어가 골프천재 타이거 우즈(Tiger Woods)와 광고계약을 유지한 것이 좋은 예다. 태그라인 "Go on, Be a Tiger!(나아가라, 호랑이가 돼라!)"을 내세운 광고는 액센츄어의 전문화된 브랜드를 끊임없이 개선하겠다는 약속과 고객에게 돌아가는 혜택이 우즈를 통해 잘 드러났다. 광고 캠페인은 이처럼 호소력을 발휘하여 잠재고객을 매료시키는 것이 가장 중요하다. 우즈의 개성을 충분히 살리기 위해 액센츄어는 광고 캠페인을 벌이기 전에 우즈와 기업의 핵심 이사들이 만나는 자리를 마련했다. 우즈의 인지도가 회사의 성격과 조화를 이루는지, 또 끊임없이 노력하는 전문가 이미지를 부각시킬 수 있는지 등을 확인하고 싶어서였다. 그리고 이상적인 컨설팅 기업과의 제휴관계 모델에 골퍼가 추구하는 가치와 헌신이 녹아들게 했다. 이는 스타 마케팅에 새로운 획을 그은 사례다.

인구통계학적 분석과 심리 특성적 세분화를 통해 가장 빨리, 아주 명확히 효과적인 유명세 마케팅의 기초를 다질 수 있다. 즉 브랜드 개발자들은 다양한 그룹의 선호도를 분석함으로써 충분히 성공가능한 브랜드를 구축하여 표적고객들에게 포지셔닝할 수 있다.

엔터테인먼트 부문은 인지도를 아주 중요하게 보지만, 여러 산업 부문에서 인구통계학적 분석과 심리 특성적 세분화 기법을 통해 브랜드의 수익성을 한층 증대시킬 수 있다. 미술관 소유주는 관객의 유형을 분석하여 작품을 전시할 화가를 선정하고, 정부기관은 호소력 있는 대변인을 기용하며, 자선기관은 기부자들을 잘 포용하는 책임자를 선발할 수 있게 된다.

∴ 청중의 관심 자극

월요일 아침 동부 표준시간으로 6시 정각, 아침 프로그램 〈투데이(Today)〉 쇼의 진행자 케이티 쿠릭(Katie Couric)이 프로듀서와 회의를 하고 있다. 두 사람은 아마 일주일 동안 다룰 소재를 선정할 텐데, 농구 역사에 일면을 장식한 신인 선수, 최근의 모든 토크쇼를 휩쓸고 있는 작가, 잡지들의 표지를 장식 중인 여자배우를 섭외할 계획을 세울 것이다. 거꾸로 시청자들은 새로운 요리법을 선보이며 음식점을 홍보하는 요리사, 최근 사회를 떠들썩하게 만든 살인사건의 담당 변호사, 사기당한 후 삶과 사업에 닥친 위기를 잘 극복하고 재기의 기회를 노리는 사업가 등을 〈투데이〉에서 만날 수도 있다. 누구나 아는 사실이지만, 유망한 채널에 얼굴이 노출되려면 치열한 경쟁을 뚫어야 한다. 이는 스타를 꿈꾸는 이들에게 하나의 도전이다. 반면에 스타 지망생들이 규모가 좀더 작고 좀더 집중할 수 있는 채널을 찾을 수 있다는 점 또한 사실이다. 표적채널을 결정했다면 다음에는 청중의 관심을 끌 수 있는 전략이 있어야 한다. 지금부터 다양한 청중의 관심을 자극하기 위한 전략들을 하나씩 살펴보겠다.

전략 1 틈새 보도

각 산업 분야에서는 한정된 자원인 청중의 관심과 열정을 스타 지망생들이 잘 이끌어내도록 하는 지원 시스템을 갖춰야 한다. 이런 차원에서 한참 주목받는 신인 농구선수를 미디어 보도량(media coverage)의 '틈새'에 등장시킨다면 청중의 관심을 끌 기회가 될 것이다. 우수한 신인 선수들이 넘쳐날지언정 미디어가 그들 모두를 다루는 데에는 한계가 있을 수밖에 없기 때문이 이런 '틈새'를 잘 활용할 필요가 있다. 이런 '한정'의 개념을 잘 이해하고 스타 지망생들을 잘 노출시켜야 성공적인 마케팅 전개가 가능하다.

올림픽을 떠올리면 더 쉽게 이해가 된다. 올림픽 기간에는 메달 수상자가 넘쳐나고 신인 스타가 끊임없이 탄생하지만, 그 중 소수만 언론에 부각된다. 그 소수에 속하려면 재능, 매력, 운, 타이밍, 스토리 등의 전략이 잘 조합되어야 한다. 하지만 미디어 보도량의 한계, 스타 선수에 대한 청중의 선호도에 따라 언론에 노출할 기회가 줄어드는 한계가 나타날 수밖에 없다.

전략 2 유명인과의 우연한 만남

탁월하고 돋보이는 '행사'나 '이벤트'도 팬들을 열광하게 만드는 요소다. 유명한 가수가 자기들의 이야기가 담긴 노래를 부르거나, 우연히 호텔 로비에서 유명한 배우와 마주치거나, 유명한 기업가와 같은 식당에서 식사할 때 팬들은 흥분을 감추지 못한다. 이런 식의 설정을 잘 활용하면 단번에 팬들의 머릿속에 자신의 존재를 각인시킬 수 있다. 이처럼 유명인과 팬들이 직접 만나는 자리를 마련하는 것도 퍼스널 마케팅 전략 중 하나다. 콜롬비아 출신의 여가수 샤키라(Shakira)부터 미국 인기 여배우 앨리사 밀라노(Alyssa Milano)에 이르기까지 많은 연예인들이 온라인 채팅에 참여하거나 팬들에게 직접 이메일을 보내고 사인이 찍힌 광고물에 개인 메시지를 첨부한다. 또는 순회공연을 하거나 백화점, 대형 서점 등에서 사인회를 열거나 토크쇼에 출연하여 '스타

데이트'를 열어 팬들과 만나기도 한다. 특히 토크쇼는 팬들에게 진솔하고 꾸미지 않은 모습을 보일 수 있는 좋은 무대로 활용이 가능하다. 토크쇼에서 줄리아 로버츠가 진행자 제이 레노를 향해 보통 사람들과 다를 바 없는 삶을 털어놓는다. 누가 줄리아 로버츠의 그런 모습을 싫어하겠는가? 그 순간 줄리아 로버츠는 팬들에게 더욱 친근한 이미지를 남긴다. 그녀를 직접 대면하지 않고서도 팬들이 그녀에게 매료되는 순간이다.

전략 3 유명인과의 관계성 – "나는 대통령의 딸과 결혼했다!"

'스타 지망자들'은 유명인이나 유명기관과의 개인적인 관계를 청중의 관심을 집중시키는 수단으로 활용할 수 있다. 가령 신인 변호사는 대기업의 소송을 담당한 사실을, 신인 정치 컨설턴트는 유명 정치인의 연설문을 작성했다는 사실을 부각시켜 청중의 관심을 이끌어낼 수 있다. 인기 야구구단을 인수하거나 재벌의 후계자와 결혼한 사실은 자연스럽게 청중의 관심을 자극한다. 이처럼 유명인과의 관계를 이용하는 전략은 근본적으로 유명인이나 유명 단체와는 별개의 위치에서 그들의 협력자나 공동제작자, 또는 후원자가 되는 것이다.

전략 4 톱 뉴스 – "안녕하십니까, 오늘의 주요 뉴스는…"

미디어는 말 그대로 청중의 관심을 많이 끌 수 있기에 퍼스널 마케팅에서는 미디어의 관심을 끄는 게 우선이다. 그러려면 미디어가 스타의 인간적 면모를 부각시키려고 하는지, 사회적 이슈를 상징적으로 보여주려 하는지 등등 미디어의 니즈를 파악해야 한다. 예를 하나 들면, 1990년대로 접어들어 평균수명이 늘고 의료 관련 비용이 상승하면서 안락사에 대한 논쟁이 뜨거웠다. 그런 와중에 미디어는 알츠하이머 질환을 가진 54세 여성의 자살을 도운 병리과 의사 잭 케보키안(Jack Kevorkian)을 상징적으로 '죽음의 의사(Dr. Death)'로 브랜딩하여 '톱 뉴스'에 등장시켰다. 이후 미디어는 줄기세포 연구에 관한 찬반 논쟁으로 한참일 때 유사한 전략을 펼쳐서 논란의 중심에 있는 인물들을 부각시켰다. 1996년 로슬린 연구소(Ian Wilmut)의 이안 월머트(Ian Wilmut) 박사가 어미 양의 유전자를 이용해 '돌리(Dolly)'를 복제하는 데 성공했고, 곧바로 '돌리'는 세계적으로 '유명세'를 탔다. 이에 케보키안과 마찬가지로 월머트와 돌리도 뉴스와 다큐멘터리, 토크쇼 등 각종 미디어에 단골손님으로 등장했다.

2004년 월드시리즈의 정상에 오른 보스턴 레드삭스의 이야기를 해보자. '밤비노의 저주'[3]를 받은 레드삭스는 1918년 이래 월드시리즈에서 한 번도 우승하지 못했다. 그리고 레드삭스는 2004년 시즌을 시작하면서 팀의 우승가능성, 선수들의 실력, 코치진의 실력을 대대적으로 선전하며 팀의 결속을 다졌다. 그러나 미디어의 보도는 레드삭스의 경기가 아니었다. 과연 레드삭스가 저주를 풀 수 있는지, 팬들의 극성, 팀의 전반적 분위기에 온통 집중되었다. 각종 미디어가 훌륭한 '스토리라인'을 선정했고 팀이 저주에서 벗어나기 바라는 팬들의 염원을 잘 반영한 셈이지만, 팀이 시즌 105승을 거두었다거나 우수 선수들의 활약상 등 팀

---

[3] Bambino's curse, 미국 메이저리그의 보스턴 레드삭스가 1920년 홈런왕 베이브 루스를 뉴욕 양키스에 트레이드시킨 후, 월드시리즈에서 우승하지 못한 것을 루스의 애칭인 밤비노에 빗대어 표현한 용어.

의 전반적인 능력에 관한 이야기는 부각되지 못했다. 결국 미디어가 중요한 스토리라인을 구성했다고 볼 수 있다.

홍수처럼 넘쳐나는 미디어의 보도를 보면 이처럼 미디어가 단독으로 '스타'를 탄생시키는 사례가 쉽게 눈에 들어온다. 이쯤에서 퍼스널 브랜딩에 관심 있는 마케터들은 분명한 교훈 하나를 얻는다. 상품이나 브랜드에 미디어의 관심이 쏟아지게 해야 한다는 점이다.

전략 5 　액세서리

장식품이나 기념품 등 유행하는 액세서리 때문에 그와 관련된 사람에게 뜨거운 관심이 쏟아지기도 한다. 액세서리이든 독특한 말과 행동이든 스타의 이미지를 느끼고 스타와 관계를 맺고 싶어하는 팬들의 열망을 활용한 전략을 펼쳐야 한다. 이멜다 마르코스와 마르코의 신발,[4] 아놀드 슈왈츠제네거의 'I'll be back', 험프리 보가트의 대사 등이 좋은 예다. 그 밖에 도널드 트럼프의 헤어스타일, 마돈나의 콘 브래지어(원뿔모양의 브래지어), 데이비드 베컴의 다이몬드 귀고리는 분명히 자신을 차별화시키고 청중의 머릿속에 스타 이미지를 아로새기기 위한 전략의 일환이었다.

전략 6 　극적인 사건

청중은 세상을 떠들썩하게 만든 사건의 주인공에게 매료되는 경우가 많

---

[4] 1986년 민중봉기로 권좌에서 물러난 필리핀의 전 대통령 페르난드 마르코스와 그 부인. 그들이 하와이로 도피한 뒤 살펴보니 이멜다의 방에서 신발 수천 켤레가 발견되었다.

다. "나는 다시 돌아올 것이다"라는 말을 남기고 필리핀에서 후퇴한 더글라스 맥아더(Douglas MacArthur) 장군이 극적으로 필리핀을 다시 탈환한 일, 린다 트립(Linda Tripp)이 클린턴과 르윈스키의 관계를 폭로한 사건, 여성 카레이서 다니카 패트릭(Danica Patrick)이 인디애나폴리스500에서 화려하게 데뷔한 일 등은 청중과 스타의 관계를 지속시키는 발판이 된다.

지금까지 설명한 여섯 가지 전략은 청중의 관심을 불러일으키는 도구로 활용이 가능하지만, 근본적으로 청중의 관심을 더욱 집중시키고 그 수준을 극대화하며, 청중과 브랜드의 긍정적 결속을 이루는 것이 퍼스널 브랜딩에 성공하는 길이다.

더 알리바이(The Alibi)

1935년 '더 아티스틱(The Artistic)'이라는 이발소를 운영한 데이브 가펑클(Dave Garfinkle)이 밀수업자로 의심받은 키드 캔(Kid Cann)의 증인으로 나섰다가 자신도 모르게 유명세를 타게 되었다. 캔은 자신의 뒤를 밟은 미네폴리스 신문기자를 살해한 혐의로 소송 중이었는데, 캔이 그 기자를 살인했다고 추정되는 시간에 가펑클은 자신의 이발소 앞에서 캔을 보았다고 증언함으로써 '알리바이'를 증명했고, 결국 캔은 무죄로 풀려났다. 이 이야기가 신문에 나가자마자 가펑클은 사람들 입에 오르내렸고, 사람들이 가펑클의 이발소를 '더 알리바이(The Alibi)'라고 부르기 시작했다.

한동안 이 이야기가 반복적으로 흘러나오면서 사건의 사실관계가 흐려지긴 했지만, 스토리에 내재된 극적 상황들이 가펑클의 인지도가 정립, 유지되도록 하는 기능을 했다. 가펑클의 이야기는 법정, 큰 사건, 극적 순간, 유명인들과의 관계, 현지 수준의 인지도 등의 소설적 요소들을 갖췄다. 영화 〈대부(The Godfather)〉와 〈원스 어폰 어 타임 인 아메리카(Once Upon a Time in America)〉처럼 어두운 극적 요소들을 갖추었던 것이다. 이 이야기는 스토리가 엄청난 영향력을 발휘한다는 사실과 함께 퍼스널 브랜딩 프로세스를 지속적으로 밟아나가야 한다는 교훈을 담고 있다.

가펑클의 이야기는 반세기가 지나서야 막을 내렸다. 안타깝게도 가펑클의 이야기가 미네폴리스 사람들의 관심을 끌었고, 가펑클 또한 짧은 시간 동안 지역적 관심을 끌었지만, 그는 결코 자신의 인지도를 수익으로 연결하지는 못했다. 20세기 중반까지는 스토리를 퍼프릴 마케팅 채널과 미디어 채널이 없었기에 인지도를 수익으로 전환할 만한 일말의 가능성도 없었던 것이다.

오늘날 이런 유형의 이야기는 대형 출판사나 방송국이 큰 비용을 지불하면서까지 소설이나 드라마의 소재로 활용할지 모른다. 또한 '더 알리바이'의 전국 체인이 생길지도 모르는 일이다.

극적 현실이란 무엇인가?

청중을 매료시키는 퍼스널 브랜드의 핵심 요소를 하나 들자면, 그것은 단연 '스토리라인(storyline)'이다. 실제 삶보다 한층 극적으로 느껴지는 현실로 스토리라인을 설계, 확산하는 활동들이 평판산업의 주요한 성장동력으로 작용한다. 브랜드 개발자들은 대부분 스타 지망생의 인지도에 스토리라인이 얼마나 큰 영향을 미치는지 알기 때문에 스토리라인을 구성할 실제 사례가 나타나기를 기다리기보다 현실을 극적으로 재구성하기 시작했다. '극적 현실'은 인물의 실제 삶을 구성하는 극적 요소들을 부각시키거나 실제 삶과 꾸며낸 스토리의 요소들을 전략적으로 조합하여 구현한다. 극적 현실을 구현하는 목적은 다음과 같다.

- 청중의 관심을 끌거나 상상을 자극한다.
- 인물의 신뢰성을 강화한다.
- 인물에 대한 청중의 흥미를 높인다.
- 청중이 인물과 관계를 쌓아가는 환상을 갖도록 한다.

극적 현실을 구현하는 궁극적인 이유는 브랜드에 대한 청중의 관여도를 수익이 창출되는 방향으로 활용하기 위해서다. 아래는 극적 현실을 전략적으로 활용한 사례들이다.

- 보통 사람 신드롬(The every-person syndrome)
  인기 영화배우 등의 스타가 토크쇼 등의 미디어에 출연해 보통 사람의 소박한 면모를 보여주는 전략이다. 이를 통해 청중은 스타로서의 톰 크루즈와 보통 사람으로서의 톰 크루즈를 함께 연상한다. 그 결과 톰 크루즈가 풍기는 스타라는 이미지가 흐려진다.
- 사회적 메시지를 전하는 스타
  중요한 사회적 메시지를 전달하는 영화에서 배우와 영화의 주제를 결합하는 전략이다. 보통 허구인 전체 스토리라인은 현실로 환기되면서 배우의 다양한 면모를 빛나게 한다. 인기 가족드라마에 출연해 지극한 모성애를 보여준 수잔 서랜든(Susan Sarandon)은 자신의 역할에 사회적 의미가 내포되어 있었기에 대중들이 바라보는 신뢰도가 강화되었다.

- 자기 정체감의 위기

배우들은 연기에 몰입하여 연기가 아닌 실제 삶이 느껴지도록 한다. 누구든 배역에 몰입하는 훈련을 꾸준히 하면 현실감 있는 연기를 선보일 수 있다. 한편으로 '자기 정체감의 위기'는 세간의 주목을 끄는 스토리로 이어지기도 한다. 오스트리아가 낳은 인기 영화배우 러셀 크로우(Russel Crowe)는 영화 〈신데렐라맨(Cinderella Man)〉에서 전설의 헤비급 복서 짐 브라독(Jim Braddock) 역을 훌륭히 소화해냈다. 그런데 미국에서 영화 홍보 투어 중 러셀이 호텔 종업원 얼굴에 전화를 집어던졌다는 소문이 나돌았다. 이 이야기는 순식간에 각종 언론의 머릿기사를 장식했다. 결국 러셀이 사과하긴 했으나, 또 한 명의 '신데렐라 맨'이 탄생한 꼴이었다. 미디어와 팬들이 이를 놓칠 리 만무했다. 이는 러셀이 브라독 역에 심취해서 일어난 일인지도 모른다.

현실과 허구를 잘 조합하면 스타의 신뢰성을 극대화할 수 있다. 극적 현실은 이미 우리 삶에 깊숙이 파고들어 삶의 일부가 되었다. 카메론 디아즈(Cameron Diaz) 하면 영화배우가 아닌 〈메리에겐 뭔가 특별한 것이 있다(There's Something About Mary)〉의 메리 젠슨이 떠오르고, 전 크라이슬러 회장 리 아이어코카(Lee Iacocca) 하면 보통 사람이 아닌 기업가 이미지가 먼저 떠오른다. 자유의 여신상을 부활시켜 뉴요커들에게 극찬받을 때 존 오코너(John O'Connor) 추기경이 이미지와 실재의 차이를 언급할 정도였다.

"사람들은 진실하다고 인식하는 것을 보고 듣습니다."

실재와 각본의 경계를 넘고, 청중이 그러한 전략에 동화되어야 비로소 극적 현실이 구현된다. 스토리라인의 효과성이 높아야 극적 현실의 흡인력과 설득력이 높아지고, 스타 지망생들이 자연스러운 연기에 숙달될수록 인구통계학적 분석과 심리 특성적 세분화 기법을 제대로 사용하게 된다. 이와 관련하여 기술 철학자 돈 아이디(Don Ihde)가 극적 현실의 실재감을 일으키기 위한 기본원칙을 밝혔다. 아이디에 따르면, '메시지 전달 시스템'이 명료할수록, 이를테면 전화기에서 발생하는 정전기와 TV에 유입되는 방해 전파를 없앤다면, 사람들이 기술적으로 '커뮤니케이션 과정'을 조정한 사실을 인식하지 못하게 된다. 가령 전화기 음질이 개선될수록 사람들은 의식하지 못한 채 통화하는 태도를 미묘하게 바꾼다. 마찬가지로 퍼스널 브랜드 개발자가 극적 현실을 실재감 있게 구현할수록 사람들은 극적 현실이 허구라는 사실을 잘 인식하지 못하게 된다.

∴ 무엇이 극적 현실을 구현하는가?

청중이 스토리에서 구현된 정보에 많이 의존할수록 극적 현실의 실재감도 높아진다. 실재감이 느껴지는 스토리는 청중의 의식에 반복해서 각인된다. 이런 이유로 브랜드 개발자들이 대개 인물의 정보를 스토리 형식에 담아 공식적으로 명시한다. 개발자들은 재현할 만한 극적 현실을 찾기 위해 대개 스타 지망생들에게 처음부터 이렇게 묻는다.

"자신에 대해 말해보세요. 살아오면서 별난 경험을 한 적이 있나요? 비극적인 일을 겪은 적은 없나요? 가족과 관련된 흥미로운 이야기가 있나요? 남들과 다른 삶을 살지 않았나요?"

스타 지망생의 인지도를 높이는 개발자들은 팬들의 유대감과 애정을 최대한 촉발하는 스토리라인 개발에 많은 관심을 가져야 한다.

지금부터 소개하는 전략들을 활용하면 인물의 역할을 늘리거나 친밀감을 높이는 방식으로 인물의 신뢰성을 더욱 높일 수 있다.

첫 번째는 해당 분야의 호소력을 확대하는 전략이다. 인물을 다양한 분야에 내세움으로써 다양한 스토리를 통해 다양한 청중의 관심을 이끌어낸다. 저명한 미디어 사업가 테더 터너(Ted Turner)는 '올해의 요트선수'에 네 번이나 뽑히고 야구를 열렬히 즐긴 덕에 다양한 이미지를 구축했다. 캐시 리 기퍼드(Kathie Lee Gifford)는 TV 토크쇼를 진행하면서 자연스럽게 성인 시청자들을 팬으로 확보했다. 또한 기퍼드는 아이들 책을 집필하여 교육의 가치를 널리 알렸고 자신의 이름을 딴 의류 브랜드를 월마트에서 판매하여 소비자들을 확보했다. 이런 활동들은 기퍼드를 바라보는 사람들로 하여금 가수, 모델, 배우, 노동력착취공장에 대항하는 노동운동가 등 다양한 느낌의 인물로 느껴지도록 만들었다. 그녀는 이러한 호소력을 작곡이나 TV쇼 등의 다양한 분야에서 계속 확대해가고 있다.

두 번째는 채널의 범위를 확대하여 산업 내의 넓은 팬 층에 스토리를 전하는 전략이다. 대표적인 예로, 톰 행크스(Tom Hanks)가 다양한 영화에서 깊이 있는 배역을 소화해내고, NBC 코미디쇼에서 활약하며, 국제자연보호협회 잡지와의 인터뷰에서 자연보호에 대한 의견을 내놓으면서 폭넓은 팬들을 확보했다.

투자 부문을 보면 라디오 토크쇼의 진행자 밥 브링크(Bob Brink)가 강연, 뉴스레터, 웹사이트 등을 이용하여 널리 호소력을 발휘했다. 가능한 한 다양한 채널을 통해 인물의 이미지를 확대하면 인물의 여러 가지 개성이 알려져 인지도와 호감도가 높아진다. 아울러 극적 현실의 실재감 또한 높아질 것이다. 스타 지망생들이 이 전략을 활용하려면 TV 토크쇼와 같은 '무대'에 서거나 유명한 자선단체기관 활동에 동참해야 하는 경우도 있다.

마지막으로 대중에게 '깊은 스토리'를 전하는 전략이다. 이 전략의 일환으로 홍보담당자가 스타의 활동과 생활에 관한 소식을 계속해서 노출한다. 가령 여행담, 사랑과 이별, 여왕과의 만남, 아이들과의 특별한 기억 등의 스토리가 공개되면서 개성의 토대가 구축된다. 흥미진진한 스토리는 스타가 일시적으로 활동을 중단한 기간에도 청중의 의식 속에 스타를 자리 잡게 만드는, 매우 중요한 기능을 한다. s

PHILIP KOTLER
PERSONAL MARKETING

PART 2

'이름값'을 높이고
유지하는
마케팅 전략

PHILIP KOTLER

CHAPTER 6

인지도를 높이는 마케팅 전략

PHILIP KOTLER PERSONAL MARKETING

마드라스보다 멜로즈 스타일의 검은 스웨터를 입고 사진사와 스타일리스트들을 대동한 채 일하는 사람처럼, 자신감 가득한 태도를 취하는 코프라는 명성을 얻은 권위자처럼 느껴졌다.
―〈타임〉

"저는 병을 고쳤지 신체를 치유하지는 못했습니다." '뉴 에이지(New Age, 신영지주의)'의 권위자 디펙 초프라(Deepak Chopra)는 일찍이 아버지의 권유로 의사가 되었는데, 보스턴 메디컬 센터에서 내분비외과 의사로 일했다. 그러나 초프라는 서양의료 시술로는 환자들의 질병 치료에 별다른 도움을 주지 못한다고 판단했고, 그러한 고민에 시달리며 나날이 술과 담배에 찌들어 살았다. 그러던 중 초험적 명상(Transcendental

Meditation)의 구루 마하레시 하헤시 요기(Maharishi Mahesh Yogi)의 강의를 들은 일이 계기가 되어 인도의 전통의학 아유르베다(Ayurveda)에 관심을 갖게 되었다. 이후 그는 범신론적 영성을 이용해 인간의 육체적 욕구를 해결하는 방법을 개발함으로써 '신영지주의(New Age Supersage) 운동을 벌여나갔다. 이처럼 새로운 삶을 시작한 초프라는 저서 출간과 강연활동으로 인간은 육체와 영혼, 그리고 마음이 통합된 존재로서 모든 질병이 일곱 가지 잠재의식 단계를 거치며 사라져 평온함과 온전함을 찾을 수 있다고 설파하며 매년 수백 만 달러를 벌어들였다. 초프라는 신영지주의 활동을 벌이면서 책과 잡지도 출간하고 TV에 출연하는 등 총체적인 홍보활동을 벌였다. 수많은 스타와 영화배우들의 힘을 빌려 신영지주의의 권위자로서 이미지를 굳혔다. 초프라의 변신은 기초적인 진리에 토대를 두고 있다. 수많은 스타 지망생들이 인지도를 높이려고 하는 사이, 전략적 마케팅을 동원한 사람들이 높은 인지도를 얻게 될 가능성이 높다는 사실이다. 대행사나 매니저들, 인지도가 높은 인물을 필요로 하는 대형 기관이나 단체들, 얼굴을 알리기 원하는 사람들이 인지도를 높이고자 전략적 마케팅을 펼친다. 이들은 다양한 산업영역을 자세히 조사하여 목표에 적합한 영역을 선택하고 자신이나 자신들을 대표하는 이들을 청중이 갈망하는 '상품'으로 변신시킨다.

이러한 과정은 기업이 상품을 홍보하는 형태와 여러 면에서 유사하다. 기업들 또한 시장 소비자들의 니즈를 철저히 분석하고 경쟁자들과의 차별화를 꾀하기 위해 상품의 개성과 속성을 살리려 한다. 독특한 개성은 직관적으로 느껴지는 것이지만, 언어로도 전달이 된다. 극작가 겸 감독으로 활동한 가르손 카닌(Garson Kanin)의 소설 《모비올라(Moviola)》

에서 한 늙은 영화계 거물이 동료들에게 말하는 장면을 보자.

괜찮은 이름 좀 찾아봐. 알란, 프레디, 자네들은 '알란' 이 괜찮은 이름으로 보여? 알란 볼트? 천만에 자, 하나씩 생각해보자고. 맥스 어때? 흠… 이름으로선 괜찮은데. 긴 이름이 필요해. 맥스는 너무 짧아. 어느 틈엔가 지나가버려. 긴 이름이 좋겠어. 광고에서 크게 보여야 하니까. 이름의 주인공이 광고비를 감당할 능력이 되는 것으로 보일거야.

얼굴을 알리고 싶어하는 사람들은 대부분 인지도를 얻기 위해 자신들의 실체와 '스타일' 이 잘 조합된 방법을 찾고자 한다. 어느 분야에서든 이름, 외모, 목소리 등의 스타일에 관한 문제에서 인지도를 높이는 원칙이 똑같이 적용된다. 이른바 인지도를 만들어내는 일을 하는 사람들은 인물이 지닌 재능과 개성은 물론 청중의 욕구와 기대에 대해 조사, 분석하여 청중이 원하는 스타일로 인물을 변신시켜야 한다. '피그말리온 법칙' 을 현대적으로 적용해야 하는 셈이다. 이처럼 시골처녀가 귀부인이 되었듯, 피그말리온 법칙의 기본전제는 아직도 변함이 없다.

∴ 이미지 변신과 마케팅 콘셉트

역량, 개성, 외모, 태도 등을 청중이 바라는 대로 자연스럽게 개발하는 사람들도 있다. 이런 사람들은 간혹 특별히 힘들이지 않고 높은 인지도를 획득한다. 그러나 이는 일부의 경우이고, 높은 인지도와 그에 대한 보상은 적극적으로 추구해야 할 부분이다. 여기서 핵심은 변화다. 현상 유지에서 벗어나 인지도를 높이기 위해 필수불가결한 개성을 가져야 하는 것이다.

샴푸, 소프트웨어, 스테레오 등의 브랜드를 출시하기 위한 프로세스와 인지도를 얻기 위한 마케팅 프로세스는 분명히 비슷한 점이 많다. P&G(Procter & Gamble)가 단순히 세제를 포장하고 브랜드 네임을 대충 만든 후, 막대한 광고비를 지출하여 소매업자들에게 상품을 떠넘기는 것처럼 보이는가? 그렇게 신상품을 출시했다가는 실패가 불을 보듯 분명하다. P&G는 세제시장의 주요 소비자들에 대해 철저히 분석하는데, 소비자들의 취향, 소비자들이 원하는 기능(표백, 거품, 향기 등), 경쟁 브랜드에 대한 반응, 다양한 제품의 크기와 색깔, 브랜드 네임에 대한 소비자들의 반응, 소매업자들의 기대와 요구 등을 신중하게 고려한다. 이런 철학을 확대한 P&G는 최근 들어 다양한 커뮤니티를 통해 소비자들과 가깝게 만나고 있다. 마케팅 시장조사, 상품 디자인, 포장, 가격결정, 홍보, 유통전략 등이 함께 수반되어야 비로소 마케팅을 제대로 펼쳤다고 말할 수 있다. 대기업들은 이런 마케팅 프로세스를 어느 정도 엄격하게 따르는 경우가 많다. 항공, 호텔, 음식점 체인 등과 같은 서비스 부문에서도 마찬가지다. 이런 분야에서도 소비자의 니즈와 욕구, 경쟁자들의 활동, 차별화된 서비스 요소를 파악해야 하기에 정밀한 마케팅 프로세스가 필요하다.

신상품이나 서비스를 출시하는 프로세스와 사람의 인지도를 높이기 위한 프로세스가 거의 같다고 해도 과언이 아니다. 높은 인지도를 얻으려면 어느 정도 변신해야 하는 법이다. 그러나 마케팅 프로세스를 숙지하지 않고서는 변신이 불가능하다. 사실 무대 뒤에서 스타 지망생들을 도운 전문가들은 그간에 자신들의 활동에 마케팅 원칙을 제대로 적용하지 못했다.

사람은 '변신' 할 수 있을까?

상품은 대부분 애초에 구매자들이 원하는 바대로 만들어져 출시되기에 이후 상품에 변화를 줄 필요가 없는 경우가 많다. 이런 차원에서 건축업자는 스페인의 식민지 시절 풍의 건물도 지을 수 있고, 의뢰인이 요구한 디자인대로 집을 지을 수도 있다. 하지만 인지도를 높이고자 하는 것은 실제 사람의 문제이고 사람은 저마다 쉽게 바꿀 수 없는 개성을 타고난다. 회의적 관점에서 보면, 잠재고객이 많은 시장에서 인지도를 높이려는 변호사가 글로리아 알레드(Gloria Allred) 같은 저명한 여성 인권변호사로 탈바꿈하기는 어려울 것이다. 또 대중이 아무리 갈망한다 해도 신인 여배우가 맥 라이언(Meg Ryan)과 같은 스타로 성장할 방법이 없는 셈이다. 통념대로라면 인간은 역량이 제한적인 존재이며 다른 개성을 가진 인물로 변신하기란 거의 어렵다. 그러나 이런 '변신'의 한계가 무너지고 있는 것 또한 분명한 사실이다. 지금은 이른바 다양한 '평판 전문가들'이 스타 지망생들이 가진 '한계'를 밝혀서 대안을 내놓는다. 스타 지망생들은 이들로부터 성형수술, 코칭, 대인관계술, 심리상담 등의 다양한 지원을 받아 '변신'을 도모한다. '변신'은 한때 성형수술을 받은 사람에게 한정지어 사용한 말이지만, 지금은 스타 지망생들의 '완전한 변신', 즉 출세가도를 달리는 경영자, 대통령 후보로 물망에 오른 국회의원, 전도유망한 화가 등 명성을 얻기 시작한 인물들을 언급할 때 사용한다. 신인 여배우가 제2의 맥 라이언을 꿈꾼다면 그녀를 맥 라인과 흡사하게 변신시킬 수 있을 정도로 오늘날의 기술은 발전했다.

궁극의 페르소나 전환

아놀드 슈왈츠제네거는 캘리포니아 주지사로 활동 중이다. 그는 다큐멘터리 영화의 주인공을 맡아 이름을 떨친 후 〈터미네이터〉와 〈프레데터〉에서 '터프가이' 역할을 소화해냈다. 슈왈츠제네거의 높은 인지도는 두 가지 측면에서 바라볼 수 있다. 그는 엔터테인먼트 분야에서 명성을 떨쳤고 그러한 명성을 기반으로 대중으로 하여금 정치인의 자격요건이 전무한 그를 정치인으로 인정하도록 했다. 연예인 출신 정치가는 슈왈츠제네거 외에 여럿 있다. 춤과 노래를 겸비한 영화배우 조지 머피(George Murphy)가 1960년대에 캘리포니아 상원의원에 당선되었고, 같은 주에서 영화배우 로널드 레이건(Ronald Reagan)이 주지사에 당선된 이후 대통령 자리에까지 올라 세상을 깜짝 놀라게 했다.

프로레슬러 출신 제스 벤추라(Jess Ventura)는 미네소타 주지사로서 극적이면서도 굴곡의 4년 임기를 마치기도 했다. 이들 개개인을 들여다보면, 모두 엔터테인먼트 부문에서 쌓은 명성으로 정립한 퍼스널 브랜드에 정치적 역할을 성공적으로 접목시켰다.

오스트리아 출신 슈왈츠제네거는 미국으로 이주한 뒤 무일푼 신세로 보디빌더와 달력모델 생활을 시작했다. 스크린에서 그의 페르소나(personal, 실제 성격과 다른, 즉 다른 사람들의 눈에 비친 개인의 모습-옮긴이)는 근육질 몸매에 로봇처럼 거친 말투를 내뱉고 코믹 연기도 선보이는 스타였다. 1970년대에서 1980년대까지 그는 액션스타로서 독보적인 페르소나를 구축했다. 아마 선거후보 자격이 없는 사람을 선정했다면, 슈왈츠제네거가 1위를 차지했을 것이다. 영화에서 늘 거친 역할만 맡고, 스테로이드(근육강화제)를 복용한 것을 후회하지 않는다고 말하는가 하면, 여성들과의 무용담을 자랑삼아 늘어놓는 것을 두고 볼 때 그에게서 정치인의 면모를 찾아보기 어려웠다. 슈왈츠제네거는 어떻게 스크린상의 페르소나를 정치적 페르소나로 전환해 미국에서 가장 큰 주인 캘리포니아에서 압도적인 지지를 얻었을까? 애초에 그는 뛰어난 육체적 매력과 정치적 영향력을 모두 겸비하고 있었다. 그는 민주당 계보인 케네디 가의 여성과 결혼했고, 아버지 부시 대통령의 신체 적응도를 자문하는 자문위원회 위원장직을 수행했으며, 정신박약자들을 위한 올림픽과 자선단체 이너시티 게임(Inner-City Games)을 후원했다. 이 모든 활동 속에서 그는 영화배우에 머물지 않고 더 높은 가치를 위해 일하겠다는 의지를 드러냈다. 방과 후 아동보육법안을 지지하면서 정치에 몸담겠다는 그의 의지가 분명히 전달되었다. 2003년 캘리포니아 주지사 선거에 공화당 후보로 나서면서 그는 배우에서 강력한 정치적 인물로 변신했다. 영화계에 오래 몸담은 관록 덕분에 그는 미디어와 대중을 다루는 데 능했다.

단지 연예인으로서의 이름값만 가지고 정치판을 기웃거리는 사람들도 종종 보인다. 아놀드 슈왈츠제네거와 레이건이 분명히 영화배우라는 명성 덕을 보긴 했지만. 그런 명성은 페르소나 전환의 필요조건이 될지언정 충분조건은 되지 못한다. 슈왈츠제네거는 영화배우의 진부한 페르소나를 새로운 방향으로 전환했다. 슈왈츠제네거의 주지사 당선은 슈왈츠제네거라는 퍼스널 브랜드의 인지도와 거침없는 성격의 주지사를 바라는 캘리포니아 시민들의 염원이 잘 조합된 결과였다. 그럼에도 궁극적으로 성과가 중요하다는 사실을 잊지 말아야 한다. 브랜드 인지도를 잘 활용해서 팬들 또는 대중과의 친밀한 관계를 장기적으로 유지해나가야 한다.

마운틴듀를 갑자기 립톤 티로 바꿀 수 없고, 폴크스바겐을 벤틀리로 쉽게 바꿀 수 없듯, 어찌 보면 상품을 탈바꿈시키는 것보다 사람을 변신시키는 것이 더 쉬운 일일 수도 있다. 우리는 주위에서 끊임없이 새로운 모습을 보여주는 인물들을 자주 본다. 코미디언 알 프랑켄(Al Franken)은 본래 코미디 작가였으나 끝내 코미디언이 되었고 정치에도 참여했다. 유명 칼럼니스트 벤 스타인(Ben Stein)은 대통령 연설문 작성자, 작가, 영화배우, 광고모델로 거듭 변신했다.

사람과 상품의 차이를 하나 더 들자면 상품은 관리가 용이하다는 점이다. 가령 세제는 슈퍼마켓 선반에 진열해놓으면 그만이다. 그렇지만 세제가 사람처럼 어떤 반응을 보이는 일은 없다. 약물에 중독되거나 기자를 폭행하거나 매니저를 해고할 일은 절대로 일어나지 않는다. 전 복싱 헤비급 챔피언 마이크 타이슨(Mike Tyson)의 조력자들은 타이슨이 대중과 미디어 앞에 설 때마다 늘 마음이 불안할 정도였다. 경영자,

변호사, 가수 등 누구나 사생활에서 공을 들여 구축한 이미지에 타격이 생기는 치명적 실수를 저지를 수 있는 법이다. 그러나 일반상품은 성능의 문제가 가장 큰 고민거리다. 그래서 생산자들은 신상품이 시험 검사를 제대로 통과하지 못할까봐 노심초사한다. 결국 사람을 다루든 상품을 다루든 무엇을 시장에 내놓든지 간에 항상 신중을 기해야 하는 법이다.

마케팅으로 성공할 수 있을까?

마케팅이란 주로 상품과 관련된 시장조사를 하고 상품의 잠재성, 즉 시장의 니즈를 충족시키는 역량을 극대화하며 그러기 위한 방안을 결정하는 프로세스다. 그러나 시장영역을 불문하고 마케팅 캠페인만 펼치면 인지도를 높일 수 있다는 의미는 아니다. 가령 정치선거에서 최고의 마케팅 프로세스를 실행하더라도 승리를 보장하기는 어렵다. 그럼에도 선거에서 마케팅 기법을 잘 사용하면 승리에 더욱 다가갈 수 있는 것도 분명한 사실이다. 대다수 스타 지망생들이 벌이는 페르소나 전환과 퍼스널 브랜딩 구축에서 작은 차이가 엄청난 결과를 가져오는 법이다. 100미터 달리기를 예로 들어보자. 이런 무대에서는 발이 가장 빠른 선수의 인지도가 높아지겠지만, 마케팅이 승패를 좌우하지는 않을 것으로 보인다(그러나 마케팅에 따라 승리자가 얻는 상업적 혜택에는 큰 차이가 생길 수 있다). 한편 비즈니스, 법률, 의료, 종교, 학문, 정치, 엔터테인먼트 등 자질이 엇비슷한 신인들이 넘치는 분야에서는 마케팅의 영향력이 상상을 초월한다.

∴ 신규 시장진출자들을 위한 세 가지 마케팅

마케팅 개념은 전혀 새로운 것이 아니다. 사실 지금까지 스타 지망생들은 인지도를 높이고자 수많은 전략을 활용해왔는데, 소설 《모비올라》에서 간단명료하게 설명하듯, 일종의 퍼스널 마케팅을 많이 활용해왔다.

"방법이 틀렸어, 자네는." 한 늙은 영화계 거물이 신인배우에게 말했다. "무대에서 은퇴한 인기 여배우 이안 클레어에게 누군가가 물었지. '당신은 정말로 성공하기 위해 제작자나 감독들과 잠자리도 같이 하나요?' 이안이 답했지. '당신이 재능이 하나도 없다면 당연히 그래야겠죠.'"

당시에 이안 클레어를 비롯해 스타 지망생들은 시행착오를 거치면서 수많은 전략을 터득했을 것이다. 하지만 강점과 약점, 최적의 포지셔닝 콘셉트를 분석하는 것처럼 체계적 마케팅 기법을 이해하지도 알지도 못했다. 오늘날 마케팅 전문가들은 브랜드의 인지도를 확대하는 데에 저마다 다른 전략을 구사하지만 스타 지망생들의 인지도를 높이는 데 다양한 마케팅 기법을 활용해야 한다는 점에 대부분 동의한다. 그렇다면 마케팅을 적용하는 가장 좋은 방법은 무엇일까? 세 가지 마케팅 스타일의 특징을 눈여겨보자.

여성 팝가수가 마케팅을 대신해줄 대행사와 계약을 맺었다고 가정하자. 이때 대행사는 세 가지 전략적 대안을 고려한다.

● 판매중심 전략

대행사는 몇몇 공연장 관리자에게 가수의 사진과 음반을 보여주며 공연을 추진하려 한다. 대행사가 공연을 성사시키면 가수는 만족할 것이고, 공연할 무대가 명망 있는 곳이거나 출연료를 많이 받는다면 더할 나위 없이 만족할 것이다. 판매중심 전략에는 의뢰인이 '최고'의 시장에서 판매해야 하는 고정상품이라는 개념이 깔려 있다.

● 개선중심 전략

대행사는 가수의 고정된 개성에 만족하지 않고 가수의 노래 또는 외모나 개성을 개선할 방법을 찾아서 가수에게 제안한다. 부가가치 창출방법을 적용하여 가수의 역량을 늘려 시장의 관심을 끈다.

● 시장충족 전략

가수가 시장의 관심을 끌 만한 최소한의 역량도 없거나 '상품성'이 부족하다면, 분명히 말해서 대행사는 가수의 의뢰를 거절한다. 대신 대행사는 시장의 니즈를 분석하여 시장을 만족시킬 만한 가수의 유형을 결정한다. 그런 다음 대행사는 많은 가수지망생들 중 그런 유형에 가장 적합해보이는 사람을 선발해 시장이 원하는 '상품'으로 개발한다.

이 세 가지 마케팅 전략은 엔터테인먼트 분야 외에 여러 산업 분야에서도 활용할 수 있다. 정치 분야에서 판매중심 전략은 선거에 나선 후보자가 유권자들의 지지를 많이 얻는 방향으로 활용하겠지만, 핵심은 후보자가 가진 고유의 개성에 유권자들의 관심을 집중시키는 것이다. 또 역량중심 전략을 펼친다면 후보자가 연설을 호소력 있게 하고 유권자들에게 호감을 이끌어내는 옷을 입도록 교육하여 후보자의 이미지를 개선할 것이다. 마지막으로 정치적 기구와 정당은 대중이 바라는 바를 분석하여 유권자들의 기대와 요구를 충족시키는 후보자를 찾고자 할 때 시장충족 전략을 사용할 것이다.

오늘날 정당조직들은 시장충족 전략을 지향하여 유권자들을 매료시킬 만한 후보자를 찾는 등 마케팅 전략을 체계적으로 펼치고 있다. 정당조직 등의 인지도를 활용하는 조직들은 치열한 경쟁환경에서 살아남고자 판매중심 전략에서 시장충족 전략으로 전략을 수정하는 경우가 많다. 물론 경험이 풍부한 퍼스널 브랜드 개발자들 중에 직관적으로 유망한 연예인, 정치인, 경영자, 종교지도자를 찾을 수 있다고 장담하는 사람들도 있다. 실제로 마케팅 프로세스를 운영함에 있어 뛰어난 직관력을 발휘하는 사람도 있다. 하지만 스타 지망생들을 시장에 진출시킴에 있어 위험부담이 갈수록 높아지기에 브랜드 개발자들이 수용자 분석(audience analysis), 포커스 그룹,[1] 여론조사 등 현대적 마케팅 툴을 활용하는 경우가 늘고 있다. 이런 전략들을 통해 소비자 그룹을 선정하여 상품과 서비스 또는 유명인들에 대한 소비자들의 인식을 철저히 분석한다.

그런데 아직도 퍼스널 브랜드 개발자들이 전통적인 산업기법을 더 많이 채택하고 전통적 산업에서 평판산업의 도구를 더 많이 활용하는 것은 '아이러니'다. 오늘날에는 음료수, 컴퓨터 프로세스, 디지털 복사기 등을 생산하는 전통산업에서 화려한 이벤트를 벌이며 신상품을 출

---

[1] focus group, 테스트할 상품에 대해 토의하는 소비자 그룹.

시하는데, 스타 지망생들이 이런 현상을 부러움 가득한 눈으로 바라볼지 모를 일이다. 애플 아이팟은 그 자체로 혁신일 뿐 아니라 귀엽고 사랑스럽고 친근한 친구 같은 느낌이 들도록 마케팅을 전개했다는 특징이 있다. 사람들이 자신들의 전문성에 대한 보상을 극대화하려고 하든 기업들이 상품이나 서비스에 사람의 개성을 녹이든, 무엇보다도 마케팅 프로세스를 주춧돌로 삼아야 한다.

∴ 마케팅 프로세스의 단계

시장분석

이상적인 마케팅 프로세스를 운영하는 마케팅 대행사가 있다고 가정해 보자. 누가 이 대행사에 마케팅을 의뢰할까? 아마 전도유망한 스타 지망생들, 넓은 시장으로 활동의 폭을 넓히려는 소수의 유명인들, 잠재적 역량을 극대화하려는 여러 영역의 간판급 스타들을 비롯해 브랜드 가치가 떨어지고 있어서 브랜드의 상업적 가치를 높이고 브랜드를 재정립하고자 하는 사람들이 일을 맡길 것이다. 대행사는 가장 먼저 시장분석을 해야 한다. 시장분석의 일환으로 변하는 시장의 환경을 끊임없이 조사하고 새로운 기회와 위협을 식별해야 한다. 이 활동에 환경탐사(environmental scanning), 시장세분화(market segmentation), 시장선택(market selection)의 세 단계를 수반한다.

환경탐사

새로운 기회와 위험을 제공하는 환경요인들을 파악, 분석하는 일을 환경탐사라고 한다. 신문을 보거나 거리에서 사람들의 이야기를 듣거나 흥미로운 개발품에 대해 설문조사를 하다가 우연히 결정적인 정보를 얻는 일들이 있고, 공식적인 경우로서 대행사가 기업에게 시장분석 결과를 제공하고자주 전담팀을 꾸려 시장환경 정보를 얻기도 한다.

우리의 문화환경은 어느 기관도 완전히 분석하지 못할 정도로 수많은 요소들로 얽혀 있지만, 문화환경의 다섯 초점 영역, 즉 인구통계, 경제 트렌드, 기술변화, 정치 및 법률 트렌드, 사회·문화적 트렌드를 분석하는 일을 잊지 말아야 한다.

- 인구통계
  대행사는 인구 규모, 연령 분포, 인종 및 민족 구성, 지리적 분포, 결혼, 출생, 사망률 등 인구 관련 정보를 분석한다. 이를 통해 시장을 다양한 측면에서 파악하고 표적청중을 가려내며 적절한 커뮤니케이션 채널을 정하고 마음을 끄는 브랜드 아이덴티티와 가치 제안을 개발할 수 있다.

- 경제 트렌드
  실업률, 인플레이션, 소득 수준과 분배는 인구에 대한 '매체습관(media habits, 매체노출 패턴)'과 다양한 계층의 일회성 소득에 상당한 영향을 미친다. 이런 요인들을 통해 새로운 기회와 위험이 모두 나타날 수 있다.
- 기술변화

  기술의 진화에 발맞춰 스타 지망생들이 인지도를 높이는 역량 또한 높아졌다. 새로운 무대가 생길 때마다 스타 지망생들은 이미지의 여러 부분을 개선하는 법을 배워야 했다. 바야흐로 영화의 성격이 잔잔함에서 재잘거림으로 바뀌었고, 배우들은 목소리뿐 아니라 외모에도 신경 쓰기 시작했다. 몸차림을 바로 해야 한다는 충고를 무시한 리처드 닉슨(Richard Nixon)이 자신감 넘치는 존 F. 케네디(John F. Kennedy) 옆에서 땀을 뻘뻘 흘리며 힘겹게 TV 토론을 해야 했던 시기가 도래한 것이다. 이후 자기 홍보에 용이한 인터넷이 탄생했지만, 악성 댓글이 범람하고 온갖 추문이 확산되는 폐해도 심각한 실정이다. 파멜라 앤더슨(Pamela Anderson)과 패리스 힐튼(Paris Hilton)을 비롯한 수많은 유명 연예인들이 인터넷을 통한 음란물 확산으로 추문에 휩싸였다. 그런 추문 탓에 인지도가 생기고 실제로 인지도를 높이고 유지하기도 하지만 말이다. 정치인들과 그 보좌진은 웹사이트상에서 중대 사안을 놓고 토론을 벌이고 반대 세력들에게 대응한다. 급속한 기술혁신과 혁신적 기술의 적용으로 블로그, RSS, 팟캐스트, 웨비나 등 새로운 커뮤니케이션 채널이 계속 탄생하고 있다. 장래성 있는 커뮤니케이션 채널을 재빠르게 찾아 분석, 활용해야 한다.

- 정치 및 법률 트렌드

  연예인을 의뢰인으로 둔 대행사는 엔터테인먼트 부문에 영향력을 미칠 정치 및 법률 트렌드의 변화를 예의주시해야 한다. 이를테면 스튜디오 운영과 영화배급에 관련된 법률이 바뀔 경우, 스타 지망생들의 활동에 도움이 되는 기회가 탄생할 수도 있다. 또 정치적 견해에 따라 스타 지망생들에게 기회나 위협이 생기기 때문에 정치풍토를 반드시 분석해야 한다.

- 사회적·문화적 트렌드

시장 구성원들이 관심을 전환할 경우 많은 기회가 생기기도 하지만 그에 앞서 시장 구성원들이 선호하거나 선호하지 않는 문화 트렌드, 스타일을 살펴야 한다. 좋은 예로, 베트남 전쟁이 한창이던 시절에 젊은이들은 밥 딜런(Bob Dylan)과 조안 바에즈(Joan Baez)의 노래를 즐기며 정치적 의식을 키웠다. 가까운 오늘날의 예를 하나 들면, 자녀교육에 적극적인 중산층 여성들을 '사커맘'[2]이라 부르는데, 9·11 테러 여파로 안보를 강조한 조지 부시 대통령의 재선에 도움이 되었다는 뜻으로 '시큐리티 맘(security mom)'으로 변모했다.

시장 세분화

시장은 다양한 제품이나 서비스군에 실제로 관심을 보이거나 관심을 보일 가능성이 있는 소비자들로 구성된다. 나아가 각 시장은 여러 하위 시장들로 분류된다. 광고나 홍보담당자처럼 인물의 인지도를 높이는 역할을 하는 이들은 인구통계, 경제 트렌드, 기술 변화, 정치 및 법률 트렌드, 사회적·문화적 트렌드를 폭넓은 관점에서 파악하되, 시장과

---

2 soccer mom, 자녀를 스포츠, 음악 교습 등의 활동에 데리고 다니느라 여념이 없는 전형적인 중산층 엄마를 가리킨다.

하위시장 분석을 놓쳐서는 안 된다. '규모의 경제와 분업(economies of scale and division of labor)'을 따르는 PR기업은 이 정도 분석은 충분히 할 수 있다. 법률, 엔터테인먼트, 비즈니스 등의 산업 분야에서 호소력을 발휘하기 시작한 스타 지망생들 또한 이런 분석을 해야 한다. 예컨대 변호사라면 광범위한 법률시장 외에 법률 서비스를 받는 여러 대기업과 중소기업, 법원, 의회 등 법률과 관련된 시장들을 분석해야 한다.

비교적 좁은 시장들도 상당한 편차를 보인다. 예컨대 팝뮤직 시장은 록, 재즈, 블루스, 힙합 등의 장르 시장으로 이루어져 있다. 이 같은 하위시장 내에서도 헤비메탈, 포크록, 얼터너티브, 펑크록 등 팬들의 기호에 따라 여러 장르로 시장이 나뉜다. 마찬가지로 광범위한 비즈니스 시장은 셀 수 없을 정도로 많은 전문 분야로 구성되어 있다. 일례로 주식시장은 상품선물, 지방채, 보통주, 옵션 등의 수많은 변수들로 움직인다. 이처럼 시장이 다양한 변수에 따라 움직인다는 것은 표적시장을 신중하게 선정해야 함을 의미한다. 모든 음악청취자나 모든 스포츠팬에게 호소하는 식의 대규모 시장접근 방식(mass market approach)은 지나치게 광범위한 접근법이라 세분화된 경쟁시장을 분석하기에 적합하지 않다. 오히려 지나친 일반화의 오류를 범하게 하고 막대한 비용 손실을 초래할 수 있다. 이 전략으로는 스타 지망생이 이미지메이킹을 위한 방향 설정을 어렵게 하고 표적으로 삼아야 할 '무대'를 찾기도 어렵다. 오늘날의 시장환경이 개별화되고 있다는 것은 분명한 진실이다. 또 하나 또는 여러 개의 매체를 통해도 대규모 청중에게 호소하기 어려운 환경으로 계속 변화고 있는 실정이다. 동시에 커뮤니케이션 채널(인포머셜, 웹사이트 등) 하나만 가지고도 표적청중에게 쉽게 호소할 수 있는 환경으로 진화한 것 또한 사실이다.

이 대목에서 한 가지 교훈을 얻는다. 스타 지망생들이 표적시장을 정확히 찾아낼수록 '페르소나'를 전환하기가 수월해진다는 사실이다. 이로써 스타 지망생은 시장에 호소하는 이미지를 구축하고 시장 진출을 모색할 수 있다. 또 자원이 한정되어 있다고 가정할 경우, 의류전문점 사장은 현지 상권 내에서 브랜드를 따지지 않는 소비자들보다 고급 브랜드를 선호하는 소비자들을 매료시키는 전략을 펼치는 편이 훨씬 낫다. 또 송무(소송에 관한 사무)전문 변호사는 보험회사의 법률서류를 준비하고 작성하는 일보다 법정에 자주 모습을 드러내면서 인지도를 쌓아야 할 것이다.

스타 지망생들은 초기에 표적시장을 선정할 때 두 가지 극단적인 상황을 피해야 한다. 즉 표적시장을 지나치게 광범위하게 설정하면 이미지를 돋보이게 하기 어려워져 청중을 매료시키지도, 충성도를 이끌어내기도 어렵다. 반대로 표적시장을 너무 좁게 설정하면 표적고객으로 삼을 청중(의뢰인, 유권자, 팬 등)의 수가 부족해서 시장에서의 역할이 겹치고 굳어진다. 따라서 초기 표적시장을 선정할 때 이미지가 분산되고 굳어지는 상황을 피해야 한다.

시장을 세분화하되 독창적으로 세분화해야 표적시장을 제대로 선정할 수 있다. 어느 시장이든 다양한 방법으로 세분화할 수 있는데, 핵심은 핵심 청중의 속성을 드러내는 요인들을 중점적으로 하여 기준으로 삼는 것이다. 가령 힙합가수는 대개 10대 청소년을 표적청중으로 삼겠지만, 10대 청소년들 또한 하위그룹으로 분류해야 한다. 예컨대 연령(10대 초반, 중반, 후반), 성별(남성, 여성), 소득(저, 중, 소), 교육(직업, 일반, 명문), 지역 등의 속성에 따라 청소년들을 세분화하는 것이다. 또한 순응하는 성향에서부터 반항하는 성향, 제도에 개의치 않는 개인주의적 성향에 이르기까지 심리적 특성이나 라이프스타일에 따라 하위그룹을 나눌 수도 있다. 마지막으로 제품사용 습관과 구매 습관도 세분화의 기준으로 활용한다.

정치 분야에서 표적시장의 구성원들은 바로 유권자들이지만, 스타 정치인이라 해도 선거구 내에서 모든 유권자의 지지를 얻기는 불가능하다. 따라서 정치인들 또한 지역 유권자들을 하위그룹으로 세분화하여 표적유권자들을 선정한 후 그들을 향해 이미지메이킹 전략을 펼쳐야 한다. 모든 유권자의 지지를 얻으려 하다 보면 아래와 같은 위험들을 맞을 수도 있다.

- 이미지가 불분명하다.
- 광범위한 유권자들과 소통하는 데 비용이 너무 많이 들어간다.
- 효용성 없는 세분시장에 집중하는 오류를 범한다.

〈그림 6-1〉은 다양한 변수를 적용하여 시장을 분석한 결과로서 나타난 다양한 세분시장 모습이다. 그림을 보면 성별, 연령, 인종 세 가지 변수만 적용해도 청소년 시장의 세분시장을 18개 이상 도출해낼 수 있음을 알 수 있다. 시장을 세분화했으면 10대 초반의 흑인 여성들 또는 10대 후반의 백인 남성들을 표적으로 삼는 식으로 표적청중을 정한다. 혹

[그림 6-1] 성별, 연령, 인종에 따른 청소년 시장의 세분화

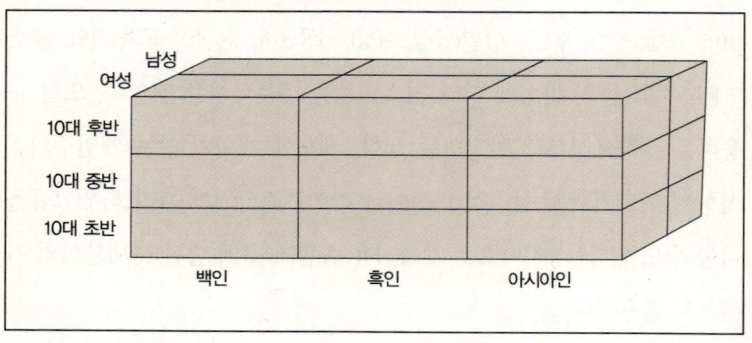

은 흑인 여성 또는 모든 여성과 같은 대규모 세분시장을 표적으로 삼기도 한다.

∴ 시장 선정

인지도를 높이고자 하는 사람들은 시장의 규모와 성장률, 청중의 구매력, 시장 접근성 등 다양한 변수들을 고려하여 초기 표적시장을 매우 신중하게 선정해야 한다.

시장 규모

스타 지망생들은 보상을 극대화하고자 대규모 세분시장에 집중하는 경향이 있다. 가령 '국가적 수준의 인지도'를 얻은 신인 정치인이 소수 유권자 층에 집중할 생각을 하지 못해서 선거에서 패하는 경우가 많다. 거듭 강조하지만 대규모 표적청중이 늘 답이 되지는 않는다. 오히려 자

원이 한정되어 있지만 영향력 있는 소규모 시장의 관심을 끌어 좋은 결과가 나타나는 경우가 많다.

시장 성장률

예컨대 연예인 지망생이 특정 팬들을 장기간 표적청중으로 삼고자 할 경우라면 시장 성장률을 반드시 따져봐야 한다. 이름을 막 알리기 시작한 신인 변호사라면 경쟁할 변호사들이 수없이 몰려드는 세분시장을 철저히 분석해야 한다. 이와는 다르지만, 신인 과학자라면 특히 관심이 집중되고 있지만 공급 대비 수요가 부족한 시장, 예컨대 줄기세포 연구처럼 성장이 빠른 분야에서 인지도를 빠르게 획득할 가능성이 크다. 다른 분야들도 마찬가지다. 안정적이고 지속적으로 성장하는 시장을 표적으로 삼을수록 성공가능성이 높아진다.

청중의 구매력

청소년들이 나이가 들수록 콘서트 관람이나 음반구매를 많이 한다면 가수들은 10대 초반의 청소년들보다 10대 후반의 청소년들을 표적으로 삼아야 이익을 많이 거둘 수 있다. 또 도시에 거주하는 부부들이 자신들의 소득을 그림과 조각을 사는 데 쓰거나 그런 경향이 강하다면, 신인 미술가나 조각가들은 당연히 그들을 표적으로 삼아야 한다.

시장 접근성

신규 시장진출자들이 몰려드는 시장은 진입하기도 점유하기도 만만치 않을뿐더러 시장진입 비용이 상당히 높은 경우가 많다. 경우에 따라 다르지만 새 음반을 제작, 홍보, 배포하는 데 수백만 달러가 들어가기 일쑤다. 이 정도 비용은 신인 가수들이 감당하기 어려운 수준이다. 몇몇 유형의 신인들에 대한 청중이나 게이트 키퍼들(gatekeepers, 뉴스나 정보의 유출을 통제하는 사람-옮긴이)의 편견 탓에 시장 접근성이 떨어지기도 한다. 가령 기업이나 여러 조직에서 특정 지역이나 학벌에 따라 차별하는 일들을 우리는 주위에서 종종 본다.

접근가능한 시장이 있더라도 기존의 익숙한 시장에서 인지도를 확대해나가는 전략이 훨씬 유리한 경우가 많다. 가령 노년층 중심의 엔터테인먼트시장이 청중 수가 많고 빠르게 성장하고 투자의 규모가 크다 해도, 젊은 층에게 익숙한 코미디언이 노년층을 표적청중으로 삼았다가는 위기를 맞게 될 수도 있다.

같은 시장에서조차 이 같은 변수들이 늘 유리하게 작용하리라는 법은 없다. 예컨대 지방에서 근무하는 기업의 지사장은 본사의 핵심 임원으로 발령이 났더라도 기존 자리에 그대로 머무는 편이 더 나을 수 있다. 같은 맥락에서, 노년층 중심의 시장에서 활동하는 가수가 젊은 층 중심의 시장에서 더 많은 이익을 거둘 수 있다 해도 기존 시장에서 활동하는 편이 더 유리한 경우가 있다. 시장진출자들이 규모는 크지만 접근성이 낮은 시장보다 규모는 작더라도 접근성이 높은 시장을 선호하는 경우도 많다. 시장 선정은 마케팅 프로세스의 사전준비 과정이기에 특히 신중을 기해야 한다.

∴ 시장 교두보 구축, 시장진입

마케팅 기법의 효과는 그것을 구사하는 이미지메이커의 역량에 달려 있다. 먼저 시장진출자를 시장에 진출시키기 위한 '시장 교두보(market beachhead)'를 구축하는데, 이는 궁극적으로 시장진출자와 시장을 하나로 묶기 위함이다. 이에 앞서 시장진출자와 청중들을 결속시키는 주요한 세 가지 유인, 즉 청중(audience), 후원자(backers), 커뮤니케이션 미디어(communication media)에 대해 이해해야 한다. 이 세 가지 유인은 신규 시장진출자들의 인지도 상승을 부추기거나 억제하는 기능으로 작용한다.

청중

시장 진출자들은 시장에 진출하자마자 청중과 호흡을 잘 맞춘 덕에 인지도를 높이기도 한다. 저명한 경영 전문가이자 강연가인 론 카우프만(Ron Kaufman)은 1990년 싱가포르 항공사가 세계적 서비스 기관 SQC(Service Quality Center)를 창립하는 일에 참여하면서 이름을 떨쳤다. 카우프만의 성공은 입소문을 탔고, 여러 기업들이 그에게 강연을 요청했다. 곧이어 그는 탁월한 강연 실력을 인정받으면서 수많은 기업들로부터 자문 요청까지 받았고 그런 여세를 몰아 성공가도를 달렸다. 석세스 리소시스(Success Resources)의 회장 리처드 탄(Richard Tan)의 초대를 받고 세계적인 강연가들 앞에서 강연을 한 자리에서 카우프만은 청중과 호흡하는 강연가로서 극찬 받았다. 아직도 싱가포르 창이 공항에 그가 나타나면 그가 명성을 얻는 데 기여한 수많은 청중이 그를 반긴다. 카우프만의 이야기에서 핵심 원칙 하나를 발견한다. 마케팅의 주요 변수가 바로 청중이라는 사실 말이다.

후원자

후원자는 인지도를 추구하도록 이끄는 개인 또는 단체를 말한다.

-후원자와 멘토

시장진출자들은 경우에 따라 처음부터 후원자나 멘토의 지원과 지시를 받는다. 후원하는 관습은 고대부터 이어져 내려왔다. 카이사르(Caesar)는 마크 안토니(Mark Antony)를 후원했고, 위대한 음악가 바흐(Bach), 모차르트(Mozart), 베토벤(Beethoven)도 후원자의 도움을 받았다. 특히 예술 분야에서 후원자들의 역할이 크지만, 오늘날에는 전반적으로 멘토의 역할이 상당히 높아졌다. 정치 분야를 보면 브렌트 스코크로프트(Brent Scowcroft)가 콘돌리자 라이스(Condoleeza Rice)의 멘토 역할을 했고, 학문 분야에서는 로널드 크리스텐슨(E. Ronald Christensen)이 마이클 포터(Michael E. Porter)의 멘토 역할을 했다. 후원자와 멘토는 다음과 같이 신규 시장진출자들을 돕는 핵심 존재라 할 수 있다.

- 최선의 방법으로 시장진출자들이 퍼스널 브랜드를 정립하도록 조언하고 이끈다.
- 시장진출자들이 확신과 용기를 가지도록 독려한다.
- 시장진출자들이 진출한 분야의 의사결정권자를 소개해준다.

후원자는 대체로 시장진출자가 생계를 걱정하지 않고 훈련과 활동에 전념하도록 필요한 자금을 후원한다는 점에서 멘토와 많이 다르다. 멘토 또한 금전적 도움을 주기도 하지만 대부분 '롤 모델'과 상담자 역할을 한다. 사실 후원자와 멘토를 찾지 못하는 사람들도 많고 후원자와 멘토의 지원이 있다고 해서 꼭 성공한다는 보장도 없다. 후원자와 멘토가 자원을 많이 지원하고 독려한다 해도 시장진출자가 청중이나 미디어의 관심을 끌지 못하다면 모든 것이 헛수고가 된다.

- 단체

시장진출자들은 '단체'의 지원을 받아서 시장에 진출하기도 한다. 영리단체와 비영리단체들은 자신들의 리더들이 이름을 널리 알릴수록 브랜드 아이덴티티 역시 널리 인식된다고 생각하여 '스타'를 만들어내는 정교한 프로그램을 개발해왔다. 정당들 또한 '스타 파워(star power)'를 발휘해서 유권자들을 매료시킬 만한 후보자 물색에 시간을 많이 들인다. '스타 플레이어(star player, 인기선수-옮긴이)'의 몸값이 치솟고, 스타 플레이어들이 언제 팀을 탈퇴할지 모르는 위협이 있다 해도, 스포츠 팀들은 대개 선수들의 인지도를 높이기 위해 상당히 노력한다. 여러 단체들은 다음과 같이 인지도 제고 프로세스를 통해 '간판급 스타'를 만들어냄으로써 많은 혜택을 누린다.

- 인지도를 확대한다

비교적 눈에 띄지 않는 단체들도 많다. 유명인을 앞세워 단체의 존재를 알리는 일도 인지도 확대방법이다. 예컨대 해리슨 포드(Harrison

Ford)는 국제환경 보호단체 컨서베이션 인터내셔널의 이사회 일원이고, 전 미국 대통령 지미 카터(Jimmy Carter)는 해비타트 운동(Habitat for Humanity, 사랑의 집짓기 운동―옮긴이)의 자원봉사자로 나선 이후 이 단체의 인지도를 높이면서 이 단체의 '브랜드 네임'으로 통한다.

- 내부 인물 중 특별한 인물을 내세운다

분명치 않고 모호한 이미지는 청중의 관심을 식게 만든다. 내부 인물 중 한 명을 공개적으로 내세워 단체의 가치를 널리 인식시킨다. 세계은행의 9대 총재를 지낸 제임스 D. 울펜손(James D. Wolfensohn)은 정력적인 활동을 통해 세계은행이 가입국들에게 한층 가치 있는 기관으로 거듭나게 했고, JP모건 회장 제임스 다이먼(James Dimon)은 회사의 이미지를 생동감 있게 만들었다.

- 이미지를 바꾼다

단체들이 기존 이미지를 없애거나 바꾸려고 하는 경우가 많은데, 단체를 대표하는 상징적 인물이 이미지를 바꾸는 데 큰 역할을 하는 경우가 많다. 홍콩의 섬유 그룹 에스퀄의 마조리 양(Majorie Yang) 회장은 특유의 섬유회사 이미지에서 탈피하는 데 큰 역할을 했다. 솔직한 성격의 양 회장은 늘 주요한 경쟁 이슈를 기꺼이 공개했는데, 그것은 에스퀄이 브랜드 자본(brand equity)을 얻는 계기가 되었다.

각종 단체들은 회사의 가치를 상징하는 인물을 내세워 '페르소나'를 효과적으로 전환할 수 있다. 이로써 단체가 상징적 인물을 얻는 것은 물론, 상징적 인물 또한 높은 인지도를 얻게 된다. 인지도가 높아지면,

가령 전속계약 제의를 받고 성공의 기회를 얻으며 이사회 일원의 자격을 얻는 등 소득이 올라가 권한이 확대될 가능성이 높아진다. 한편 상징적 인물이 여러 조건을 거절하고 오로지 회사만 돕겠다는 바람으로 활동하는 경우도 많다.

단체의 이미지를 바꾸는 과정에서 단체와 상징적 인물 모두 위기에 처할 위험성도 늘 뒤따른다. 이미 브랜드화된 인물은 이미지가 갈수록 고착되고, 인지도에 뒤따르는 책임감과 부담감이 커진다. 단체가 추문에 휩싸이거나 쇠퇴할 경우 평판에 손상을 입을 수도 있다. 이런 측면에서 볼 때 단체는 상징적 인물보다 훨씬 큰 위험에 노출된다. 상징적 인물이 추문에 휩싸이거나 기대만큼 사람들의 관심을 끌지 못한다면 단체가 위기에 빠질 수 있다. 게다가 상징적 인물이 단체의 이미지를 한번 정립시키고 나면 나중에 이미지를 바꾸기가 상당히 어렵다. 그럼에도 상징적 인물의 탁월함을 널리 홍보함으로써 단체가 엄청난 혜택을 얻을 수 있는 것만큼은 분명한 사실이다.

커뮤니케이션 미디어

스타 지망생이 팬들의 관심을 끌거나 후원자를 찾기에 앞서, 미디어는 스타 지망생의 재능을 널리 알림으로써 그들의 인지도를 높이는 결정적 기능을 한다. 오늘날 스타 지망생들은 워낙 빠르게 성장하는 나머지 중간 매개자를 거치지 않고 미디어에 직접적으로 호소하는 경우가 많다. 그 결과 스타 지망생들은 스스로 역량을 키우고 유명 스타들이 공연하는 무대에 설 기회가 풍부해졌다. 또 생각지 못한 의외의 무대에 섬으로써 하룻밤 사이에 유명해지기도 한다.

〈아메리칸 아이돌〉, 〈서바이벌〉 같은 리얼리티쇼는 스타 지망생들이 시장에 직접적으로 호소함으로써 인지도를 높이는 과정을 단축시킨다. 마찬가지로 뮤직비디오 케이블 MTV 또한 무명의 스타 지망생을 한순간에 유명인으로 탈바꿈시킨다. 라이프스타일과 패션 분야의 스타 지망생들에겐 〈맥심〉, 〈코스모〉같은 잡지가 그런 기능을 한다.

∴메모리 락, 마케팅 목표

인지도를 높이기 위한 마케팅의 핵심은, 비유하자면 브랜드 이미지를 청중의 장기기억에 넣고 자물쇠를 채우는 것이다. 이른바 '메모리 락(memory lock)'이다. 기억에 남는 메이저리그 야구선수를 대라고 하면 수천 명의 선수 가운데 몇 사람만 떠오른다. 아마도 베이브 루스(Babe Ruth), 윌리 메이스(Willie Mays), 행크 아론(Hank Aaron)이 가장 먼저 떠오를 것이다. 전설의 영화배우라고 하면 험프리 보가트(Humphrey Bogart), 캐서린 햅번(Katharine Hepburn), 캐리 그랜트(Cary Grant)가 바로 떠오를 것이다. 이들의 퍼스널 브랜드는 대중의 기억 속에 영원히 각인되었다. 다시 말해 이런 현상이야 말로 퍼스널 브랜딩의 성공을 암시한다. 퍼스널 브랜드를 대중의 기억에 각인시키는 전통적 방법들을 살펴보자.

- 최초 또는 최고가 되기

  무언가를 최초로 이룬 덕에 역사에 이름을 남기는 사람들이 많다. 찰스 린드버그(Charles Lindbergh)는 최초로 대서양을 단독 비행하여 역사에 이름을 남겼다. 다이아몬드 상을 6회 수상한 비틀즈는 역사상 최고의 록밴드로 대중의 기억에 자리 잡았다. 최초나 최고로 기록된 사람들 중 기네스북에 이름을 남기는 이들도 있다.

- 대사건이나 큰 공연에 관련되기

링컨 대통령은 노예해방 전쟁을 이끈 업적으로 영원한 명성을 누린다. 전쟁이 아닌 상황에서 나라를 이끌었다면 이 같은 명성을 떨치지 못했을 것이다.

- 이름 빌려주기

사람의 이름을 딴 브랜드는 대중의 기억에 오래 남는 경향이 있다. 허시혼 박물관, 밥존스 대학교, 포드 재단, 노벨상, 메디슨 거리, 링컨 시 등이 좋은 예다.

스타 지망생들은 대개 이런 기회를 쉽게 얻지 못한다. 오히려 마케팅 접근법이 스타 지망생들에게 훨씬 더 도움이 된다. 다시 말해 표적시장을 선정하고 판매중심 전략, 개선중심 전략, 시장충족 전략을 상황에 맞게 적용하는 편이 더 낫다. 또 이것이야말로 '메모리 락'을 달성하는 현대적 방법이다.

마케팅 접근법의 일환으로 '테스트 마켓(test market)'에서 상품에 대한 시장의 반응을 조사한다. 테스트 마켓의 조사결과가 좋으면 마케터들은 상품의 출시일과 표적시장을 선정한 후 상품의 유통을 확대한다. 그 다음 소비자들이 상품 출시 소식을 듣고 상품에 무언가 특별한 것이 있다고 느껴 구매충동을 일으키도록 광고한다. 상품에 대한 소비자들의 만족도가 높아지면 상품이 입소문을 타고 재구매되면서 신상품에서 주요 상품으로 자리를 잡는다. 그러다가 상품의 인기가 떨어지기라도 하면 마케터들은 판매 회복을 끌어올리고자 대대적인 조치를 취한다. 인지도의 지속주기는 이처럼 출시, 성장, 완숙, 쇠퇴를 반복하는 상품의 수명주기와 유사하다. 그러나 신규 시장진출자은 이론에 그치지 않고 전략을 실천하는 것이 중요하다. 다양한 역량과 전문기법을 터득, 활용해야 인지도를 높이고 또 유지할 수 있다. 우선, 신규 시장진출자들은 브랜드 전환에 대한 일곱 가지 오해를 이해하고 브랜드 아이덴티티를 호소력 있게 구축하는 법에 대해 터득해야 한다.

CHAPTER 7

퍼스널 브랜딩에 관한
일곱 가지 오해

PHILIP KOTLER PERSONAL MARKETING

보스턴을 거점으로 활동하는 작가이자 컨설턴트, 투자전문가 피터 코헨(Peter Cohan)은 요동치는 주식시장에서 자타가 공인하는 금융 브랜드로 거듭났다. 그가 명성을 떨친 이유는 시장에서 놀라운 성과를 거두어서만이 아니라 그 사실을 잠재고객들과 후원자들에게 확실히 각인시켰기 때문이다. 그는 전략적 마케팅 커뮤니케이션 프로그램을 토대로 고객들을 포함한 표적청중, 기자, 교수, 뉴스 프로듀서, 자신을 거쳐 간 학생들과 동료들에게 〈비즈니스위크〉에 쓴 칼럼과 방송에 출연한 소식, 투자의견, 저서 출간 소식 등이 담긴 이메일을 정기적으로 발송하는 식으로 자신의 이름을 자주 노출했다. 기술과 비즈니스 뉴스 미디어의 막강한 영향력을 조합하여 자신을 금융권의 뉴스메이커로 브랜딩한 것이다. 코헨은 광고, 네트워킹, 언론사 기고 등 통상적인 방법에만 의지하지 않고, '다채널 커뮤니케이션'을 주요 도구로 삼았다. 이런 다채널 플랫폼(책, 뉴스레터, 이메일 발송, 블로그 등)은 코헨의 전략적 목표의 주춧돌이 되었다. 분명한 사실은 그가 퍼스널 브랜딩 전략을 실천함으로써 투자자들과 잠재고객들에게 호소력을 발휘하는 방법으로 마케팅했다. 그의 전략은 막대한 보상으로 이어졌다. 그는 〈월스트리트저널〉, 〈뉴욕타임스〉, 〈보스턴글로브〉 등의 주요 신문과 〈비즈니스위크〉, 〈포브스〉 등의 유명 잡지, 게다가 '더 스트리트 닷컴(The Street.com)'과 '스마트 머니 닷컴(SmartMoney.com)' 등의 온라인 투자 미디어에 정기적으로 칼럼을 기고하게 되었다. 또한 ABC, CNN, CNBC 등의 국영 TV에 단골손님으로 출연했다. 정기적으로 이메일을 보낸 뒤로 그의 인지도는 계속 확대되었고 미국뿐 아니라 해외에서 컨설팅을 할 기회가 속속 생겨났다. 코헨의 성공은 자기홍보(self-promotion)의 중요성과 인지도를 단계적으로 확대하는 방법을 잘 보여준다. 바로 '변화'가 그의 전략의 핵심이었다. 이후 유명인들 사이에서는 마치 상품을 마케팅하듯 이미지를 바꾸고 스스로를 마케팅하고 홍보하는 등 능동적으로 인지도를 높이려는 움직임이 번졌다.

∴ 사람의 브랜드화

광고 전문가 로저 리브스(Roger Reeves)는 사람을 브랜드로 마케팅하는 개념을 최초로 내놓았다. 1952년, 그는 아나신(Anacin, 해열진통제-옮긴이)광고와 똑같은 방식을 사용하여 아이젠하워가 대통령에 당선되는 데 일조했다. 독창적인 징글[1]의 사용, 가두 인터뷰, 반복적인 슬로건 활용 등을 통해 촌스러운 장군을 눈에 띄게 포장했기에 가능한 일이었다. 리브스가 펼친 전략의 기본은 이러했다. 대중의 니즈와 욕구를 조사하여 아이젠하워가 분명히 대중의 관심사를 대변하고 있음을 광고로 드러냈다. 슬로건 '나는 아이크[2]를 좋아해(I Like Ike)'로 눈에 띈 당시의 광고는 오늘날의 기준으로 볼 때 원시적인 수준인 것 같지만, '사람의 브랜드화' 전략을 정립시키는 데 이정표를 남겼다.

과거에 사람을 내세운 광고는 대부분 연예인을 모델로 삼았다. 즉 야한 차림의 여배우 사진을 내걸고 영화를 홍보하는 식의 광고가 일반적이었다. 또 비즈니스 리더, 대통령, 목사를 광고에 내세우는 것은 당시로서는 전례가 없던 일이었다. 리브스의 아이젠하워 광고가 호응을 얻으면서 메디슨 가에서서는 상품광고를 연예인이 아닌 기타 인물들에게 좀더 진지하게 적용하기 시작했다. 뿐만 아니라 리브스의 광고기법을 따르면서 대중의 퍼스널 브랜드를 확신하게 만드는 전략도 구상하기 시작했다.

퍼스널 브랜딩은 지난 반세기 동안 점진적으로 확대되었다. 정치 부문의 광고를 연예인들이 맡은 것에 더해 스포츠 스타들이 상품광고와 TV홍보에 속속 등장했다. 이렇게 스포츠 스타들은 새로운 미디어 브랜딩 기법을 활용하면서 팀이나 구단이 접근하기 어려운 시장에서

---

1 jingles, 짧은 멜로디나 배경음악과 함께 표현되는 광고 슬로건.
2 아이크는 아이젠하워의 애칭.

몸값을 크게 올렸다. 의사들 또한 스스로를 브랜드로 선전했고, 법률회사들은 인기 변호사를 회사의 얼굴로 내세웠으며, 크고 작은 기업들이 퍼스널 브랜딩 전략으로 경영자들을 내세워 표적청중들에게 호소했다. 어느 정도 걸림돌이 있었지만 퍼스널 브랜딩의 확산은 가속화되었다.

이미지 변신을 하는 과정에서는 현실을 냉철하게 바라봐야 한다. 경쟁이 치열한 시장환경에서 이미지 변신을 하지 않는다면 경쟁에서 뒤질 수밖에 없다. 그런데 시장영역이 다양하고 청중의 니즈가 저마다 다르다는 사실을 유념해야 한다. 따라서 시장을 만족시키려면 한층 정교하고 적합한 전략을 펼쳐야 하고 시장의 니즈의 맞게끔 퍼스널 브랜드에 변화를 줘야 한다. 이 점에서 특히 신규 시장진출자들은 자신들의 분야와 역량을 바탕으로 이미지 변신을 최소화하는 것이 바람직하다. 비싼 비용을 들여 미디어에 대대적인 캠페인을 벌이다가 표적시장과 단절될 위험이 뒤따른다는 사실을 명심해야 한다. 반면에, 시장영역에 따라 대대적인 변화와 변신을 해야만 시장을 만족시키는 경우도 있다. 그러나 신규 시장진출자들이 다변화를 요구하는 시장에 발맞추려다가 브랜드 정체성을 잃는 일도 간혹 있다. 이런 측면에서 퍼스널 브랜딩을 실현하기에 앞서 청중의 기대를 완전히 파악해야 할 뿐 아니라 변화에 대응하는 수준을 정할 필요가 있다.

퍼스널 브랜딩을 실현하기로 결정했다면, 다양한 방법론을 따져볼 필요가 있다. 퍼스널 브랜딩 이론이 잘못 이해될 소지가 많은 전략들로 복합적으로 구성되어 있기 때문이다. 그래서 전략을 잘못 이해하다가 예상하지 못한 상황을 맞거나 오해에 빠질 가능성이 있다. 6장에서는 지난 반세기 동안 확산된 퍼스널 브랜딩의 토대가 되어준 일곱 가지 핵심 개념에 대해 살펴본다.

∴ 퍼스널 브랜딩 프로세스의 일곱 가지 오해

퍼스널 브랜딩이 확산되면서 어느 분야에서든 혁신이 일어나고 있다. 사람을 상품처럼 광고하고 선전할 수 있다는 생각이 이런 변화를 뒷받침한다. 오늘날에는 어느 산업 분야든 간에 미숙한 신인들 가운데 유망한 인물을 선정하여 브랜드화하는 프로세스가 일반화되었다. 그런데 퍼스널 브랜딩 프로세스를 실행하는 중에 생기는 여러 가지 오해가 체계적인 인지도 획득에 걸림돌이 되는 경우가 많다. 다시 말해, 신인이라면 '건실한 모습', '순수한 동기', '타고난 능력', '필수적 재능', '자연스러운 카리스마', '적당한 시기', '행운'을 가져야 한다는 오해다. 신인들이 퍼스널 브랜딩 프로세스를 효과적으로 실천하려면 무엇보다 이런 오해에서 벗어나야 한다.

∴ 건실한 모습

브랜드 개발자들은 늘 브랜딩 대상으로 삼은 인물이 퍼스널 브랜드로 거듭나고 시장에서 인기를 끌 수 있는지 그 가능성을 끊임없이 타진한다. 그래서 그들은 늘 이런 질문을 던진다.

- 건실해 보이는가?
- 협조적인가?
- 정숙한가?
- 희생을 감수하는가?
- 오래 버틸까?

어느 분야에서든 신인들을 보면 이런 생각이 가장 먼저 떠오르게 마련이다. 그러나 진실을 들여다보면, 이런 태도는 인공적이고 전략적인 요소다. 스타 지망생들은 특히 이 사실을 유념해야 한다. 여배우가 재능이 뛰어나고 사람들 보기에 정숙하다고 해서 성공하리란 법은 없다. 그보다 시장에서 요구하는 자질을 갖추고 시장의 니즈에 맞는 브랜드로 거듭나야만 성공할 확률이 높다.

어느 분야든 간에 무명의 신인을 두고 천부적 재능을 따지는 사람들은 겉모습에 대한 통념 같은 것에 사로잡혀 있는 경우가 많은데, 이런 근시안적 사고에서 벗어나야 한다. 모든 것은 이미지 관리에 달려 있다.

주로 임원급 경력자를 다루는 전문 헤드헌팅 회사가 지원자들과 면접하는 과정을 살펴보면 이미지 관리가 인지도에 얼마나 큰 영향을 미치는지 알 수 있다. 전문 헤드헌팅 회사는 자질이 뛰어난 후보들 수천 명 중 수백 명을 선별한 후 면접을 보고 평가하여 사람을 구하는 기업에 소개한다. 그런데 궁극적으로 따져보면 이처럼 자질이 뛰어난 지원자들은 자신의 자격조건이 아닌 기업의 임원진으로서 보이는 신뢰성에 따라 평가가 갈린다. 한마디로 자기표현에 달려 있는 셈이다. 외모를 꾸미는 것도 결코 하찮은 일이 아니다. 첫 인상은 오래 기억에 남는 법이다.

그래서 깔끔한 복장에 첫 인상이 좋은 사람이 면접을 통과하는 확률이 높다. 또 면접에서 면접관의 질문에 답변할 때는 자리에만 연연한다는 인상 대신 성숙한 자세를 보여야 하며, 면접관의 유도질문을 잘 파악해서 팀워크와 동기부여의 중요성에 대해 의견을 밝히는 것도 좋다. 면접관의 반응을 잘 살펴서 긍정적 피드백을 얻어내는 것이 관건이다.

어느 분야든 겉으로 드러나지는 않으나 깊이 뿌리 박혀 있는 관행이나 규칙 같은 것이 있다. 따라서 시장의 '평가자'가 가지는 기대요소들(전문성, 지속성, 순응성, 적응성)을 분석하지 않는다면 적극적으로 움직이는 마케팅 중심의 경쟁자들에게 경쟁우위를 빼앗기고 만다. 결론적으로 말해 신규 시장진출자들은 이미지를 전략적으로 꾸밀 필요가 있다.

∴ '순수한' 동기

인기 높은 자기계발 책들을 뒤져보면 '전력을 다하고 목표 영역에서 최고가 되어야 명성을 떨친다'는 상투적인 문구가 어김없이 들어 있다. 이 논리대로라면 높은 인지도는 '열심히 찾아다녀야 하는 것'이 아니라 최선을 다한 노력의 결과물로서 얻는 것이다. 그러나 사실, 신규 시장진출자들은 대부분 적극적으로 인지도를 높이려 하고 다양한 동기요인으로 움직인다.

인적 동기
부모님, 멘토, 절친한 친구 등은 스타 지망생들의 동기를 크게 불러일으킨다. 어린 자식을 앞에 두고 "만약 아버지가 네 나이라면 떼돈을 벌겠어"라는 식으로 말하는 부모는 거의 없다. 그러나 인지도의 혜택을 깨닫는 순간 부모의 생각은 달라진다. 곁에서 자녀가 유명해질 수 있도록 독려할 것이다. 어린 딸과 함께 가수를 뽑는 오디션에 참석한 부모들을 주위에서 쉽게 볼 수 있다. 비록 노래는 자녀가 부르지만, 부모는 자녀가 가수의 꿈을 갖도록 동기를 북돋우거나 강요한다. 부모는 자녀를 가수로 키우고자 노래와 춤 교습을 지원하고 외모를 화려하게 꾸미는 일에도 따라다닌다. 이처럼 어린 스타 지망생들이 '인공적인 동기'에 자극을 받더라도 스스로 가수의 꿈을 키워나간다면 능동적인 이미지 변신이 가능할 수 있다.

상황적 동기

출생지, 학교, 노출되는 미디어나 이벤트는 모두 동기에 크고 작은 영향을 미친다. 오랜 전통과 역사를 가진 하버드 대학은 늘 세계 최고의 대학이라는 수식어가 붙는다. 그러한 명성은 여러 동기요인들로 유지된다. 예컨대 하버드가 갖춘 환경, 즉 동창들의 성공과 우수한 인재들이 많다는 요건들 덕에 하버드 출신들은 다른 대학 출신들보다 인지도를 쉽게 높인다. 그런 측면에서 전 하버드 대학 총장 로렌스 H. 서머즈(Lawrence H. Summers)는 미디어의 관심을 끌어 신규 제도를 홍보하고 우수한 학생들을 끌어 모았으며 저명한 교수진에게 관심이 쏠리도록 했다. 또 총장실 산하 웹사이트 'www.president.harvard.edu'는 누구나 접속할 수 있는데, 총장의 연설과 인터뷰, 행사 사진 등을 볼 수 있다. 이렇게 서머즈는 하버드의 우수성을 들여다 볼 수 있는 창(窓) 역할을 했다. 심지어 그가 2005년에 열린 경제학 학술회의에서 '과학과 공학 분야에서 여성이 권위자가 되는 일이 드문 현실은 남녀 간의 천성적 차이 때문이다'라고 주장했다가 궁지에 몰렸을 때도 마찬가지였다. 이 사건으로 언론의 대대적인 보도가 이어졌는데, 오히려 그것은 하버드의 독보성과 경쟁우위를 상징하는 셈이 되었다.

여러 산업 분야에서 지역적 분산화가 이루어졌지만 대도시들은 주요 미디어시장으로서 엔터테인먼트, 스포츠, 방송 등의 산업 분야 신규 시장진출자들에게 여전히 동기요인으로 작용한다. 나시빌(컨트리 음악), 아스펜(스키), 산 호세(IT), 뉴욕(금융)과 같이 특정 산업이 발달한 도시에 거주하는 이들은 또한 도시환경이라는 동기에 자극받는 일이 많다. 고등학교 풋볼 열풍이 강한 텍사즈 주가 다른 지역보다 풋볼 스타를 많이 배출한 사실만 봐도 알 수 있다. 야구의 경우 도미니카 공화국과 푸에르토리코처럼 날씨가 온화한 지역에서 스타들이 많이 탄생한다.

미디어적 동기

미디어 역시 동기요인으로 작용한다. 유명인이 벌이는 자선행사, 인터뷰 등 미디어로 나타나는 '극적 현실'은 유명인에 대한 환상을 불러일으키기에 충분하다. 어느 분야이든 간에 미디어가 전하는 스타들의 활약상은 스타 지망생들의 동기를 자극한다. 미디어가 그리는 이른바 탁월함의 본보기는 스타 지망생들의 동기를 더욱 자극한다. 스포츠, 비즈니스 등의 산업 분야에서 우뚝선 최고 권위자들은 대부분 미디어에 자주 모습을 드러내고, 스타 지망생들은 그런 스타들에게 시선을 집중

한다. 이처럼 미디어가 '최고'를 집중적으로 다루면서 스타 지망생들의 눈높이가 높아지고 미디어에 정통한 소비자들의 기대감 역시 상승한다.

핵심 동기요인, 돈

사람들은 대부분 꿈꾸는 일에 대한 열정이 동기가 되고 열정을 불태우다 보면 자연스레 명성이 따라온다고 생각한다. 이는 나이 어린 스타 지망생에게 해당하는 얘기인 것 같다. 교육심리학 박사 벤자민 블룸(Benjamin Bloom)에 따르면, 부모를 따라 다양한 분야(음악, 미술, 춤 등)를 처음으로 접한 아이들은 재미와 흥미를 느끼면서 최고가 되겠다는 생각을 갖는다. 아이들 말고도 정치, 종교, 스포츠 등의 분야에서 최고를 꿈꾸는 사람들 역시 대개 명성에 따르는 보상보다 성취감을 최우선으로 삼았다. 그러나 오늘날 산업의 상업화 탓에 스타 지망생들의 동기는 성과지향에서 보상지향으로 바뀌었다. 이 대목에서 퍼스널 브랜딩이 '이익추구동기(profit motive)'에 관한 분야라는 사실이 분명해진다. 명성에 따르는 보상이 상당히 구미가 당기기에 스타 지망생들은 자신들이 순수하게 꿈을 이루기 위해서라고 말하면서도 알게 모르게 금전적 요인에 자극을 받는다. 예상치 못하게 금전적 요인이 동기로 작용하지만 그 보상이 엄청나서 애초 스타 지망생들이 가졌던 동기가 무뎌지고 창조성이 퇴색되게 마련이다. 이런 현상은 해당 분야의 인기도에 직접 영향을 미친다.

요즘 스타 지망생들은 금전적 보상을 기준으로 진로를 결정하는 일이 많다. 물론 순수하게 자신이 원하는 일을 한다는 생각으로 인지도가 낮은 분야라도 기꺼이 선택하는 사람들이 있지만, 그런 사람들도 인지도가 높고 보상이 더 많은 분야로 이동해야 한다는 심한 압박감을 느끼는 것 또한 사실이다. 어느 분야에서든 높은 인지도를 가진 사람이 유리하기 때문에 개인적 만족감이 아닌 금전적 보상을 얻고자 최고가 되어야 한다는 압박이 커지고 있다. 인재관리 솔루션의 세계적 업체 콘/페리 인터내셔널의 공동설립자 겸 회장 레스터 콘(Lester B. Korn)은 1980년대에 이런 말을 했다.

"인기 순위 15위 안에 드는 유명 연예인들이나 운동선수들은 대부분 대중이 순위를 결정한다. 가까운 미래에 대중들은 기업에 대해서도 그런 결정을 내리는 시대가 올 것이다."

그런 날은 콘이 예상한 것보다 일찍 찾아왔다. 오늘날 CEO들은 악성 추문에 휩싸일지언정 명성과 함께 따르는 금전적 보상을 찾아 적극적으로 움직인다. PR회사 버슨 마스텔러는 '기업 평판의 50%는 CEO의 평판에 기인한다'는 연구결과를 내놓았다. 예술 분야에서는 오래토록 명성을 떨치는 예술가들이 소수에 불과한 반면, 사후에나 이름을 날리는 미술가나 조각가들은 수없이 많다. 이런 예술 분야에서도 금전적 요인이 강한 동기로 작용하고 있다.

학문 분야처럼 인지도가 낮았던 산업 분야에서도 신인들이 연구기관 이미지를 강화하고 연구기금을 늘리고자 인지도를 높이려 한다. 스탠퍼드, 프린스턴, 콜롬비아 등 저명한 사립대학에 속한 '슈퍼스타들'이 전략적으로 명성을 확대해왔다. 이런 전략의 일환으로 이들 대학은 실력 좋은 교수와 유망한 학생들을 끌어모으고 졸업생들의 기부를 유도할 만한, 즉 브랜드 가치가 있는 교수들을 고용했다. 이처럼 대학의 브랜드 역할을 한 교수들은 대학 측 홍보담당자와의 협의하에 주요 잡지에 글을 기고하고 TV와 라디오쇼에 출연했다. 이런 측면에서 볼 때 신인 교수들은 나름 압박감에 시달리는 것처럼 보이기도 한다. 신인 교수들이 해당 분야에서 성공하려면 자신들이 몸담은 기관을 널리 알리는 기회를 만들어내야 하기 때문이다.

대형 주립대학들과 그 교수진들 또한 이와 유사한 전략으로 교수진 브랜드를 홍보한다. 미시간 대학의 벤카트 라마스와미(Venkatram Ramaswamy)와 C. K. 프라할라드(C. K. Prahalad)는 《경쟁의 미래(The Future of Competition)》를 공동집필했고, 특히 라마스와미는 세계 곳곳을 돌며 이 책과 미시간 경영대학원을 홍보했다. 〈비즈니스위크〉는 두 사람의 책을 '우수도서 Top10'에 선정하면서 미시간 대학은 여러 가지 혜택을 보았다. 혜택은 여기서 그치지 않았다. 동문 잡지는 새로운 홍보거리를 얻었고, 이사회는 '슈퍼스타'급 교수들의 높은 연봉을 정당화하는 구실을 얻었다. 또한 동문들은 자랑거리를, 미디어는 새로운 기사 소재를 얻은 셈이었다. 대학들은 유명 교수진을 브랜드로 내세우면서 불가피하게 생기는 위험을 충분히 감지해야 한다. 인지도를 유지하는 데 비용이 크게 느는 것을 감수해야 하고 핵심 영역에서 좋은 평판을 얻고자 해야 한다.

인지도를 얻고자 하는 동기는 다양한 강도로 작용한다. 〈뉴욕타임스〉 기자 제이슨 블레어(Jayson Blair)나 자신의 이력을 속인 풋볼 감독 조지 오리어리(George O'Leary)처럼 인지도를 높이기 위해 거짓을 일삼는 극단적인 사례도 나타난다. 산업 분야들이 점점 더 다양해지고 돈과 기회가 가장 중요한 동기요인이 됨에 따라 인지도와 돈과의 관계성이 중요한 유인이 된다.

∴ 타고난 재능

퍼스널 브랜딩이 확산된 오늘날, 스타 지망생에게는 특히 개성 넘치는 '재간둥이'로 널리 인식될 수 있는 역량을 갖추는 것이 중요하다. 대다수의 산업 분야에서 신규 시장진출자들은 인지도를 높이기 위한 요건들을 갖추었다 해도 시장에서 요구하는 역량 또한 어느 정도 갖추어야 한다. 그래야 신규 시장진출자가 시장영역에서 얼마나 이름을 날릴지 그 잠재성을 평가할 수 있다. 록 뮤직이나 추상화 분야처럼 비교적 낮은 역량 수준이 요구되는 영역이 있는가 하면, 오페라나 의료 분야처럼 역량 수준이 상당히 높아서 그것을 갖추지 못하면 완전히 다른 영역으로 이동해야 하는 영역도 존재한다. 신규 시장진출자들은 이처럼 개선하기 어려운 특성을 가려내야 한다. 야구선수라면 공을 받아치는 민첩성을 갖추어야 하고, 비즈니스 리더라면 경영상의 수치를 분석하는 능력을 적당히 갖추어야 한다. 패션모델이라면 균형 잡힌 몸매가 필수다. 신규 시장진출자라면 자신의 천부적 재능이나 후천적 재능이 최소한의 시장요건을 넘어서는지 신중하게 고려해야 한다. 시장에서 요구하는 능력 이상이라면 어떻게 이미지 변신을 꾀할 수 있을지 고민해야 한다. 지난 수십 년간 특별한 형식 없이 개성과 특성을 평가해왔지만, 산업의 성장과 발달로 인해 개성을 평가하는 프로세스가 갈수록 정교해지고 있다. 지금은 기업의 면접관들이 지원자들의 학점보다는 올바른 이미지를 적절하게 표출하는지를 더 높이 평가한다. 육상선수들은 의료검사로 심장박동수를 분석해서 훈련과 경쟁을 치를 만한 역량이 있는지 평가받는다. 각종 훈련 캠프에서는 재능이 풍부한 신인을 발굴하고 훈련시킨다. 음악, 춤, 컴퓨터 관련 캠프에서는 좋은 음색을 가진 가수 지망생이나 유연성과 균형 감각이 뛰어난 무용가 지망생, 논리력과 분석력이 뛰어난 미래의 소프트웨어 전문가를 발굴, 양성한다. 이런 신인들이 최소한의 역량을 갖추었는지, 이들에게 투자할 만한 가치가 있는지를 결정하는 것이 캠프를 여는 목적이다. 이 같은 훈련 캠프는 '발굴'과 '양성'이라는 목표하에 활성화되고 있다. 브랜드 개발자가 브랜딩 대상으로 삼은 신규 시장진출자가 해당 시장영역에서 요구하는 최소 수준 이상으로 정신적·육체적 역량을 갖추었다면, 브랜드 개발자는 시장에서 경쟁우위를 점하는 셈이 된다. 그래서 법률기업들은 법률 검토를 해본 사람을 고용하고, 정치정당들은 주로 타 분야에서 권위자로 통하는 후보자를 찾으며, 메이저 방송국은 지방 방송국에서 뉴스를 진행한 경험이 있는 앵커를 찾는다. 이처럼 기본소양을 갖춘 신규 시장진출자들을 적합한 시장영역에 배치하고 마케팅과 커뮤니케이션 전략을 펼치는 것은 퍼스널 브랜딩 프로세스의 일부다.

∴ 필수적 재능

올바른 목표의식, 동기, 기본자질을 갖추기만 하면 이름을 날릴 수 있다고 여기는 스타 지망생들이 많다. 그러나 이런 요건들은 희망 분야에 진출할 때 필요한 최소한의 것들이다. 인지도를 높이기 위해 변신을 꾀하려면 필수적으로 재능이 있어야 한다. '재능'은 퍼스널 브랜딩 프로세스상에서 잘못 이해될 소지가 높은 요소 중 하나다. 타고나는 것이고 고정적이며 개선할 수 없는 것이라는 생각이 퍼져 있다. 명성을 추구하는 사람들에게는 바로 이런 오해가 걸림돌로 작용한다. 사실 재능은 고정된 것이라기보다 훈련, 롤 모델링(role modeling), 기대관리(expectation management), 멘토링, 전략적 포지셔닝 등을 통해 개선할 수 있다. 어느 분야에 진출하든 누구나 재능을 빠르게 향상시킬 수 있다.

재능이란 무엇인가?

먼저 세미나 조직자가 강사를 소개한다. 작가이자 꽤 이름이 알려진 마케팅 컨설턴트 닉이 일어나 그의 '현대적 브랜딩' 강의를 듣기 위해 모인 중간 관리자급 청중들에게 웃으며 인사를 한다. 해외 특파원 출신인 닉은 현재 브랜드 네임 컨설턴트로서 변신을 도모하고 있다. 닉은 마케팅과 브랜딩 규칙의 변화, 이러한 변화에 순응하지 못하는 기업의 실패에 대해 프레젠테이션을 시작했다. 곧이어 닉은 새로운 규칙을 활용하는 방법과 기업들이 새로운 규칙을 활용하여 성공에 이르는 법을 설명한다. 청중들은 자료를 보며 닉의 설명을 주의 깊게 듣는다. 닉은 외모가 준수하고 이력도 화려해서 청중들의 호감을 사는 듯하다. 하지만 따지고 보면 닉 또한 일류가 되기 위해 애쓰는 보통의 컨설턴트와 다를 바 없다. 닉은 명문 대학도 저명한 연구소 출신도 아니요, 획기적인 책이나 논문을 발표하지도 않았다. 그리고 유명한 홍보담당자와 매니저의 도움도 받지 않는다. 닉은 지금 궁극적인 물음에 직면했다.

- 저명한 경영의 구루가 될 만한 재능을 갖추었는가?
- 제2의 피터 드러커나 톰 피터스, 또는 짐 콜린스가 될 것인가?

지금 이 시간에도 닉과 같은 사람 수백, 수천 명이 워크숍에서, 컨퍼런스에서, 세미나에서 탁월한 프레젠테이션을 펼치며 혁신을 일으킬 만한 아이디어를 내놓는다. 하지만 그들 중 소수만이 일류 컨설턴트의 자리에 오른다. 일류 컨설턴트들은 모두 최고의 재능을 가졌을까? 그들은 최대한 전략적으로 전문 분야를 선택하고 선택 분야가 요구하는 자질을 갖추기 위해 노력하고 있을까?

일정한 재능의 원칙

어느 분야에 진출하든 그 분야가 요구하는 최소한의 자질, 즉 일정한 재능이 있어야 한다. 재능은 시장영역에 따라, 시장영역 내에서 다양하게 정의된다. 예컨대 종교 분야 내에서의 재능이란 해당 종교의 철학에 능통함은 물론 설교를 잘 하고, 성경을 분석하며 성사, 장례식, 결혼식 등에서 적절하게 연설할 수 있는 능력을 의미하기도 한다. 성직자들은 어떤 재능을 갖춰야 신도들을 교화시킬 수 있을까? 아마 영성과 지도력이 있어야 할 것이다. 뿐만 아니라 결혼식, 장례식, 비즈니스 연찬, 자선행사, 미디어에서 호소력을 발휘할 수 있어야 한다.

이와 관련된 이야기 하나를 소개한다. 한 성직자가 초조해하며 고민을 털어놓은 적이 있다. 그가 작은 교구에서 명망 있는 교구로 자리를 옮긴 지 얼마 안 되었을 때였다. 그는 신도들 앞에만 서면 압박감에 목이 잠기고 들릴 듯 말 듯한 목소리를 냈다. 그의 '재능 부족'에 대한 해결책은 무엇이었을까? 그를 수차례 상담한 언어장애 치료사는 호흡을 조절하고 발음을 명료하게 하는 법을 그에게 알려주었다. 그는 언어장애 치료사의 처방을 따르며 목소리를 가꾸었는데, 그야말로 새로운 재능을 갖추게 된 셈이었다.

간단한 사례지만 분야를 막론하고 이미지 변신이 필수적인 일이 되었음을 알 수 있다. 얼마 전까지만 해도 성직자들은 스스로의 힘으로 변신을 꾀할 수밖에 없었고, 이런 부분에서 누군가의 도움을 받는다는 건 생각조차 하지 못했다. 오늘날 차분하고 안정된 어투로 정보를 전달하고, 노련한 협상력으로 거래를 체결하며, 인터뷰에서 곤란한 질문을 받아넘기는 정도는 사회 모든 분야에서 갖추어야 할 기본 쯤으로 여겨진다. 일반적으로 재능의 개발은 해당 분야 구성원들이 정한 기준을 근거로 한다. 각 분야에 속한 비평가, 제작자, 분석가, 기자, 또는 팬이나 동료들, '추종자들'이 모두 완전히 동의하지 않을 수도 있지만, 그러한 기준을 정하는 데 관여한다. 가령 루치아노 파바로티(Luciano Pavarotti)와 플라시도 도밍고(Placido Domingo) 중 누가 더 오페라에 잘 어울리는지 따지고 있다고 생각해보자. 사실 오페라 가수는 오페라 음악의 고유한 기준에 따라 평가한다. 다시 말해 오페라 가수는 설사 평론가가 인정하지 않는다 해도 예로부터 음색과 음질, 청명함을 비롯해 연기와 감정표현 등을 기준으로 평가받았다.

산업 분야에 따라 이보다 기준이 더 모호한 경우도 있다. 예컨대 공연예술은 주로 춤, 그림, 극장, 비디오, 음악, 조각, 마임 등의 예술 형식을 동원한 실황공연과 혼합매체(mixed media)로 구성된다. 공연예술이란 본래 형식, 의미 있는 주제, 표현수단 등이 다양하기 때문에 청중은 공연예술을 두고 비일관성, 예측불능, 독특함을 찾는다. 공연예술은 또한 참여자, 평가자, 전문 비평가들이 복잡한 계층구조를 이루는 분야라고 할 수 있다.

재능에 관한 아주 복잡한 문제이지만 의사, 변호사, 펀드매니저와 같은 전문가들 중 역량이 엇비슷한 동료 경쟁자들보다 많은 보상을 얻는 사람들이 있게 마련이다. 그들에게 뭔가 특별한 것이 있는 것일까? 혹자는 그들이 재능이 너무나 풍부해서 보상도 후하게 받는 것이라고 주장하기도 한다. 사실 획기적인 수술법을 발표한 의사, 또는 힘든 소송에서 승소한 변호사는 극찬을 받고 막대한 보상도 뒤따른다. 한편 대다수 전문 분야의 사람들이 의료협회나 법조협회 등의 인증기관이 인정하는 일정한 자질만 갖추고서도 뛰어난 능력을 발휘하는 것도 사실이다. 이처럼 해당 분야에서 두각을 나타낸 전문가들은 그 분야에서 요구하는 일정한 재능을 갖추었을 뿐 아니라 대인관계기술, 의사소통능력, 정보망 형성과 팀 구축에 관한 강한 의식을 갖고 있다.

빈털털이에서 갑부가 되다

해리포터의 작가 조앤 롤링(J. K Rowling)이 빈털터리에서 갑부가 된 사연은 흥미롭다. 어느 분야에서든 일정한 자질을 갖추는 것은 물론 표적청중과 시장영역의 기대를 충족시키는 것이 성공의 지름길임을 잘 보여주기 때문이다. 롤링은 '하룻밤 사이의 성공'을 거둔 것도 아니요, 평론가들의 갈채를 받지도 못했다. 그녀는 부모님의 권유에 따라 2개 국어를 구사하는 비서, 즉 부모님의 눈으로 보기에 '화려한 직업'을 택했다. 이후 비서 일에 싫증이 난 롤링은 곧바로 포르투갈로 날아가 영어를 가르치기 시작했다. 그곳에서 그녀는 마법사 이야기를 구상했고, 영국에 돌아와서는 허드렛일로 생계를 이어가며 마법사 이야기를 계속 써갔다. 롤링은 시간강사로 프랑스어를 가르치며 생활보호자 대상이 되어 딸과 함께 어려운 생계를 유지했다. 임산부 매장 탈의실에서 기저귀를 얻어 쓰며, 몇 년 동안 카페 구석진 자리에서 글을 썼다. 그러나 이처럼 열악한 환경에 굴하지 않은 롤링은 스스로를 마케팅했고, 결국 시장이 요구하는 재능과 독자들의 기대 사이의 상호관련성을 아주 많이 찾아냈다. 롤링은 아이를 혼자 키우는 자신에게 소설을 끝마칠 수 있도록 지원금을 제공해달라고 스코틀랜드 예술원에 요청한 다음, 장래 인기돌풍을 일으킬 '해리포터와 마법사의 돌' 원고를 대략 4,000달러라는 헐값으로 영국의 출판사에 넘겼다. 원고료가 턱없이 적었지만 유수한 여러 출판사에서 수차례 거절당한 무명작가 롤링으로서는 중요한 시금석을 마련한 셈이었다. 그리고 얼마 후 그녀는 곧 데뷔했다.

출판 경험이 없는데다 작가교육도 받지 않았고, 엇갈린 평을 받았기에 롤링의 성공은 더욱 빛난다. 그럼에도 독자(아이들)를 아주 정확히 분석했기에 롤링은 역사상 막대한 부를 쌓은 작가로 거듭났다. 동화작가 루이스 캐롤(Lewis Carroll)의 《이상한 나라의 엘리스(Alice in Wonderland)》, 모리스 센닥(Maurice Sendak)과 주디 블룸(Judy Blum)의 작품들이 차지하고 있던 시장의 판도를 바꾸었다. 그러나 이후 아무도 롤링이 정립한 시장의 판도를 다시 바꾸지 못했다. 롤

> 링은 캐롤의 작품이 선점하고 있던 시장에서 성공을 이끌어냈기에 가치가 더 크다. 롤링은 아이들을 걱정하는 부모들이 어린이 시장 앞에서 문지기 역할을 한다는 사실을 알았다. 그래서 일단 부모들을 매료시켜야 한다는 전략으로, 그들을 만족시키는 책을 썼다.

롤링이 판타지 소설의 대가로 변신한 데에는 다음과 같은 요소들이 결정적으로 작용했다.

- 추진력
  작가로서의 기본요건을 갖추지 못했지만 결정적인 시점에 출판사를 설득하여 원고를 넘겼다.
- 시기적절한 콘셉트
  해리포터의 순수한 세계, 환상과 모험을 그린 이야기가 그런 세계를 갈망하는 사람들의 욕구와 시기적절하게 맞아 떨어졌다.
- 끈기
  출판사들로부터 수차례 원고를 거절당했지만 포기하지 않았다.
- 지속력
  베스트셀러를 내야 한다는 압박에 굴하지 않고 계속해서 집필하면서 변신을 꾀했다.
- 적응력
  롤링은 영화 등의 미디어 사업에 자신의 작품을 기꺼이 적용했다. 뿐만 아니라 웹사이트를 운영하면서 친밀감을 높이는 반면에 노출을 조절해서 청중과 일정한 거리를 두었다.

- 보상

  책이 약 2억 6,500만 권이 팔리려나가자, 한때 기저귀를 구걸했던 그녀는 영국, 스코틀랜드, 오스트레일리아에 별장을 둔 억만장자가 되었다.

∴ 자연스러운 카리스마

카리스마는 명성을 이루는 결정적 필요조건이고, 타고나는 것이며 개선할 수 없는 것으로 통한다. 카리스마란 본래 종교적 용어로 '은혜'나 '무상의 선물'을 뜻한다. 근대에 들어 사회학자 막스 베버(Max Weber)가 카리스마의 원뜻을 확대하여 사회과학의 개념으로 확대적용했다. 베버에 따르면 카리스마는 관직이나 지위, 정당성에 대한 확신을 일으키는 능력에서 나온다. 이 말을 '카리스마적 권위(charismatic authority)'라 일컬었지만, 이 말은 세월이 흐르면서 점차 일반적인 리더십의 의미를 포함하게 되었고, 모든 '평판산업 분야'에서 사용하고 있다. 카리스마가 '신비한 매력'이라는 의미를 내포하기 시작하면서 무생물에도 사용하게 되었다. 곧이어 이 말은 인기를 끄는 사람이나 인기 있는 것 등을 묘사하는 데에도 사용하게 되었다.

영업사원, 기업의 회장, 의사, 미용사, 핫도그 가게 주인 등 어느 대상을 막론하고 우리는 '카리스마가 있다'는 표현을 즐겨 사용한다. 그들에게는 다른 사람과 구별되는 '무언가'가 있기에 그런 표현을 쓰는 것이다. 또 카리스마에는 스타일, 매력, 말로 표현하기 어려운 풍채와 같은 모호한 개념도 내포되어 있다. 외설을 정의하기 어렵지만 '보면 안다'고 말한 어느 대법원 판사처럼, 다양한 산업 분야에서 스타 지망생을 평가하고 선발하는 사람들은 대부분 카리스마에 대해 딱히 정의 내리기 어렵지만 '보면 안다'는 말을 많이 한다. 어느 전문가가 인기를 끄는 법에 대하여 언론에 밝힌 고견을 보면 평판산업 전반에 퍼져 있는 카리스마에 대한 관점을 구체적으로 살펴볼 수 있다.

"카리스마 있는 사람이 무대에 오르거나 앞에 나타나면 그 사람에게 눈을 떼지 못한다. 살짝만 봐도 그 사람의 기운이 느껴지기도 한다. 그 사람을 보면 활력, 열정, 생기가 생생히 전달된다. 이런 특성을 키워라. 척추는 힘과 추진력의 원천이요, 이른바 몸의 전반에 생명력을 불어넣는 개인의 '원자력 발전소'다. 몸을 똑바로 세우고 힘을 뿜어내라. 곧 카리스마를 과시하게 될 것이다."

영화나 TV의 캐스팅 책임자들이 늘 하는 얘기지만, 카리스마는 여러 요소들의 조합으로서 강력한 힘을 발휘하여 평판을 확실히 굳힌다. 영화감독들이 카리스마 넘치는 배우를 선호하는 것도 이런 이유 때문이다. 전문가들의 얘기로는 스타 지망생의 태도에서 범상치 않거나 시선을 끄는 무언가가 있는데, 그것이 카리스마라고 한다.

분야에 따라 엄격한 기준을 적용해서 스타 지망생이나 후보자를 뽑아야 하겠지만, 특별한 기준 없이 카리스마를 평가하는 경우가 많다. 예컨대 정치지도자들은 비범해 보이는 선거후보자를 두고 카리스마가 있다고 즐겨 말한다. 정치계에서 빌 클린턴(Bill Clinton)은 카리스마가 넘치고 존 케리(John Kerry)는 카리스마가 없다는 얘기가 많다. 클린턴은 대중을 감동시키고 배려가 느껴지며 절제 있는 태도를 견지한다. 반면에 케리는 무심하고 결단력이 부족해 보여서 '신념이 강한 사람'임을 대중에게 인식시키지 못한다.

　클린턴은 사람을 만나면 꼭 두 손을 맞잡고 인사하고, 연설 중에 말을 잠시 멈춘 채로 관조적인 태도를 취하며 사적인 얘기를 하나 툭 던진다. 게다가 클린턴은 상대방과의 시선 교환에 뛰어나다. 차분한 무대 매너와 청중 중심의 태도로 자신의 생각을 명료하게 전달한다. 반면 케리는 늘 새된 목소리로 연설을 하는데, 본인이나 청중이 불안을 느낄 만큼 목소리가 떨릴 때가 많다. 또 강인함과 남성다움을 보여준답시고 전투복에 총을 차고 나타나기도 하는데, 보스턴에 위치한 어느 고급 식당에서 바다가재나 썰어먹기에 딱 좋은 복장이다. 두 사람을 보는 대중의 태도가 확연히 다른 것은 그다지 놀랄 일이 아니다.

　어느 분야에 있는 사람이든 그에게 카리스마가 넘쳐난다면 남들이 갖추지 못한 행복을 가진 것이라고 생각한다.

카리스마의 근원, 청중

사람들은 자신보다 능력이 뛰어나고 총명하며 공감대를 잘 만드는 사람에게 끌린다. 때로는 거만하고 무례하며 권위에 도전하는 사람에게 매료되기도 한다. 이처럼 긍정적이면서 부정적인 특성들은 어느 한 면이 부각되거나 복합적으로 나타나더라도 카리스마로 느껴지기에 충분하다. 청중이 그들만의 취향이나 선호하는 태도를 발견하는 순간 카리스마를 느낀다는 것이 핵심이다.

카리스마 자체가 브랜드가 될 수 있다는 통념이 퍼져 있지만, 사실은 그렇지 않다. 해당 산업 분야에서 요구하는 재능을 갖추고 키우지 않는 한, 카리스마는 브랜딩의 요소로 활용하기 어렵다. 카리스마가 있다 해도 관리자가 부하직원을 관리하지 못하고, 농구선수가 레이업슛에 서툴다면 퍼스널 브랜딩은 불가능하다. 따라서 해당 산업 분야에서 요구하는 일정한 재능을 갖춘 후에야 카리스마를 발휘하기 위한 전략을 구상해야 한다.

시장영역이 요구하는 재능과 역량을 갖추었다면, 해당 시장영역에서 바람직한 태도의 미묘한 부분들을 터득하고 그것을 내비침으로써 카리스마를 과시할 수 있다. 예컨대 저명한 변호사 마크 게라고스(Mark Geragos)는 래리 킹(Larry King)에게 핵심을 찌르는 법률 분석을 재치 있게 내놓으며 자신감과 확신에 찬 태도로 카메라를 주시했고, 래퍼 에미넴(Eminem)은 유명인에 대한 신랄한 공격과 모욕을 서슴지 않으면서 반항적인 이미지를 꿋꿋이 유지했다. 오라클의 회장 래리 엘리슨(Larry Ellison)은 회사 안팎에서 고정관념을 타파하는 모습을 보였으며, 그의 퍼스널 브랜드와 회사의 포지셔닝을 상징적으로 잘 조합했다.

영역을 침범하기 쉽지 않은 음악 분야에서도 아주 사소한 부분만 신경 써서 카리스마를 과시할 수 있지만, 그런 부분을 무시하면 반대의 효과가 나타난다. 저명한 피아니스트 엠마누엘 액스(Emanuel Ax)가 피아노 앞에 앉아 연주를 시작하면 누구나 그의 연주에 빨려들어갈 수밖에 없지만, 그가 무대에 오르는 모습은 마치 귀여운 테디베어 같아서 관객들의 실소를 자아낼지 모를 일이다.

시장의 기대치를 넘어서고자 노력한다면 강렬한 카리스마를 충분히 과시할 수 있다. 이런 카리스마는 독특한 소재를 동원하거나 재치 가득한 태도에서 자연스럽게 나오기도 한다. 스티브 잡스의 빛바랜 청바지와 터틀넥 스웨터 차림이 깊은 인상을 주고, 도널드 트럼프의 위로 빗겨 올린 머리가 눈에 잘 들어오듯 조금만 노력해도 카리스마를 과시할 수 있다.

카리스마 키우기

카리스마에 대한 청중의 기대감은 어디에서 나오는 것일까? 부모님, 신화, 문학, 종교, 고등학교 생활 등 모든 것으로부터 영향을 받는다. 이런 이유로 우리는 카리스마 있는 사람은 어떤 목소리이고 어떤 외모일지 기대한다. 이런 청중의 기대감을 단서로 전략의 방향을 설정하면 된다. 카리스마를 키우는 사람은 어떤 성격과 태도가 카리스마로 비칠지 분석, 평가해야 한다. 가령 정치인이 유권자들 앞에 모습을 드러내는 장면을 비디오로 찍어 강점과 약점을 평가하고, 유권자들을 매료시키는 이미지를 구축하는 방법이 있다. 대개 평가는 물론 포커스 그룹을 통한 분석이나 재현(다양한 유권자들 앞에서)하는 방법이 수반된다. 이처럼 비디오 시뮬레이션을 활용하면 걸음걸이가 어색하거나 시선 교환이 제대로 안 되거나 자신감 없어 보이거나 목소리가 떨리는 현상 등 개선해야 할 태도를 발견할 수 있다. '이름을 기억하는 능력' 또한 평가하고 개선할 부분이다(특히 정치인들에게 있어 '이름을 기억하는 능력'은 카리스마를 느끼게 하는 '보증수표'다). 옷차림, 머리모양, 몸짓 등도 신중하게 평가한다. 평가를 마치고 나면 훈련, 코칭, 행동수정(behavior modification) 등의 계획을 세운다.

카리스마 기법

카리스마를 키우는 이들은 전문가들의 도움을 받는다. 릴리안 월더(Lilyan Wilder)와 같은 스피치 전문가, 존 M. 커티스(John M. Curtis)와 같은 온라인 카리스마 개발 강사를 비롯 의상 컨설턴트, PR컨설턴트, 라이프 스타일 코치, 이미지 전문가, '카리스미디어(Charismedia)' 등의 전문기관들에 이르기까지 수많은 전문가들이 카리스마를 키우는 데 도움을 준다. 비즈니스와 정치 분야에서 이런 전문가들을 고용하여 카리스마를 체계적으로 키우는 일이 테니스나 골프 교습을 받듯이 일반화되었다. 하지만 전문가들의 도움을 받는 기업들조차 무엇이 호소력을 일으키는지 이해하지 못하는 경우가 많다. 따라서 카리스마를 전문적으로 키우기에 앞서 카리스마를 강화하는 기본부터 이해해야 한다.

- 청중을 정확히 분석하여 그들의 기대, 성향, 욕구 등을 밝혀낸다.
- 청중과의 일체감을 형성한다. 즉 '핵심 사항'을 청중에게 드러내고, 청중과 시선을 교환하고, 청중의 이름을 불러주고, 청중의 가치를 높이고, 극적 현실과 핵심 스토리를 매끄럽게 조합하여 청중의 감정에 호소한다.

청중을 분석하고 이러한 기법을 터득했다면, 그 다음은 전략적 선택을 해야 한다. 소규모 홍보기업의 사장이 회의 때마다 목소리가 기어들어가고 분위기를 사로잡지 못해 전문 이미지메이커에게 도움을 요청했다고 가정하자. 그가 닮아야 할 사람은 배우처럼 차려 입고 청중의 시선을 집중시키는 라이벌 기업의 사장이다. 그의 면모를 분석해보니 카리스마가 부족했다. 또 홍보시장 분야에서 카리스마는 우리가 잘 알 만한 몇 가지 태도로부터 나온다는 사실이 분석을 통해 발견했다. 즉 위엄, 적절한 시선 교환, 재기발랄한 입담, 폼 나는 옷차림, 청중의 문제에 대한 관심 등에서 카리스마가 나온다. 또한 유명한 행사에 참석하고 건전한 사회단체의 일원으로 활동하는 정력 넘치는 모습에서 카리스마가 나온다.

우선 그의 카리스마를 강화시키기 위한 12주간의 프로그램을 마련했다. 회의, 점심식사, 강연, 직원과의 일대일 면담 등에서 그가 보이는 대외적 이미지를 철저히 분석했고, 그 결과를 바탕으로 그에게 호소력 있게 말하는 법을 알려주었다. 또 불필요한 손동작을 줄임과 동시에 머리모양을 바꾸고, BMW를 타고, 독특한 버릇을 고치도록 했다. 이런 요소들은 소규모 집단과 의사소통하는 법, 그리고 효과적인 프레젠테이션 방법을 배우면서 강화되었다. 나아가 유명한 자선단체를 후원하고, 지역 자선단체에 멤버가 되고, 홍보 협의회에 참가하는 활동도 카리스마를 강화시켰다.

이 사례를 보면 카리스마가 신비한 힘이라기보다는 한 분야에서 성공하기 위해 갖춰야 하는 태도와 이미지에서 뿜어져 나오는 힘이라는 것을 알 수 있다. 하지만 이미지 변신이 다가 아니다. 카리스마를 강화하는 것은 장기적인 과정이다. 산업 분야는 변화와 진화를 거듭하고 성공의 기준 또한 계속 바뀐다. 이런 변화를 면밀히 분석하여 시장영역에서 요구하는 대로 태도, 몸짓, '스토리' 등을 바꿔야 한다. 따라서 앞 사례의 홍보기업 사장은 지속적으로 이미지 카운슬링을 받음과 동시에 말하는 방식, 옷차림, 입담거리 등을 바꾸면서 변신을 거듭해야 한다.

PHILIP KOTLER

옆집 아저씨 같은 억만장자, 워렌 버핏

자수성가한 투자의 귀재, '오마하의 현인'으로 널리 알려진 워렌 버핏은 회사의 홍보대사를 마다하지 않는다. 그가 내뱉는 말 마디마디는 놀라운 흡인력을 발휘한다.

버핏은 돈을 벌어 의로운 삶을 사는 일을 신조로 삼고, 그런 자신의 '페르소나'를 바탕으로 평생을 바쳐 금융제국 버크셔 해서웨이를 세웠다. 그의 페르소나는 정직한 기업을 추구하는 강력한 개인윤리와 사회적 책무가 밑바탕을 이루었다. 늘 청중 중심으로 생각하는 버핏, 반면에 교묘한 월스트리트 펀드매니저들은 극명한 대조를 보인다. 월스트리트에서 이름값 하는 펀드매니저들은 고급 양복에 수제 구두를 신는다. 뿐만 아니라 검은 리무진을 몰고 햄프턴에서 주말을 보내며 노동자와 농부와는 악수도 하지 않으려 한다. 그러나 버핏은 그들과 다르다. 버핏은 한 공판에 증인으로 출석하면서도 연례주주총회를 열어 주주들의 말에 귀를 기울이고 그들과 함께 식사하며, 계열사 제품을 하나하나 소개하는가 하면 주주들을 위한 특별 이벤트를 벌인다. 버핏을 보노라면 진흙탕 같은 금융세계의 중심에서도 세파에 물들지 않은 정직하고 친밀한 아저씨 느낌이 든다. 이런 버핏의 모습에 익숙한 주주들은 해마다 버핏이 보내는 '주주편지'를 통해 금융상식, 삶과 종교에 관한 소견, 연례주주총회 일정 등의 이야기를 듣는다.

오마하의 현인 버핏의 친근하고 진지한 태도는 경이로운 결과를 가져왔다. 1996년에 주당 3만 달러에 이르던 주가가 2005년 8만

5000달러까지 치솟았다. 버핏은 셀 수 없을 정도로 많은 상을 탔고, 세계 각지에서 그에게 자문을 요청한다. 버핏은 스승 벤자민 그레이엄(Benjamin Graham)으로부터 전수받은 투자의 진수를 폭넓게 펼쳐보였다. 이 허물없는 아저씨가 오래토록 건강하게 살기를 주주들은 소망하며 빈다.

카리스마는 청중의 기대를 충족시키는 방향으로 키워야 한다. 카리스마란 선천적 능력이 아니라 청중의 기대를 인지하고 청중의 기대대로 변신을 꾀함으로써 뿜어내는 힘이다. 올바른 태도, 독특한 화법이나 동작으로 청중과 능숙하게 의사소통하는 과정에서 카리스마가 과시된다.

∴ 적당한 시기

사람들은 흔히 일이 잘 안 풀리면 '때를 잘못 만났다'며 한탄한다. 다소 추상적인 개념이지만 '적당한 시기'는 재능과 마찬가지로 신비한 것이 아니다. 이는 상황을 살피는 시기와 준비하는 시기로 구성되어 있는데, 카리스마처럼 실제 수준 이상으로 꾸밀 수 있다.

  시기를 잘 선택해서 나타나는 효과는 풍부한 사례로 증명된다. 지미 카터는 워터게이트 사건을 재조사하는 시점에서 대통령이 되었고, 풍자 코미디 프로그램 〈데일리 쇼〉의 진행자 존 스튜어트(Joh Stewart)는 대중이 상투적 진행방식에 싫증이 났을 때 간판급 앵커 반열에 올라섰다. 축구스타 데이비드 베컴은 '메트로섹슈얼리티'[3] 트렌드 돌풍이 불면서 광고시장을 휩쓸었다. 골대를 향해 멋진 프리킥을 쏘며 멋진 패션 감각을 자랑하는 베컴은 메트로섹슈얼의 상징이 되기도 했다. 이처럼 때를 잘 선택했을 뿐인데 운 좋게 명성을 떨치는 사람들을 주위에서 흔히 본다. 미국 보수주의 흐름의 정신적 지주, 언론인이자 작가인 윌리엄 버클리(William F. Buckley)의 말을 되새겨보자.

"열여덟에 보병 장교가 된 나는 많은 부하들에게 명령할 수 있는 공식적인 권한을 얻었다. 그 다음 예일 대학에 2학년으로 복학했을 때 학교에는 스페인 강사가 부족했다. 그런데 난 스페인 출신이라는 이유로 강사에 임용되었다. 겨우 스물한 살에 예일 대학의 강사가 된 것이다. 그리고 얼마 후 예일 대학에서 꽤 명망 있는 〈예일 데일리 리뷰(Yale Daily Review)〉의 회장으로 선출되었다. 그렇게 나는 사람들에게 이름이 알려졌다. 꽤 오래 그 일을 했기에 나를 알아보는 사람들이 갈수록 늘었다. 그리고 졸업한 해에 나는 책을 썼다. 내 삶을 뒤돌아보니 내가 유명해진 것은 때를 잘 탔기 때문이다."

젊은 시절 버클리는 몇몇 중요한 시점에서 뜻밖의 기회를 거머쥐었고 시기적절한 결정을 내렸다. 이와 마찬가지로 스타 지망생들도 중요한 시점에 내리는 결정에 따라 운명이 달라지기도 한다.

---
[3] 메트로섹슈얼(Metrosexual)은 패션이나 헤어스타일을 가꾸는 것에 관심을 가지며, 내면의 여성성을 긍정적으로 즐기는 현대 남성을 뜻한다.

∴ 행운

명성에 대해 말하다 보면 늘 '행운'이라는 소재가 튀어나온다. 사람들은 저마다 운이 나쁜 탓이었다고 말하거나 '때마침 그 자리'에 있어서 이름을 알리게 되었다고 말한다. 하지만 사실을 들여다보면, 특별한 계획이나 전략 없이 뜻밖의 일로 혜택을 받았을 뿐이다. 마치 주차공간을 찾다가 우연히 스티븐 스필버그를 만나거나 아틀란타 브레이브스의 단장 존 슈어홀츠(John Schuerholz)가 나타나자마자 안타를 치는 꼴과 다를 바 없다. 이처럼 행운은 우연히 일어난 일에 불과하고 대개 많은 사람들의 부러움을 산다.

특히 전문가들은 전략을 소문내지 않으려고 행운을 거론하는 경우가 많다. 디즈니(ABC를 인수했다)의 회장 마이클 아이스너(Michael Eisner)는 초창기에 ABC의 인기 쇼 〈로스트(Lost)〉를 형편없는 프로그램이라고 혹평했다. 이 프로그램은 본래 두 시간 분량이었는데, 한 시간짜리 쇼 두 개로 나뉘면서 시청률이 급락했다. 각 프로그램을 비행기에 비유하면 비행기 두 대가 충돌해서 추락한 꼴이다. 그것으로 끝이었다! 그런데 ABC 내에서 프로그램 재개를 두고 거센 논란이 일면서 〈로스트〉는 방송이 재개되었고 〈아메리칸 아이돌〉을 바싹 추격할 정도로 인기가 급상승하며 디즈니의 자랑거리가 되었다. 방송 관계자들은 프로그램 재개를 환영했다. 특히 황금 시간대 방영으로 결정나자 더욱 환호했다. 그러나 〈로스트〉가 황금 시간대에 방송되었다 한들 우리는 그것이 행운 때문인지, 정신력 때문인지, 전략적 계획 때문인지 알 길이 없다.

친분관계와 사업관계를 유지하려고 흔히 '행운'을 거론한다. 왜냐하면 상대방이 '참 운이 좋았어요'라고 말함으로써 나름의 배려를 하는 것이다. 다시 말해, 불운한 경쟁자 앞에서 곧이곧대로 우월성을 드러내지 않고 운이 좋았다고 겉으로 겸손을 떨면서 경쟁자와 대인관계를 맺는 것이다. 운이 좋았다고 핑계를 대면 여러 면에서 역량과 전략을 노출하지 않아도 된다. '행운'은 인지도로 먹고 사는 세계에서 '필수품'으로 통한다.

행운 만들기

행운은 '포지셔닝'이다. 이른바 행운은 행운이 일어날 가능성이 가장 큰 곳에 자신을 위치시킬 때 나타난다는 말이다. 영화감독 게리 마샬(Garry Marshall)이 〈플라밍고 클럽(The Flamingo Kid)〉에 자넷 존스(Janet Jones)를 주연으로 발탁한 이야기가 좋은 사례다. 마샬이 매트 딜런(Matt Dillon)의 상대역으로 매력적인 여성 역할을 열심히 찾아다니던 중 '칼 라이너(Carl Reiner, 영화배우, 감독—옮긴이)배 테니스 토너먼트'에 참여하게 되었을 때다. 배우 딕 반 패튼의 가족도 테니스 경기를 치르는 중이었다. 연예인 가족으로 유명한 반 패튼의 아들들은 테니스 실력이 수준급이었는데, 존스가 그들을 응원하고 있었다. 마샬은 존스를 보자마자 그녀의 등 뒤로 다가갔다. 마샬이 당시를 떠올리며 말했다. "다시 아내가 있는 곳으로 돌아가서 아내에게 이렇게 말했어요. '얼굴과 몸매가 조화를 이룬 여자. 바로 저 여자야.'"

존스는 영화 〈코러스 라인(Chorus Line)〉에 출연하기 시작해서 〈불타는 도전(American Anthem)〉의 주연을 맡았다. 연극을 전공하는 학생들에게 이 이야기를 들려주자 놀라움의 탄식이 터져나왔다. 재색을 겸비한 존스가 모델로 활동한 경력과 춤 실력은 대단했지만, 연기 경험이 거의 전무했다는 소리를 듣고 나서였다. 이런 경우 수년 간 식당에서 일하면서 생계를 잇고, 무던히 오디션을 보고, 지방 극장에서 밑바닥부터 경험을 쌓는 등 피나는 노력 끝에 성공했다는 성공담이 늘 나오게 마련이다. 그렇다면 학생들이 궁금해했듯, 그렇게 성공한 이들은 오랜 시간 공부하고 연습하는 동안 어떻게 행운을 얻었을까?

자넷 존스가 자신을 전략적으로 '포지셔닝' 한데 비밀이 있다. 즉 그녀는 표적시장의 '의사결정권자' 및 '평가자' 와 인연을 맺기에 적합한 도시에 살았다. 마샬은 굳이 테니스 코트가 아니더라도 마음만 먹으면 어디서든 매력적인 여성을 찾을 수 있었다. 한마디로 말해서 '포지셔닝'에 따라, 즉 적당한 무대를 찾기만 해도 행운이 찾아올 때가 많다. 가령 사업가가 되고자 하는 뉴욕 시민이라면 다양한 분야의 사업 기회를 분석해야겠지만, 아마 에너지사업보다는 뉴욕에 발달한 금융이나 미디어 관련 사업이 훨씬 유리할 것이다. 마찬가지로 미술가라면 뉴욕 북부지방이나 교외보다는 뉴욕 소호거리(뉴욕의 예술거리-옮긴이)에서 전시회를 여는 편이 유리할 것이다.

적당한 학교를 선택하고 올바른 멘토나 동료들과 함께 하고 적합한 일에 첫 발을 내 딛는 일 또한 행운을 부르는 포지셔닝의 일부다. "여름에 CNN에서 무보수로 인턴 과정을 밟을까?", "시급 25달러의 건설 현장에서 일할까?", "고생길이 훤하지만 국회의원 밑에서 일해볼까?", "친구 부모님이 운영하는 여행사에서 일할까?", "예일 대학에서 시간 강사로 일해볼까? 아니면, 인지도 낮은 대학에서 조교수로 갈까?" 등등. 이처럼 우리는 대개 행운을 부르는 포지셔닝을 고려하면서 갈팡질

팡한다. 올바른 선택이란 기회의 문제가 아니라 전략의 문제다.

포지셔닝에 대한 전략적 결정은 엄청난 '행운'으로 이어지기도 한다. 무명의 대학에서 입학을 거절당한 릴리 피니(Lili Fini)는 로스엔젤레스가 '행운을 얻을 장소'라고 판단했다. 릴리에 대해 다음과 같은 이야기가 전해진다.

릴리는 작은 회사에서 관리업무를 맡았는데, 퇴근 후면 친구와 함께 로스엔젤레스에 자리한 고급 식당 마메종에 자주 들렀다. "그 일대에서는 점심을 먹기에 좋은 식당이었어요." 릴리는 탁월한 선택을 한 것이었다. 식당 주인 피에르 그로루(Pierre Groleau)가 릴리에게 매료되어 영화제작사 사장 딕(Dick Zanuk)을 소개해주었다. 당시 딕은 이혼한 지 얼마 안 되었는데, 그로루와 함께 매주 테니스를 치며 가까이 지냈다. 그리고 얼마 후 릴리와 딕은 결혼을 했다. 이후 릴리는 영화 시나리오를 써서 남편 딕과 함께 영화 제작에 참여했다. 〈코쿤(Cocoon)〉, 〈드라이빙 미스 데이지(Driving Miss Daisy)〉, 〈멀홀랜드 폴스(Mulholand Falls)〉, 〈트루 크라임(True Crime)〉 등의 주옥같은 영화들이 그렇게 탄생했다. 릴리는 영화제작자로 72회 아카데미 시상식에서 상을 탔다. 릴리는 버거킹이나 맥도날드에 가기보다 유명인들이 많이 찾는 식당을 자주 찾은 덕에 큰 행운을 만나 성공할 수 있었다.

행운과 극적 현실

'행운'은 각 분야의 신인들이 이미지메이킹에 자주 활용하는 말이다. '브랜드 스토리'의 핵심 소재로 많이 등장한다. 이쯤에서 얼핏 생각해도, 계획적이거나 전략적이지 않고 꾸밈없는 인상을 남기기 위해 '행운'이라는 말을 사용해야 함이 분명해진다. 아래의 내용을 한번 살펴보자.

- 성형수술이 일반화되기 전에 일찌감치 성형외과를 전공한 선택이 행운으로 작용했습니다.
- 사랑하지 않는다면 왜 산드라와 결혼했겠어요? 산드라가 모델이라는 건 저의 본업과는 전혀 상관이 없습니다.
- 때마침 로켓 전문가를 찾고 있었죠. 그 분야의 권위자 베르너 본 브라운(Wernher von Braun)에게 배운 유일한 사람이 저였다니까요.

행운을 추구하는 이면에는 대개 분명한 목적이 깔려 있다. 뉴욕 유수의 출판사 사이몬 앤 슈스터의 편집장이자 작가로 유명한 마이클 코다(Michael Korda)는 단지 행운 덕분에 명성을 떨친 게 아니었다. 그의 명성에는 이름난 편집장을 탄생시키려는 회사의 전략이 숨겨져 있다. 물론 '포지셔닝을 통한 행운'을 추구한다 해서 '진정한 행운'을 얻게 될 가능성이 사라는 건 아니다. 스타 지망생이 말 그대로 운이 좋아 이름을 날렸다 해도 영원한 명성을 누리려면 전략적 포지셔닝을 해야 하는 법이다.

이제 '이미지 변신 프로세스'에 대해 살펴볼 때가 되었다. 다음 장에서는 브랜딩 전환 프로세스의 네 단계를 자세히 소개한다.

CHAPTER 8

브랜드 전환의 네 단계

PHILIP KOTLER PERSONAL MARKETING

1990년대 말, 브리트니 스피어스와 쌍벽을 이루며 아이돌스타로 인기를 누렸던 크리스티나 아길레라는 〈스트립트(Stripped)〉 앨범을 발표하면서 변신을 감행했다. 아길레라의 파격적인 변신은 연예계와 팬들에게 충격 그 자체였다. 야한 옷차림과 도발적인 포즈의 아길레라는 만화영화 주제곡(디즈니 만화 〈물란(Mulan)〉의 주제곡을 말한다-옮긴이)를 불렀던 10대가 더 이상 아니었다. 깨끗하고 아름다운 스태튼 섬(Staten island, 미국 뉴욕만 입구 서쪽의 섬-옮긴이) 출신이 '꾸밈없고 자유로우며 거침없는 아티스트'로 '리브랜드(rebrand)' 된 것이다.

사실 아길레는 이미 오래 전부터 '시장을 만족시키기 위한 전략'을 펼치기 시작했다. 브리트니처럼 '아이돌 시장'에서 정상에 오른 뒤 차즘 인기가 하락세에 놓여 있을 때였다. 우선 이미지 변신을 위해 아길 레라는 스페인어로 〈미 레플레호(Mi Reflejo)〉 앨범을 냈다. 리키 마틴(Ricky Martin), 엔리케 이글레시아스(Enrique Iglesias) 등이 이끌던 라틴 팝 열풍에 동참함으로써 브리트니와의 차별화를 꾀했다. 그러나 아길레라는 스페인어를 몰랐기 때문에 가사의 음을 따서 노래해야 했다. 그럼에도 아길레라는 이러한 변신을 통해 2001년 라틴 그래미 어워드 시상 최우수 여자 팝보컬 앨범상을 받았다. 그런데 이 같은 성공에도 불구하고 그녀의 페르소나가 완전히 전환되지는 못했다. 아직까지 아이돌스타라는 이미지가 강했던 것이다. 그러나 곧바로 당시 발표한 크리스마스 앨범까지 성공을 거두자 아릴레라의 새 브랜드가 더욱 견고해졌다. 만약 10대 팝스타 이미지를 더 밀어붙여 장기간 브랜드 인지도를 유지하려 했다면 그보다 더욱 극적인 변신이 필요했을 것이다. 결국 아길레라는 순수한 10대 소녀에서 자유분방한 성인으로의 이미지 전환에 성공했다. 아길레라의 변신은 분명히 전략적이었고, 최신 브랜딩 기법을 적용했기에 가능한 일이었다. 여러 모로 아길레라는 신뢰할 만한 브랜딩 기법을 따랐고, 올리비아 뉴튼 존(Olivia Newton-John)과 마돈나(Madonna)처럼 순수한 소녀 이미지를 관능적인 이미지로 재정립했다. 페덱스, 구글, 애플과 다를 바 없이 아길레라는 진화해가는 시장에 적응하여 변화한 것이다.

이제는 시장의 기대에 맞게 스스로를 변화시키는 것만으로 부족하다. 완전한 이미지 전환과 변신, 그렇게 전환된 이미지로 활동의 영역을 확대했다는 것이 뉴스거리가 된다. '변신'의 개념은 전혀 새로운 게 아니다. 사람들은 이미지, 직업, 거주지, 라이프스타일 등 일상에서 늘 변화를 생각한다. 인지도를 높이기 위한 변신은 청중과 시장 중심적 전략 결정을 통한다는 점에서만 차이가 있다. 브랜드 이미지는 표적청중을 매료시킬 때 힘을 발휘한다. 그러나 안타깝게도 유명인들이 정제되지 않은 이미지를 노출한다면, 청중과의 관계가 흔들리거나 청중과의 뜻 깊고 지속가능한 관계가 가로막히는 상황에 놓일 수도 있다. 문제는 원하지 않는 이미지를 없애는 과정이 표적청중의 관심을 끈다는 점이다. 아길레라는 귀엽고 사랑스러운 10대 스타라는 이미지를 없애고 싶었으나 그런 이미지를 없애는 과정에 팬들의 관심이 집중되고, 그녀가 아이돌스타 이상의 스타로 거듭날지에 대한 의문을 자아냈다. 이미지 플래너들(image planners)과 그 의뢰인들 사이에서 상식으로 통하는 얘기지만, 이미지 변신의 과정이 노출되면 오히려 이미지에 타격을 입는다. 이와 관련된 문제는 특히 비즈니스, 법률, 정치, 학술, 의료 분야에서 많이 나타난다. 이런 산업 분야에서 이미지 변신은 약점을 드러내거나 신뢰가 부족함을 암시하는 것으로 인식되기도 한다. 따라서 이 같은 산업 분야에서는 이미지 변신과 브랜드 구축 과정을 대중들에게 완전히 드러내지 않는 편이 더 나을 수도 있다. 전 미 재무부 장관이자 보수주의를 대표하는 정치인 윌리엄 사이몬(William E. Simon)은 다음과 같이 밝혔다.

"나를 홍보하고 대중적인 이미지를 영속시키는 데 절대로 관심이 없습니다. 사실 자신의 이미지를 찾는 일도 어려울 뿐 아니라 대인접촉 이상으로 사람들에게 인식되도록 이미지를 개선하거나 없애기도 불가능합니다.

저는 제가 하는 일에서 성공하기 위해 온 힘을 다할 뿐입니다. 사업가든, 은행가든, 작가든, 자선사업가든, 또는 아버지와 남편이든 이 원칙을 따를 뿐입니다. 저는 이름 한번 더 알리자고 경쟁하는 사회를 원치 않고, 무언가를 증명하는 것에도 서툽니다. 결국, 제가 인생에서 중요하게 생각하는 친분과 협력관계를 통해 사람들이 저를 좋게 생각하고 그런 관계에서 무언가 얻을 수 있다면 그것으로 족합니다."

사이몬이 정계에 몸담은 경력을 활용하지 않았다는 추측은 정확하지 않다고 봐야 한다. 거래를 협상하는 자리에서 단지 'William E. Simon & Sons L.L.C.'라고 표기된 명함을 내밀었을 뿐인데, 다른 회사들과 차별화된 무언가가 그에게 있을 거라는 인식을 불러일으킨 사실은 어떻게 이해할 것인가. 회사의 설립자가 바로 유명 정치가 사이몬이라는 사실만으로도 신뢰를 제공할 수 있는 것이다.

정치인들은 대개 자신들이 근본적으로 '적임자'임을 강조하지, 이미지 변신은 꺼려한다. 이른바 '적임자들'은 영화마다 인기를 끄는 로버트 레드포드(Robert Redford)와 다를 바 없이, 아마 각자의 분야에서 굳이 이미지를 꾸미거나 바꿀 필요가 없을 것이다. 반면에 늘 이미지 변신을 해야 하는 분야에서 '적임자'가 되기를 바라는 사람들도 있다. 여장하는 남자 배우 칠리 페퍼(Chili Pepper)는 말 그대로 '변신을 강화해야만 하는 분야'에서 일하는 셈이다. 그는 이렇게 밝혔다.

"저는 저를 위해 변신을 감행한 적이 한번도 없습니다. 늘 똑같은 모습으로 똑같은 일을 했습니다."

역설적이지만, 전문 비즈니스 분야에 종사하는 유명인들이 그들의 이미진 변신 과정을 언론에 노출하지 않기 위해 애쓰는 반면, 창의성을 발휘해야 하는 작가와 기자, 엔터테인먼트, 스포츠 등의 분야에 종사하는 분석가들은 과거보다 이미지 변신에 많은 관심을 보인다. 이처럼 이미지 변신에 대한 관심이 높아지면서, 이미지 변신 프로세스가 대중에게 널리 알려진 동시에 퍼스널 브랜딩의 수단으로 인식되기에 이르렀다.

이미지 변신은 다양한 수준에서 이루어진다. 전문직업인 변호사라면 외모와 법정에서의 태도, 논리정연함 등 '매우 사소한 일들'에서 변신을 도모할 것이고, 공학이나 재무전문인 기업의 임원이 대기업의 CEO가 되었다면 화술, 외모, 대인관계 등 대대적인 이미지 변신을 꾀해야 할 것이다. 이처럼 이미지 변신의 수준은 다양하다. 그러나 마지막 현실화 단계는 똑같다. 결국 아무리 변신을 최소화하더라도 브랜드 자체가 되어야 한다는 사실에는 변함이 없다.

∴ 이미지 변신의 네 단계

스타 지망생과 브랜드 개발자들 대부분은 이미지 변신의 프로세스를 실행한다. 이처럼 퍼스널 브랜딩 전략은 크게 확산되었다. 마케팅 및 커뮤니케이션 전략과 장기개발 전략들을 적용하면 퍼스널 브랜딩 프로세스를 한층 효과적이고 체계적으로 실행할 수 있다. 이미지 변신은 대부분 일정 시간 동안 계획하고 꾸준하게 지속하는 과정을 거쳐야만 성공을 거둘 수 있다. 스타 지망생을 유명인 또는 퍼스널 브랜드로 거듭나게 하기 위한 브랜딩 전략은 브랜드 생성과 재생(brand generation and regeneration), 브랜드 시험(brand testing), 브랜드 세련화(brand refinement), 브랜드 실현(brand realization)의 네 단계를 거친다.

∴ 브랜드 생성과 재생

어느 산업 분야든 각자의 역할을 하는 구성원들로 이루어진다. 엔터테인먼트 분야를 살펴보자. 가수, 안무가, 코미디언 등이 각자의 영역에서 활동한다. 이미지 변신을 시도하는 스타 지망생들에게는 직업의 선택이 제한적인 것도 사실이다. 직업들이 이미 정해져 있는 탓이다. 의사라면 대체로 시장기회(market opportunity)를 고려하기 때문에 직업을 완전히 바꿔 정치인으로 나서겠다는 생각은 하지 않을 것이다. 같은 이유로 의사는 의료 분야 내에서 직종을 바꾸기도 한다. 가령 외과의사라면 스포츠의학 전문의, 소아과 전문의 등 여러 직종을 고려할 수 있다. 또 의사가 새로운 다이어트 기법에 관한 책을 쓰거나 미디어에 의료분쟁에 관한 글을 기고하기도 한다. 비즈니스 분야에서부터 정치, 과학 분야에 이르기까지 분야를 막론하고 이런 흐름이 이어진다.

　브랜드 생성의 단계에서 스타 지망생과 '지원인력(매니저, 광고대행사, 동료, 배우자 등)'은 머리를 짜내어 표적청중들에게 호소하는 브랜드를 뽑아내야 한다. 한마디로 경쟁자들과 차별화되는 요소들의 독특한 조합을 이끌어내야 한다.

　직종을 바꾸거나 이미지 변신을 꾀할 필요가 없다고 여기는 사람들도 분명히 있다. 우리는 주변에서 '나는 이미지를 바꾸지 않아도 돼. 난 단지 있는 그대로를 보여줘야 한다고 생각해'라고 말하는 사람들을 종종 볼 수 있다. 이는 한입으로 두말하지 않는 올곧은 정치인에게나 어울릴 법한 말이다. 그런 정치인은 지지자를 얼마나 거느리든 마케터보다는 지도자라는 측면이 강해서 폭넓은 유권자들에게 호소할 만한 이야기를 꾸미기보다 소신 있는 태도를 보여주려 한다. 즉 그런 정치인은 마케팅이 아닌 자신의 모습을 순수하게 드러내려 한다. 반면에 스타 지망생이나 신규 시장진출자라면 어느 정도 시장에 순응하거나 이미지 변신을 꾀해야 한다. "나는 다양한 방식으로 느끼고 표출하며, 가장 큰 성공으로 이끌 직종과 '역할'을 선택할 거야!"

사회심리학자이자 인문주의 철학자 에리히 프롬(Erich Fromm)이 '마케팅 지향성(marketing orientation)'이라고 명명한 이 태도는 오랫동안 전통적 '평판영역들'에서 그리고 스타 지망생들 사이에서 지배적이었고, 예술과 종교를 비롯한 여러 신생 영역에 널리 번지고 있다.

여러 채널을 통해 예비 신도들에게 복음을 전한 T. D 제이크스(Thomas Dexter 'T. D' Jakes) 주교의 이야기는 종교 분야의 '마케팅 의식(marketing consciousness)'에 관한 좋은 사례다. 1993년에 그는 여성 문제를 다룬 책 《여자여, 해방되었노라(Women, Thou Art Loosed)》를 내놓았는데, 이 책을 두고 '자신의 모든 것을 털어넣은 것, 투자, 아주 끔찍한 것'으로 표현했다. 결국 '투자'는 현명한 일로 판명되었는데, 그의 책은 이주 만에 5,000부나 팔렸다. 이처럼 인지도를 높인 덕에 그는 TV, 컨퍼런스, 영화 등에 출연할 수 있었다. 미국 댈러스 부근 28에이커 부지에 신도 수 3만 5,000명이나 되는 대형 교회를 책임지고 있다. 뿐만 아니라 그는 〈타임〉 선정 '2001년 미국 최고의 목사'와 '2005년 미국에서 가장 영향력 있는 복음주의자 25명 중 한 명'이 되었다. 〈타임〉은 복음, 신오순절을 위한 지혜를 내놓고 강한 영성과 치유법을 결합하는 '오순절교의 미디어 대가(The Petecostal Media Mogul)', '대중 심리학의 대가(a master of pop psychology)'라며 제이크스를 치켜세웠다. 곧이어 그가 내놓은 자가치유서(self-help book)가 베스트셀러에 오르기도 했다.

제이크스는 재능과 활동영역에서 일인자가 될 기회를 잘 조합했고 시장의 현실에 순응했기에 명성을 떨쳤다. 또 그는 유행하는 문화와 종교에 융화할 줄 알았다. 아울러 여러 커뮤니케이션 채널을 능숙하게 활용함으로써 지지자를 늘리고 메시지를 신뢰성 있게 전달했다. 그가 자가치유 강의에 나서기로 결정한 것도 '시장 지향성' 강화 활동의 일환이라 할 수 있다. 제이크스뿐 아니라 조엘 오스틴(Joel Osteen)과 같은 종교 지도자들은 오늘날 록스타에 버금가는 인기를 누리고 있다.

제이크스처럼 마케팅을 지향하는 신규 시장진출자들은 시장에 적합한 이미지를 형성하려 하는데, 대부분 유연한 태도로 그런 활동에 임한다. 맡은 배역에 따라 다양한 개성을 표현하는 배우들을 생각하면 이해하기 쉽다. 배우들은 다양한 배역을 소화하면서 다양한 인물의 개성을 표현한다. 물론 배우마다 개성이 다르고 저마다 어울리는 배역이 있겠지만, 로버트 드니로(Robert De Niro)이나 존 말코비치(John Malkovich)처럼 다양한 개성을 잘 표현하는, 천의 얼굴을 지닌 배우들도 있다.

이미지 변신은 엔터테인먼트 분야에서만 요구되는 역량이 아니다. 사회심리학 이론에 따르면, 누구나 일상생활에서 다양한 역할이나 개성을 드러낸다고 한다. 학식이 없고 생각이나 감정을 분명히 표현하지 못하는 20대라면 장래에 의사나 변호사, 기업가가 되기는커녕 그들을 흉내도 못 낼 것이다. 브랜드 생성의 출발점은 고유의 외모, 지적 수준, 분위기, 재능, 개성을 갖춘 것에서 시작된다. 이런 특성들을 어느 수준까지 변화시키느냐에 따라 역할과 개성의 폭이 넓어진다. 키, 인종 등 정체성의 요소가 고정되어 있기도 하지만 지금은 누구라도 이미지에 변화를 주거나 완전히 다른 인물로 거듭날 수 있다. 사실 이미지 변신에 지나치게 몰입하다가 실제 자아와 새로운 자아를 혼동하고, 그러다 정체성을 잃기도 한다.

브랜드 생성 단계에서 브랜드 개발자는 신규 시장진출자가 다음 세 단계-표적시장 정의, 적합한 역할 선정, 완전한 이미지 변신-를 잘 밟아나가도록 도와야 한다.

시장 정의

이미지 변신은 표적시장을 선정하지 않고서는 불가능하다. 앞서 살펴보았듯, 시장마다 고유의 속성이 있고 충족요건이 다르다. 신규 시장진출자와 브랜드 개발자는 청중의 규모, 마케팅 충족요건, 자원 가용성 이렇게 세 가지 주요 영역을 검토해서 표적시장을 선정한다.

-청중의 규모

시장은 세분화된 영역에 따라 속성이 다르다. 신규 시장진출자와 브랜드 개발자는 이런 시장의 속성을 파악해야 한다. 포크뮤직 장르에서 활동하는 신인 여가수를 떠올려보자. 현재 그녀에게 컨트리뮤직 장르에서 인지도를 높일 좋은 기회가 찾아왔다. 포크뮤직 장르에 충성 팬이 많지만, 컨트리뮤직 장르에 진출하면 그에 비교도 안 될 큰 인기를 누릴지 모른다. 컨트리뮤직 장르는 어느 인기 장르에 못지않게 최고의 음반 판매율을 자랑한다. 컨트리뮤직 협회 전무이사 에드 벤슨(Ed Benson)이 이런 '인기 지속성'에 대해 의견을 내놓았다.

"지난 5년간 음악산업에 격동의 시기가 지나가면서 컨트리뮤직 장르가 정립되고 성장세를 보였습니다."

이미지 변신이 가능하다는 가정하에, 앞서 소개한 신인 여가수가 인지도를 높이고자 한다면 포크뮤직 시장을 세분화하기보다 컨트리뮤직에 진출하는 편이 훨씬 나을 것이다.

스포츠 시장에도 이런 원칙이 적용된다. 기본 자질을 갖춘 사람이라면 펜싱, 조정, 킥복싱 등의 비인기 종목보다 농구, 골프, 테니스 등 관객이 몰리는 종목에 진출해야 인지도를 높일 기회가 커진다. 나라마다 선호하는 인기종목이 다름에도 시장성이 높은 스포츠 종목에서 마리아 사라포바(Maria Sharapova)와 같은 대스타가 나오기도 하는데, 그녀는 각종 미디어의 일면에 등장하고 여러 기업의 광고모델로 활동하면서 수백만 달러를 벌어들인다. 반면에, 2000년 올림픽 장대높이뛰기 종목에서 금메달을 딴 스테이시 드래길라(Stacy Dragila)는 사라포바 못지않게 뛰어난 역량을 가졌지만, 인지도에 대한 보상 측면에서 사라포바의 상대가 되지 못했다. 사라포바는 200명에 가까운 여자 선수들이 100만 달러 이상을 벌어들인 '테니스 시장'에 진출했기에 막대한 혜택을 얻었다. 이처럼 청중의 관심이 집중되고 시장성이 뛰어난 시장에 진출해야 보상을 극대화할 기회가 커진다.

청중의 규모는 시장의 매력도(market attractiveness) 외에 여러 요소들을 분석하여 파악한다. 여러 문화적 트렌드를 고려하면 시장영역의 발달 정도, 신규 시장진출자들이 경쟁우위를 점하는 수준을 파악하는 데 도움이 된다.

-마케팅 충족요건

팝뮤직, 포르노 영화, 통속 심리학, 경제예측 등의 영역에 대중의 관심이 쏠린다 해도 퍼스널 브랜드 마케팅의 성공 여부는 특히 해당 영역의 고유한 속성에 달려 있다. 가령 아무리 시장 매력도가 높은 시장이라 해도 이미 경쟁자들이 많이 진출했다면 시장 진입을 신중하게 고민해야 한다. 여가수 해티 티터스(Hattie Titus)의 사례가 도움이 될 것이다. 티터스는 음반회사 모타운을 통해 스타 반열에 오르고자 했으나 좌절을 맛봐야 했다.

"저는 디트로이트에서 그룹 블루버드의 일원으로 활동했습니다. 우리는 소규모 음반회사 디 타운과 계약을 맺었죠. 그러던 중 베리 골드란 사람이 신인 가수를 찾고 있다는 얘기가 들렸어요. 우리는 베리가 주최한 성대한 파티에 참석했죠. 제가 베리에게 인사하자 베리는 사람들을 향해 원하던 사람을 찾았다고 말하더군요. 저를 포함한 주위의 모든 사람이 베리가 저에 대해 이야기한다고 여겼어요. 하지만 제가 아니었습니다. 베리가 찾은 사람은 제가 잘 모르는 모타운 소속의 가수였어요."

티터스가 가수로서의 자질을 갖추고 무대에서 훌륭한 모습을 선보였음에도 그녀가 선택한 영역은 이미 디나 로스(Dina Ross)라는 신인이 차지한 뒤였다. 티터스는 인지도를 높이려고 했지만, 극복하기 어려운 장애물을 만난 셈이었다. 직종을 바꾸거나 활동하는 지역을 옮기거나 경쟁이 덜한 장르를 찾았다면 성공했을지도 모른다.

인지도 확대를 막는 제약요인은 다르겠지만, 비즈니스 분야에서도 비슷한 문제가 발생한다. 따지고 보면 기업 세계에서 대다수의 직위는 높은 인지도와 무관하다. 가령 휴렛패커드의 한 임원이 전 회장이자 CEO 칼리 피오리나(Carly Fiorina)가 회사를 경영하던 시절에 대중적 인지도를 높이고자 했다면 좌절만 맛보았을 것이다. 피오리나가 회사를 떠나는 순간까지 회사의 얼굴마담으로서 카메라의 집중 세례를 받았고, 그녀는 자신에게 쏟아지는 스포트라이트를 동료들과 나눌 생각이 없었기 때문이다.

대기업 출신들은 대부분 두 가지 방식으로 인지도를 높이려 한다. 하나는 다양한 하위영역을 표적으로 삼는데, 가령 소프트웨어 엔지니어가 네트워크 보안이나 오픈 소스 등 표적고객 층이 좁은 영역에서 인지도를 확보하는 식이다. 다른 하나는 지역을 대표하는 자선단체나 협회에 참가함으로써 인맥을 넓혀가는 방식이다. 〈비즈니스위크〉는 이런 현상을 두고 '인지도 지수(visibility quotient)'라는 용어를 제시하기도 했다. 한 헤드헌터가 회사 밖에서 적극적으로 인지도를 확대한 IBM의 어느 경영자에 대해 얘기했다.

"그가 그러더군요. 회사 밖에서 이름을 날리니 회사 내에서 이미지가 좋아져 그 동안 들인 비용을 회수하고도 남았다고요."

비즈니스 세계에서 〈포춘〉 선정 500대 기업의 이사진이 되지 않더라도, 즉 작은 기업일지라도 인지도를 높일 최고의 기회가 얼마든지 있다. 아무리 작은 기업이라 해도 비교적 적은 비용으로 미디어나 대중과의 관계를 형성해나갈 수는 있다.

-자원 가용성

마케팅 콘셉트는 자원과 전문력(지식, 기술, 능력)의 가용성을 함께 고려해서 정해야 한다. 미술 수련생들이 많이 활동하는 뉴욕처럼 자본 소모가 적은 시장영역들이 있다. 현대 미술관 제휴 P. S. 1 현대미술센터의 활동이 하나의 예다. 여기서는 미술계의 관심을 끌 만한 신선한 미술작품을 수집하고, 수집한 미술작품들은 'Greater New York'이라는 제목으로 전시회를 크게 열어 소개한다. 이로써 장래가 촉망되는 신인 미술가들(퍼스널 브랜드 생성 단계에 있는)이 전시회를 통해 이름을 알리면서 미술계에 진입한다. 이 전시회가 열리지 않는다면 신인 미술가들은 데뷔하기 위해 큰 비용과 노력을 들여야 할 것이다.

스포츠 분야에서 메이저리그에 속한 팀은 여름에 캠프를 열고서 경기장과 장비를 지원한다. 또 세계 각지에 코치와 선수들을 파견하여 신인들을 훈련시킨다. 음반회사나 교향악단은 클래식 음악의 저변을 확대하기 위해 전국 각지의 초등학교에 악기를 지원하고 학생들을 교육시킨다. 이런 활동을 위해서는 어느 분야를 막론하고 자원과 전문성을 찾는 노력이 뒤따라야 한다.

시간과 비용의 소모가 크고 지원인력들의 몸값이 높은 시장영역도 있다. 오페라, 포뮬라1 레이싱, 의료 등의 분야에서는 고급 훈련과 막대한 재정 지원이 요구된다. 결론부터 말하면 브랜드의 진입, 정제, 향상에 이른바 '자원 필터링 프로세스'가 결정적인 작용을 한다. 이런 시장영역에서는 가족들이 브랜드 개발에 투자하기도 하는데, 특히 스포츠 분야에서 종종 볼 수 있다. 예컨대 인디 레이싱 리그에서 활약하는 다니카 패트릭(Danica Patrick)은 가족들이 막대한 재정적 지원에 힘입어 유럽에 진출했다. 신규 시장진출자들은 위험이 클수록 보상이 크다는 속설을 맹신하기보다 잘 따져보고 판단해야 한다.

적합한 역할 선정

브랜드 생성 프로세스의 두 번째 단계에서는 표적청중에게 내비칠 역할의 유형을 정한다. 오린 클랩(Orrin E. Klapp)은 《영웅, 악당, 바보(Heroes, Villains, and Fools)》라는 책에서 보편적으로 존재하는 인물들을 수백 가지 유형으로 분류했다. 그리고 그들을 다시 크게 세 범주, 즉 영웅(승리자, 자립정신, 매력적인 사람), 악당(반역자, 범죄자, 비열한 사람), 바보(무능력자, 허풍쟁이, 허약자)로 구분했다. 이런 유형들뿐 아니라 알게 모르게 감춰진 하위유형들 중 표적청중에게 가장 호소력을 발휘할 역할의 유형을 정한다.

재색을 겸비한 젊은 여성이 배우의 길을 택했는데, '매혹적인 여인'이나 '청순한 소녀'의 이미지를 충분히 꾸밀 수 있다고 가정해보자. 이

때 브랜드 개발자는 두 역할 중 그녀에게 어울리는 캐릭터를 선택하고 그에 맞는 소재를 준비할 것이다. '매혹적인 여인'이나 '청순한 소녀'는 모두 사회적 인물 유형이다. 사실 이 두 유형은 '전형적 인물'로서 우리의 무의식 속에 표상으로 존재한다. 이처럼 우리 무의식에 존재하는 전형적 인물 유형은 이상적 요건을 갖춘 사람을 직접 만나면서 구체화되기도 한다. 청중은 대개 신인 배우를 보고 전형적 인물을 떠올리는데, 전형적 인물이 의식적으로 전형성을 드러내든 그렇지 않든 전형적 인물 유형을 실존 인물에 투영하는 것이다.

먼로는 23세에 에이전시 부사장 조니 하이드(Jonny Hyde)가 요청한 대로 코와 턱, 이마선을 고치는 등 외모와 외적 태도에 의식적인 변화를 줌으로써 '사랑의 여신'으로 거듭났다. 하이드가 먼로를 아무리 사랑했더라도 그녀가 스타가 되기 위해서는 본래 모습을 조금 바꿔야 한다는 사실만큼은 부정하지 않았던 것이다.

신인 배우라면 먼로를 쏙 빼닮기 어렵다고 판단하거나 처음부터 과거의 스타에게 관심을 두지 않을지 모른다. 신인 배우들은 대개 이런 미묘한 차이를 직관적으로 인지한다.

'여신'이라는 전형적 인물 유형도 진화를 거듭했다. 사람들의 의식 수준이 높아지고 양성평등이 이루어지면서 여신의 별명을 얻는 배우들이 파격적이고 과감한 모습을 드러내고 있다. 제니퍼 로페즈와 안젤리나 졸리 또한 '여신'의 전형이라 할 수 있지만, 먼로와는 완전히 다른 외적 태도를 보인다. 오늘날 '사랑의 여신'이라 불리는 여배우들은 '머리가 나쁜 금발미인'에서 탈피하여 적극적이고 자주적이며 다재다능한 모습을 선보인다.

어느 분야든지 신인들이 역할 유형을 선택하거나 전형적 인물을 따라하는 모습을 흔히 볼 수 있다. 재선을 노리는 국회의원이라면 여러 가지 인물 유형 가운데 개혁가, 정치적 부정의 희생자, 다크호스(의외의 경쟁상대), '분노한 미국인(angry American)', 이상주의자 등의 유형들 중 하나를 선택할 것이다. 즉 어떤 인물 유형이 지지층을 확대해줄지, 이미지 변신이 용이할지 고려할 것이다.

상원의원 출신 빌 브래들리(Bill Bradley)와 존 글랜(John Glenn)은 공통적으로 정치에 입문하기 전의 이미지가 강했지만, 인물 유형을 선택하는 부분에서 차이를 드러냈다. 브래들리는 상원의원에 당선된 후 과거 프로농구 선수의 이미지가 부각되는 데 부담을 느꼈다. 이에 브래들리는 농구선수 시절의 얘기를 일절 꺼내지 않고 불철주야 노력하는 국회의원 이미지를 강화해나갔다. 아울러 전문적인 사안을 거론하는 전략으로 전문성을 드러낸다는 점도 부각시켰다. 역설적이지만 브래들리의 경우 농구 스타의 명성 덕에 정계에 입문할 기회를 얻었다. 그게 아니었다면 상원의원에 당선되지도 않았을 것이다. 그럼에도 그는 자신의 이미지를 정립하는 일에 농구선수가 아닌 학식이 풍부한 전문가 이미지를 의도적으로 강조했다.

반면 존 글랜은 과거의 우주비행사 이미지에서 탈피하지 못했다. 그는 우주비행사들의 이야기를 그린 영화 〈필사의 도전(The Right Stuff)〉이 개봉되기만을 기다렸다가 대통령 출마선언을 했다. 이를 두고 경쟁후보의 선거참모가 이런 말을 남겼다.

"그 영화가 개봉되기를 기다리고 있습니다. 존 글랜은 스스로를 E. T로 선전하고 싶은가 봅니다."

아니나 다를까 영화가 전달하는 혼란스러운 메시지가 대통령을 열망하는 글랜의 이미지를 가리는 꼴이 되었다.

간혹, 인물 유형에 지나치게 몰입하다가 기존 이미지에서 탈피하지 못하는 일도 있다. 예컨대 NFL(미국 프로풋볼리그)의 괴짜 랜디 모스(Randy Moss)는 악동 이미지에서 벗어나는 데 상당히 애를 먹었다. 패리스 힐튼 또한 사업가로 뛰어난 수완을 발휘하면서도 악녀 이미지에서 쉽사리 벗어나지 못하고 있다. 반대로, 인물 유형을 애써 선택하지 않아도 문제가 생긴다. 인상적인 이미지를 구축하지 못하면, 결국 인지도를 높일 기회가 줄어든다. 분야를 막론하고 신인들은 양극의 중간에서 신중한 판단을 내려야 한다.

이미지 변신, 개성 개발

인물 유형을 선정했다면 브랜드 생성의 세 번째 단계로 '터프가이' 같은 사업가라든지 '이웃집 누나' 같은 가수라든지 인물 유형을 더욱 세련되고 신뢰할 만한 개성으로 채워야 한다. '터프가이'는 추상적 개념에 불과하므로 거기에 살을 붙이고 온전하게 만들어서 옷을 입혀야 한다. '터프가이' 캐릭터가 수없이 많지만 콜린 파렐(Colin Farrell)과 빈 디젤(Vin Diesel) 간에, 또 전 AIG 회장 모리스 '행크' 그린버그(Maurice 'Hank' Greenberg)와 전 디즈니 회장 마이클 아이스너(Michael Eisner) 간 개성의 차이는 뚜렷하다. 영화학 교수 리처드 다이어(Richard Dyer)는 자신의 저서에서 캐릭터를 호소력 있고 신뢰감 있게 하는 여덟 가지 특성을 제시했다.

호소력 있는 캐릭터의 여덟 가지 특성

1. **개별성**
   캐릭터는 다른 캐릭터와 구별되는 독특한 개성이 있어야 한다.

2. **흥미**
   캐릭터의 구체적인 특성이 관심을 유발시켜야 한다.

3. **자율성**
   예견 가능해서는 안 된다. 종잡을 수 없어야 한다.

4. **다차원**
   차원적이어서는 안 되고, 처음 봐서는 파악하기 어려울 정도로 많은 특성을 가지는 편이 낫다

5. **내면성**
   언어뿐 아니라 행동을 통해 생각과 태도가 표현되어야 한다. 사람들은 캐릭터가 직접 설명하지 않아도 이런 캐릭터의 태도를 이해할 수 있어야 한다.

6. **동기**
   습관적이거나 되는 대로 행동하기보다 동기에 따라 움직여야 한다.

7. **별개의 정체성**
   캐릭터가 실재처럼 보여야 하는 것은 물론 캐릭터와 실재 자아가 분리되어야 한다.

8. **일관성**
   시간이 지남에 따라 다수의 특성을 가지고 개선된다 해도 전반적으로 일관성을 유지해야 한다.

이런 특성들은 캐릭터의 개성이 부가가치로 전환되도록 만든다. 이 원칙의 근저에는 인지도를 높이기 위해 이름 있는 사람들과 수없이 경쟁해야 한다는 의미가 깔려 있다. 예컨대 명망 있는 집안 출신에 유명

한 경영대학원을 나오고 수완이 탁월할 뿐 아니라 누구나 꿈꾸는 삶을 사는 CEO가 수없이 많다. 그런데 이들은 저마다 인지도를 높이고자 애쓰고 있다. 따라서 다이어의 여덟 가지 특성은 수많은 유명인들에게서 볼 수 있는 모습이기 때문에 경쟁우위로 이어질 만큼 중요한 차별성은 아니지만, 제대로 개발하고 원활하게 효과를 내는 한 쉽게 모방하지 못하는 독특한 개성을 드러내게 한다.

브랜드 생성 프로세스는 주어진 역할 내에서 특정한 인물 유형을 선택하고 독특한 개성을 부여하여 차별화되고 기억에 오래 남는 이미지를 만드는 과정이다. 그 과정에 다이어의 여덟 가지 특성이 핵심 기능을 한다.

브랜드 재생

1970년대를 풍미한 팝스타이자 영화배우 도니 오즈몬드(Donny Osmond)가 걸어온 길을 되돌아보면 '브랜드 재생(brand regeneration)'이란 개념이 쉽게 이해된다. 오즈몬드는 그룹 오즈몬드에서 활동하다가 1973년부터 여동생과 듀엣으로 활동했다. 이후 1976년에 인기 버라이어티쇼 도니와 마리(Donny and Maire)를 동생과 함께 진행했다. 이후 솔로로 활동하다가 1990년에 팝의 흐름이 바뀌면서 예상치 못한 장애에 직면하자 팬들을 적극적으로 찾아다니는 가수로 변신을 꾀했다. 그는 명성을 유지하기 위해 어떤 방법으로 이미지 변신을 도모했을까?

오즈몬드는 여전히 폭넓은 인지도를 유지했고 대중의 관심을 충분히 이끌어낼 수 있었기에 먼저 노래와 춤, 연기 실력을 겸비한 브로드웨이 연기자로 거듭나기로 했다. 과거 오즈몬드의 쇼를 사랑한 팬들과 그의 음악을 사랑하는 팬들 사이에 유사점이 많았기 때문에 유리한 마케팅 기회를 얻었다. 그 다음 오즈몬드는 연기자들이 연기영역을 바꾸는 전략을 활용하여 시청률이 높은 시트콤 분야에 진출했다. 이 외에 케이블 TV 토크쇼 진행자나 상품의 광고모델로 진출했더라도 괜찮았을 것이다. 어느 분야에나 적용되는 얘기지만, 오즈몬드는 신뢰감을 주고 호소력을 발휘하는 브랜드로 거듭나기 위해 이미지 변신의 수준과 필요 자본까지 고려하여 새로운 선택을 했을 것이다. 결국 그는 꽤 성공적으로 브로드웨이에 진출했고, 뮤지컬에서 주연을 맡는 등 새 영역을 개척했다.

기존 브랜드의 인기가 떨어지면 새로운 브랜드 콘셉트를 개발해야 하듯, 캐릭터가 고착화되는 경우에도 '브랜드 재생'을 해야 한다. 마크 해밀(Mark Hamil)은 역사상 최고의 영화〈스타워즈 에피소드 시리즈〉에서 영화배우로서 첫 발을 내디뎠지만, 잇따른〈스타워즈〉시리즈에 출연하면서 그가 맡은 역할에 이미지가 고착화되었다. 이에 새로운 브랜드의 콘셉트는 사람들 머릿속에 각인된 이미지를 없애는 일이 관건이었다. 그래서 간간이 방송에 모습을 드러내거나 목소리 더빙을 맡고, 영화감독으로 변신하여 데뷔작을 내놨지만 그는 전혀 새로운 브랜드로 거듭나지 못했다.

인지도를 높이려면 브랜드 생성뿐 아니라 브랜드 재생의 과정도 반드시 밟아야 한다. 이런 측면에서 로널드 레이건은 평범한 이웃집 아저씨에서 GE의 대변인으로, 미국의 대통령까지 여러 역할을 소화해냈다. 이렇듯 브랜드 재생 프로세스에 참여하는 사람들은 편견이나 통념에 사로잡히거나 초기에 정립한 브랜드 아이덴티티를 지나치게 고수해서는 안 된다.

∴ 브랜드 시험

성공할 가능성이 높은 브랜드를 선정했다면, 다음 단계는 브랜드 시험(Brand Testing)이다. 이 과정에서 브랜드의 실현가능성을 평가한다. 브랜드 시험은 다음 질문을 던짐으로써 시작된다.

- 스타 지망생의 이미지가 설득력을 가질 수 있을까?
- 많은 대중을 충분히 매료시킬 수 있을까?
- 브랜드가 신뢰와 확신을 줄 수 있을까?

이런 질문으로 시작하여 작은 부분부터 브랜드를 시험, 개선해나가면 성공적인 퍼스널 브랜드가 탄생한다. 미드 스테이트 오토 옥션 회장 로버트 톰슨(Robert 'Bob' Thompson)의 이야기를 소개한다. 미드 스테이트 오토 옥션은 미네폴리스에서 100킬로미터, 노스다코타 주 파고에서 50킬로미터 떨어진 도시 외곽에 있다. 회사가 지역적으로 고립되어 있어도 톰슨은 미국 중서부에서 자동차를 사고팔려는 중개인들이 모여드는 곳으로 회사를 브랜딩했다. 톰슨은 우선 미네폴리스에서 자신의 영업력을 시험했는데, 집집마다 돌아다니며 취사도구를 팔면서 현장에서 조작법을 보여주고 고객의 반응을 조사했다. 처음에 그는 개방적이고 신뢰감 넘치며 박식한 '페르소나'를 기반으로 대면 판매기법을 강화하기 시작했다. 이후 뉴욕 밀스로 돌아와 철로 부근에 소규모 중고차 매장을 열었다. 이런 기반을 바탕으로 그는 자동차 경매를 시작했다. 싹싹하고 근면한 영업 인력을 고용하는 한편 친절하고 편한 매장 분위기를 조성했으며, 합리적인 가격으로 자동차수리와 중개인들을 위한 세부 업무 등 특별한 서비스를 제공했다. 인근에 호텔과 식당 등 편의시설이 턱없이 부족했지만, 중개인들이 경매에 참여하기 위해 속속 몰려들었다. 현장 반응 조사와 지속적인 시험으로 브랜드를 확실하게 정립한 덕분이었다. 중개인들은 자동차를 사고팔았을 뿐 아니라 톰슨으로부터 경험을 산 셈이었다. 다시 말해 브랜드를 구축, 시험, 실현함으로써 브랜드의 일관성을 유지하는 법을 배운 것이다.

톰슨은 누구도 눈길조차 주지 않았던 시장의 가치를 발견했다. 톰슨은 중서부를 넘어 전국 자동차 경매시장을 재편할 수 있다는 사업적 통찰을 발휘했다. 또 중개인들이 브랜드의 신뢰성과 시장 순응성에 이끌렸기에 톰슨의 '캐릭터'가 급부상할 수 있었다.

일반적으로 시장영역에 퍼진 기대와 통념에 따라 브랜드 시험에 따르는 비용 소모와 위험 수준이 달라진다. 주로 공인들이 활동하는 영역에서는 비용과 위험부담 없이 무대에 올라 브랜드의 실현가능성과 매력도를 시험할 수 있다. 영화 〈피아노(Piano)〉에서 홀리 헌터(Holly Hunter)의 반항적인 딸을 연기하여 극찬을 받은 안나 파킨(Anna Paquin)은 브로드웨이에 진출함으로써 이미지 변신을 시도했다. 그녀는 먼저 브로드웨이 밖에 있는 소규모 극장에서 연극으로 모습을 드러냄으로써 비교적 안정적이고 조용히 새로운 역할을 시험했다. 이후 그녀는 차츰 인지도 있는 무대를 찾았고, 브로드웨이로 돌아가 당시 최고라 불리던 존 하우스먼 극장에서 〈룰렛(Roulette)〉 공연에 참여했다.

시험 무대는 수없이 많다. 전직 풋볼 선수이자 '냉장고'라는 별명이 붙은 거구의 윌리엄 페리(William Perry)가 데이비드 레터맨(David Letterman)과 조니 카슨(Jonny Carson)이 진행하는 두 쇼에 출연하기 전, 지역 라디오와 TV쇼에 출연하여 '언론에 소개된 저명인사'라는 퍼스널 브랜드를 시험했다. 이처럼 시험 무대에 오르는 것은 복잡한 문제가 아니다. 페리의 브랜드는 사나운 풋볼팀 시카고베어스에서 활약하는, 다람쥐처럼 날쌔면서도 친절한 거인으로 정립되었다.

원칙을 말하자면 브랜드 시험은 차츰차츰 노출의 수위를 높여가는 것이다. 예컨대 새로운 공약을 제시하거나 이미지 변신을 시도하는 정치인이라면, 먼저 언론이 취재하지 않을 정도의 소규모 집회를 열어서 대중 반응을 살핀다. 만화와 장난감 제작자이자 만화 〈스폰(Spawn)〉으로 유명한 토드 맥퍼레인(Todd McFarlane)도 고등학생 시절 만화를 그려 여기저기의 반응을 살피는 방식으로 브랜드를 시험했다. 당시에 그린 만화 주인공들은 이후 모두 '영웅'이 되었다. 대학 졸업 후 프로 야구선수의 꿈을 접은 맥퍼레인은 만화 제작자에게 자신의 작품을 제출하고 반응을 살폈는데, 무려 700번이나 거절당했다.

이후 맥퍼레인은 자신만의 소재와 독자적 화풍으로 작품 세계를 만들어나간 것은 물론, 자신의 브랜드를 다듬어 1차 시험해보고 차츰 폭넓은 시장으로 확산했다. 마침내 맥퍼레인은 만화 〈스폰〉을 출판하여 2,400만 달러라는 전례 없는 판매고를 올렸으며 이것이 영화와 HBO

시리즈로도 제작되었다. 뿐만 아니라 120개 나라 15개 언어로 번역되어 1억 부 이상 팔렸다. 맥퍼레인은 브랜드 시험을 멈추지 않았기에 자신의 혁신적 화풍에 대한 지지를 이끌어낼 수 있었다. 맥퍼레인을 보면, '행운'이라는 것도 분명히 효과적인 시험 무대를 통한 체계적 '리포지셔닝'[1]에서 나온다는 사실을 알 수 있다.

'포커스 그룹'을 활용한 브랜드 시험도 효과가 있다. 포커스 그룹은 여섯에서 열 명 정도가 탁자에 둘러앉아 상품, 사람, 시장, 조직 등 어떤 사안을 두고 의견이나 느낌 등을 서로 나누는 방식이다. 주로 표적시장이나 지역적 특성 등과 관련 있는 사람들을 참여자로 선발한다. 사회자가 회의를 진행하고 회의내용을 기록해두었다가 분석한다. 보통 정치와 엔터테인먼트 분야에서 유권자들이나 대중의 반응을 살피기 위해 포커스 그룹을 활용하는데, 고안한 상품이나 이미지에 대한 반응을 평가하고 실행 여부를 결정한다.

그 밖에도 여러 가지 방법을 통해 브랜드의 구성요소를 시험해볼 수 있다. 가령 스타 지망생은 '오피니언 리더들'[2]이 참석한 농구경기, 자선행사, 연찬회, 컨퍼런스 등에 얼굴을 내밀어봐도 좋을 것이다. 브랜드 기획자들은 이처럼 '관리되는 행사들'을 일종의 모의시험으로 활용한다. 가족이나 친구들 또한 브랜드에 대한 평가자 역할을 한다. 또 소규모 사업은 주로 현지에서 비공식적으로 브랜드를 시험할 수 있다. 가령 개인병원을 운영하는 치과의사가 지역의 신문에 광고를 내어 자신

---

1 repositioning, 소비자의 욕구 및 시장환경에 따라 기존 브랜드의 포지션을 분석하고 새롭게 조정하는 활동.
2 다른 사람들의 사고방식과 행동에 강력한 영향을 주는 사람.

의 독특한 개성과 시술능력을 선전하는 식이다. 또는 영세사업자라면 무역박람회에 참여하여 수많은 사람들을 만나고 연락처를 교환하며 거래를 체결하는 식으로 개성 위주의 브랜드 구성요소들을 시험해도 좋다. 이처럼 브랜드 시험은 다양한 방식을 사용할 수 있다.

브랜드 시험이라고 해서 대대적인 광고를 벌이거나 미디어에 노출할 필요는 없다. 보통 신규 시장진출자들은 인지도를 폭넓게 확대하고자 하는데, 브랜드를 시험하는 경우 노출이 제한되는 마케팅 도구를 사용하는 것이 안전하다. 우선 표적청중과 목표를 고려해야겠지만 〈뉴요커(New Yorker)〉 등의 정평 있는 미디어는 브랜드를 지나치게 노출할 우려가 있어서 브랜드 시험의 마케팅 도구로 적합하지 않다. 따라서 브랜드 시험은 인지도와 비용이 저렴한 매체를 이용해야 한다. 그래야만 브랜드가 호응을 얻지 못하더라도 별다른 문제가 생기지 않는다.

감옥에서 시험한 퍼스널 브랜드

퍼스널 브랜드는 브랜드 시험을 통해 진화를 거듭하고 탁월한 브랜드로 성장한다. 어느 날 '가사의 여왕'으로 급부상한 마사 스튜어트(Martha Stewart)는 1970년대에 '케이터링 사업(catering service)'을 시작으로 그녀의 브랜드를 시험했고, 10년 만에 주식중개인에서 100만 달러 규모의 사업체 회장으로 거듭났다. 스튜어트가 첫 요리책 〈엔터테이닝(Entertaining)〉을 출간한 이래 그녀가 내놓는 책들은 베스트셀러가 되었다. 이후 타임워너와 파트너십을 맺고 〈마사 슈튜어트 리빙(Martha Stewart Living)〉이라는 제목으로 책을 출간하고 TV쇼를 진행함으로써 마사는 '멀티미디어의 여왕'으로 완전히 변신했다. 그때까지 마샤 스튜어트의 퍼스널 브랜드는 진취적이고 혁신적인 여성 사업가였다. 그러나 주식 내부자거래 혐의를 받으면서 그녀의 브랜드에 어둠이 드리워졌다. 그러나 아무리 그녀에게 비난의 화살이 쏟아진다 해도 그녀가 20세기 말에 사업가로 엄청난 성공을 거둔 것만큼은 분명해 보인다.

스튜어트가 주식 내부자거래 혐의로 징역형을 선고받았을 때 모든 게 끝난 것처럼 보였다. 그러나 감옥은 여러 모로 브랜드를 시험하는 무대였다. 스튜어트는 화려한 삶을 뒤로 하고 본 모습으로 돌아온 신데렐라마냥 좁디좁고 열악한 공간에 갇혔다. 하지만 스튜어트는 감옥에서 지내는 동안 새로운 브랜드를 시험하는 기간으로 삼았다. 즉 꿋꿋이 5개월을 보내면서 여전히 창의적이고 혁신적이며 한층 돋보이는 브랜드로 이미지 변신을 꾀했다. 그녀가 감옥에 있는 동안 그녀의 순자산이 증가되었다는 소식, 도널드 트럼프 식의 쇼를 준비 중이라는 소식을 수없이 전했다. 스튜어트가 감옥에서 나오자마자 스튜어트의 홍보담당자들은 그녀가 감옥에서 솔선수범하고 그녀에게서 라이프스타일 노하우를 배운 동료 죄수들이 그녀를 잘 따랐다는 내용의 스토리를 퍼뜨렸다. 스튜어트의 '지원팀'은 스튜어트의 수감 생활이 그녀의 개성을 전환하고, 새로운 브랜드 콘셉트를 시험하고, 퍼스널 브랜드를 재생하는 기간이었다고 홍보했다. 이로써 스튜어트는 징역형을 살면서도 그런 경험을 새로운 브랜드 포지셔닝에 통합했다. 이처럼 이미지 변신에 성공한 스튜어트는 더욱 품위 있는 모습의 브랜드 아이덴티티를 확대하여 제2의 오프라 윈프리로 거듭날 수 있는 발판 마련에 성공했다.

∴ 브랜드 세련화

실현가능한 브랜드를 시험했다면, 다음은 브랜드 세련화(brand refinement) 단계를 거쳐야 한다. '세련되다' 는 말 속에는 품위 있고 의식 수준이 뛰어나다는 느낌을 전달하는데, 브랜딩의 세계에서 '세련화' 란 시장영역의 기대를 충족하는 방향으로 이미지 변신을 한다는 뜻이 담겨 있다. 브랜드 세련화 과정은 대부분 코치, 트레이너, 컨설턴트, 의상담당, 헤어스타일리스트 등이 이끈다. 이런 측면에서 다양한 분야에서 전문화된 컨설팅에 대한 수요가 증가하고 있어서 컨설팅 분야가 급성장 중이다. 브랜드 세련화는 한때 운 좋은 사람들의 타고난 자질로 통했던 세부 역량을 새롭게 갈고 닦는다는 데에 원칙이 있다. 미디어 컨설턴트 잭 힐튼(Jack Hilton)의 말은 이에 대한 명쾌한 답이 될 수도 있다.

"나는 누구나 TV에 나가면 더욱 친근하고 마음에 드는 존재로 만들 수 있다."

코칭

어느 분야든지 인지도를 높이기 위해 전문가의 도움을 받을 수 있다.

이른바 코칭을 담당하는 전문가들은 걸음걸이, 말투, 앉는 자세, 토론, 반론, 설교, 등 시장에서 요구하는 모든 것을 가르친다. 브랜드 세련화는 기본적으로 다음 일곱 가지 브랜드 구성요소들을 개선함으로써 시작된다.

- 상징과 상징물
- 이름
- 외모
- 목소리
- 몸짓
- 품행
- 이야깃거리

이 구성요소들은 브랜드 아이덴티티의 핵심을 이루며 브랜드를 차별화시킬뿐 아니라 브랜드 실현에 결정적인 기능을 한다.

- 상징과 상징물

'상징'은 브랜드의 개성과 속성을 전달하는 기능을 한다. 이와 관련해서 사회학자 어빙 고프먼(Erving Goffman)은 상징을 통해 불분명하거나 흐릿하게 보일 수 있는 실제 사실을 극적으로 조명하고 표현할 수 있다고 밝혔다. 상징화되는 유형의 사물은 청중에게 브랜드의 개성을 전달하는 매개체가 되고, 이런 상징을 통해 신규 시장진출자들은 시장에서 요구하는 태도를 보여줄 수 있다. 만약 '터프가이' 행세를 하고자 한다면, 터프가이의 개성을 드러내고 차별화된 속성이 표출되는 상징물을 갖춰야 한다. 몸짓, 얼굴표정, 걸음걸이와 같은 외적 태도뿐 아니라 옷, 선글라스, 보석류 등의 액세서리가 모두 상징이 된다. 터프가이라고 하면 흔히 검은 가죽점퍼를 입고 말을 툭툭 내뱉으며 거들먹거리는 모습이 연상된다. 전 불가리아 총리 보이코 보리소프(Boiko Borissov)는 우람한 체구에 짧은 머리를 하고 가죽점퍼를 즐겨 입었는데, 영락없는 터프가이처럼 말하고 행동했다. 보리소프는 이런 상징을 통해 '보안관'과 '장군'의 이미지를 강화했다. 특히 단체들은 강력한 인상을 심어주는 상징을 종종 활용한다. 전통을 자랑하는 퍼듀 대학의 행진악대는 긴 금발머리에 황금색으로 빛나는 옷과 부츠를 신은 '골든 걸(Golden Girl)'이 지휘한다. '골든 걸'이 걸친 '상징물들'은 사람들의 머릿속에 깊이 각인된다. '골든 걸'은 어디서나 퍼듀 대학을 대표하는 상징으로 통한다.

신규 시장진출자들은 상징이나 상징물로 개성을 드러낼 수 있다. 때에 따라서 상징이 다양한 의미를 드러내기도 한다. 가령 가죽점퍼는 터프가이라는 이미지를 드러내면서도 메트로섹슈얼 영화배우나 패션에 관심이 많은 사람의 상징물로 통하기도 한다. 가죽점퍼를 입고 한쪽 귀에만 다이아몬드 귀걸이를 걸친 남자라면 터프가이 이미지를 풍길 수도 있는 반면에 금전적 성공과 세속적 이미지도 동시에 풍길 수 있다. 또 주먹을 불끈 쥐는 모습은 도전이나 반항의 뜻으로 이해되지만, 고통을 참는 모습을 나타내기도 한다.

신규 시장진출자들은 진부하고 틀에 박힌 상징이 남을 따라한다는 인상만 남길 뿐 사람들 기억에는 남지 않는다는 사실을 알아야 한다.

-이름

이름도 자신의 많은 것을 전달하는 상징이다. 이런 이유 때문에, 즉 인지도를 높이기 위해 이름을 바꾸는 사람이 늘고 있다. 엔터테인먼트 분야에서 개명은 마치 관례로 통한다. 그러나 비즈니스와 정치 분야에서는 개명이 혜택보다 손해로 이어질 수도 있다. 전 상원의원 게리 하트(Gary Hart)는 1988년 대통령 선거에서 하트팬스(Hartpence)라는 이름을 하트로 바꾼 사실이 들통나 지지도가 급락했다. 평론가들이 저마다 하트가 대통령이 되기에는 신뢰가 부족하다고 떠들어댔기 때문이다. 비즈니스 분야에서는 사실 개명이 흔치 않지만, 별명이 인지도를 유지하는 데 꽤 효과가 있다. 잭 웰치가 '중성자탄 잭(Neutron Jack)'이라 불리고, 사우스 캐롤라이나에서 활동하는 변호사 빌 그린(Bill Green)이 '막강한 실력자(The Heavy Hitter)'라 불리는 것을 보면 알 수 있다.

개명이 이미지 전환에 효과가 있다면 개성과 조화를 이룬 이름을 찾아야 한다. '프란'이 터프가이 이미지에 걸맞지 않고 '젤다 딘켈하이머'가 매혹적인 여성 이미지에 걸맞지 않듯이, 기존 이름이나 개명한 이름이 이미지와 조합을 잘 이루는지 살펴야 한다. 반면에 존 스미스나 제인 아담스와 같은 중성적 이름은 효과를 내기도 하지만 결코 이미지를 강화하거나 차별성을 부각해주지 못한다.

때때로 이름은 극적 효과를 나타내기도 한다. 영화감독이자 서스펜스의 대가 M. 나이트 샤말란(M. Night Shyamalan)에게 이보다 어울리는 이름이 있을까? 본명이 마노즈 넬리야트 샤말란(Manoj Nelliyattu Shyamalan)인 그는 인도에서 태어났고, 〈식스 센스(The Sixth Sense)〉, 〈디 아더스(The Others)〉, 〈빌리지(The Village)〉 등 서스펜스 스릴러 영화로 유명한 작가이자 감독, 제작자다. 그의 성 '샤말란'은 미스테리한 분위기를 풍기며 그가 활동하는 영역과 완벽하게 맞아떨어진다. 여기에 더해 그는 중간 이름을 서스펜스 풍의 'Night'로 바꾸었다. 개명을 통해 샤말란의 브랜드 아이덴티티가 '리포지셔닝'된 것은 물론 서스펜스의 대가라는 이미지가 굳어진 셈이다.

세계적 마술사 크리스 앤젤(Chris Angel)의 본명, 크리스토프 사란타코스(Christopher Sarantakos)는 작가에게나 어울릴 만한 이름이다. 대중매체의 스포트라이트를 한몸에 받고 싶었던 앤젤은 발음하기 쉽고 자신의 영역에 어울리는 이름으로 개명했다.

다음은 이름만 들어도 알 만한 유명인들의 본명과 개명이다. 만약 우리가 이들의 본명만 알았다면 과연 몇이나 기억할 수 있을까?

원래 이름	바꾼 이름
찰스 루트위지 도드슨 Charles Lutwidge Dodson	루이스 캐럴 Lewis Carroll
토마스 크루즈 매파더 4세 Thomas Cruise Mapother IV	톰 크루즈 Tom Cruise
윌리엄 보드 William Board	빌리 아이돌 Billy Idol
로렌스 하비 자이거 Lawrence Harvey Zeiger	래리 킹 Larry King
수잔 애비게일 토멀린 Susan Abigail Tomalin	수잔 서랜든 Susan Sarandon
고든 매튜 서머 Gordon Matthew Summer	스팅 Sting
제프 앳킨스 Jeff Atkins)	자룰 Ja Rule
앨리샤 어젤로 쿡 Alicia Augello Cook	앨리샤 키스 Alicia Keys
조안 산드라 몰린스키 Joan Sandra Molinsky	조안 리버스 Joan Rivers

알렌 코닉스버그 Allen Konigsberg	우디 알렌 Woody Allen
베트 조안 퍼스크 Bette Joan Perske	로렌 바콜 Lauren Bacall
까트린느 돌레악 Catherine Dorleac	까트린느 드뇌브 Catherine Deneuve
멜빈 카민스키 Melvin Kaminsky	멜 브룩스 Mel Brooks
마가릿 하이라 Margaret Hyra	맥 라이언 Meg Ryan
버나드 슈왈츠 Bernard Schwartz	토니 커티스 Tony Curtis
헨리 도이첸도르프 2세 Henry John Deutschendorf Jr.	존 덴버 John Denver
트루먼 스트렉퍼스 퍼슨 Truman Streckfus Persons	트루먼 카포트 Truman Capote
다비드 그루엔 David Gruen	다비드 벤구리온 David Ben-Gurion
로버트 짐머맨 Robert Zimmerman	밥 딜런 Bob Dylan
앙리 도나 마티유 Henri Donat Mathieu	이브 생 로랑 Yves St. Laurent
래리 존슨 Larry Johnson	모리스 스타 Maurice Starr
리차드 스타키 Richard Starkey	링고 스타 Ringo Starr

　신규 시장진출자들은 시장의 기대를 충족시키고자 이름을 바꾸기도 하지만 출신지나 인종을 숨기기 위해 또는 단지 부르기 편하도록 이름을 바꾸기도 한다. 개성을 살리거나 신뢰를 얻으려고 외국 이름으로 바꾸는 일도 있다. 한편 인종색을 드러내는 이름이 특정 분야에서 무게감 있게 느껴지기도 하는데, 1930년대 유럽에서 인기를 끈 영국인 발레리나 앨리스 마크(Alice Mark)가 러시아 무용수처럼 보이려고 이름을 앨리샤 마르코바(Alicia Markova)로 바꾼 것을 보면 쉽게 이해가 된다. 신인

바이올리니스트라면 이름을 호로비츠, 펄만, 오이스트라흐처럼 러시아나 동부유럽 풍 이름으로 바꾸면 더 널리 알려질 수 있을지도 모른다.

다른 사람의 이름과 겹치지 않도록 되도록이면 새로운 이름을 찾아야 하는데, 마치 기업이 브랜드 네임을 새로 정하는 것과 똑같은 이치다. 따라서 어떤 아이스크림 회사가 새로운 브랜드 네임으로 '하겐다즈'를 고려한다면, 어떤 언어로 이름을 짓든 무의미한 일이 될 것이다.

새로이 정한 이름은 다음 몇 가지 기준에 따라 평가한다.

- 기억 용이성(memorability)

    이름은 기억하고 쉽고 발음도 쉬워야 한다. 대체로 짧은 이름일수록 기억하기 쉽다. 타이거 우즈, 코트니 러브, 앨리샤 키스, 미셸 브랜치 등이 좋은 예다.

- 적합성(Suitability)

    이름은 인물의 개성을 살리는 기능을 해야 한다. 디자이너 오스카 드 라 렌타(Oscar de la Renta)나 하버드 대학 교수 헨리 루이스 게이츠(Henry Louis Gates Jr.)처럼 운 좋게 본명이 직업과 잘 어울리는 경우도 종종 있다. 영화배우 마크 빈센트(Mark Vincent)가 빈 디젤(Vin Diesel)로 이름을 바꿨듯이, 많은 이들이 적합성을 획득하고 시장에서 요구하는 이미지를 완성하기 위해 이름을 바꾼다.

- 구별성(Distinctiveness)

    본명이 '김주연'인 프로 골프선수 버디 김은 리그에서 같은 성을 가진 여섯 선수와 차별화하기 위해 지금의 이름을 선택했다. 버디 김은 자신의 별명을 이름으로 정착시킨 셈이다.

이론으로 따져보면, 위의 기준을 충족하는 이름은 한두 개밖에 없어야 한다. 그렇지 않다면 아마 원래 이름이 이 기준을 충족할 것이다. 인종색이 드러나는 이름의 효과를 톡톡히 보는 이들도 있다. 영화배우 모니카 벨루치(Monica Belucci), 영화배우 팜케 얀센(Famke Janssen), 가수 넬리 퍼타도(Nelly Furtado) 등이 대표적이다. 스포츠 분야에서는 선수들이 본명을 고수하는 경향이 강하지만 선수들에 따라 별명을 얻거나 만들어서 기억의 용이성을 높인다. 이런 측면에서 베이비 루스(Babe Ruth)가 베이비(Babe)로, 테니스 스타 가브리엘라 사바티니(Gabriella Sabatini)가 가비(Gabi)로, 축구스타 호나우두 루이스 나자리우 데 리마(Ronaldo Luiz Nazario de Lima)가 호나우도(Ronaldo)로, 에드손 아란테스 도 나시멘토(Edson Arantes do Nascimento)가 펠레(Pele)로 불렸다. 신규 시장진출자들은 개명을 통해 개성을 상징화할 수 있는지, 개명이 시장의 요구에 합당한지 심사숙고해야 한다.

- 외모

얼굴, 헤어스타일, 키, 옷차림 등에서 인상을 느끼듯 인물의 개성은 대부분 겉모습으로 나타난다. 신규 시장진출자라면 외모도 경쟁력으로 통하는 시장의 흐름을 읽어내야 한다. 비즈니스 리더나 외과의사, 또는 패션디자이너에게 청중은 과연 무엇을 기대할까? 각 산업 분야에는 고유의 관례가 퍼져 있고 그 관례에서 벗어날 수 있는 허용의 범위가 있다. 그래서 활기찬 조직풍토를 조성할 책임이 있는 비즈니스 리더라면 외모를 젊고 날씬하게 꾸미고 헤어스타일도 유행에 맞게 바꿀 필요가 있다. 직원들이 훌륭한 성과를 내도록 이끌기 위해, 조직의 기강을 바로잡기 위해, 늘 정력적이고 활기찬 모습을 보여야 한다. 이처럼 비즈니스 리더가 외모를 바꾸면 조직의 이미지도 바뀌는 경향이 있다. 경쟁이 극심한 비즈니스 환경에서 비즈니스 리더의 외모도 핵심 경쟁력이 되고 있다.

외모를 가꾸는 기법은 대부분 과거 '할리우드 공장 시스템'에서 나왔다. 이 '시스템'을 구성한 패션디자이너, 메이크업 아티스트, 몸매관리 코치 등은 몸매를 돋보이게 하는 도구들은 말할 것도 없고, 립 글로스(입술 화장품), 헤어 스프레이, 세트로션(머리 세트용 화장수), 가발, 염색제, 콜드크림, 스킨 프레시너(skin freshner), 속눈썹 등 혁신적인 화장도구들을 활용하기 시작했다. 뿐만 아니라 할리우드에서는 배우들이 코를 세우고, 잇몸을 교정하고, 제모하는 등 배역에 걸맞게 외모를 가꾸었다.

오늘날에는 엔터테인먼트 분야뿐 아니라 여러 분야에서 외모가 경쟁력으로 통한다. 정치인들도 외모에 변화를 주기 시작했다. 물론 이미지 변신을 위해서다. 오스트레일리아 총리를 지낸 존 하워드(John Howard)는 총리직에 어울릴 만한 외모를 갖추어 2004년 재선에 나섰다. 두꺼운 안경을 쓰고 눈을 게슴츠레 뜬 샌님 같은 모습은 흔적도 없이 사라졌다. 나무랄 데 없이 세련된 분위기가 풍겼다. 외모에 전혀 신경 쓰지 않은 하워드의 라이벌 마크 레이섬(Mark Latham)은 하워드에게 참패했다.

성형외과 의술의 발달로 체형을 쉽게 교정할 수 있는 시대이지만, 아직 고칠 수 없는 부분이 있다. 영화배우 겸 영화감독 대니 드비토(Danny DeVito), 영화감독 로베르토 베니니(Roberto Benini), 영화배우

조나단 테일러 토마스(Jonathan Taylor Thomas) 세 사람은 단신이라는 결점을 역으로 활용해 장점으로 만들었다. 카메라의 각도를 조절하는 식으로 신체적 결점을 가리는 것도 좋은 방법이다. 유방확대, 보톡스 주입, 광대뼈 성형 등의 방법으로 외모를 바꾸면 사촌도 못 알아볼 수도 있다. 심하게 말해 중국에서 키 늘리기 수술이 유행하듯, 키처럼 고치기 불가능해보이는 신체적 약점도 갈수록 개선이 가능해지고 있다.

외모는 청중의 의식에 널리 자리 잡는다. 상추 잎으로 만든 비키니를 입고 '채식주의자가 되라'고 외치는 파멜라 앤더슨의 이미지에 보수적인 사람들은 큰 충격에 휩싸였다. 동물보호단체 PETA와 파멜라 앤더슨의 관능적 몸매가 합쳐지면서 쉽게 연상될 것 같지 않은 메시지가 탄생한 것이다. 메시지는 파멜라 앤더슨의 몸매를 갖고 싶다면 고기를 멀리하라는 뜻을 풍겼다. 이 채식 캠페인은 성공한 마케팅의 본보기라 할 수 있다. 다시 말해, 이 캠페인은 마케팅의 기본에 충실했는데, 시장을 조사하고(동물보호), 개발되지 않은 틈새시장을 찾고(채식), 예상치 못한 행동(그 유명한 파멜라 앤더슨이 옷을 벗어던지면서까지 동물보호 운동에 앞장서고)을 보이면서 대중을 기쁘게 만들고 자극했다.

그럼에도 옷을 입는 것 또한 여러 장점이 있다. 독특하고 재치 있는 복장은 브랜드 메시지를 전달하는 매개로 작용한다. 색깔, 모양, 소재, 재질 등 옷을 구성하는 요소들을 잘 조합하면 독특한 개성이 돋보인다. 예컨대 요리사들은 주로 하얀 제복을 입지만, 독특한 옷을 입는다면 개성 강한 주방장 이미지가 만들어질 수 있다. 이런 점에서 세계적인 스타 요리사 바비 플래이(Bobby Flay)는 반팔 티셔츠를 입고 등장해 평범한 남자의 이미지를 보여주었다.

일반적으로 문화적인 전통에 따라 옷을 갖추어 입지만 청중의 기대를 충족시키거나 전략적인 목적으로 이런 전통을 어길 필요도 있다. 예컨대 옷은 체격을 달리 보이게 만드는 데 효과적이다. 체구가 작은 CEO에게서 과연 권위가 느껴질까? 이미지 컨설턴트 제임스 그레이(James G. Gray)는 이렇게 말했다.

"체구가 작은 사람일수록 자신의 신체적 결함을 최대한 숨기고 체구를 크게 보이도록 하면서 권위 있는 인상을 풍겨야 한다. 또한 권위 있는 풍채를 키울 필요가 있다. 하얀 와이셔츠에 가는 줄무늬 양복과 같이 어두운 색 옷을 입으면 근엄한 인상을 풍긴다. 체구가 작은 사람에게는 색이 대비되는 옷이 잘 어울리는데, 작은 체격이 크게 보이는 효과가 있기 때문이다."

이와 동시에 사업가는 장소에 어울리는 옷을 골라 입어야 한다. 줄무늬 양복을 입고 야유회에 참석하는 CEO는 아마 직원들 입에 오르내릴 것이다. 그럼에도 복장의 일관성 또한 매우 중요하다. 초단타 매매의 귀재 짐 크레이머(Jim Cramer)는 일관된 복장을 하기로 유명하다. '빠른 정보와 끊임없는 거래'를 주창하는 크레이머는 인기 경제프로그램의 인상적인 진행자로 각인되어 있다. 와이셔츠 소매를 접어서 올리고 비뚤어진 넥타이 차림으로 책상을 내리치는 등 그의 거친 진행방식은 시청자들의 뇌리에 강렬한 인상을 남겼다.

정리해서 말하자면 시장영역, 전문성, 외모 이 세 가지 요소는 영향력을 강화시킨다. 옷차림으로 이미지를 정립한 크레이머는 개성을 확장하고 브랜드를 포지셔닝한 셈이다. 유명인들이 애용하는 것들은 보통 그들의 상징이 된다. 앨튼 존의 굽 높은 구두, 조지 윌(George Will)의 나비 넥타이, 메리 케이(Mary Kay)의 핑크 캐딜락, 빌 게이츠의 옥스퍼드 셔츠 등이 좋은 예다.

-목소리

목소리(말투, 어양, 말씨) 또한 개성을 전달하는 핵심 요소다. 프로레슬러 제스 벤추라가 미네소타 주지사에 당선된 것도 알고 보면 그의 목소리 덕분이었다. 그의 깊으면서 단조롭고 쉰 목소리가 위엄 있는 이미지를 형성했다. 그의 목소리는 그가 별 의미 없이 일상적으로 하는 말에도 안정감과 진지함이 묻어나게 한다. 이와 반대로 전 미 대통령 조지 허버트 부시(George H. W. Bush)는 외모와 역할에 어울리지 않는 밋밋한 말투로 종종 논란의 대상이 되었다. 사실 정치인들이 목소리의 효과에 대해 관심을 많이 기울이고 있다. 목소리는 타고나는 것이지만 훈련을 통해 충분히 호소력 넘치도록 가꿀 수 있다.

억양 또한 상당히 중요하다. 미국에서 전국적으로 얼굴을 알리는 앵커가 되려면 남부 특유의 말투나 보스턴 억양을 사용해야 한다. 분야에 따라 외국 억양은 장점이 될 수도, 단점이 될 수도 있다. 독일 출신의 전 미 국무장관 헨리 키신저(Henry Kissinger)의 독일 억양은 지식과 경험의 깊이를 돋보이게 한다. 그와 억양이 다른 사람이 똑같은 말을 했다면 아마 깊은 인상을 남기지 못했을 것이다.

목소리는 어법에 따라서도 달라진다. 지금도 여전히 어법에 따라 사람의 출신이나 성격을 가늠한다. 명성을 추구하는 하층계급 출신들은 인지도를 쌓아가면서 의식적으로 중간 계층이 사용하는 말을 배운다. 반대로 중간 계층 출신이라도 하층민을 연기해야 한다면 그들이 쓰는 말을 배워야 한다. 또 해외에서 활동하는 운동선수라면 현지어를 배울 필요가 있다. 어느 분야든지 퍼스널 브랜딩 측면에서 미디어에 노출될 일이 많기 때문에 입담이 몸값을 좌우한다 해도 과언이 아니다. 이런 흐름에 따라 화술강사들의 역할이 커지고 있다.

- 몸짓

몸짓과 인물의 개성은 어떤 관계가 있을까? 몸짓은 세 가지 기준에 맞아야 한다. 첫째는 자연스럽게 활동 분야에 능숙하다는 인상을 남겨야 하고, 둘째는 분위기를 압도해야 하고, 셋째는 개성이 드러나야 한다.

비즈니스 분야에서는 어디를 가든 분위기를 압도하는 경영자나 관리자가 있다. 어떻게 해야 그처럼 분위기를 이끌어갈 수 있을까? 활기찬 몸짓에서 젊고 결단력 있는 인상이 풍길까? 고개를 가로 젓는 모습은 무언가 못마땅하다는 뜻일까?

스포츠 분야를 들여다보면, 스타 농구선수들이 저마다 취하는 특유의 몸짓이 떠오를 것이다. 날카롭게 상대를 제치고 돌진하는 앨런 아이버슨(Allen Iverson), 육중한 몸으로 위협하는 '친절한 거인' 샤킬 오닐(Shaquille O'Neal), 품위 있고 절제된 모습의 수 버드(Sue Bird) 등 저마다의 몸짓이 개성을 드러낸다. 세 선수는 모두 개성이 다르지만 경기장 분위기를 압도한다. 이들이 취하는 몸짓이 이들을 최고로 만들었다 해도 과언이 아니다.

-품행

러시아 출신 연극 연출가이자 연극 이론가 콘스탄틴 스타니슬라브스키(Konstantin Stanislavski)는 배우의 품행과 배역이 상호작용한다고 했다. 연기지도자 소니아 무어(Sonia Moor)가 스타니슬라브스키의 이론을 다음과 같이 설명했다.

"배우는 품행이라는 측면에서 배역을 바라봐야 한다. 무대에 오른 두세 시간 동안 배우는 인간 정신의 삶을 표출해야 하고, 그래서 매 순간 삶이 묻어나는 품행을 보여야 한다. 스타니슬라브스키가 주장하듯, 품행이 배역을 연기하는 데 도움이 되면 예술적으로 옳은 일이요, 그렇지 않다면 잘못된 일이다."

무대뿐 아니라 삶의 모든 측면에서 호소력 짙은 역할을 할 때 이미지 변신에 성공할 수 있다. 사회적·문화적 관습에 따라 품행의 허용 범위가 다른데, 이런 원칙은 우리 사회에서 여전히 유효하다. 가령 대법관인 사람이 욕지거리를 하거나 식당에서 본전을 뽑으려고 음식을 배가 터지도록 먹거나 나이트클럽에서 경망스럽게 춤추는 모습이 상상이 되는가? 그런 인물에게는 위엄과 품위, 침착함과 차분함, 냉철함이 어울린다.

행실에 관한 사회적·관습적 허용 범위는 시간이 갈수록 바뀌고 있다. 오늘날, 특히 비즈니스 분야에서 그 범위가 상당히 넓어졌다. 경영자들의 사외활동이 늘어났고, 조직에 피해를 끼치지 않는 한 사내연애도 대부분 허용된다. 이제는 정치 분야뿐 아니라 종교 분야에서조차 지도자들의 이혼을 대수롭지 않게 여긴다. 연예인들의 사생활도 비교적 존중된다. 1950년대 엘리자베스 테일러(Elizabeth Taylor)는 자신의 절친 데비 레이놀즈(Debbie Reynolds)의 남편 에디 피셔(Edie Fisher)와 염문을 퍼뜨리고 나서 인기가 추락했다. 영화배우 인그리드 버그만(Ingrid Bergman)도 남편과 아이들을 내팽개치고 감독 로베르토 로셀리니(Roberto Rossellini)와 살림을 차리면서 인기가 뚝 떨어졌다. 하지만 오늘날에는 연예인의 사생활을 바라보는 관점이 달라졌다. 각자의 아이들을 데리고 함께 사는 연예인들을 쉽게 볼 수 있다. 그럼에도 여전히 대중이 용인하는 수준에는 한계가 있다. 사회적으로 금기시하는 것을 무시하는 순간 재앙이 터질 가능성도 있다.

의외의 활동으로 조직을 결속시키는 경영자들도 있다. 아이스하키를 즐기는 선마이크로시스템즈의 회장 스콧 맥닐리(Scott Mcnealy)도 그들 중 하나다. 거친 빙판 위를 달리는 맥닐리는 누가 봐도 다국적 기업의 회장으로 보기 어렵다. 직원들과 몸싸움을 하고 뒹구는 모습은 직원들과 경쟁자들에게 분명한 메시지를 전달한다. 즉 그의 경영방식은 아이스하키 식이다. 보통 IT기업의 회장이라고 하면 골동품 수집이나 골프가 연상되지만, 맥닐리는 아이스하키 경기장에서 자신의 직원들을 가차 없이 던져 버린다. 이것이야말로 마이크로소프트와 같은 경쟁자들이 경계해야 할 메시지다.

댄 브라운(Dan Brown), 또 다른 댄 브라운

독자들이 소설가와 소설 속 주인공을 동일시하거나

비슷하게 생각하는 것은 자연스러운 현상이다. 《천사와 악마(Angels & Demons)》, 《다빈치 코드(Da Vinci Code)》를 쓴 댄 브라운도 예외가 아니다. 브라운의 소설들은 24개 언어로 번역되어 1,800만 부 이상 팔렸으며, 《다빈치 코드》는 영화로도 만들어져 사회적 파장을 일으키기도 했다. 논쟁의 소지가 있지만, 소설 하나로 사회를 떠들썩하게 만든 소설가는 아마 댄 브라운이 유일할 것이다. 불가사의한 수수께끼, 가톨릭 교회의 음모 등 독자들의 호기심을 유발하는 소재가 모험을 즐기고 자유롭게 사는 작가에게서 나왔다고 믿는 사람은 별로 없을 것이다. 하지만 브라운이 로버트 랭던(댄 브라운의 두 소설에 등장하는 주인공, 기호학자—옮긴이)처럼 호기심 많고 모험을 즐긴다고 생각하는 독자들은 브라운의 실체를 알게 되는 순간 실망을 금치 못할 것이다.

베스트셀러 저자 브라운은 뉴 햄프셔 주의 작은 마을 엑스터에서 살고 있는데, 말하자면 소설에서 그리는 이국적인 곳과 전혀 딴판인 외딴 곳에 꼭꼭 숨어 글을 쓰고 있다. 그는 가끔씩 테니스를 치고, 글을 쓰다가 뭉친 근육을 풀기 위해 윗몸 일으키기를 자주 한다.

만약 브라운이 소설 속 주인공과 일치된 행동을 보여준다면 그 인지도가 더 높아질까? 소설가나 작가는 굳이 작품 속 인물과 일치하는 이미지를 내세울 필요가 없다. 글쓰기가 본업인 브라운은 출간 기념회 외에는 모습을 드러낼 일이 거의 없다. 따라서 자신의 평소 행동과 작품과의 연관성이 그다지 중요하지 않다. 반면에 자기계발서를 쓰는 작가들이라면 말이 좀 달라진다. 즉 품행이 매우 중요하다. 가령 영화배우 수잔 소머즈(Suzanne Somers)는 자신의 삶을 자신의 책에 그대로 녹였고, 독자들은 그런 소머즈가 책의 내용과 일치하는 행동을 보여주기 바랄 것이다.

– 이야깃거리

이야깃거리는 대중에게 전하는 콘텐츠다. 예컨대 목사라면 신도들이 설교에 집중하도록 만드는 이야깃거리를 찾을 것이다. 즉 목사는 사회적 논쟁거리, 동기를 부여하는 이야기, 공통의 관심사, 정치 문제 등을 거론하며 자신의 이미지를 새롭게 할 것이다. 배우들 또한 이야깃거리를 신중하게 준비해야 한다. 배우로 이미지 변신을 시도하는 코미디언이라면 코미디언 활동경력을 이야깃거리로 삼아도 좋다. 정치인들도 예외가 아니다. 정치인들은 연설, 기자회견, 성명, 선거 캠페인 등의 활동에서 어떤 메시지를 전달하느냐에 따라 지지율이 좌우된다. 기업가들은 사람들에게 자신만이 가진 고유의 경영철학과 전략적 혜안을 보여야 한다.

만화영화 캐릭터 다리아 몰겐도퍼(Daria Morgendorffer)의 이미지 쇄신을 보면 이야깃거리의 중요성을 새삼 실감하게 된다. 몰겐도퍼는 일상적인 일들, 일상적인 대화들, 일상적인 생각들을 통해 복잡다단한 감정을 표현한다. 만화영화 작가들은 몰겐도퍼와 그 주변 캐릭터들에게 MTV세대들이 공감하는 감정을 이입시켰다.

하이저 또한 '이야깃거리'를 능수능란하게 제시하면서 이미지 변신에 성공했다. 그의 걸작 〈이중부정(Double Negative)〉은 1969년부터 1970년까지 미국 네바다 사막에서 깊이 12미터 길이 30미터의 구덩이 두 개를 이어 만든 대지미술로서 엄청난 규모를 자랑한다. 하이저는 인습적 표현 소재에서 탈피하고 사막과 초원 등 자연물을 소재로 했다는 점에서 높이 인정받는다. 하이저는 이야깃거리를 통해 이미지의 핵심을 전달한 셈이다. 비관적 세계관을 가지고 세상과 단절한 채 묵묵히 예술적 열정을 쏟는 모습이었다.

인지도를 높이려는 사람이든 인지도를 이미 높인 사람이든 공통적으로 기억해야 할 것이 있다. 바로 신뢰할 수 있는 이미지를 구축하고 세련된 것으로 만드는 데 집중해야 한다. 정리하자면 이미지 변신을 하고자 하는 인물 유형을 선정하고 브랜드를 시험한 후 상징, 이름, 외모, 목소리, 몸짓, 품행, 이야깃거리를 정해서 차별화되고 호소력 짙은 브랜드 아이덴티티를 구축하는 것이다. 여기서 끝이 아니다. 시장에서 브랜드가 일관되게 인식되는지, 시장점유율이 잘 유지되는지 주기적으로 점검해야 한다. '브랜드 인식'이 의도한 바와 차이가 많이 난다면 브랜드를 수정하거나 재구성해야 한다. 아울러 이미지메이커들은 신규 시장진출자들이 대외적 이미지를 점검, 개선, 확장하도록 도와야 한다.

∴ 브랜드 실현

브랜드의 밑그림을 그리고 상징, 이름, 외모, 품행 등의 요소를 적절히 배합하는 것은 퍼스널 브랜딩의 한 과정에 불과하다. 인지도를 폭넓게, 또 영원히 높이는 것이 이미지 변신과 퍼스널 브랜딩의 핵심이다. 다시 말해 내적으로도 이미지 변신을 해야 브랜드를 실현하고 인지도 또한 높일 수 있다. 이미지 변신에 성공한 브랜드일수록 시장에서 신뢰를 많이 받는다. 지금부터 브랜드를 실현하기 위한 네 가지 주요 수단에 대해 살펴보자.

행동수정

행동수정(behavior modification)은 가장 일반적인 이미지 변신 기법이다. 우리가 모두 경험하는 과정인데다 완전히 통제되는 학습환경에서 효과적으로 역량을 개선할 수 있다는 장점 때문에 널리 활용된다. 주로 이미지컨설턴트들이 유력 인사들을 대하는 법이라든가 걸음걸이, 토론법, 인사법 등을 가르친다. 이런 기법들을 터득하고 행동수정을 적절히 했다면 칭찬과 박수갈채를 받는 등 긍정적 반응을 기대할 수 있다. 반대로 뭔가 행동이 어색하다면, 침묵이 흐르거나 비난 또는 질책을 받을지도 모른다. 행동수정은 '새로운 자아'의 특성을 살리고 브랜드 충족요건들을 갖춰가면서 점진적으로 실행해야 한다.

안타까운 일이지만 행동수정을 완벽히 했다 해도 '새로운 자아'에 익숙해지지 못하는 경우가 많다. 이미지 변신을 실질적으로 하지 못한 탓이다. 다시 말해 그것은 겉으로만 이미지 변신을 했거나 이미지 변신에 미숙해서 생기는 일이다. 따라서 전환된 이미지를 스스로 브랜드화하려는 노력을 계속해야 한다. 행동수정을 한 이후에 지속적으로 이미지 개선을 시도하지 않는다면 기존의 자아로 되돌아갈 우려가 있다. 신규 시장진출자들이나 스타 지망생들 중에는 이미지 변신을 했음에도 불구하고 기존 이미지와의 괴리감이 크다는 얘기를 듣는 경우가 종종 있을 것이다. 문제는 그런 괴리감을 시장이 인식한다는 점이다. 그럴 경우 좀더 심화된 이미지 변신 기법을 사용해야 한다.

멘토링

다른 사람을 돕는 조언자, 상담자, 후원자 역할을 하는 사람을 멘토(mentor)라 하고, 멘토의 활동을 멘토링(mentoring)이라 한다. 멘토링에는 두 가지 방법이 있다. 그 하나로 전문지식과 경험이 풍부한 멘토가 1대 1로 전담하여 멘티(mentee)를 지도, 코치, 조언하는 방법이다. 다른 한 가지 방법은 해당 분야 권위자들의 영상물이나 기록물, 강연, 저작물 등을 보고 그들을 모델로 삼는 것이다.

대체로 1대 1멘토링이 효과가 크지만, 비용이 많이 든다는 단점이 있다. 1대 1멘토링을 하는 경우, 멘토는 현장에서 멘티를 훈련시키고 독려하며 이미지 변신을 돕는다. 흔한 예로 정계에 진출하려는 정치지망생이 멘토의 도움을 많이 받는다. 멘토와 멘티는 다양한 전략과 방법론을 두고 토론하며 영상물과 같은 자료들을 보고 다른 후보자들의 특성을 파악한다. 무엇보다도 멘티인 정치지망생이 이런 멘토링을 통해 적절한 화법과 소재를 정하고 이미지 변신을 꾀하는 것이 관건이다. 멘티가 멘토링을 통해 특정한 '캐릭터' 유형을 결정한다는 점에서 멘토와 멘티의 관계가 상당히 중요한 것이다. 이 사례에서 멘토링은 멘티의 이미지 변신을 독려하는 과정이기에 멘티의 행동수정을 강요할 필요가 전혀 없다. 결국 정치지망생이 능수능란하게 커뮤니케이션을 하고 멘토의 보살핌과 격려를 받지 않고서도 활동을 지속하도록 하는 것을 최종 목표로 삼아야 한다.

원리적으로 따지면, 멘티는 자신에게 아낌없이 지원하는 멘토를 찾을 것이다. 심리학자 마릴린 루먼(Marilyn Ruman)은 이렇게 말했다.

"멘토란 비경쟁적인 생각으로 자신이 알고 있는 것들을 기꺼이 알려주는 사람이다."

이런 멘토의 지원을 받는 멘티는 더욱 신중하게 이미지 변신을 시도하게 된다.

멘토링을 통한 이미지 변신에는 과도한 모방이라는 위험이 뒤따른다. 권투선수 출신 아버지를 멘토로 삼은 전 테니스 스타 안드레아 예거(Andrea Jaeger)가 좋은 예다. 저돌적이고 폭발적인 선수로 알려진 예거는 테니스 전술을 두고 날선 비난과 인정을 동시에 받았다. 그녀의 전술은 아버지의 멘토링에서 나왔다고 할 수 있다. 예거는 이 점을 인정했다. "아버지와 저는 마치 형제 같죠. 둘 다 성미가 급하고 고집이 셉니다."

상황적 변신

상황적 변신은 생소한 상황에서 즉흥적으로 새로운 이미지를 선보이는 방식이다. 신인 코미디언이 행동수정이나 멘토링 과정 없이 무대에 올라가 즉석에서 공연하는 모습을 생각하면 이해하기가 쉽다. 이는 상당한 '실현 위험(realization risk)'이 동반되는 만큼 보상이 엄청나게 크다. 그러나 즉각적이고 지나친 노출이 걷잡을 수 없는 위기를 초래할 수도 있다. 상황적 변신은 상황을 재빨리 파악하고 기존 경험을 토대로 표적 청중과 재빨리 유대감을 형성하는 것이 핵심이다. 예컨대 어느 분야를 막론하고 표적청중을 웃게 하거나 어리둥절한 표정을 짓게 하거나 공통의 관심사를 이끌어내는 등 반응을 얻어내는 것이 관건이다. 이런 반응을 이끌어내야 청중과 유대관계를 형성하고 퍼스널 브랜드를 시험할 수 있다. 큰 위험을 안고 모든 것을 즉흥적으로 실행하는 만큼 상황적 변신은 '눈 깜빡할 사이의 연결'이라 부를 만하다.

퍼스널 브랜딩에서 상황적 변신은 무조건 물에 빠뜨리는 식의 수영 교습을 연상시킨다. 마찬가지로 실제 무대에 서기 전에 지하철처럼 사람이 많은 곳에서 자기소개를 하거나 노래 부르는 식으로 상황적 변신을 훈련해도 된다. 비즈니스 분야도 마찬가지다. 신인 펀드매니저가 케이블 방송에 출연해 기업별 주식시세를 설명해야 할 일이 생기거나 상품 개발자가 유동성 위기나 리콜 사태로 언론의 주목을 받을 일이 생길 수도 있다. 이때 이들은 급히 시장을 분석하고 자료를 준비하는 방식으로 대응할 것이다. 언제 어떤 상황이 발생할지 예측하기 어렵지만, 청중의 반응을 읽고 재빨리 상황을 파악하며 대응하는 능력을 키우다보면 언제 어디서나 능숙하게 상황적 변신을 이행하게 될 것이다.

어떠한 환경에서도 재빨리 적응할 줄 알아야 이미지 변신에 능해지는 법이다. 단, 행동수정이나 멘토링 등의 브랜드 실현 기법들과 연계할 때 인지도를 높일 기회가 늘어난다는 점을 기억하자. 한 가지 유의할 점이 있다. 갑작스런 청중의 시선에 적응하지 못하면 향후 퍼스널 브랜딩에 타격을 입을 우려가 있다는 점이다.

행동 중심의 변신

앞서 소개한 이미지 변신 기법들은 행동이나 가치를 터득하는 방식이다. 가령 행동수정은 '보상과 처벌'의 체계를 통해 행동을 수정하도록 하는 방식이고, 멘토링은 '롤 모델'의 생각과 행동을 따라하는 방식이며, 상황적 변신은 환경에 적응해서 새로운 것을 경험하고 흡수하며 적절한 행동을 재현하는 방식이다. 이와 달리 행동 중심의 변신은 최대한 환경에 순응하는 방식이다. 이때 스타 지망생의 이미지 변신을 지휘하는 사람 또한 스타 지망생의 새로운 역할에 대해 밑그림을 그리지만, 스타 지망생 스스로가 이미지 변신에 성공할 수 있다는 마음을 가져야 한다.

행동 중심으로 이미지를 변신할 때, 스타 지망생은 자신의 행동방식을 제 삼자들이 보고 있고, 시장환경에서 동떨어질지 모르며, 행동을 일부분 취소해야 할지 모른다는 생각을 가져야 한다. 어찌 보면 이미지 변신이란 희망하는 퍼스널 브랜드를 구축함에 있어 행동, 목소리, 외모 등의 특성을 만들어내기 위해 실제 자아를 숨기고 시장에서 호소력을 발휘하는 행동을 선택하는 것, 그것이 습관이 될 때까지 반복하는 활동이다.

영화 〈후보자(The Candidate)〉에서 변호사 빌 매케이(로버트 래드포드 주연)가 정치판에 뛰어들면서 자기 목소리를 내지 못하고 선거전문가들의 각본에 따라 움직이는 모습은 행동 중심의 변신이 얼마나 복잡한 문제인지 잘 보여준다. 새로운 자아를 표현하지만 그것은 겉모습에 불과할 뿐 실제 자아는 그대로 존재한다. 즉 행동 중심의 이미지 변신으로는 페르소나를 구축할 수 있지만, 그것은 완전한 이미지 변신이 아니다. 겉모습과 실제 자아의 괴리감을 좁힐 때 이미지를 완전히 바꿀 수 있다. 따라서 행동 중심의 이미지 변신을 할 때는 실제 자아의 이미지 변신이 완전히 이루어졌는지 점검해야 한다.

∴ 이미지 변신의 수준

브랜딩 프로세스가 자기회의의 과정을 거치고 시장환경에 적응해나가면서 이미지 변신을 도모하는 과정이라는 것에 반박의 여지가 없다. 이미지 변신을 시도하는 사람은 아주 다양한 문제와 싸워야 한다. 이미지 변신을 왜 해야 하는가? 새로운 모습으로 어떻게 사람들을 대할까? 새로운 브랜드를 잘 운영할 수 있을까? 이런 물음들의 핵심은 바로 '나는 누구인가?' 다.

이미지 변신의 수준은 잠재적 역량, 의지, 가용자원, 시장충족요건 등의 요인에 따라 달라지고, 최소화한 이미지 변신, 적당한 이미지 변신, 극대화한 이미지 변신의 세 단계로 나뉜다.

최소화한 이미지 변신

중국을 대표하는 여배우 장쯔이(Zhang Ziyi)는 그녀의 개성과 소질에 적합한 배역을 맡으면서 일찌감치 인지도를 높였다. 샴푸 광고의 모델을 찾던 영화감독 장이모(Zhang Yimou)의 눈에 들면서 영화계에 발을 들어놓았다. 장이모 감독은 장쯔이에 대해 이렇게 말했다.

> "교사를 사랑하게 된 청순한 여성, 그런 여성을 뽑는 오디션에서 그녀를 처음 봤습니다. 당연히 그녀를 캐스팅했죠. 처음에 그녀는 모든 게 서툴렀지만, 금세 적응했습니다."

평론가들은 저마다 장쯔이의 연기를 극찬했다. 그녀는 〈집으로 가는 길〉이라는 작품에 출연하여 청순한 배역을 탁월하게 소화해냈다. 장이모 감독은 장쯔이의 연기에 대해 '성장체험'이라 묘사했으며, 이후 여러 작품에서 능숙한 연기를 보여준 장쯔이에 대해 칭찬을 아끼지 않았다. 영화감독 이안(Lee Ang)은 〈집으로 가는 길〉에서 장쯔이의 연기를 보고 난 후 그녀가 〈와호장룡(Crouching Tiger, Hidden Dragon)〉의 여주인공으로 적합하다고 확신했다. 〈와호장룡〉에서 열연한 장쯔이를 두고 이안은 "실제로 그녀는 장룡이다"라고 그녀를 칭찬했다. 장쯔이는 특유의 자연미가 배역과 잘 맞아떨어져서 새로운 '브랜드 포지셔닝'에 맞춰 이미지 변신을 할 필요가 없었다. 그녀의 무용과 체조 실력도 영화의 배역과 잘 맞아떨어졌다. 이후 그녀는 〈러시아워 2(Rush Hour 2)〉에서 재키 찬과 열연을 펼쳐 찬이 활동하는 남성 중심의 시장으로 브랜드를 확장했고, 특히 〈게이샤의 추억(Memories of a Geisha)〉에서는 이전 작품에서 볼 수 없었던 다양한 감정연기를 선보여 자연미보다 연기력이 뛰어난 배우로 거듭났다.

브랜드 생성, 브랜드 시험, 브랜드 세련화에 투자해야 '영역 이동'이 가능하다. 그러나 영역 이동에는 늘 여러 문제가 뒤따른다. 브랜드를 재정립하면 '핵심 추종자들'을 잃지 않을까? 스타 지망생이 색다른 청중을 매료시킬 만한 이미지를 구축할 수 있을까? 이미지 변신 프로세스는 다음 단계로 넘어갈수록 노력과 공을 더욱 많이 들여야 한다. 수년간 쌓은 퍼스널 브랜드 자산(personal brand equity), 즉 브랜드 가치가 잘못된 관리로 한순간에 사라질 수 있기 때문이다.

적당한 이미지 변신

플레이보이 엔터프라이즈의 회장 크리스티 헤프너(Christie Hefner)는 '적당한 이미지 변신'을 했다. 물론 아버지의 이름값에 힘입은 바가 크지만, 7년간 이미지 변신을 거듭하면서 연습생에서 회장의 위치에 오르는 성공을 거두었다. 그녀의 동료들이 '가장 심화된 현장실습'이라 칭한 활동도 그녀의 이미지 변신을 하는 과정에 포함되었다. 헤프너가 말했다. "교육과 훈련을 토대로 이미지를 완전히 바꾼 겁니다."

어머니의 성 'Gunn'을 쓰다가 아버지 성 'Hefner'을 사용한 것도 분명 이미지 변신을 위한 전략이었다. 더 나아가 그녀는 역할 훈련을 하고 대외 활동을 점검하면서 리더십 역량을 개선했다. 이에 대해 그녀는 이렇게 말했다. "활동하면서, 제 활동의 결과를 점검합니다. 참 간단하죠. 인터뷰 영상을 보면서 이런 생각을 해요. '이게 아닌데, 원인이 뭘까?'" 이렇게 인터뷰 모습을 점검한 다음, 그녀는 측근들과 의견을 나눈다. 분명한 사실이 있다. 헤프너는 변화된 자신의 이미지를 알고 그것을 설득력 있게 설명할 뿐 아니라 다시 이미지 변신을 해야 하는 중요한 순간에 이미지 변신 프로세스를 스스로 조정한다.

헤프너의 이미지 변신은 비즈니스 분야에서 훌륭한 본보기가 된다. 특히 위기에 처한 플레이보이에 큰 힘이 되었다. 유능한 경영진에 대한 기대와 헤프너의 수완이 맞아떨어진 것이다. 사실인즉 1970년대에 플레이보이는 늘 혁신을 주창했지만 회사의 재정 상태가 크게 악화되었다. 이에 투자자들을 안심시키고 대중의 관심을 회복하기 위해 새로운 브랜드 콘셉트가 절실했다. 플레이보이의 여성 수장, 플레이보이 설립자의 딸이라는 콘셉트는 뜻밖의 행운을 가져다주었다. 그럼에도 그런 행운이 실현되기 위해서는 헤프너의 이미지 변신이 절실했다. 헤프너는 '적당한 이미지 변신'을 전략으로 삼고 대중에게 신뢰할 수 있는 브랜드를 투사했다. 플레이보이 엔터프라이즈는 그간 수차례 재정난을 겪었음에도 지금은 멀티미디어 출판, 엔터테인먼트, 전자상거래 등 다양한 분야를 아우르는 거대 기업으로 성장했다. 크리스티 헤프너는 수년간 산업의 선도자로서 플레이보이 제국을 관장했다. 그렇게 하면서 그녀는 회장인 아버지를 사장 자리에 앉히고 거대 조직을 경영하는 여성 회장으로서 브랜드를 확장했다.

극대화한 이미지 변신

이지그룹의 창업자이자 회장 스텔리오스 하지-이오아누(Stelios Haji-Ioannou)는 개인과 기업의 이익을 하나로 통합한 '고객 중심 브랜드'를 구축하는 동시에 명성을 브랜드에 잘 녹였다. 스텔리오스는 항공, 여객선, 영화관, 피자배달 서비스를 포함해 14개 브랜드를 저가 원칙으로 운영하고 있다. 'Easy' 상표로 대표되는 각 브랜드는 전산시스템으로 수요를 예측한다. 이지그룹의 대표 브랜드 이지젯(EasyJet) 항공은 유럽에서 네 번째 규모를 자랑한다. 지금까지 모든 일이 순탄했을 리 만무하다. 스텔리오스는 저가 브랜드 정책에 집중하면서 자산의 반을 허공에 날리기도 했다. 그러나 스텔리오스는 좌절하지 않았다. 오히려 위험 속으로 거침없이 뛰어들어 비즈니스 세계에 대 변혁을 몰고왔다. 스텔리오스는 이미지 변신 과정에서 고객의 입장에 섰는데, 스스로 가치 지향적 고객이 되었다.

스텔리오스가 처음부터 저가 브랜드의 대명사로서 명성을 떨친 것은 아니었다. 선박왕의 아들로 태어난 그는 가족의 후광을 입고 일찌감치 막대한 부를 누렸음에도 선박회사 스텔마(Stelmar)를 창업했다. 그에게 영감을 일깨워준 사람은 버진그룹의 리처드 브랜슨이었다. 브랜슨의 위업을 눈여겨본 스텔리오스는 높은 인지도가 브랜드의 필수 요소임을 깨달았다. 이후 그는 '부가서비스 없는 다양한 저가 브랜드'를 명성을 얻기 위한 기반으로 삼았다. 이런 개념에는 고객들이 저가임에도 양질의 서비스를 고대한다는 전제가 깔려 있었다. 스텔리오스는 비즈니스 리더로서 고객과 경험을 나누며 가치를 창출했다. 자신의 여객선 창문 없는 선실에서 고객들과 농담을 주고받으며 공감대를 형성하는 모습을 보면 쉽게 알 수 있다. 그가 직원들과 함께 이지젯의 오렌지색 유니폼을 입고 이지젯의 저가 티켓을 내밀며 경쟁 항공사의 여객기에 오른 것은 유명한 일화로 전해진다. 스텔리오스는 자신의 비전을 인정하지 않는 비평가들에게 이런 말을 남겼다. "남부럽지 않게 풍족하게 살아온 사람들은 보통 사람처럼 생각하는 일부터 시작해야 합니다."

스텔리오스의 이미지 변신은 자연히 세상에 드러났다. 브랜드 컨설팅 기업 아페티트의 이사 로라 헤인즈(Laura Haynes)는 이지그룹 브랜드의 시너지 효과의 위험성을 두고 이렇게 의견을 밝혔다.

"영웅들은 뜻밖의 결점을 지니고 있습니다. 한번 실수가 사업 전반에 걸쳐 치명타를 줄 수도 있습니다. 그럼에도 제품이나 서비스보다 '개성' 위주의 비즈니스를 구축해야 시장을 확장하기 쉽습니다. 스텔리오스는 그보다 훨씬 더 미묘한 일을 하고 있습니다."

스텔리오스는 사업 전반에 걸쳐 그의 브랜드를 적용했고 궁극의 라이프스타일 브랜드로 거듭났다. 그의 '페르소나'는 이지그룹의 상징, 인지도를 통한 시장영역 확대, 브랜드 차별화를 여실히 드러낸다.

전략적 선택

신규 시장진출자들은 이미지 변신의 수준을 신중히 고려해야 한다. 이것이 개인이 처한 고유의 환경과 관련 있는 문제임에도 연예인, 기획사 대표, 기업의 회장 등 모두가 어느 정도는 이미지 변신을 하게 마련이다. 이미지 변신의 수준은 경우에 따라 전략적으로 결정해야 하지만 무엇보다도 이미지 변신에 대한 청중의 반응을 신중히 고려해야 한다. 경쟁이 극심한 시장환경에서 경쟁우위를 달성하려면 이미지 변신의 수준과 상관없이 먼저 이미지 변신의 중요성을 깨달아야 한다. 이미지 변신의 수준을 정하는 문제는 자신의 전문성, 시장영역, 청중을 고려할 때 좀더 명확해진다. 다시 말해 현재 상황을 냉철하게 고찰한 후 의사결정을 내려야 한다는 말이다.

이미지 변신 기법들은 모든 시장영역과 문화 수준에서 효과가 나타난다. 캘리포니아에서 25년 만에 열린 고교동창회. 한 매혹적인 여성이 동창생들의 시선을 한 몸에 받고 있다고 생각해보자. 고등학교 시절에만 해도 그 여성은 수줍음을 잘 타고 학생들의 눈에 잘 띄지 않았다. 사실 그녀는 자신조차 자신을 모르겠다며 정체성에 대해 고민한 적도 있었다. 그런데 25년이 지나 그녀는 긴 생머리와 구릿빛 피부, 조각 같은 몸매를 뽐내며 동창회에 나타나 동창생들을 향해 상냥한 미소를 짓는다. 그러고는 '정통 유대인 집안에서 살면서 무척 답답했었다'고 고백하고는, 고등학교를 졸업하자마자 가족의 품을 떠나 뉴욕에서 비로소 자신의 삶을 찾았으며, 이후 캘리포니아로 다시 돌아왔다고 말했다. 그녀의 극적인 이미지 변신을 두고 동창생들은 어안이 벙벙했다.

 그녀는 하룻밤 사이에 이미지 변신을 한 것이 아니다. 또한 그녀는 동창생들을 놀라게 할 생각도 없었다. 그녀는 그저 장기간에 걸쳐 이미지 변신을 거듭한 것이다. 사실 우리는 모두 이미지 변신을 할 수 있다. 그럼에도 '내가 지금 무엇을 하고 싶은가?'라는 물음은 연예인들이나 부유층에게 국한된 경향이 있었다. 또 그들이 변화된 정체성을 가지고 변화된 삶을 사는 데 상당한 어려움을 겪는 것을 지켜보며 지나치게 막대한 부와 명성에 대한 대가를 치르는 것이라는 인식도 있었다. 하지만 지금은 과거와 달리 어느 누구나 명성을 떨칠 수 있다. 이후부터는 브랜드 유통채널, 미디어를 통한 브랜드 전달, 인지도를 장기간 유지하는 법 등에 대하여 살펴본다.

CHAPTER 9

브랜드 유통

PHILIP KOTLER PERSONAL MARKETING

퍼스널 브랜드는 여러 가지 유통채널을 통해 다양한 대중에게 도달한다. 기존의 마케팅에서 유통채널이란 어떤 제품이나 서비스를 시장에 전달하거나 그것을 교류하는 통로를 의미했다. 이 개념은 청중에게 개인의 브랜드 이미지를 전달하는 과정에도 그대로 적용된다.

전 미시간 주지사 제니퍼 그랜홀름(Jennifer Granholm)은 자신의 이미지를 대중에게 전달할 수 있는 모든 채널을 체계적으로 정리하고 실천에 옮겼다. 그녀의 일주일 스케줄은 다음과 같았다.

- 월요일 : 기자회견 주최, 이익단체 미팅, 홍보담당자들은 기자회견 내용을 정부의 공식 웹사이트에 업로드하고 지지자들에게 이메일로 소

식을 알릴 것.
- 화요일 : 정치연설 예정, 신문사 인터뷰, 환경운동가와 미팅, 지지자들에게 정부의 공공정책 입장 브리핑.
- 수요일 : 지역 순방, 대학 이사회 모임 연설, 라디오 프로그램 출연, 홍보담당자들은 언론보도에 적합한 스토리를 선정, 블로그 활용전략 논의, 팟캐스트에 적합한 연설 선정하기.
- 목요일 : 지역의 핵심 인사와 미팅, 뉴스 프로그램과 인터뷰, 토크쇼 출연, 정치 컨설턴트는 설문조사를 통해 주지사가 발표한 공공정책에 대한 지역민들의 반응 평가.
- 금요일 : 지지자들과 점심 미팅, 종교단체 연설, 야구장 방문.
- 토요일 : 후원자의 자녀 결혼식 참석, 도심 인근 순회, 소수당 지도자들 및 노동조합과 면담.

이처럼 인지도를 높이려는 사람은 자신의 퍼스널 브랜드를 청중에게 전달하기 위해 선택할 수 있는 채널이 다양하다. 모든 브랜드 유통채널은 공식활동(formal performance), 관리된 인상(managed impression), 이야기(mention), 제품(product)이라는 네 가지 측면에서 브랜드를 청중에게 전달한다. 최근에는 블로그, e-소식지, 팟캐스트, 각종 이벤트, 위성 라디오 등 새로운 커뮤니케이션 채널이 등장했다. 이런 매체들이 인지도를 높이기 위한 커뮤니케이션 전략의 성패를 좌우하는 경우가 많다.

공식활동은 인지도를 높이기 위해 청중을 대상으로 철저하게 계획한 일종의 '프레젠테이션'이다. 예컨대 TV에서 자신이 정치 로비스트라고 밝힌 전 국방장관 윌리엄 코언(William Cohen)의 고백, 다이애나 크롤(Diana Krall)의 라이브 콘서트, 마이클 잭슨의 유명한 재판 때 그보다 더 유명해진 변호사 토머스 메제로우(Thomas Mesereau Jr.)의 최종변론이 이에 해당한다. 공식활동에는 대면활동(실제 청중 앞에서의 프레젠테이션)과 미디어 활동(TV, 인쇄물, 인터넷 등을 통한 활동)이 있다.

관리된 인상은 토크쇼, 언론 인터뷰, 자선행사를 비롯한 다양한 행사, 공공장소에서의 홍보, 엄선된 뉴스나 사진 등의 채널을 통해 청중에게 전달하는 브랜드 이미지다. 브랜드의 인상을 관리하면 일정한 수준의 대중적 인지도를 얻거나 유지할 수 있고, 특정한 이미지를 창조할 수도 있으며, 브랜드에 대한 '보수'를 높일 수 있다. 관리된 인상에는 공식활동 중이거나 그 전후의 '보수 개선' 노력도 포함된다. 브랜드는 대가를 받는 공식활동의 수요를 높이기 위해 청중에게 비공식적이고 편안한 인상을 전한다. 예컨대 지역 라디오 진행자는 재향군인들의 퍼레이드를 소개하면서 그같이 관리된 인상을 전달하고, 잠재적 청취자들을 대상으로 자신의 인지도를 높인다. 그 결과 공식활동, 즉 그가 진행하는 라디오 프로그램이 더 많이 알려져 수신료를 내는 청취자들이 늘고, 자연스럽게 청취율도 높아진다. 관리된 인상은 단순히 편안하고 친숙한 인상을 전하는 것이 아니라, 공식적인 활동의 수요를 자극한다.

브랜드가 유통하는 또 다른 유형의 이미지는 '이야기'다. 이는 리포터, 가십 블로거, 칼럼니스트, 특종기자, 미디어에 의해 전달되는 인상 등을 말한다. 여기에는 정말로 사실인 것도 있지만 브랜드 관계자가 계획적으로 진실되고 자발적인 것처럼 꾸며 유포한 것이 많다.

마지막으로 브랜드는 제품을 통해 이미지를 유통한다. 이는 사진, 인형, 연재만화 등 브랜드의 모습을 전달하거나 브로치, 광고 스티커, 브랜드 네임이나 상징물 등 브랜드를 언급하는 물건을 말한다. 이런 브랜드 관련 제품을 판매함으로써 이익을 크게 올리기도 한다. 공식활동, 관리된 인상, 이야기, 제품은 다양한 유통채널을 통해 전달된다. 제니퍼 그랜홀름은 정치집회, TV, 인근 연회장, 거리에서 연설한다. 다이애나 크롤은 콘서트홀, 야외무대, TV, 녹음실에서 노래 부르며 공식활동을 벌일 수 있다. 관리된 인상과 이야기는 모든 커뮤니케이션 채널을 통해 대중에게 전달할 수 있다. 로비스트 윌리엄 코언은 〈래리 킹(Larry King)〉에 출연하거나, 기자회견을 열거나, 유력 신문에 글을 기고할 수 있다.

퍼스널 브랜드와 관련한 제품은 재래적인 유통채널을 통해서도 대중에게 전달할 수 있다. 더 후(The Who)[1]의 멤버였던 피트 타운센트(Pete Townshend)는 당시 유행하던 음반 유통체계를 버리고, 무삭제 앨범 화이트 시티(White City)를 비디오테이프에 녹음한 뒤 재래적인 유통채널을 선택했다. 기획사는 수천 개의 비디오테이프를 만들어 창고에 보관했다가 기차, 트럭, 비행기를 이용해 여러 도시에 있는 음반 도매업자들에게 보냈고, 도매업자들은 그것을 소매업자에게, 소매업자는 그것을 고객에게 전했다. 한편 록스타 데이비드 보위(David Bowie)는 전혀 새로운 유통채널을 시도했다. 즉 자신의 미래 로열티를 자산가치가 있는 채권으로 전환했다. 그는 자신이 작곡한 300곡에 대한 미래 로

---

[1] 1964년 결성된 영국의 록그룹.

[그림 9-1] 브랜드의 탄생

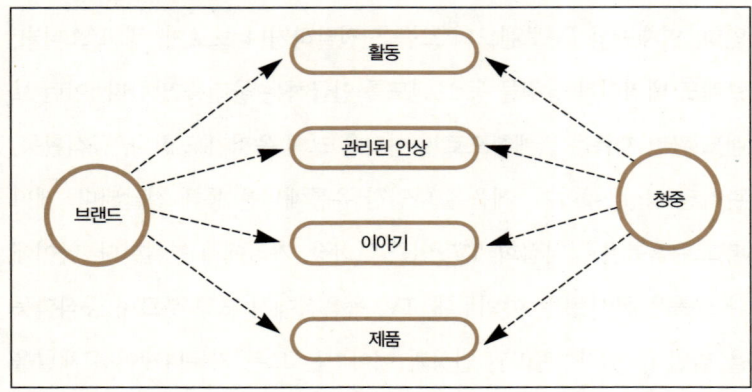

열티로 5,500만 달러에 이르는 채권을 받았다. 그의 뒤를 이어 제임스 브라운(James Brown), 에시포드 앤 심슨(Ashford and Simpson), 아일리 브라더스(Isley Brothers)도 채권을 받았고, 밥 말리(Bob Marley)를 비롯한 다른 가수들 역시 같은 문제를 논의했다. 채권시장에서 본인의 이름으로 자본을 끌어들인 보위의 능력은 유통망의 확대를 보여주는 하나의 전조가 되었다.

인터넷 또한 개인을 브랜드화한 제품유통의 무한한 가능성을 보여준다. 예컨대 출판사 랜덤하우스는 《다빈치 코드》를 유통할 때, 평가단과 서점에 책을 10,000권이나 보내는 전통적인 전략을 펴는 동시에 열혈 팬들을 대상으로 온라인 암호해독 게임을 기획했다. 독자들은 웹사이트에서 여러 가지 단서와 암호를 풀고 복잡하게 얽힌 미로를 통과하면서 책 속 주인공의 문제해결 과정을 체험할 수 있었다. 이처럼 관련 제품의 범위가 확대되면, 브랜드의 유통채널이 다각화되고 작가의 차기 작품에 대한 독자들의 관심과 참여가 높아진다. 인지도를 높이려는 사람들의 브랜드 및 브랜드 유통채널을 관리하는 수준은 저마다 다르다. 일반적으로 그들은 전통적인 방송채널을 통해 브랜드를 간접적으로 전달하는 활동보다 청중을 직접 대면하는 활동에 더 주의를 기울인다. 방송을 통한 간접적인 이미지는 또 다른 누군가가 수정하거나 조정할 수 있기 때문이다. TV 연출자와 카메라 감독은 카메라의 각도, 음향 효과뿐 아니라 무엇을 내보내고 편집할지도 결정하는데, 그런 결정은 청중들이 느끼는 이미지에 많은 영향을 준다. 그러나 바로 그런 이유 때문에 편집기술을 통해 적절히 포장된 이미지를 청중에게 전달하는 활동이 더 중요하다고 말하는 사람도 있다.

부동산 중개업자, 투자전문가, 건축설계사는 고객을 1대 1로 상대하는 채널(편지나 이메일, 팩스 등)을 이용하면 특정한 고객을 집중 공략함으로써 마케팅의 효과를 높일 수 있다. 예컨대 건축설계사는 홍보 메일을 보냄으로써 잠재고객을 확보하는 한편, 자신의 전문성을 자세히 알릴 수 있는 것이다.

∴ 채널 선택

채널의 궁극적인 목적지는 청중이 있는 곳이다. 일반적으로 청중을 만날 수 있는 무대는 교회, 경기장, 컨퍼런스 센터, 행사장, 가상 회의장, 온라인 채팅방, 법정 등 헤아릴 수 없이 많다. 인지도를 높이려는 사람은 어떤 채널을 이용해야 할까? 그 답은 활동 분야, 현재의 인지도 수준, 비용, 동류집단의 요구, 청중의 기대에 따라 다르다. 명성을 얻으려는 젊은 목사와 고등학교 축구감독을 예로 들어보자. 그들은 이미지 전달 전략을 개발할 때 무엇을 고려해야 할까?

인지도를 얻기 위한 출발점에서는 대부분 선택할 수 있는 채널이 많지 않다. 신학대학을 갓 졸업한 젊은 목사가 선택할 수 있는 채널은 다음과 같다.

- 소도시의 교회
- 대도시의 작은 교회
- 자원봉사
- 교리 교사

축구감독 역시 선택의 폭이 좁다.

- 고등학교 부감독이나 수석 코치
- 대학이나 프로 구단의 부감독
- 훈련 캠프 조교

두 사람이 최초의 유통채널을 선택하고 진출할 무대를 찾았다면 이제는 어떤 이미지로 청중과 소통할 것인지 결정해야 한다. 전달할 이미지가 없으면, 채널 자체는 있으나 마나다.

목사는 교인들을 만나 설교하는 과정에서 나름대로 대인관계 기술을 터득하며, 자신의 브랜드를 세련화한다. 또한 출판물, 집회, 매체 기고, 시민단체 활동, 라디오나 TV 설교, 자선단체 활동 등을 통해서도 수많은 대중과 만날 수 있다. 종교단체들은 대개 웹사이트를 운영하고 있어서 목사의 퍼스널 브랜드를 소개하는 창구 역할을 할 때가 많다. 이것들은 목사가 브랜드를 유통하는 채널이자, 시장에 진입해서 이미지를 구축하는 통로다. 이러한 '매개 채널'을 적절히 이용하면 신도들의 규모를 늘릴 수 있다. 그리고 그것을 잘 이용하면 경쟁자들 사이에서 차별성을 확보할 뿐 아니라, 강력한 '캐스팅 디렉터'인 교회 지도부나 미디어의 주목도 받을 수 있다.

축구감독 역시 다양한 채널 활용 전략을 개발해야 한다. 그의 브랜드에서 핵심 요소는 아마도 승패기록일 테지만, 나아가 자신만의 고유 이미지를 창출하면 더 수월하게 잠재적 청중을 확보할 수 있다. 예컨대 전문성을 개발해서 특수 분야 코치로 활동하거나, 독자적인 수비기술을 개발하여 지도자 이미지를 개발하거나, 축구교실에서 유능한 강사라는 평판을 얻거나 등이다. 또한 미디어를 이용할 수도 있다. 언론과의 인터뷰를 통해 인간적이고 매력적인 모습을 드러내거나, 친절한 경기해설자의 면모를 보일 수도 있다.

목사와 마찬가지로, 감독은 청중에 따라 적절한 채널을 선택하고 그에 맞는 이미지를 전달해야 한다. 특히 수석 코치, 동기생들, 언론종사자, 지역 관계자, 사업적 인맥 등에 따라 메시지를 다양하게 개발해야 한다. 각 메시지는 적절한 채널 없이 전달되지 못하고, 각 채널 또한 적절한 메시지 없이는 돌아가지 않는다.

∴ 지속적인 채널 전환

유명해지려는 사람은 해당 분야에서 자신이 가장 이용하기 쉬운 채널을 우선적으로 고려한다. 사업가는 공제조합 회장에 출마하고, 변호사는 변호사 소위원회 회장을 맡으며, 무용가는 지역 무용단의 한 자리를 차지한다. 하지만 그들은 그 시점에서 가장 혹독한 시험을 치른다. 그들은 자신이 원한 것은 명성이지 그에 따른 감시의 눈빛이 아님을 깨닫는다. 명성에 걸맞은 책임을 다하지 못한다면, 공제회 회장은 회원들로부터 연락이 끊기고, 변호사는 모임에서 질책을 당하며, 무용가는 무대에 오르지 못한다. 이렇듯 남들에게 거부당한 상황에서 어떤 사람은 새로운 콘셉트를 개발하고 채널을 바꾸면서 한층 개선된 모습으로 이미지 변신을 꾀한다. 그러나 대부분 수년 동안 과거의 채널에만 매달리다 변신의 동력을 소진해버린다. 결국 명성을 얻으려는 계획을 포기한 채 더 이상 인지도를 따르지 않고 무명인으로서의 삶에서 벗어나지 못한다.

인지도를 높이는 최고의 전략은 채널을 꾸준히 업그레이드하면서 브랜드를 다듬고 연마하는 것이다. 유명해지려면 낮은 인지도를 위한 중간 채널을 가장 먼저 이용하게 마련이다. 신참 축구감독이 곧바로 유명한 축구해설자가 되거나, 젊은 목사가 단기간에 대형 교회의 교단에 서기는 어려운 법이다. 하지만 적재적소에서 채널을 바꾸고 브랜드의 변신을 꾀하면, 순차적으로 강력한 채널들을 이용할 수 있다. 결과적으로는 더 높은 지위와 명성, 더 많은 청중과 수익이 뒤따를 것이다.

∴ 채널의 변화와 혁신

변신에 성공한 사람이라도 높은 인지도를 향한 도전을 계속하려면 적절한 채널 활용 전략을 마련해야 한다. 이를 위해서는 유통채널의 진화 및 변화과정, 각 채널의 특징을 정확하게 파악해야 한다. 브랜드 이미지를 전달하는 채널은 시대에 따라 탄생과 소멸을 거듭하며 끊임없이 변하고 있다.

한 예로 변화되어 온 코미디언들의 유통채널을 살펴보자. 1945년 이전의 코미디언들은 보드빌 하우스, 카니발, 나이트클럽, 영화, 라디오 쇼에서 주로 활동했다. 하지만 그 이후에는 TV가 주요 활동무대가 됐다. 그리고 비즈니스 컨벤션과 무역박람회가 급속하게 늘자 그곳에 출연해 무거운 회의 중인 사업가들에게 시원한 웃음을 주었다. 1960년대에는 즉석 코미디 극장이 유행한 덕에 코미디언들이 이름을 알릴 수 있는 기회가 확대되었다. 1970년대 후반에는 코미디 공연을 하는 나이트클럽이 전국적으로 성행한 한편, 로빈 윌리엄스(Robin Williams)와 같은 스타들이 등장했다. 1980년대와 1990년대에는 코미디언의 활동 영역이 연기자에서 TV프로듀서나 작가, 영화배우로까지 확대되기에 이르렀다. 최근에는 인기 있는 애니메이션 더빙에까지 진출하게 되었다.

한편 분야 자체의 인기가 크게 하락함에 따라, 그와 관련한 유통채널도 덩달아 위축되는 경우도 있다. 20세기 초만 해도 시인들은 미국 전역에 걸쳐 문화단체와 교육 프로그램을 통해 꾸준히 활동했다. 당시에는 많은 사람들이 시인을 찾아 시청, 교회, 시민강당으로 모여들었고 시집도 많이 읽었다. 하지만 오늘날에는 도시나 시골의 클럽, 커피숍,

대학가에서 시집을 읽는 젊은이들을 찾아보기 어렵다. 서점에는 여전히 시집 코너가 있지만 관련 시장은 과거처럼 활기를 보이지 않는다.

이와 반대로 주요 미디어를 통해 새롭게 떠오른 분야도 있다. 가령 과거 비즈니스 관련 뉴스는 보도에서 중간 정도의 분량이었지만, 1970년대 들어 경제침체로 실업률이 증가하자 대중은 경제와 비즈니스 정보에 많은 관심을 갖게 되었다. 또한 비즈니스 스타들의 이미지를 전달하던 신문은 케이블 TV의 성장과 함께 늘어난 전문 TV쇼와 치열한 경쟁을 치러야 했다. 그 결과 비즈니스 정보를 찾는 소비자들과 소통할 수 있는 새로운 유통채널이 수없이 많이 생겨났다. 그 중 하나가 바로 비즈니스 독자층을 겨냥한 비즈니스 잡지들이었다. 이런 잡지들은 비즈니스 소식과 투자정보에 대한 대중의 수요를 맞추고자 노력했다. 특히 온라인 잡지의 붐은 비즈니스 정보 소비에 대한 관심에 불을 지폈다.

다양한 유통채널을 이용할 때 그 성패를 좌우하는 것은 다음 세 가지다. 첫째는 신기술을 이용한 새로운 채널의 창조다. 인지도를 높이려는 사람에게 케이블과 위성 TV, 인터넷은 유용하게 활용할 수 있는 중요한 채널이다. 케이블과 위성 TV는 세분화된 청중들과 집중적으로 교류할 수 있고, 인터넷은 브랜드를 전달할 뿐 아니라 관련 제품까지 판매할 수 있는 수익성 높은 채널이다.

둘째는 경제성이다. 유통채널의 이용료가 너무 비싸면 청중이 외면하게 마련이다. 과거 대형 나이트클럽은 유지비가 많이 들고, 손님이 적어 문을 닫는 경우가 많았다. 그런 클럽에서는 연예인들이 직접 출연했는데, 연예인들은 출연료가 매우 비쌌고 손님들이 그 비용을 부담해야 했다. TV가 등장하자 시청자들은 자신이 좋아하는 배우를 나이트클럽이 아닌 안방에서 만날 수 있게 되었다. 그리고 비디오와 DVD가 나오면서 극장을 찾던 사람들이 DVD 대여점으로 향했다.

셋째는 소비자들의 변화무쌍한 취향이다. 1940년대와 1950년대에는 재즈클럽이 미국 전역에서 번성했다. 1960년대에는 캐주얼 카페가 유행했고, 포크 가수들이 인기를 누렸다. 1960년대 후반과 1970년대 초반에는 록이 유행하면서 수많은 사람들이 우드스톡 페스티벌을 비롯한 야외 콘서트에 모여들었다. 1980년대에는 컨트리 음악이 북부 도시 시장에 침투하기 시작했고, 컨트리 음악 바가 많이 생겨났다. 1990년대에는 얼터너티브 록이 젊은이들 사이에서 유행했고, 1960년대와 1970년대의 대표적인 음악들이 어느 때보다 인기가 많아서, 당시 최신 유행곡의 방송시간대가 흡수되기도 했다. 2000년대에는 R&B, 힙합, 뉴메탈이 유행했다. 음악뿐 아니라 어느 분야에서든 청중의 취향은 쉽게 변한다. 스포츠 분야에서는 팀 경기에 열광하던 청중이 갑자기 개인 경기를 더 좋아하게 되고, 의료 분야에서는 환자들이 새로운 의료시술에 이끌리는 경우가 많다.

∴ 채널의 특징

인지도를 높이려는 사람은 각 채널의 특징을 파악한 뒤 능력에 맞고, 브랜드 프로필을 개발하는 데 적합한 채널을 집중적으로 이용해야 한다. 최선의 채널을 선택하려면 다음 사항을 고려해야 한다.

- 현재 인지도는 어느 정도인가?
- 인지도를 높이는 과정에서 예상하는 위험은 어느 정도인가?
- 인지도 피라미드를 어떤 방법으로 올라갈 것인가?
- 인지도의 각 단계에 도달하는 데 걸리는 시간은 얼마인가?
- 채널 접근 및 이용료는 얼마인가?

유명해지고 싶은 신인 가수라면 제일 먼저 나이트클럽을 찾아갈지도 모른다. 나이트클럽은 청중이 적기 때문에 많은 사람들 앞에서 형편없는 공연을 벌였을 때 감당해야 하는 위험보다 한결 안전하게 브랜드를 시험할 수 있다. 청중에게 보여줄 소재가 적기 때문에 삼십분이나 한 시간 동안 노래만 하는 단순한 형식도 적합하다. 또한 나이트클럽의 편안한 분위기는 화법을 익히고 이야기의 소재나 톤을 적절히 유지하는 능력을 기르는 데에도 도움이 된다. 매일 밤 같은 일을 반복하기 때문에 자신의 모습을 단기간에 완벽하게 만들고 무대에서의 자신감도 얻을 수 있다.

이번에는 그보다 위험이 높은 토크쇼 채널을 생각해 보자. 〈제이 레노 투나잇 쇼(Tonight Show with Jay Leno)〉에 출연한 가수는 약 7분이라는 시간 동안 3분은 노래를 하고, 4분은 레노와 이야기를 나눌 것이다. 가수가 부를 수 있는 노래는 단 한 곡이기 때문에, 자신의 노래 실력을 충분히 보여줄 수 없다. 반면 그 노래를 통해서만 자신을 드러낼 수 있으므로 선곡이 중요하다. 자신의 스타일과 캐릭터를 전달하는 의상에도 신경 써야 한다. 또 대화의 주제를 마음대로 정할 수 없기 때문에, 주어진 주제에 자신이 하고 싶은 말을 자연스럽게 섞어가며 이야기할

줄 알아야 한다. 이에 대한 대응이 부자연스럽거나 관심을 끌지 못하면 사람들은 실망할 것이다. 하지만 이 채널을 성공적으로 이용하면 다른 '매스 마켓' 채널에도 접근하여 자신의 이미지를 여러 채널에 동시에 선보일 수도 있다.

정치인 역시 다양한 채널의 특징을 고려한다. 그들은 생방송으로 진행되는 기자회견보다 자신이 직접 통제할 수 있는 연설을 더 선호한다. 기자회견에서는 예상치 못한 질문을 받을 수 있기 때문이다. 닉슨 대통령은 재임에 성공하기 위해 겉보기에는 자연스러워 보이지만, 실제로는 상당히 의도된 인터뷰 형식을 추구했다. 닉슨이 만난 시민 패널들은 그가 안심할 수 있는 질문만을 던졌다.

이미지 홍보만으로 국회의원이 되다!

미디어를 통제하여 의도적으로 새로운 인상을 만들어 성공한 재미있는 사례가 있다. 프랑스에서 있었던 일이다. 프랑스 레지스탕스의 명예회원인 어느 80세 노인이 국회의원 선거에 출마했다. 그는 나이가 많아서인지 치매기가 있었고 언론과 접촉을 아예 하지 않았으며, 대중 앞에서의 연설도 하지 않았다. 대신 그의 후원자들이 그의 20년 전 사진을 보여주고 그의 말을 인용하며 언론에 홍보했다. 그들은 근본적으로 재건된, 실제 모습과 딴판인 이미지를 마케팅했던 셈이다. 그렇게 선거에서 온전히 관리된 이미지만 이용한 결과 그는 국회의원에 당선되었다.

인지도를 높이려는 사람은 채널을 정할 때 그 이해득실을 정확히 따져야 한다. 유명한 배우들은 능력을 개발하는 것이 아니라 인지도를 파는 것으로 여겨질까봐 TV광고를 거절하는 일들이 많다. 또한 일부 성공한 브랜드는 특정 잡지와의 인터뷰를 하지 않는다. 전 미 국가정보국 국장 존 네그로폰테(John Negroponte)가 성인잡지와 인터뷰한다면 아마 그의 신뢰는 떨어질 것이다. 유명한 미술가들은 일반 건물의 벽에 그림을 그려달라는 의뢰를 선뜻 받아들이지 않을 것이다. 배우 폴 뉴먼은 토크쇼에 잘 출연하지 않는다. 그 대신 뉴먼은 자신의 이름이 붙은 샐러드드레싱, 팝콘, 파스타 소스 등을 만들고 그 수익금으로 자선사업을 벌임으로써 이미지를 차별화했다.

　유통채널은 저마다 고유한 특징이 있다. 변호사를 예로 들어보자. 변호사는 두 채널, 즉 사무실과 법정에서 주로 업무를 본다. 평소 변호사가 사무실에서 프레젠테이션을 할 때에는 청중에게 노출되는 시간이 짧고, 활동의 통제가 강하다. 또한 청중과의 만남이 일회적이고 시각적 영향력이 낮다. 반면 법정에서 선 변호사는 청중에게 노출된 시간이 길고, 활동의 제약 및 청중 노출 횟수가 많다. 시각적 영향력도 높다. 인지도를 높이려는 사람은 여러 채널을 거치면서 각 채널의 특징을 정확하게 파악하고 능력에 맞는 채널을 선택해야 한다.

∴ 활동 채널의 관리

　인지도를 높이려는 사람과 이미 인지도를 높인 사람은 채널을 선택하는 기준이 다르다. 이제 막 인지도 경쟁에 뛰어든 사람은 주변의 이용 가능한 모든 채널을 고려할 것이다. 신규 시장진출자에게는 기회가 아주 적기 때문에 모든 조건을 최대한 이용해야 한다. 스타 지망생은 기회가 있을 때마다 오디션에 응해 새로운 역할에 도전할 것이고, 신임 목사는 각 교회의 게시판을 꼼꼼하게 살피며 부목사직을 구할 것이다. 이와 달리 이미 인지도를 높인 브랜드는 소비자에게 그릇된 인상을 주지 않도록 가장 확실한 채널만을 선택하는 경향이 있다. 그러나 인지도를 높이려는 사람이나 유명한 브랜드나 모두 성공적인 활동 경력을 쌓기 위해 노력한다는 공통점이 있다. 그들은 채널 관리와 관련하여 다음의 사항을 결정해야 한다.

- 강조하고 싶은 브랜드 이미지는 무엇인가?
- (브랜드 검증, 변신, 리소스 개발 등 다른 일과는 별도로)활동 시간을 어느 정도로 할 것인가? 활동 시간을 채널마다 어떻게 분배할 것인가?
- 어떤 시장에서 어떤 무대를 통해 브랜드 이미지를 유통할 것인가?
- 브랜드를 전달하는 제품은 무엇으로 할 것인가?

인상 관리

인지도를 높이려는 사람은 대중의 관심을 유발하기 위해 적극적으로 노력한다. 소문이 자자한 식당을 찾거나, 중요한 행사나 파티에 리무진을 타고 나타나거나, 자선기금 모음 행사에 참석해서 기꺼이 사진사례를 받고 기삿거리가 된다. 그러나 일부는 사람들이 적고 사생활에 방해가 되지 않는 장소만을 찾아다니는 등 대중에게 모습을 드러내지 않기도 한다.

적절한 채널

자신에게 익숙하거나 유리한 한 가지 채널만 이용하면 채널을 관리하기가 쉽다. 가령 어느 기업의 사장이 아주 무겁고 디자인도 형편없는 제품을 광고하려고 한다. 아마 사장은 시각적으로 노출되는 채널을 피하고 녹음실에서 음성 광고를 할 것이다. 하지만 청중이 사장의 인자한 아버지 같은 이미지를 좋아한다면, 사장은 TV에 나설지도 모른다. 한편 비욘세 노울스(Beyonce Knowles)처럼 다재다능한 스타는 콘서트, 뮤직비디오, 영화, 토크쇼 등 다양한 채널을 이용한다. 가수 겸 배우 프랭크 시나트라(Frank Sinatra)는 돈, 개인적 취향, 영향력, 인맥 등에 따라 유통채널을 엄격하게 선정했다.

활동 시간

유명한 퍼스널 브랜드는 공식적으로 활동할 기회가 많다. 하지만 과도한 노출로 청중을 지루하게 만들지 않고, 개인적으로 재충전하며 인생을 즐기는 시간을 확보하기 위해 공적 활동 시간의 효율을 극대화하려 애쓴다. 따라서 퍼스널 브랜드에게 가장 절실한 요소이자 퍼스널 브랜드가 철저히 관리해야 할 것은 돈이 아니라 시간인 경우가 많다. 앤디 워홀(Andy Warhol)은 하루 저녁에 여러 도시에서 여러 강의를 소화해야 하는 상황에서 이 문제에 대한 천재적인 해결책을 선보였다. 즉 자신과 닮은 사람들을 대신 보낸 것이다. 워홀은 자신의 얼굴과 목소리를 알아보는 사람이 거의 없을 것이고, 자신이 보낸 대리자들이 자신보다 더 뛰어나게 강의할 것이라고 믿었다.

선거를 앞둔 후보자는 수많은 유권자를 상대해야 하기 때문에 시간을 효율적으로 이용하기가 특히 어렵다. 그래서 선거 일정을 관리하는 매니저를 별도로 고용해서 하루하루의 노출을 극대화한다. 인지도가 높은 브랜드는 가족 또는 친구를 만나는 시간과 공적 활동 시간을 잘 관리해야 한다. 유명한 성형외과 의사는 수익성이 높은 방송출연, 순회 강연, 중요한 모임 등으로 과거에 비해 수술실에 있는 시간이 훨씬 줄어들 것이다. 결국 다른 유명인사들이 그렇듯, 그 의사도 모든 일의 우선순위를 정해야 한다. 가족, 돈, 노출 중에 어느 것이 중요한가? 명성을 높이면서도 의사로서의 활동 시간을 일정하게 유지하려면 여러 가지 상충되는 요소들을 어떻게 조화시킬 것인가? 그 답은 의사가 우선순위를 어떻게 정하느냐에 따라 달라진다. 육체적 스트레스가 심하거나, 성과가 저조하거나, 해당 분야의 핵심에서 크게 벗어난다면 그 일에 배정한 시간을 줄이는 것이 좋다.

지역과 무대

공식적인 활동 시간을 정한 다음에는, 그런 활동을 펼칠 특정 도시나 무대를 정해야 한다. 심리학자 리처드 카슨(Richard Carlson)은 뉴욕의 대공연장인 라디오시티 뮤직홀에 가야 할까, LA에 있는 휘티어 대학에 가야 할까? 제너럴 모터스사의 CEO는 GM의 신차를 미국의 어느 도시에서 발표해야 할까? 그 장면을 인터넷으로 생중계해야 할까? 모든 결정은 비용, 시장의 크기, 채널 이용자의 적합성에 따라 달라진다.

연계 제품의 관리

엔터테인먼트 분야에서는 공식 활동을 기록(CD, DVD, MP3 등의 다운로드가 가능한 매체)으로 남겨 제품화하는 일이 많다. 또는 스타의 이름을 딴 티셔츠나 포스터를 제작하거나, TV광고를 찍어 수많은 지역에 모습을 드러내기도 한다. 높은 인지도를 얻으려면 그처럼 브랜드와 관련한 제품을 철저히 관리해야 한다. 유통채널의 수가 한정되어서 연계 제품 자체가 없는 분야도 있다. 변호사, 의사, 부동산 투자자 등 전문직업 브랜드는 비교적 최근에야 강의용 CD나 자기계발서와 같은 제품을 유통시키기 시작했다. 인터넷이 발달함에 따라 전문직 종사자들도 강력하면서도 경제적인 유통채널을 쉽게 이용하게 됐다. 예컨대 의사의 처방전이 필요한 약의 전통적인 유통채널을 생각해보자. 과거에는 제약회사가 주로 의사, 간호사, 약제사와 같은 특정 청중을 목표로 약을 유통했다. 하지만 미국 식품의약청이 제조 약의 TV광고에 적용한 엄격한 제약을 완화한 이후 큰 변화가 일어났다. 우선 제약회사는 기존의 채널을 버리고 미디어를 이용해 일반 소비자와 직접 소통했다. 그 결과 전체조선수 바트 코너(Bart Conner)는 진통제를, 전 대통령 후보 밥 돌은 비아그라를, 배우 올림피아 듀카키스(Olympia Dukakis)는 진통패치제를 광고하는 등 수많은 유명인이 약을 홍보했다. 그들은 언론과의 인터뷰, TV 토크쇼를 비롯해 소통이 가능한 모든 채널에 등장해 자신이 광고하는 약의 효과를 널리 설명했다. 이런 식으로 퍼스널 브랜딩을 이용하는 것에 대한 비판이 있기도 하지만 이런 현상은 소비자들이 의약품을 고를 때 옷이나 향수를 고르듯 더 많은 관심을 기울일 것이라는 점을 알려준다.

유통채널은 퍼스널 브랜드를 청중에게 지속적이고 유의미하게 전달한다. 인지도를 높이려는 사람이 기존 채널을 버리고 새로운 채널을 이용하면 아주 경제적으로 목표를 이룰 수 있다. 또한 각 채널은 저마다 고유한 특징이 있다. 따라서 다양한 채널에 순차적이고 전략적으로 접근하면 브랜드가 가진 자원을 효율적, 생산적으로 이용할 수 있다. 사교모임, 판매회의, 연설, 나이트클럽 등 청중과 대면하는 소규모의 '라이브' 채널도 인지도를 높이는 데 유용하지만 '뉴 미디어 인지도-전달 시스템(the new media visibility-delivery system)'에 따른 채널들 만큼 강력하지는 않다. 미디어는 브랜드를 확장하고 유통하는 기능을 맡으며 브랜드의 명성을 높이거나 해칠 수도 있다.

∴ 미디어 이용하기 – 브레이크 아웃

미디어는 채널들 중 영향력이 가장 강력하기 때문에 퍼스널 브랜딩에서 결코 빼놓을 수 없다. 브랜드 이미지는 다른 채널을 통해서도 시장으로 전달할 수 있지만, 일반을 상대로 하든 특정한 사람들을 상대로 하든 간에 미디어는 가장 강력하고 경제적인 채널이다. 사람들은 날마다 영화, TV, 라디오, 신문, 잡지, 인터넷을 통해 수많은 메시지 세례를 받는다. 또 유명인들에 관한 공식 활동, 사소한 행동, 라이프스타일, 문제들이 늘 언론에 보도된다. 스타는 보도의 효과와 브랜드의 현 수준에 따라 그런 보도에 만족하기도 하고 보도를 막기도 한다. 한편 특별히 더 주목받는 스타는 미디어를 점령함으로써 그들의 영향력을 입증할 수 있다. 말콤 글레이저(Malcolm Glazer)가 많은 논란 속에 맨체스터 유나이티드의 구단주가 되었을 때, 그의 이름은 전 세계 대부분의 미디어 포럼에 등장했다. 이처럼 고도의 미디어 노출을 통해 스타가 된 사람들은 그런 기회가 두 번 다시 오지 않을 수 있으므로 신중하면서도 전략적으로 대처해야 있다.

'브레이크 아웃(break out)'이란 일시에 높은 인지도를 얻는 것, 갑자기 크고 새로운 시장에 진입하는 것을 말한다. 미디어를 이용해서 순식간에 인지도를 높이면 많은 기회가 생길 수 있다. 그런데 '보세창고'에서 '출하'를 기다리는 많은 예비 스타들은 아직 불완전(완벽하게 준비되거나 검증되지 않은 상태)하다는 문제가 있다. 미디어는 그들의 특이한 점이나 단점을 확대 또는 부각시키는 경향이 있어서 더 위험하다. 미디어를 통한 브레이크 아웃은 위험의 부담이 높기 때문에, 변신 자체만큼이나 체계적이고 전략적으로 다뤄야 한다.

1992년 혜성 같이 등장한 대통령 후보 로스 페로(Ross Perot)의 이야기를 살펴보자. 기본적으로 페로는 민주당과 공화당을 비롯한 구정치인들의 구태의연함을 거부한 유권자들이 선택한, 유권자 중심의 후보였다. 하지만 선거운동 과정에서 미디어가 그를 신선한 인물로 주목하자, 돌연 미디어 중심의 후보로 바뀌어버렸다. 미디어가 드라마틱한 선거전을 보도하기 위해 그의 경제적 성공 스토리를 이용했던 것이다. 페로는 적극적이고 미래지향적이며, 자신감 넘치고 부유한 후보로서 전통적인 스토리에 아주 적합했다. 이런 미디어에 힘입어 페로는 결국 '브레이크 아웃'했다. 하지만 그의 미디어 중심의 브레이크 아웃은 다음과 같은 부정적인 결과를 낳았다.

- 그의 인생이 낱낱이 공개됐고, 그 과정에서 그의 결점들이 드러났다.
- 그는 미디어 세례를 효율적으로 감당하고 대처할 준비가 부족했다.
- 작가, 홍보담당, 정책 전문가 등 그의 선거를 지원하는 사람들은 미디어에 시기적절한 정보를 제공하지 못함에 따라 미디어 활용의 장점을 살리지 못했다. 아울러 부정적인 기사에 적절히 대처하지 못해서 그를 소극적이고 나약한 후보자로 만들었다.

결국 페로는 치명타을 입고 선거전에서 물러나야 했다. 여기에서 분명히 알 수 있는 것은 미디어가 누군가를 주목하면, 그 사람에 대한 다른 두 동인, 즉 개별 청중과 단체의 판단에도 상당한 영향을 미친다는 점이다. 페로의 경우 미디어는 '페로는 과연 언론의 스포트라이트에 잘 대처할 수 있는가?'와 같이 명백히 자극적인 질문으로 논쟁거리를 만들면서 다른 동인들에 영향을 미치기 시작했다. 미디어 주도의 선거운동에서는 후보자의 모든 면이 공개되고, 후보자의 사고까지 분석된다. 후보자가 미디어의 오피니언 메이커들에게 끌려다닐 위험이 있는 것이다.

페로의 사례는 미디어를 이용해서 인지도를 높이려는 사람이 치러야 할 대가와 주의사항을 단적으로 보여준다. 브레이크 아웃을 통한 그의 행보가 위험했던 것은 인기 있는 기사들만 다루려는 미디어의 특성 때문이다. 미디어는 유명인사를 잘 키우고, 유지하고, 관리하다가 마지막 단계에서는 미련 없이 포기하는 대상으로 여긴다. 그래서 미디어 주도의 브레이크 아웃은 대개 다음과 같은 과정을 거친다.

'불우한 환경에서 역경을 극복한 인물을 찾아 주목하고, 그의 옷차

림이나 식습관까지 낱낱이 파헤치다가, 해당 분야와 관련해 그의 문제나 한계를 지적한다.'

이런 스토리라인은 브레이크 아웃의 동력으로 작용한다.

인지도를 높이려는 사람이 브레이크 아웃을 할 때에는 뒤의 단계로 갈수록 시련을 강조하는 경우가 많다. 음모, 도를 넘는 행동, 온갖 가십이 끊임없이 스토리를 만들어내야 하는 미디어를 즐겁게 한다. 하지만 일정한 공백기를 거쳐 시련과 고난에서의 복귀, 모범적 행동, 안정된 삶의 성취와 같은 스토리를 통해 그 사람은 재탄생된다. 미디어를 통한 브레이크 아웃에는 아무리 노력해도 그 흐름을 막을 수 없는 단계도 있다. 브레이크 아웃을 할 때에는 어떤 단계에서도 상황을 정확히 이해하고, 브랜드의 장단점을 파악하며, 모순적인 부분을 적극적으로 개선하고, 대중과의 결속력을 강화하며, 표적시장을 상대로 강력하고 현실적인 스토리라인을 개발해야 한다.

브레이크 아웃의 규칙

앞서 살펴보았듯이, 브레이크 아웃은 철저하게 관리해야 한다.

- 브레이크 아웃을 하려면 목표가 분명해야 한다. 높은 빌딩을 기어오르거나 논란이 많은 주제로 공개발표를 하면, 브레이크 아웃을 유발할 수 있다. 하지만 그런 '센세이셔널리즘'[2]만으로는 브랜딩 프로세스를 지속시키기 어렵다. 효과적으로 브레이크 아웃을 하려면 청중

---

2 본능과 호기심을 자극하여 대중의 인기를 끌어 이득을 얻으려는 보도 경향.

확보, 제품 판매, 경쟁자와의 차별화와 같은 궁극적이고 전략적인 목표를 세워야 한다.
- 브레이크 아웃을 하려면 완벽하게 준비해야 한다. 브레이크 아웃을 한 사람은 자신의 브랜드를 시험, 개선해야 하며 언론에 노출되기 전에 철저한 코치를 받아야 한다.
- 브레이크 아웃을 한 사람은 브레이크 아웃의 모든 단계가 전형적인 미디어 사이클(media cycle)의 일부라는 사실을 알고 다음 단계를 예상해야 한다. 브레이크 아웃이 실패하는 이유는 현재 단계를 마지막으로 보고, 다음 단계로의 이행과 그에 따른 필요조건을 고려하지 않기 때문이다.
- 요즘은 블로그나 인터넷 웹사이트가 전통적인 미디어를 대신해 일련의 사건을 신속하게 전달한다. 그에 따라 브레이크 아웃을 하는 시기가 달라지는 한편, 거짓 스토리가 유포되거나 생각이 잘못 전달될 가능성도 높아졌다. 신규 시장진출자는 모든 스토리와 유통채널을 이용해야 한다.
- 브레이크 아웃을 하는 동안, 인지도를 높이려는 사람은 주도적으로 주제를 정하고 안건을 설정해야 한다. 그 일을 미디어에 맡기면 심각한 문제가 발생할 수도 있다.
- 브레이크 아웃이 위축되는 순간이야말로 정말로 어떤 일을 시작해야 할 때다. 브레이크 아웃이 아무리 강력해도 그것만으로는 어떤 활동도 오래 지속할 수 없다. 따라서 인지도를 높이려면 브랜드 이미지를 전달할 수 있는 믿을 만한 유통채널을 찾아 효과적으로 이용해야 한다.

∴ 인지도 높이기 – 새로운 유통채널의 이용

브레이크 아웃의 첫 단계에서는 미디어의 보도 행태를 이해하는 것이 중요하고, 브랜드 개발자는 미디어의 정보 수집법을 제대로 알아야 한다. 미디어는 다양한 기술과 방법으로 정보를 검색하지만 기본적으로는 사실, 사건, 경쟁상대, 내부 관계자, 유행 및 특정 집단에 대한 면밀한 환경 조사, 전문가, 홍보회사, 수많은 웹 사이트를 이용한다.

인지도를 높이려는 사람은 특정한 출처에 의지해 정보를 수집하는 미디어의 특성을 적절히 이용해야 한다. 그렇듯 인지도를 높일 수 있는 뉴스의 출처(홍보전문가, 가십 블로거, 프로모터, 대행사, 공연 매니저)는 정보의 흐름을 잘 알고 있다. 어떤 스토리는 지역 수준에서 유포되다가 전국의 미디어에 보도된다. 또는 먼저 전국 단위의 미디어에 보도되었다가 다양한 채널을 통해 지역 미디어에 퍼지기도 한다. 보통 인지도가 높아지면 먼저 지역 신문과 라디오에 등장하고, 잡지나 지역 TV를 거쳐 최종적으로는 전국 TV방송에 출연하기에 이른다. 웹사이트와 블로그가 스토리라인을 지역과 전국 단위로 신속하게 전달하기 때문에, 디지털 환경 역시 그러한 정보의 흐름에 일조한다. 이런 채널을 통한 정보의 흐름이 점차 거세지면 기존의 뉴스 필터를 거칠 때보다 더 빨리 특종을 보도할 수 있고, 뉴스 제공자가 스토리에 직접적으로 영향을 미칠 가능성도 줄어든다.

비즈니스 영역에서 인지도를 높이려는 사람은 지역 수준에서 자신의 기량을 시험한 뒤, 전국적인 미디어 무대로 진출하는 경우가 많다. 일반적으로 그런 사람은 위험이 큰 무대에 오르기에 앞서, 공증 접근

채널(public access channels, 일반인이 직접 기획·제작한 영상물을 그대로 방영하는 것—옮긴이)이나 지역 케이블 TV, 라디오 인터뷰 등에 출연해 예행연습을 하고 브랜드를 다듬는다. 이런 전략을 사용할 때에는 지역 단위의 모든 행동을 기록하고, 시청자의 기대에 부응하기 위해 재작업해야 할 내용 및 행동방식이 없는지 꼼꼼하게 살펴야 한다. 질문에 신속하면서도 적절히 대답하고, 핵심을 말하고, 사적인 이야기는 피하고, 진행자와 시선을 맞추는 등의 예행연습을 통해 미디어 노출에 대비한다. 이 과정에서 인지도를 높이려는 사람은 연습을 통해 자신감을 높이고 능숙한 진행자 앞에서 긴장하지 않도록 자신의 행동을 분석하고 개선해야 한다. 비즈니스나 종교 분야에서는 지역 수준의 활동이 일종의 테스트 마켓에 해당한다. 인지도를 얻으려는 사람은 지역 시장에 진입해서 예행연습을 거친 뒤, 더 강력한 전국적인 미디어로 유통될 수 있도록 스스로를 포지셔닝한다. 하지만 어떤 스토리도 신속하게 웹사이트에 올라오는 새로운 미디어 환경에서는 상위 무대로 올라가려는 아주 정교한 시도가 한순간에 좌절될 수도 있다.

 인지도를 높이려는 사람은 미디어가 유명인사에 대한 특정한 정보를 청중에게 어떻게, 왜 전달하는지 이해해야 한다.

- 미디어는 지역의 선결문제, 요구사항, 특별한 태도와 관점을 바탕으로 하거나, 특정한 이익 단체의 요청에 따라 정보를 처리한다.
- 미디어는 청중을 확실히 즐겁게 할 수 있는 다양한 스토리 메뉴를 개발한다. 그런 스토리의 전형을 파악하면 미디어의 주목을 받을 기회가 더 많아질 것이다.

- 경쟁에 대한 압박감은 미디어가 청중에게 제시하는 정보에 영향을 미친다. 어떤 미디어가 감동적인 기사를 보도하면, 다른 미디어도 그와 비슷한 유형의 기사를 찾으려고 애쓸 것이다.
- 24시간 뉴스전문 방송, 유명인을 중심으로 한 방송 프로그램, 실시간 업데이트되는 웹사이트, 블로그 등 미디어 채널이 급증하면서 '누군가'에 대한 뉴스의 수요가 증가했다. 미디어들은 각자의 채널을 채울 수 있는 뉴스와 방송 소재를 끊임없이 필요로 하고, 동시에 특종 중에 특종을 잡으려고 한다.

인지도를 높이는 사람은 브레이크 아웃의 정점에서 혼란스러워 하는 경우가 많다. 미디어는 유명인을 수없이 많은 각도에서 보도하고, 당사자는 그 과정에서 일시적으로 집중적인 관심을 받다보면 어리둥절할 때도 있다. 하지만 바로 그때 브랜드의 전략적인 전달 방법을 결정해야 한다. 언제 브레이크 아웃을 통해 유명해질지 모르는 상황에서 그런 의사결정은 말만큼 쉬운 것이 아니다. 어느 날 갑자기 강력하고 경쟁력이 높은 매력적인 유통채널을 만날 수도 있다. 따라서 브레이크 아웃을 하는 동안에는 모든 상황에 끊임없이 주의를 기울여야 한다.

브레이크 아웃을 하다보면, 미디어의 일부 요소는 통제할 수 없는 것이 사실이다. 무리한 활동과 빡빡한 스케줄로 살다보면 온갖 소문, 가십, 악의적으로 편집된 인터뷰, 못 지킨 약속 등 부작용이 생기게 마련이다. 또한 새로운 사람을 만나면서 기존의 관계가 불편해지거나 불확실해질 수 있다. 오랫동안 함께 일했던 매니저를 해고하고, 가족 대신 전문 상담사에게 조언을 구하고, 배우자는 이혼전문 변호사를 찾아간다. 하지만 다행히도 브레이크 아웃에는 적절히 통제하고 조절할 수 있는 부분도 많다.

∴ 분야별 유통 전략

브레이크 아웃은 저절로 일어나는 것이 아니라 적절한 통제와 관리에 따른다. 아래 소개하는 퍼스널 브랜드들의 유통과정을 살펴보면서 그 사실을 확인해보자.

두 기업가의 유통 전략

시카고에 본사를 둔 킴 앤 스콧 홀스타인(Kim and Scott Holstein)은 매듭 모양의 과자 프레즐을 사랑한 두 사람이 만들어낸 기업이다. 이 기업은 단계적으로 유통채널을 전환하며 전략적으로 브랜드를 관리했다. 두 기업가는 속이 꽉 찬 수제 프레즐을 여러 형태로 개발한 뒤 '킴앤스콧 고메이 프레즐' 이라는 브랜드로 시장에 진출했다. 브랜드 이름을 달아 제품을 차별화한 뒤, 그들의 강한 설득력과 연기력을 결합해 판매활동을 벌였다. 초창기에 두 사람은 식품업에 대한 경험이 전혀 없었지만, 흥미로운 스낵 사업을 구상하고 있었다. 그것을 시험해보고자 지역의 요리 전문가들을 모아 자유로운 토의를 벌였고, 상품의 시장성을 타진하면서 피드백을 구했다. 긍정적인 반응을 얻어낸 그들은 직접 만든 프레즐을 극장에서부터 기업의 구내식당까지 다양한 소매상에게 팔기 시작했다. 때로는 친척들을 동원해 영업활동을 펴기도 했다. 인지도가 상승하자 근처 식당과 커피 판매점들이 고객이 되었고 지역의 호텔, 경기장, 대학에서도 구매를 요청했다.

그들은 유통시장을 확대하기 위해 무역박람회에 참가했다. 그리고 미국의 주요 소매업체들과 대규모 거래를 맺기 위해 적극적으로 노력하면서 제품의 품질뿐 아니라 두 사람의 만남에 대해서도 간략하게 설명했다.

두 사람은 정신적 가치를 중시하고 건강에 좋은 재료를 고집하며 현대화된 '벤&제리'로 포지셔닝했다. 고객들과 항상 개인적인 친분을 쌓는 한편, 미디어를 이용한 홍보전략을 개발했다. 신문이나 방송을 통해 두 사람의 만남, 사업의 시작, 혁신적이고 성공적인 기업으로 키우기까지의 과정을 소개하는 기사를 내보낸 것이다. 이에 따라 〈레스토랑 USA(Restaurant USA)〉에 그들과 관련한 특집기사가 실렸다. 한편 중소기업을 대상으로 자발적인 기부 형태로 운영되는 온라인 홍보서비스 웹을 이용해 기업의 뉴스를 유포했다.

직접적인 고객 네트워킹, 무역박람회 참가, 기업과 설립자에 대한 지속적인 정보공개의 결과, 홀스타인의 사업은 어엿한 브랜드로 발전하기 시작했다. 속에 초콜릿을 넣은 것부터 시금치와 페타 치즈를 넣은 것까지 제품 라인을 확대했고, 생산량도 크게 늘렸다. 두 사람은 자신들의 퍼스널 브랜드를 바탕으로 기업을 키웠기 때문에 직접적이면서도 대중적인 고객층을 개발하는 것을 다음 목표로 삼았다. 킴은 "우리는 전국적인 인지도를 얻었지만 일반 고객을 직접 상대하지는 않았다. 하지만 우리의 목표는 늘 그것이었다"라고 말했다. 그들은 사업과 소통에는 성공했지만, 그들의 프레즐이 물건을 판매하는 대형 상점들에게 너무 많은 영향을 받고 있다고 생각했다. 그들은 제품과 브랜드 유통에 대한 지배력을 되찾고 싶었다.

마침내 2001년 가을, 킴앤스콧 고메이 프레즐은 미국 1위 홈쇼핑 채널인 QVC에 진출했다. QVC는 '미국 전역에서 8,400만 가구가 보는' 판매업체로서, 그 채널을 확보하려는 기업들의 경쟁은 치열했다. 그들은 업체품평회에 참가했고, 총 1,300개 회사와 경쟁해서 1차로 600개 회사 안에 선정되었다. 그들은 새로운 방송 판매사를 결정하는 2차 콘테스트에 참가했다. 그들은 다시 한번 꼼꼼하게 준비했고, QVC의 방송 게스트들의 도움을 받아 TV에서 분명하고 강렬한 이미지를 알도록 훈련 받았다. 그 결과 첫 방송으로 세 가지 치즈가 들어간 피자 프레즐 12개짜리 묶음이 12만 개나 팔렸고, 방송 시작 15분 만에 모든 재고물량을 팔아치웠다.

3년 동안 프레즐을 수백 만개나 판매한 킴앤스콧 고메이 프레즐은 2004년 1월에 슈퍼볼(미식축구 챔피언 결승전, 매년 1월 말에서 2월 초에 열림-옮긴이)을 후원하는 QVC의 특별 상품으로 선정됐다. 하루 주문량 4만 개, 3일 안에 미국 전역에 있는 가정에 배달해야 하는 양은 100만 개에 달했다. 이어 3월에는 시카고 TV에 그들과 관련한 특집방송이 나가면서 킴앤스콧의 고메이 프레즐은 현대판 전설이 됐다.

두 홀스타인의 퍼스널 브랜드와 킴앤스콧 고메이 프레즐이라는 브랜드 유통과정은 계획적이고, 전략적이며, 효율적이었다. 이는 채널 혁신과 검증이 브랜드의 성공적인 출시에 얼마나 중요한가를 잘 보여준다. 그들은 고객을 일일이 상대하는 채널로 시작했지만 도매와 소매시장으로 영역을 넓혔고, 마침내 자신의 콘셉트를 개선해 전국 단위의 시장으로까지 진출했다. 그들은 브랜드를 더 널리 확장하기 위해 시험 삼아 식당을 열고 프레즐 샌드위치를 비롯한 다양한 종류의 프레즐을 팔았다. 그들은 이제 미국을 대표하는 브랜드로 자리매김했다.

배우의 컴백

배우 제인 폰다(Jane Fonda)는 누구인가? 20세기 후반 혜성처럼 등장한 그녀는 유명한 배우 헨리 폰다(Henry Fonda)의 딸이었고, 1960년대 섹시 심볼로서 마릴린 몬로의 라이벌이었다. 또한 베트남 전쟁이 벌어지는 동안에는 큰 논란을 일으키며 '하노이 제인'으로 알려졌고, 운동강사로 이름을 날리다가 미디어 거물 테드 터너(Ted Turner, CNN을 설립한 언론재벌-옮긴이)와 결혼한 후 평범한 귀부인으로 안주하는 듯이 보였다. 이렇듯 그녀의 인생은 대단히 화려했다. 마돈나와 밥 딜런 같은 '변신 전문가들'이 다양한 시장에 포지셔닝을 하는 이때, 폰다 또한 변신의 여왕이라 할 만다.

몇 해 전에 제인 폰다는 자서전을 출간하면서 작가, 카운슬러, 고백자(confessor)라는 전혀 새로운 브랜드를 구축했다. 또한 때를 맞추어 제니퍼 로페즈와 함께 출연한 〈퍼팩트 웨딩(Monster-In-Law)〉도 개봉했다. 그녀는 TV와 언론 인터뷰에 수없이 등장하면서 어느 때보다 성숙하고 진지한 모습을 보였다. 그녀는 세대별로 청중이 다른 만큼 시장 포지셔닝도 다양하게 소화해냈다. 나이가 든 사람들 중에는 그녀의 과거 모습을 기억하면서 그녀에게 무슨 일이 있었는지 궁금해하는 사람이 많다. 하지만 1980년대 베스트셀러 비디오를 낸 운동강사로 그녀를 기억하는 사람들이 훨씬 많다. 한편 그녀가 존재했었다는 사실조차 모르는 Y세대[3]의 시장은 그보다 훨씬 거대하다. 그녀를 알고 있는 사람들의 기억이 부정적이거나 어떤 경우에는 적대적이라는 점 때문에 그녀의 컴백이 어려움을 겪기도 했다. 일부 사람들은 폰다를 전쟁 중에 적국인 북 베트남에 2주 동안 다녀온 여자로 기억한다. 당시 그녀는 베트콩의 대공포 위에 올라 앉아 사진을 찍었고, 그 사진이 널리 유포되면서 적을 지지하는 것처럼 보여서 '하노이 제인'이라는 경멸적인 별명이 붙기도 했다. 그녀에 대한 정보가 다양하고 시장의 기대 또한 세대별로 다양한 상황에서 다음과 같은 의문이 생긴다. 복합적이거나 부정적인 이미지를 가지고 어떻게 컴백할 수 있는가?

폰다는 컴백을 시도하면서 여러 가지 채널을 다각적으로 이용하고, 이미지 개선을 바탕으로 한 전략을 사용함으로써 미디어와 시장에서 복합적인 결과를 낳았다. 수많은 TV쇼와 인터뷰한 폰다는 점잖고 때로는 편안한 의상으로, 영화 〈바바렐라(Barbarella)〉에 나왔던 섹시 심볼이 아닌 지적인 상류층 귀부인 이미지를 선보였다. 그녀는 긴장한 모습으로 자리에 앉았고, 진행자의 어떤 질문에도 당당하게 답변하지 못할 것처럼 보였다. 하지만 자신의 입장을 과장하지 않았다. 수많은 변신 과정을 솔직하고 자세하게 설명했으며, 세 명의 전 남편들과의 관계도 진솔하게 털어놓음으로써 청중에게 신뢰를 주었다. 그녀는 마음의 평정을 잃지 않았다.

이와 같은 유명인의 컴백은 결과에 따라 그 성공 여부를 판단한다. 그녀의 책은 다양한 반응을 불러왔고, 영화는 일부 평론가들에게 질타

---

3 베이비붐 세대를 부모로 두고 있는 세대.

를 받기도 했지만 흥행에는 어느 정도 성공했다. 하지만 무엇보다 대중 앞에서 과거를 솔직하게 털어놓으며 진지하고 사려 깊은 모습을 보임으로써 기존 이미지를 개선하는 데 성공했다.

성인 배우의 브랜드 유통

성인 여배우 제나 제임슨(Jenna Jameson)은 다양한 채널을 통해 자신의 브랜드를 전략적으로 유통시켰다. 제임슨은 18세에서 34세 성인 남성들을 주요 팬으로 가진 명실공이 세계적인 성인 배우다. 포르노 광이 아닌 일반인들 사이에서도 꽤 유명하다. 그녀는 일찍이 라스베이거스에서 스트리퍼로 활동했다. 당시 라이브 공연으로 대중에게 이름을 알리기 시작했다. 그 뒤 가끔 누드 잡지와 레즈비언 영화에 출연하다가 하드코어와 주류 성인영화에 본격적으로 출연했다. 그녀의 인지도가 높아진 것은 DVD 기술의 혁신 덕이었다. 실제로 찍은 영화는 50여 편에 지나지 않았지만 그것이 여러 편으로 나뉘어 세계에 유통되었다.

그녀는 포르노 스타에서 문화적 아이콘으로 자신의 이미지를 확장한 뒤 다양한 채널을 통해 브랜드를 마케팅했다. 웹사이트(clubjenna.com)를 운영해서 자신의 브랜드를 차별화했고 수많은 토크쇼에 출연했다. 아울러 뉴욕 7번가가 내려다보이는 5층 높이의 광고판을 비롯해 여러 광고를 찍었다. 그녀의 성공 요인은 포르노 스타로서는 처음으로 '정통 스타' 만이 가능했던 유통채널에 도전했다는 점이다.

'포르노계의 플레티넘 프린세스' 세카(Seka)는 1970년대를 대표하는 포르노 스타다. 그녀는 제임슨보다 앞서 비슷한 전략을 구사했다. 세카는 공중파 유명 토크쇼에 출연했고 수집가 수준의 팬들을 대상으로 자신이 입던 속옷과 포스터, 영화 등을 팔면서 통신판매사업을 벌였다. 제임슨 역시 성인용품과 인형을 팔았지만 한 단계 더 나아가 분야를 넘나들며 《포르노 스타처럼 즐기는 법(How to Make Love Like a Porn Star)》을 써서 베스트셀러가 되었다. 두 사람의 활동 범위가 다른 것은 성에 대한 개념이 크게 바뀌고 선정적인 것을 찾는 뉴스 채널들의 경쟁이 치열해지면서 포르노 스타 시장이 극적으로 변했기 때문이다. 제임슨은 기술의 발전을 이용해 문화적 돌파구를 적절히 찾아냈고, 그 결과 신속하게 주류 브랜드로 자리를 잡고 있다.

저명한 종교지도자의 브랜드 유통

가톨릭 신부 앤드류 그릴리(Andrew Greeley)는 종교적인 주제와 인간적 딜레마를 소재로 많은 소설을 발표했다. 또한 토크쇼나 신문, 라디오, 인터넷을 통해 자신이 쓴 책을 홍보하거나 아이디어를 공개하는 등 논란이 많은 신학자다. 그는 온갖 미디어를 장식하는 유명 브랜드임에 틀림없다.

킴앤스콧의 두 기업가, 폰다, 제임슨, 그릴리 신부는 각자 나름의 규칙, 관습, 제약이 존재하는 분야에서 활동하지만 유통 전략은 서로 비슷하다. 그릴리는 자신을 카운트 마케팅[4]했고, 기존 종교 분야에서 사용하지 않던 채널을 이용해 브랜드를 유통시켰다. 그는 기본적으로 신학자이자 교수이지만, 브랜드를 다각화시켜 인지도와 수익성이 더 높

---

[4] counter-marketing, 역마케팅이라고 함. 마약, 담배, 술과 같이 소비자나 사회 또는 기업 자체의 장기적 번영을 저해하는 불건전 수요를 가격인상, 구입기회의 박탈, 부정적 의사소통 방법을 통해 억제하는 마케팅.

은 넓은 시장으로 진출했다. 1900년대 후반 그릴리는 다양한 수준의 유통채널을 이용하며 꾸준하게 전진했다. 1950년대 초기에는 그릴리를 아는 사람이라고는 친구, 가족, 동료 신학대학생들 뿐이었다. 그는 단지 능력 있는 학생이었고 명성에 대한 열망이 전혀 없는 것처럼 보였다. 그가 이른바 '청중'에게 알려지기 시작한 것은 1960년대였다. 당시 그는 가톨릭 액션(교회의 감독 아래 성직자의 업무를 돕는 평신도 활동—옮긴이) 단체에서 활약하면서 교구민들과 진보적인 신자들의 주목을 받았다. 이는 '가내공업 단계'로, 자신이 속한 단체에서 핵심 청중(core audience)에게 적정한 인지도를 얻었다.

5년 뒤 그릴리는 새로운 분야인 학문에 진출해 시카고 대학에서 박사학위를 받았고, 가톨릭 학교 시스템에 대한 독특한 연구를 수행해서 언론에 그 결과를 알렸다. 그는 학구적이고 솔직하며 논란이 많은 신부로서의 브랜드 이미지를 하나로 통합해 전국의 비신자들에게 유통하기 시작했다. 1975년에는 신문에 칼럼을 연재하고 사회문제를 논하는 논설위원이자 방송인으로 활동했다. 또한 사회연구를 계속하면서 중앙신문의 포럼을 운영하고 주제를 정해 토론을 이끌었다.

1980년대 초반에는 〈타임〉, 〈뉴스위크〉와 같은 유명한 채널을 이용했다. 이처럼 새로운 흐름을 이끈 동력은 그가 교황 선출 과정을 위협하는 정치적 술책을 소재로 쓴 소설 《교황 만들기(The Making of the Popes)》였다. 한 유명한 미디어 채널이 그의 소설에 관심을 보이고, 또 다른 채널들이 연이어 주목하면서 점점 더 많은 사람들에게 그의 이미지가 전달되었다. 그릴리는 주요 미디어 채널을 이용해 '논란이 많은 게스트'로서의 이미지를 유통시켰다. 현재 그릴리는 이른바 1인 분야라고 할 수 있는 곳의 정점에 서 있다. 그는 신학자이자, 교수, 대중 소설가이면서 또한 유통 및 마케팅 혁신가다. 그의 소설은 미국 및 세계적인 베스트셀러이고 수많은 언어로 번역되었다. 그릴리의 브랜드 유통 과정은 채널 혁신과 브랜드 시험이 브랜드의 성공적 진입을 좌우한다는 것을 잘 보여준다. 그릴리는 청중을 일일이 대면하는 채널로 시작해서 지역 시장에 진출했다가, 마침내 자신의 브랜드를 다듬어서 전국적·세계적 채널을 통해 이미지를 전달했다. 아울러 그는 이라크 전쟁을 신랄하게 비판했고, 가톨릭이 당면한 주요 문제에 대한 권위 있는 내부 분석가, 인기 소설가로서 누구보다 다방면으로 활동 중이다.

신규 시장진출자나 스타 지망생은 한걸음 뒤로 물러나 자신의 분야에서 최고에 오르는 길을 차분하게 계획해야 한다. 위에서도 보았듯이 네 가지 사례는 동기와 의도, 분야가 서로 다르지만 공통적으로 브랜드 유통채널을 효율적으로 관리한 결과 브랜드 이미지를 청중에게 효과적으로 전달할 수 있었다. 따라서 "내가 할 수 있는 것이 무엇인가?", "그것을 언제 하는가?", "그것을 어떻게 하는가?"라는 물음을 늘 되뇌어야 한다.

CHAPTER 10

브랜드 홍보

PHILIP KOTLER PERSONAL MARKETING

이민 전문 변호사 그레고리 시스킨드(Gregory Siskind)는 인지도를 높일 수 있는 인터넷의 잠재력을 일찍 간파했다. 1994년 웹사이트를 구축해 비자와 관련한 법률 서비스를 브랜딩했다. 그의 웹사이트 'www.visalaw.com'은 미국으로 이민을 준비하는 사람들에게 각종 법률 서비스와 자료를 제공한다. 이 사이트에는 하루 평균 세계 각지에서 4만 명 정도가 방문한다. 이 사이트는 고객을 창출하는 핵심 수단 역할을 했는데, 그의 회사가 빠르게 성장하는 데 많은 기여를 했다. 현재 그는 토론토, 베이징, 부에노스 아이리스 등 전 세계의 도시에서 100여 개 사무소를 운영 중이다. 또한 인터넷 마케팅 전문가로도 활동하고 있는 그는 자신의 저서를 통해 새로운 마케팅 커뮤니케이션에 대한 경험과 전략에 대해서도 독자와 소통한다.

일본 기업 닛산에서 서양인으로는 처음으로 사장 자리에 오른 카를로스 곤(Carlos Ghosn)은 한때 경영분석가들의 날카로운 비판도 받기도 했지만, 신중하고 정교한 전략적 커뮤니케이션 프로그램으로 자신을 못마땅하게 여긴 사람들과 맞섰다. 자신과 기업에 대한 비전을 적극적으로 홍보한 것이다. 그는 사장에 임명된 직후 기자회견을 열고 '어떤 신성한 영역도, 어떤 금기도, 어떤 제약도 없다'는 경영원칙을 밝혔다. 또 방송, 신문과 인터뷰에서 나서 카리스마 넘치는 경영인의 모습을 보여주고자 노력했다. 즉 닛산이 그 어떤 것보다 수익성을 더 중시한다는 것을 널리 알리고자 했다. 심지어 한 인터뷰에서는 기모노까지 입고 나타나기도 해 사람들의 시선을 한껏 사로잡기도 했다. 그 역시 자서전을 포함하여 여러 권의 책을 출간했는데 책을 통해서 자신의 브랜드를 강화했고, '망가(manga, 일본에서 제작된 만화를 지칭—옮긴이)'에 친숙한 일본 남성들을 목표로 자신의 인생 스토리를 만화로 만들어 연재하기도 했다. 그는 닛산의 수익률을 다시 올리려는 의지가 강했다. 특히 효율적인 커뮤니케이션 전략을 접목해 개혁의 수준이 한층 높아졌고, 일본과 해외에서 자신의 이름을 엄연한 브랜드 네임으로 만들었다. 그리고 마침내 닛산의 모회사인 르노 SA의 CEO가 되었다.

배우 알 파치노(Al Pacino) 역시 많은 지원인력을 거느리고 있다. 홍보담당자를 비롯해 많은 인력이 그를 돕는다. 그를 돕는 매니저들과 여러 관계자들이 일제히 그의 이미지 홍보에 동원된다. 그가 방송, 신문, 잡지 등 미디어에 출연할 때에는 외모를 관리하는 담당자가 따라붙는다. 홍보담당자들은 여러 가지 채널을 통해 더 많은 대중에게 알 파치노의 이미지가 긍정적으로 보이도록 전달할 뿐 아니라, 알 파치노라는 브랜드가 가진 모든 공적 측면(public aspects)까지 철저하게 관리한다.

분야를 불문하고 저마다 성공하기 위한 경쟁이 치열한 세상이다. 결국 인지도를 얼마나 높이느냐가 성공과 실패를 가른다. 사정이 이렇다 보니 홍보 산업(publicity industry)이 급속도로 성장하고 있다. 인지도를 높이려는 사람들이라면 광고대행사를 이용하든, 세계적인 지원 네트워크를 가동하든, 바로 자신의 브랜드 이미지를 가장 먼저 고려해야 한다. PR은 브랜드 이미지를 일관성 있게 전달하고 유지하는 데 반드시 필요하다. PR을 전문적으로 관리하면 브랜드 이미지를 주도적으로 관리할 수 있고 기존 광고보다 훨씬 경제적으로 대중과 소통할 수 있다.

인지도를 높이기 위한 마케팅 프로세스가 발달함에 따라, PR의 대상은 모든 분야로 확대되었다. 그러나 아직도 홍보활동에 대한 조심스러운 시각이 남아 있다. 특히 엔터테인먼트나 스포츠 분야의 스타들은 홍보를 적극적으로 하기 원하면서도 혹 그것이 부정적인 이미지를 만들게 될까봐 노심초사한다. 비즈니스와 전문직업 분야에서는 홍보가 반드시 필요하고 그것이 이롭다는 걸 잘 알지만, 그로 인해 인기만 좇는 영악하고 가식적인 모습으로 보여질까봐 우려하기도 한다. 따라서 홍보 분야에 대해서는 좋은 소식도 있고 나쁜 소식도 있다. 좋은 소식이란 홍보활동의 중요성이 확대되고 그것을 적극적으로 이용하는 사람들이 크게 늘어 이 분야의 전망이 밝다는 점이다. 반면 미디어 환경이 팽창하면서 홍보 경쟁이 어느 때보다 치열해졌고, 그 속에서 경쟁력을 갖추려면 끊임없는 혁신이 필요하며 특정 시장을 효과적으로 공략해야 한다는 과제가 남아 있다.

∴ 홍보란 무엇인가?

PR은 퍼스널 브랜드의 목소리 역할을 한다. 브랜드에 고유의 목소리가 없다면 사람들에게 브랜드를 전달할 수 없다. 또 이미지 변신을 해도 소용이 없다. PR은 브랜드에 그런 목소리를 부여하는 활동이다. 홍보담당자는 고객과 대중 사이에서 정보를 교류하는 사람이다. 이미 인지도가 높은 브랜드나 인지도를 높이려는 브랜드는 대개 전문 홍보회사를 통해 이미지가 유통되는 과정을 체계적으로 관리한다. 홍보담당자는 언론에 발표할 내용이나 기자회견을 준비하기도 하지만 인지도를 높이는 전략을 개발, 실행, 관리하는 등 종합적인 활동도 벌인다. 홍보담당자는 주로 고객이 볼 수 없는 곳에서 활동하기 때문에 사람들은 그들이 얼마나 애쓰는지 알기가 쉽지 않다(홍보담당자가 만들어낸 '뉴스'가 방송될 때마다 'PR'이란 단어가 화면에 나타나거나, 종교지도자 또는 기업의 대표가 연설문을 읽을 때마다 대필작가의 솜씨라는 공고가 뜬다면, 대중들은 어떻게 생각할 것인가?).

그러나 사람들이 브랜드의 이미지메이킹과 유통 과정에 관심을 보이자, 홍보담당자와 고객의 비밀스런 관계도 변하고 있다. 예컨대 뉴욕 양키즈의 전 구단주 조지 스테인브레너(Gerorge Stienbrenner)는 다른 누군가가 자기 목소리를 대신하면 좋겠다고 생각했다(대변인을 물색한 것이다). 결국 그는 홍보전문가 하워드 루벤스테인(Howard Rubenstein)을 찾았다. 루벤스테인은 〈뉴욕타임스〉에서 스테인브레너와 자신의 관계를 밝히며, '스테인브레너와 하루 두 시간 정도 함께 일한다'고 밝혔다. 그는 구단주의 의도를 잘 파악해서 조언하고, 그가 한 말을 다시 사람들에게 확인해주는 등 모든 과정을 깔끔히 처리했다. 루벤스테인은 공개적이고 투명하게 활동하면서 자신을 고용한 스테인브레너의 두터운 신뢰를 얻었다. 홍보담당자의 역할이 브랜드 메시지에 어떤 영향을 미치는지 잘 알 수 있는 사례다.

홍보담당자는 브랜드를 대중에게 널리 알리고 브랜드의 목소리로 스토리를 구성하며, 브랜드 이미지를 정립하는 데 기여한다. 가수 빌리 조엘(Billy Joel)이 알코올 중독으로 재활치료를 받은 뒤 자신의 두 번째 동화책 〈뉴욕의 마음(New York State of Mind)〉을 홍보했을 때도 스토리라인이 있었다. 홍보 내용은 그가 두 번에 걸친 알코올 치료를 잘 견디고 재활에 성공한 뒤 글쓰기에 매진했다는 점을 강조했다.

스토리의 기본 소재가 어떻든 간에 홍보담당자는 그것을 잘 다듬어서 대중에게 알려야 한다. 스토리는 PR이라는 정교한 여과장치를 통과하여 고객이 선호하는 형식으로 구성된다. 그러나 안타깝게도 그런 스토리가 오히려 청중이 브랜드의 실체를 정확하게 인식하는 데 방해가 될 때도 있다.

한편 미디어 입장에서 볼 때 브랜드는 한순간의 관심거리나 흥미로운 특집기사 정도에 불과할지도 모른다. 하지만 브랜드의 신뢰성을 추구하는 대중은 자신이 보거나 듣게 된 브랜드의 스토리를 절대적으로 신임하거나 불신하는 등 다양한 반응을 보인다. 따라서 홍보담당자가 유명인을 고객으로 삼으면 긴장관계가 형성되기도 한다. 유명인은 홍보담당자 덕에 이익을 얻으면서도, 자신의 목소리를 다른 누군가에게 내어준다는 것에 불편해할 수도 있다. 홍보담당자가 너무 유능해서 브랜드를 개선하고 알리는 것에서 그치지 않고 재설계까지 하면, 그 같은 긴장관계가 더욱 높아질 수 있다. '브랜드 아이덴티티'는 고객과 협의해야 할 몫이지, 홍보담당자가 단독으로 결정할 문제가 아니다. 인지도가 높거나 인지도를 높이려는 사람은 홍보담당자와 협력적인 관계를 형성하고 이를 잘 유지해야 한다.

∴ PR은 왜 필요한가?

미디어는 뉴스가 있어야 존재의 의미가 있다. 그런데 뉴스를 만들어서 제공하는 일이 바로 PR이다. 뉴스는 브랜드를 공짜로 알릴 수 있는 유용한 수단이기다. 당연히 홍보담당자는 뉴스의 내용을 구성하고 통제하고자 노력한다. 물론 홍보담당자는 미디어의 소유주가 아니기 때문에 언론에서 보도되는 내용을 직접적으로 통제할 수는 없다. 그렇다면 어떻게 할까? 고객들은 홍보담당자가 스토리를 유포하고, 인터뷰 일정을 잡고, 인상적인 연설문을 쓰고, 언론 관계자들과 긴밀한 관계를 유지하여 보도 내용에 영향을 미치기를 바란다. 또한 유능한 홍보담당자라면 언론 관계자, 커뮤니케이션 채널 관리자들에게 고객의 브랜드가 뉴스로서 가치가 있음을 적극적으로 알린다.

PR이란 고객과 청중 사이의 커뮤니케이션 내용을 관리하는 일이다. 홍보담당자는 그 일을 실행하기 위해 브랜드 이미지를 꾸미고 다듬은 후 나름의 기준으로 엄선한 커뮤니케이션 채널을 통해 브랜드 이미지를 퍼트린다. 과거에는 신상품이 출시되면 소비자의 관심을 끌기 위해 많은 비용을 들여 대대적인 광고전을 펼쳤다. 그러나 지금은 다르다. 누군가가 새로운 응용 소프트웨어를 개발해서 홍보에 나선다고 생각해 보자. 먼저 홍보를 맡은 회사가 기업의 효율성과 생산성을 높일 수 있는 좋은 기술이라는 점을 강조하며 '적합한 스토리'를 만들어낸다. 그러면 '적합한 스토리'가 뉴스로 보도되고, 그 결과 제품에 대한 인지도가 '공짜'로 형성된다. 과거처럼 소비자에게 직접 판매하기 위해 계획된 이벤트보다 이 같은 전략을 사용하면 광고비가 크게 절약된다.

인지도를 높이려는 홍보활동도 그와 똑같은 과정을 거친다. 전통적으로 엔터테인먼트와 스포츠 분야에서는 늘 스타들에 대한 '공짜' 뉴스가 풍부했다. 그런데 미디어가 관심 갖고 주목하는 분야가 늘어날수록 홍보담당자의 역할도 커졌다. 브랜드들은 뉴스에 노출되기 위해 홍보담당자들과 전략적인 계약관계를 맺어야 한다. 대중들 입장에서는 자연스러운 진실과 계획적으로 꾸민 뉴스를 구별하는 일이 더욱 어려워졌다.

PR 효과를 높이려면 홍보담당자는 뉴스를 더욱 정교하게 만들어야 한다. 그런데 그것이 인위적이거나 자화자찬처럼 보이도록 해서는 안 된다. 자칫 인위적인 느낌이 든다면 브랜드 이미지가 오히려 손상될 수 있다. 스토리의 경우 기자에게 일부러 흘린 것처럼 보여서는 안 된다. 즉 기자가 자발적이고 독립적으로 쓴 것처럼 느끼도록 해야 한다. 따라서 홍보담당자는 보도를 확실하게 보장하고, 기자가 데스크를 '설득'하도록 스토리를 그럴 듯하게 꾸며야만 한다. 스토리는 극적인 클라이맥스가 중요하다. 예컨대 미디어가 어떤 벤처 자본가에 대해 보도할 때 그가 신기술 개발과 관련한 다수의 특허권이 있는 전문 과학자라는 점을 덧붙인다면, 분명히 더 많은 주목을 받게 될 것이다. 그런 스토리를 만들어내면 그 사업과 관련 있는 업체는 물론이고 펀드매니저들도 주목할 것이다. 결국 그 회사의 인지도와 신뢰성이 높아질 수 있다.

홍보담당자는 언론보도에 성공하기 위해 자신이 만든 스토리가 진실하게 보이도록 많은 공을 들인다. 또한 그들은 스토리가 계획만큼 보도되고 알려지면 브랜드 이미지에 제기되는 의문을 고객이 쉽게 받아들이지 않는다는 점도 잘 안다. 권위 있는 미디어 채널일수록 내용이 충실하고, 논쟁을 뜨겁게 달구며, 감정에 호소하는 스토리가 주를 이룬다.

한 스타가 자신의 집을 리모델링한다는 스토리는 〈뉴욕타임스〉에 실릴 기사감이 결코 아니다. 홍보담당자가 감당해야 할 가장 어려운 일은 주목 받을 수 있는 소재 발굴, 그런 소재를 갖고자 하는 고객의 욕망, 대중에게 자신의 역할을 교묘하게 숨기는 일 사이에서 접점을 찾는 것이다.

∴ 누가 PR업무를 담당하는가?

퍼스널 브랜드, 즉 고객은 홍보 회사에서 전문가를 고용하여 홍보 업무를 맡긴다. 규모는 작지만 스타들의 미디어 커뮤니케이션 전략을 관리하는 홍보전문 회사도 있다. 홍보 회사를 운영하는 스탠 로젠필드(Stan Rosenfield)는 로버트 드니로, 조지 클루니, 윌 스미스와 같은 배우들을 홍보하면서 "우리는 더 이상 개인 홍보담당자가 아니라, 독립적인 미디어 전략가다"라고 말했다. 유명인사들 상대로 모든 홍보를 대행하는 회사도 있다. 예컨대 라저스&코웬(Rogers & Cowan, TV, 영화, 문화, 예술 분야에 걸친 세계적인 홍보 회사—옮긴이), PMK/HBH(할리우드 최고의 홍보 회사—옮긴이)는 일반 기업과 마찬가지로 사무관리, 조사담당, 회계담당 등이 있어 조직적이고 체계적인 활동을 한다. 이처럼 종합적인 서비스를 제공하는 회사들은 기존의 거래관계를 통해 유익한 PR의 기회를 확보하고 브랜드의 대변인으로 활동하면서 대규모 선거 캠페인에도 참여한다.

힐 앤 놀튼(Hill and Knowlton), 버슨 마스텔러(Burson-Marsteller)와 같은 홍보대행 전문업체는 다방면에서 활동하는 다양한 수준의 퍼스널 브랜드를 홍보한다. 엔터테인먼트와 비즈니스 분야의 고객뿐 아니라 일반 상품, 공익단체, 비영리조직도 홍보해준다. 정치, 비즈니스, 학문 분야에서 인지도를 높이려는 사람들은 이처럼 홍보 전문업체를 이용하는 편이 더 유리할 것이다.

퍼스널 브랜드뿐 아니라 영화사, 음반회사, 종교단체, 대학교, 의료기관, 민간단체, 일반 기업 등 인지도의 중요성을 잘 아는 단체들도 홍보활동에 열을 올린다. 이런 조직은 특정한 개인을 앞세워 수익 창출을 노린다. 예컨대 의류회사 갭은 인기 드라마 <섹스 앤 더 시티(Sex And the City)>에 주연으로 출연한 사라 제시카 파커(Sara Jessica Parker)를 고용해서 인쇄물과 TV를 통해 제품을 알렸다. 전통적인 소비재산업 외의 분야에서도 이 같은 전략을 펼친다. 세계적인 건축가 헬무트 얀(Helmut Jahn) 역시 한 사람을 얼굴마담으로 내세워 자신의 이미지를 확실하게 마케팅하고 잠재고객들에게 회사 이름을 각인시켰다.

기술혁신으로 고급 정보의 생산비와 유통비가 낮아진 지금, '자기 홍보'가 확산되고 있다. '가내공업 단계'에서 인지도를 높이는 이들은 웹사이트, 블로그, 기타 홍보채널, 이메일, 그 밖에 가능한 모든 자원을 통해 표적청중과 만날 수 있다. 자기홍보를 하면 자신의 '스토리'를 직접 관리할 수 있고, 상황에 따라 홍보전략을 신속하게 전환할 수 있다. 그러다가 브랜드 인지도가 높아지고 큰 조직으로 성장하면 홍보업무를 전문가 손에 맡기는 경우가 많다.

홍보의 효과를 높이려면 당연히 홍보담당자와 협력하고 정보를 교환해야 한다. 예컨대 〈쥬라기 공원〉의 작가 마이클 크라이튼(Michael Crichton)이 전국을 돌며 홍보활동을 벌일 때, 초청기관과 홍보업체 담당자, 하퍼콜린스 출판사(HarperCollins Publisher)의 홍보담당자, 작가가 직접 고용한 홍보전문가 등이 머리를 맞대고 노력했다. 이런 측면에서 PR은 고객과 홍보담당자들의 세심한 조율 및 사전계획이 필요한 작업이라 할 수 있다.

PR 담당자는 무슨 일을 하는가?

홍보담당자의 업무는 무엇일까? 의뢰인의 요구, 비용, 상황에 따라 규모가 다르다. 어떤 사람은 총제적인 커뮤니케이션 전략을 요구하기도 하지만 특정 부분에 대해 최소한의 지원만 요구하는 의뢰인도 있다. 아래에 나열된 열 가지가 홍보담장자의 주요 업무다.

> **1 기자회견을 연다.**
> 기자회견 시간과 장소를 정한다. 언론 발표문을 작성한다. 기자회견 정보를 언론에 알리고 후속조취를 취한다. 의뢰인에게 예상 질문에 답하는 방법을 코치한다.

2 **기자회견 자료를 준비한다.**

의뢰인이 알리고 싶어 하는 내용의 핵심을 정리한다. 중요한 내용을 엄선하고, 스토리를 전하는 다양한 방법을 제안한다. 그 밖의 참고자료를 모아 정리한다.

3 **연설문을 작성한다.**

의뢰인이 시상식이나 토크쇼에 출연하여 사용하는 적절한 연설문을 마련한다. 의뢰인은 시간상의 이유 또는 연설문 작성에 서툴기 때문에 대필을 이용하는 일이 많다. 대필작가들은 화제를 정해서 의뢰인을 인터뷰한 뒤 그가 직접 쓴 것처럼 글을 만든다. 홍보담당자가 마련한 연설문은 의뢰인의 목소리와 톤에 어울려야 한다.

4 **각종 홍보활동(publicity tour)과 토크쇼 출연을 계획, 실행한다.**

이는 의뢰인을 위한 마케팅 활동의 핵심이다. 홍보담당자는 브랜드를 대변한다. 따라서 브랜드와 관련 있는 뉴스를 적당한 무대나 프로그램에 제공한다. 바로 이 부분, 즉 의뢰인의 브랜드를 시장에 유통하는 과정에서 홍보담당자의 노하우가 발휘된다. 인기 토크쇼는 언제나 출연경쟁이 치열하기 때문에 다음과 같은 홍보를 통해 출연가능성을 타진한다.

홍보담당자 : 조니 뎁 어때요?
진행자 : 물론, 좋습니다. 그런데 개인적인 얘기를 진실하게 나누고 싶은데요.
홍보담당자 : 그건 안 됩니다. 이번에 개봉한 영화에 대해서만 말할 수 있어요.
진행자 : 그럼 어렵겠군요.
홍보담당자 : 알겠습니다. 조니 뎁과 상의해보겠습니다.

5 **의뢰인의 이미지 변화상을 조사하고, 의뢰인이 활동한 무대와 미디어에서 피드백을 모은다.**

홍보회사는 의뢰인의 이름이 언급된 자료, 신문, 잡지, 웹사이트 등을 늘 예의주시해야 한다. 이때 인터넷을 이용하면 효과적이다. 가령 '믿기 어렵겠지만, 〈워싱턴포스트〉에 당신의 기사가 떴네요!' 라고 말하듯, 의뢰인에게 새로운 정보를 제공해야 한다. 의뢰인의 이미지 변화상을 정확하게 추적하려면 – 비용이 많이 들지만 선거에 나선 정치가들이 유권자들의 인식을 정기적으로 측정하듯–, 설문조사를 실시해도 된다.

6 **의뢰인의 손을 잡아준다.**

이 역할은 그 가치를 측정하기가 어렵지만 아주 중요하다. 의뢰인의 손을 잡아주는 능력은 무시할 수 없는 자산이다. 의뢰인은 늘 확신, 미소, 친절을 바란다. 머라이어 캐리(Mariah Carey)가 앨범 홍보 투어 중에 곤란한 일을 겪거나, 농구선수 르브론 제임스(LeBron James)가 감독 때문에 괴로워한다면, 홍보담당자는 그들의 말을 들어주고 조언도 한다. '손 잡아주는 일'을 가벼이 여겨서는 안 된다. 의뢰인이 자신감을 갖도록 하는 데 큰 역할을 한다.

7 **의뢰인의 능력을 향상시킨다.**

이 역할은 '상품개발'로 비유할 수 있다. 의뢰인에게 개인적으로 민감한 질문을 퍼부으며 인터뷰 및 기자회견 연습을 시키는 것이 좋은 예다. 또는 조명과 카메라를 설치한 뒤 며칠 동안 모의 인터뷰를 진행하는 것도 좋다. 민감한 주제를 피하고 자신이 하고 싶은 말을 이어가는 법, 미디어의 날카로운 시선 앞에서 사려 깊고 여유롭게 보이는 법 등의 능력을 의뢰인에게 키워주어야 한다.

홍보회사의 이런 역할 덕에 의뢰인이 누릴 수 있는 서비스가 훨씬 다양해졌다.

8 홍보 소재를 개발한다.

인지도를 높이려면 홍보 소재를 충분히 개발해서 널리 알려야 한다. 이때 흔히 이용하는 소재가 고객의 '라이프 스토리'다. 홍보회사나 광고대행사는 대필작가를 고용해 대중의 입맛에 맞고 기억에 남을 만한 표현으로 가득한 스토리를 쓴다. 때로는 그것에 스타의 이름을 붙여 책으로 정식 출간하기도 한다. 유명인들의 책을 전문으로 출판하는 한 출판사의 사장은 이렇게 말했다. "유능한 대필작가는 수없이 많다. 의뢰인인 유명인사가 협조만 잘한다면, 대필작가를 구하는 일은 LA행 비행기 표를 예매하는 것처럼 쉽다."

9 주요 행사를 진행한다.

대형 홍보회사는 칸 영화제 같은 세계적인 행사에 참가하는 일정도 관리한다. 런던에 본사를 둔 홍보회사 DDA(Dennis Davidson Associates)는 홍보팀과 행사 관리팀을 두고 축제에 필요한 모든 일을 처리한다. 이 업무에는 기존의 미디어 이벤트 관리뿐 아니라, 자동차, 호텔, 식당예약, 파티 참석, 도착과 출발 일정관리, 신변안전 등이 포함된다.

10 전략적 마케팅 계획을 실행한다.

전통적인 제품 마케팅에서는 마케팅 커뮤니케이션 담당직원이 표적시장을 정해 그에 따라 전략을 구상하면, 그 다음에 홍보담당자가 그 계획을 실천하도록 지원하고, 언론 발표문을 작성하며, 제품의 특징을 뽑아 홍보를 벌였다. 하지만 지금은 대부분의 홍보회사

> 가 마케팅 커뮤니케이션 능력을 보유하고 있다. 따라서 마케팅의 전반적인 과정에 더 깊게 관여하고 있다. 홍보회사는 그런 능력을 키우기 위해 시장조사 전문직원을 추가로 고용하고, 독자적인 포커스 그룹을 운영하며, 계획에서 실행까지의 종합서비스 계획을 세움으로써 전략적 마케팅 계획을 제시하거나 결정한다.

∴ PR의 장점

브랜드는 이미지가 널리 확산되면서 인지도가 높아진다. 그 과정에서 PR이 결정적 기능을 한다. 평판산업에서 PR은 브랜드 이미지를 설계, 관리, 보호하는 일을 말한다. 브랜드는 언제 어떻게 수명이 다할지 모르기 때문에 브랜드 인지도를 오래 유지하려면 반드시 미디어를 능숙하게 다뤄야 한다. 브랜드를 출시하는 데 필요한 미디어가 공간과 시간의 제약을 받기 때문에 근본적으로 PR이 필요한 것이다. 특히 경쟁이 치열한 시장환경에서는 PR을 통해 미디어를 효율적으로 활용해야 한다. PR은 수많은 하위업무로 나뉘지만, 의뢰인은 시장을 이해하고 시장의 문제를 처리할 줄 아는 커뮤니케이션 전문가를 원한다. 이런 측면에서 홍보담당자는 신인 여배우의 이름을 널리 알리거나, 인적이 드문 공원에서 콘서트 홍보를 벌이거나, 다시 문을 열게 된 병원의 마케팅 계획 수립 등의 일을 한다. 이런 업무에는 홍보 관련 브랜드 개발 기법들이 활용된다.

PR은 브랜드 네임의 시장성을 바탕으로 브랜드를 보기 좋게 꾸미는 활동이다. 홍보담당자들 중에서 최고 경영자의 스캔들, TV 프로듀서의 불공정한 태도, 상원의원의 불같은 성미를 적극적으로 알리려는 사람은 없다. 홍보담당자는 주로 긍정적인 요소를 강조하고, 성공담을 언급하며, 고난극복 사례를 칭찬하면서 완벽하고 정교한 스토리를 만들어내고자 애쓴다. 하지만 이미지메이킹이란 고객의 매력적인 특징을 강조하는 것에만 머무르지 않는다. 거기에는 미디어의 부정적인 보도(정치인의 세금체납 문제, 배우의 지각없는 행동, 운동선수의 약물중독 등)로부터 의뢰인을 보호하는 일도 포함된다. 홍보담당자는 의뢰인에게 해가 될 만한 소재를 이용하지 말도록 기자를 설득도 하고, 보도 내용을 수정하거나 부정하며, 의뢰인과 함께 대응 방안도 논의한다.

미디어와의 상호작용

미디어는 누군가의 성공과 실패에 관심이 많다. 아울러 대중은 다른 사람의 이야기에 관심을 집중한다. 따라서 인물을 다룬 뉴스와 기사는 출판이나 방송의 성공에 상당한 영향을 미친다. 소형 비디오카메라나 휴대전화카메라를 이용하는 사람들이 많아지면서 어떤 사건이나 인물이 순식간에 화제로 떠오르기도 한다. 단 몇 초 만에, 단 하나의 몸짓이나 말로 인해 브랜드 이미지가 살기도 하고 죽기도 한다. 일반적으로 논란에 휩싸인 브랜드는 수많은 질문에 시달린다. 어떤 혐의나 순간적인 말실수, 제품의 리콜 사태는 브랜드 이미지에 타격을 가할 수 있다. 이처럼 브랜드의 모든 요소가 미디어의 감시를 받기 때문에 외적인 태도, 포지셔닝, 관련 행사 등을 잘 관리해야 한다.

PHILIP KOTLER

미디어의 특징

미디어는 세 가지 측면에서 브랜드보다 유리하다.

1 **미디어는 주로 청중을 대변하는 입장에 선다.**

따라서 브랜드는 자연스럽게 불리한 위치에 놓인다. '대중의 목소리'라는 미디어의 페르소나는 종종 브랜드를 마치 법정에 서게 된 불쌍한 증인처럼 만든다. 이처럼 미디어는 매우 유리한 위치에 있다. 비유하면, 미디어가 청중의 입장을 대변하는 검사가 되고 브랜드(가령, 유명인)가 피고가 되는 셈이다. 미디어와의 인터뷰를 준비한다면 이런 관계를 정확하게 파악해야 한다. 뿐만 아니라 미디어의 신뢰도 역시 고려해야 한다. 미디어 보도를 불신하는 사람들도 많다. 퓨 리서치 센터(Pew Research Center, 미국과 세계의 다양한 문제를 연구하는 싱크탱크 조직—옮긴이)의 보고서에 따르면, 미국인들 중 45%가 신문을 거의 믿지 않거나 전혀 믿지 않는다고 한다. 이렇듯 미디어의 신뢰도가 높다고 할 수는 없지만, 브랜드에 비해 장소, 시간, 상황이 유리할 뿐 아니라 스스로 객관성과 도덕성을 갖춘 듯 보도한다. 홍보담당자나 광고대행사, 고객은 미디어의 이런 입장을 인지하고서 적절히 맞서야 한다.

2 **미디어는 최종적으로 '편집'을 거친다.**

브랜드의 활동은 미디어 프로듀서나 편집장에게 최종적인 검토를 받게 마련이다. 인터뷰를 30분간 했어도 실제로 뉴스에는 30초 동안만 방송되거나, 〈피플〉에 몇 줄만 실리기도 한다. 편집 과정에서 나타날지 모르는 임의적인 내용 선택과 조작은 브랜드 이미지에 타격을 줄 수 있다. 신문도 마찬가지다. 아무리 특종기사라 해도 광고나 다른 뉴스에 지면을 뺏기는 바람에 브랜드를 제대로 전달하지 못하는 경우가 많다.

3 **미디어는 질문을 한다.**

질문은 대답보다 훨씬 쉽다. 곤란한 질문을 받으면 브랜드는 다음과 같이 대응한다.

- 대답을 거부하거나 무시해서 시간을 번다.

> 장점 : 홍수처럼 쏟아지는 다른 뉴스 스토리들 때문에 묻힌다.
> 단점 : 곧바로 대답하지 못한 것에 대해 미디어가 의문을 품고 자세히 조사함으로써 문제가 더 커진다.

- 곧바로 대답해서 진실을 숨긴다는 오해를 피한다.

> 장점 : 미디어가 대답에 만족하고 뒤로 물러난다.
> 단점 : 신속한 반응에 아랑곳하지 않고, 부적절하거나 자극적인 부분을 찾아 더 적극적으로 질문한다.

지금은 뉴스가 아주 빨리 전파되기 때문에, 브랜드 개발자가 곤란한 질문에 적절히 대답하기 위한 전략을 세울 시간이 충분하지 않다. 대답이 늦으면 곧이어 손을 쓸 수 없는 상황에 놓이고 위기에 처할 수도 있다. 브랜드가 신속하게 반응하지 못할 때 미디어는 그 문제를 더 크게 보도할 것이고, 정확한 정보가 전달될 때까지 온갖 추측과 억측이 난무할 것이다.

즉각적 대응

브랜드 전략가와 미디어 전략가가 미디어를 통해 브랜드를 제대로 전달하려면 브랜드의 취약점을 미리 파악해서 대비해야 한다. 가능하다면 모의 인터뷰를 실시하여 브랜드나 그 대변인에게 예상 질문을 해보는 것이 좋다.

1 틀림없이 나올 질문, 나올지도 모르는 질문, 즉흥적인 질문으로 나누어 질문한다.

> 틀림없는 질문 : 이 책을 쓰게 된 동기가 무엇입니까?
> 나올 법한 질문 : 자녀양육권 소송에 져서 아이와 함께 살지 못하는 현실이 작품을 쓰는 데 영향을 미쳤나요?
> 즉흥적인 질문: 당신이 버클리 대학에 다닐 무렵에는 베트남 전쟁에 대한 반대운동이 대단했었습니다. 만일 당신이 대통령이었다면, 이 전쟁을 지지했겠습니까?

대응력을 높이려면 의뢰인에게 난처한 질문을 많이 던져야 한다. 실제 상황에서 그런 질문이 수도 없이 나오기 때문이다. 의뢰인이 아무 대책도 없이 유명 토크쇼에 출연하여 노련한 말솜씨의 사회자를 만나 곤경에 처하는 것보다는 모의 상황에서 비지땀을 흘리는 편이 훨씬 낫다.

2 예정된 인터뷰나 즉흥적인 상황에 대비하기 위해 준비한 질문들은 다양한 범주로 나뉜다. 예컨대 단순히 설명을 요구하는 질

문이 있는가 하면, 상대가 방어적 자세를 갖추도록 만들거나 일부러 특별한 반응을 이끌어내려는 공격적인 질문도 있다. 또한 은근히 인신공격을 하거나, 양자택일의 함정에 빠뜨리거나, 불분명한 출처나 간접적으로 전해들은 소문에 관한 질문도 있다. 따라서 질문의 범주에 따라 수많은 전략이 필요하다. 의뢰인은 훈련과 연습으로 각각의 질문에 효과적으로 대처하는 법을 배워야 한다. 예컨대 양자택일을 강요하는 질문에는 답변을 얼버무리는 편이 낫다. 또는 자신이 대답할 수 있는 질문으로 교묘히 분위기를 바꾸거나 질문의 방향을 적절히 조절해서 중요한 메시지를 전달한다.

> 질문 : "최근 영화를 촬영하면서 감독과 사이가 좋지 않았다던데, 일부러 그런 겁니까 아니면 정신적으로 힘든 일이 있었던 겁니까? 어떤 이유죠?"
> 답변 : "영화를 촬영하다 보면 오해가 생기는 경우가 많습니다, 하지만…."

어디에선가 우연히 전해들은 간접적인 정보는 정확하게 입증하기 어렵다. 따라서 그와 관련된 질문에는 다양하게 대답할 수 있다.

"그런 근거 없는 기사에는 노코멘트하겠습니다."

"그런 얘기는 처음 듣는데요. 자세히 알아보고 조만간 다시 대답하겠습니다."

또는 과거의 이미지를 이용하거나 황당하다는 표정을 지으며 가볍게 넘겨버릴 수도 있다.

"그럴 리가 없잖습니까."

3 답변하는 태도도 상당히 중요하다. 다라서 비디오 시뮬레이션으로 답변을 연습한다. 그 과정에서 적절한 말의 속도, 어조, 몸짓 등을 배울 수 있다. 이 세 가지 요소에 주의해서 말하면 논리 정연한 답변의 효과를 극대화할 수 있다. 장소에 따라 답변하는 태도를 달리해야 한다는 점을 명심한다. 예컨대 기자회견과 전화 인터뷰는 시선처리, 청중의 규모, 피드백이 모두 다르다. 한 건축가가 기자회견을 열고 무역센터 설계도를 설명한다면, 청중의 반응을 읽으면서 대처하고 청중의 관심 정도에 따라 발표 내용을 조절할 수 있다. 경우에 따라서는 청중에게 건물의 모형을 직접 보여주기도 한다. 반면에 같은 건축가가 전화 인터뷰를 한다면 말로 자세히 설명해야 할 것이다. 따라서 목소리 톤이나 어조, 목소리에서 느껴지는 힘이 매우 중요해진다. 기자회견은 많은 청중을 상대하는 동시에 잠재적 청중도 확보할 수 있고, 전화 인터뷰는 분위기를 조절하면서 더 괜찮은 답변을 내놓을 수 있다.

4 최선의 방어는 진실이다. 미디어로 가득한 세상에서는 늘 새로운 이슈가 터져 나온다. 그런 일을 자연스럽게 받아들이고 잘 대응해야 한다. 일상에서 내뱉는 말이나 글은 언제 어디서 기록으로 남을지 모른다. 그런 기록을 빌미로 미디어가 공격할 우려도 있으므로 그에 대비해 준비를 철저히 해야 한다. 청중을 잘 분석하고, 스토리를 엄격하게 관리하며, 그것을 간결하게 전달

한다. 미디어 관리란 방어전략, 답변방식, 대중의 기대에 부응하려는 적극적인 태도를 조합하는 일이다. 또한 퍼스널 브랜드는 앞서 제시한 미디어의 기본원리와 실태를 파악하고 현실에 잘 적용해야 한다.

퍼스널 브랜드는 추문, 저조한 성과, 부적절한 이미지, 미디어 소통 능력의 부재 등으로 인해 언제라도 미디어의 공격을 받을 수 있다. 그때 브랜드의 평판을 개선하거나 심지어 브랜드를 구제하는 활동이 바로 PR이다.

PR은 1997년 스티브 잡스가 12년 만에 회사의 부름을 받고 맥월드 엑스포에 깜짝 등장해 파산 위기에 처한 애플의 CEO로 화려하게 복귀했을 때처럼 극적인 스토리를 소재로 하거나, 과거에 대면조차 하지 않았던 지방의 한 기자와 만나는 일처럼 지극히 사소한 스토리를 소재로 하기도 한다. 이처럼 피해를 줄이는 노하우가 축적된 PR을 통해 뜻밖의 상황과 통제 불능으로 보이는 상황에서도 브랜드를 제대로 전달할 수 있다.

같은 맥락에서 PR을 통해 모순되거나 잠재적으로 해로운 스토리들을 명확하게 가려낸다. 수많은 주체들이 브랜드 정보를 유포한다. 가령 의상 협찬사, 주간잡지 기자, 친한 친구의 미용사 등 누구나 어떤 정보를 만들어서 유포할 수 있다. 그런 정보 중에는 잘못되거나, 모순되거나, 브랜드에 해로운 것도 있다. 홍보담당자는 다음과 같은 기사제목으로 수습책을 마련하기도 한다.

'타이거 우즈의 눈물, 진정성이 보인다!'

'아들의 마약중독과 회복과정을 지켜본 어머니의 이야기: 에이제이 맥린 (AJ McLean, 백스트리트보이즈 맴버―옮긴이)',

'가수 바비 브라운(Bobby Brown), 브롤 나이트클럽의 희생자였다?'

PR은 온갖 브랜드 정보를 처리, 수습하며 명료하고 진실한 브랜드 이미지를 최종적으로 결정하는 활동이다. 홍보회사의 역할이 이렇듯 중요한데도 어떤 사람은 이 서비스를 이용하는 것에 대해 여전히 불편하게 생각한다. 따라서 홍보업계는 고객의 이미지를 정립하는 동시에 자체 이미지를 개선하고자 노력해야 한다. 45개 직업의 신뢰도를 조사한 결과, 홍보업계 종사자들은 하위에 머물렀다. 홍보업계에는 항상 '조작'이라는 꼬리표가 붙는다. 즉 명백한 거짓말 또는 정교하고 미묘한 거짓말에 능숙하다는 뜻이다. 의뢰인은 PR의 효과를 인정하면서도, 그것을 통해 인지도를 얻는 과정이 너무 억지스럽지 않았는지 끊임없이 고개를 갸우뚱한다.

PR이 뇌물로 문제를 해결하고 스토리를 그럴 듯하게 꾸며내는 일이라고 비난하는 사람들도 많다. 하지만 PR의 효과를 보고자 하는 의뢰인에게 있어 PR은 지지자, 조언자, 객관적 평가자로서 스토리라인을 정하거나, 고객이 자화자찬처럼 보이거나 부적절하게 보였을 상황을 막는 활동이다.

PR의 엇갈린 이미지

PR에 대한 이미지가 엇갈리는 이유는 부분적으로 그 발달과정에 원인이 있다. 전통적으로 PR은 엔터테인먼트 산업이 주도하는 활동으로 인식되었다. 홍보담당자들 중에는 기자 출신이 많았다. 이런 기자들은 '변절자! 악마에게 영혼을 팔아가며 과거 뉴스로 채우던 공간을 홍보기사로 메운다'며 오랫동안 옛 동료들에게 비난을 받았다. 1893년 초, 〈보스턴 글로브〉[1]의 직원 안내서에는 '어느 아이템이든 일반 대중보다는 언급된 회사나 개인에게 유리한 퍼프(최상급의 용어를 남용하고 과장되게 표현한 광고물이나 보도자료-옮긴이)다'라는 충고가 적혔다. 1906년, 현대 미국 PR의 아버지 아이비 리(Ivy Lee)는 《원칙선언(Declaration of Principles)》을 출간하여 홍보담당자는 고객이 요구하는 것 이상을 책임져야 한다고 주장했다. 1908년 미국신문발행인협회(ANPA)는 갈수록 성장하는 홍보 분야의 활동을 간파하고 있었다.

1920년대 아이비 리에 버금가는 또 다른 PR의 선구자 에드워드 버네이즈(Edward Bernays)는 홍보산업의 관련 자료를 체계적으로 정리하기 시작했다. 그는 저서를 통해 PR활동에 전문적인 체계와 심리학적인 근거를 부여하며, PR이 가짜 뉴스를 무분별하게 양산한다는 비난에 강력하게 맞섰다. 시간이 지나면서 PR 관련 서적에 사회과학 이론이 접목되기 시작했고 프로모터, 작가, 언론 중개인, 컨설턴트,

---

1 Boston Globe - 보스턴과 뉴잉글랜드 지역에서 발행되는 최대 일간지.

가십성 칼럼니스트들은 높아가는 위상에 힘입어 점차 자신들을 전문가 집단으로 인식했다. 하지만 아무리 많은 이론으로 무장해도 거짓된 말과 행동, 속임수가 팽배한 PR 업계의 현실은 쉽게 변하지 않았다. 그런 모습은 오늘날에도 종종 발견된다. 예컨대 이탈리아의 미디어 재벌이자 정치가 실비오 베를루스코니(Silvio Berlusconi)는 세계적인 인지도를 얻기 위해 자신의 정보를 과장하고 왜곡했다.

반면 시장은 거짓말과 '쇼'가 난무하던 과거와 많이 달라졌다. 커뮤니케이션 채널이 증가하고, 미디어 상식을 갖춘 청중이 인기를 끌려는 계획적 행동과 인위적 장치들에 지쳐감에 따라 시장이 변한 것이다. 오늘날 청중은 무엇을 보고, 사고, 믿을지 스스로 판단내려 결정하는 경우가 많다. 따라서 PR은 변신의 단계에 놓여 있다. 시장의 주도권이 생산자에서 소비자로 옮아가고 있기 때문에, PR 역시 청중 중심의, 청중이 신뢰할 만한 커뮤니케이션 전략을 세워야 한다.

∴ PR의 이머징 시장영역

전통적으로 PR산업은 엔터테인먼트 분야와 관련이 깊었다. 이 두 분야의 전략적인 결합에 따라 PR의 많은 활동들이 결정됐다. 할리우드의 홍보모델이 다른 분야에 영향을 미치면서 PR은 이제 모든 분야로 확대되었다. 엔터테인먼트 분야에서 유행했던 PR은 이제 의료, 법률,

종교, 과학, 비즈니스 분야로 자리를 옮겨 스토리라인을 만들고, 공짜 미디어를 이용하며, 아이콘을 개발하는 데 활용되고 있다. 따라서 엔터테인먼트 산업에 근거한 적극적인 PR활동은 새로운 미디어와 마케팅, 끊임없이 변하는 커뮤니케이션 툴을 생산하는 새로운 기술과 결합했다.

예컨대 스포츠 분야에서 PR활동이 발달한 과정을 살펴보자. 오늘날 운동선수들은 이미지를 개발할 때 유명한 배우들과 마찬가지로 전문가의 솜씨를 빌린다. TV에서 마스터스(골프대회), 미국 대학농구 4강전(NCAA Final Four)과 같은 스포츠 이벤트를 중계하기 전에는 PR은 그저 몇 개의 프로 경기와 대학 대항전에 한정되어 있었고, 그 내용도 대개 체계적이지 못하고 비전문적이었다. 하지만 오늘날 다양한 스포츠가 TV를 통해 널리 유통되면서 스포츠 스타들은 대중의 의식을 끊임없이 사로잡고 있고, 판촉의 기회도 무한해졌다. 이런 흐름을 타고 스포츠 용품 회사들은 선수들을 이용하여 제품을 홍보한다. 각 구단은 홍보담당자를 고용해서 선수들의 가장 매력적인 이미지를 개발하고 기업은 골프나 테니스 토너먼트를 후원하면서 자신을 홍보한다.

떠오르는 스포츠 스타의 지원인력들 중에는 강력한 네트 플레이나 맹렬한 강속구를 칭찬하며 선수의 이미지를 완벽하게 포장할 전담 PR 전문가가 있다. 이는 곧 선수들이 스피치 강습을 받고, 의상을 관리하며, 미디어 대응 훈련을 받는다는 말이다. 스포츠 분야에서 이미지메이킹은 점차 산업화되고 있다. 미디어 컨설팅 회사 매기드 어소이에트(Magid Associates)를 비롯한 미디어 관련 회사는 대학의 운동선수들을 해당 대학의 홍보모델 및 '대변인'으로 훈련시키기 시작했다. 대학이 중요한 브랜드 자원으로 여기는 학생선수들은 경기가 끝난 뒤 지역 미디어와 인터뷰하는 법, 졸업생들과 기부자들을 대하는 법, 대학의 이미지를 대변하고 보호하는 법 등을 배운다.

운동선수들도 이제는 유명한 배우들과 똑같은 홍보전략을 쓰며 다양한 미디어 채널을 이용한다. 암을 극복하고 투르 드 프랑스(Tour De France)에서 일곱 번이나 우승한 랭스 암스트롱은 훌륭한 보기다. 랭스 암스트롱 재단이 암 환자들을 지원하기 위해 운영하는 '라이브스트롱(Livestrong)' 프로그램을 안 나이키는 100만 달러를 재단에 기부한 뒤, 노란 라이브스트롱 손목밴드 500만 개를 만들어 한 개당 1달러에 팔아 암스트롱의 뜻에 동참하겠다고 밝혔다. 나이키와 암스트롱은 2004년 5월에 손목밴드를 출시했고, 그해 9월 아테네 올림픽에 참가한 대부분의 선수들이 이 밴드를 손목에 착용했다. 나이키 대변인에 따르면, 밴드가 예상과 달리 500만 개를 훨씬 넘어 총 1,200만 개나 팔렸다고 한다. 나이키는 그로 인해 당장에 이익을 거두지는 않았지만 프로젝트에 대한 온갖 잡음에도 아랑곳하지 않고 고객들의 호감을 유발하여 회사의 평판을 높였다. 나아가 수익을 올리는 데도 간접적으로 기여했다.

흥미로운 사례를 하나 더 살펴보자. 어빙 제피(Irving Jaffee)는 1932년 스피드 스케이팅 경기에서 금메달을 땄지만 우울증에 시달리며 최저 생계를 겨우 유지하며 살았다. 1932년 당시 PR은 소수의 스포츠 스타들만의 전유물이었고, 스피드 스케이트 선수들은 비인기 종목의 설움을 달랠 길이 없었다. 하지만 오늘날 스피드 스케이트계의 미디어 스타 앨리슨 베이버[2]와 할리우드 액션으로 금메달을 딴 아폴로 안톤 오노의 사정은 그때와 전혀 다르다. 두 선수는 각자의 웹사이트를 전문적으로 관리하고 있다. 베이버는 웹사이트에 기자들이 정식으로 인터뷰를 요청하는 코너를 따로 만들었다. 오노는 〈포브스〉에 스포츠 후원사들이 가장 선호하는 스타라는 기사가 실렸고, 《여행(A Journey)》이라는 자서전을 출간하여 젊은 독자들의 호응도 이끌어냈다.

오늘날 PR은 '뉴스'로 전송되는 수많은 정보를 제공하면서 우리들의 삶 모든 측면에 영향을 미치고 있다. 1998년에서 2002년까지 미국에서 방송된 TV의 보도자료를 조사한 결과, 제3자를 통해 '공급된' 소재가 14%에서 23%로 늘어났다. 반면 기자나 특파원이 입증한 스토리는 62%에서 43%로 줄었다. 요즘에는 미디어가 PR에서 뉴스를 얻는 일이 늘고 있으며, 직접 뉴스를 찾는 일이 크게 줄었다. 그 결과 뉴스 채널은 PR의 결과물에 많이 의지하게 되었다. 월요일에는 13살의 천재 재빵사가 지역 라디오 방송국을 순회하면서 밀가루 제조업체를 홍보한다. 화요일에는 화학회사에서 연구비를 지원받은 과학자가 뉴스에 출연하여 특정 모기 퇴치제가 경쟁사 제품보다 더 강력하다고 설명한다. 수요일에는 유명한 배우가 무역 전시회를 방문해 건강보조식품을 소개한다. 목요일에는 법무장관실에서 갱단 검거에 대한 보고서를 발표한다. 금요일, 토요일, 일요일에는 늘 그렇듯 연예인 인터뷰, 영화소개, 정치·사회 문제 해설 프로그램이 줄을 잇는다. 이 모든 것이 PR의 작품이다.

---

2 Allison Baver, 2010년 밴쿠버 동계올림픽 쇼트트랙 여자 3000m 계주 동메달리스트.

PR이 엔터테인먼트 산업에서 다른 분야로 확대되고 있다는 증거는 어디에서나 찾을 수 있다. 예컨대 비즈니스 분야에서는 극적이고 흥미로운 스토리가 넘쳐난다. 과거 소니에서 노부유키 이데이(Nobuyuki Idei)에 이어 하워드 스트링거(Howard Stringer)가 CEO가 되었을 때, 미디어는 소니가 처음으로 외국인 CEO를 임명했다는 점에 초점을 맞추어 보도했다. 소니는 PR을 통해 고전하는 소니의 전자제품사업을 부흥시키고, 사임한 고위간부들을 소니의 편으로 끌어들이며, 직원들의 사기를 높이려는 스트링거의 전략들을 스토리라인으로 삼았다. 일상생활에서도 알게 모르게 PR이 이루어지고 있어서 대중은 그 사실을 인지하지 못하는 일이 많다. 유명한 연예인이 초등학교 기금모금에 참가하고, 드라마 세트장에 온갖 신상품들을 늘어놓았다. 이 모든 것이 PR의 한 부분이다.

엔터테인먼트 분야에서 일반화된 PR이 다른 분야로 확산되면서 새로운 문제가 대두되었다. 엔터테인먼트 분야에서는 영화나 연극의 결말을 조정하듯, 여러 활동의 결과를 통제할 수 있는 반면 다른 분야에서는 예측이 적중하기를 기대할 뿐이다. 특히 스포츠 분야에서는 예상이 빗나가는 경우가 많다. 강력한 우승후보도 승리를 장담할 수 없기 때문이다. 또한 스포츠 분야에서는 엔터테인먼트 분야처럼 해피엔딩을 기대할 수 없다. 다른 분야도 마찬가지다. 신약이나 자동차를 홍보하는 동안 갑자기 리콜 사태가 벌어져 수백 만 달러를 투자한 PR이 수포로 돌아가기도 한다. 다양한 분야에서 PR에 성공하려면 해당 분야의 관례, 언어, 동태를 인지해야할 뿐 아니라 불확실성에도 대비해야 한다.

스토리 유포

인지도를 높이려고 찾아온 고객을 하나의 브랜드로 만들려면 어떤 PR을 전개해야 할까? 우선 고객이 원하는 브랜드 이미지를 전달할 핵심 메시지 개발과 홍보활동이 중요하다. 여기서 PR은 고객의 스토리를 이용하도록 기자들을 설득하고, 기자들이 가져간 스토리가 다시 편집장의 선택을 받을 수 있도록 하는 전략이어야 한다. 가장 간단한 방법은 적합한 스토리를 짜서 그것을 미디어에 알리는 것이다. 멜라니 블룸(Melanie Bloom)이 남편 데이비드 블룸[3]을 이라크에서 잃었을 때, 그 이야기는 순식간에 전 세계 뉴스를 장식했다. 남편을 잃고도 의연한 부인과 아버지를 잃은 어린 세 딸이 삶을 회복해가는 드라마는 일부러 손댈 필요가 없었다. 스토리 자체가 감동적이고 호소력이 강했기 때문이다. 그 스토리는 왜곡 없이 그대로 수많은 미디어를 통해 유통됐고, 멜라니 블룸은 PR 없이도 높은 인지도를 얻었다.

두 번째 방법은 적합한 스토리를 더 그럴 듯하게 꾸미는 것이다. 이때 특정한 부분을 강조하거나, 핵심 요소를 과장하거나, 자극적인 요소를 만들어내는 방향으로 PR을 벌인다. 가령 중산층 출신 전도사가 신자들에게 친근한 이미지를 보이기 위해 가난한 집 출신으로 자신을 묘사하거나, 어느 기업의 사장이 오로지 직원들을 생각하며 날마다 4시간만 자고 아내 얼굴도 못 본 채 수많은 업무를 처리한다고 말하는 식이다. 이 방법은 감정을 자극하는 요소가 강조됨으로써 공감을 불러일으킨다. 스토리를 윤색할 때에는 일부러 긍정적인 뜻의 단어를 많이 사

---

[3] David Bloom, NBC 특파원으로 이라크 전쟁에 종군했다가 사망함.

용한다. 예컨대 영화에 대해 보도자료를 낼 때는 '유쾌하고 쉬운 스타일', '떠오르는 영화', '관객들이 아주 좋아하는', '대단히 성공적인' 등의 말들이 넘쳐난다. 홍보담당자들은 특히 '새롭게 떠오르는', '가능성 있는', '전설적인', '다재다능한' 등의 어휘를 즐겨 사용한다. 하지만 그런 말을 남용하면 스토리의 효과가 떨어진다.

세 번째 방법은 목적에 맞지 않는 내용을 부분적으로 삭제하거나, 중요한 내용을 덧붙이거나, 스토리 전체를 바꿈으로써 전혀 새로운 스토리를 만드는 것이다. 예컨대 선거전을 치르고 있는 정치 후보자가 위태로운 결혼생활을 부인하거나, 목사가 자리를 비운 이유를 아동 성추행 혐의 때문이라고 말하지 않고 저술활동 때문이라고 말하는 식이다.

버즈[4] 유발하기

"어떻게 하면 사람들의 관심을 끌고 그것을 오랫동안 유지할 수 있을까?" 이 질문은 언제나 PR의 근본적인 과제였다. 이 문제를 푸는 새로운 해결책은 무엇일까? 기존 전략을 새롭게 전환해야 할까?

PR을 하다보면 비슷한 스토리와 스캔들이 계속 만들어진다. 충격, 긴장, 연민을 불러일으키는 고전적인 소재를 이용해 청중에게 호소하는 것이 PR의 전형적인 방법이다. 그렇다고 스토리의 진실성, 신뢰성, 타당성이 중요하지 않다는 건 아니다. 다만 인지도를 높이려면 무엇보다 청중의 이목을 사로잡는 것이 중요하다.

나이트클럽 사장, 스포츠 팀 매니저, 회의 조직자, 인사담당자, 출판

---

[4] buzz, 사람들이 제품이나 서비스에 관해 대화를 나누게 만드는 강력한 이야깃거리.

인 등 누구를 만나더라도 그들의 화제는 늘 '요즘 뜨는 사람이 누구인가?' 이다. 그들은 일기예보와 신비한 종교 의식을 동시에 진행하듯 '후광이 비친다', '카리스마가 있다', '장소가 환해진다', '말로는 표현할 수 없다', '눈을 뗄 수 없다', '청중을 매혹시킨다', '통찰력 있다' 등의 칭찬을 쏟아낸다. 그들이 언급하는 사람은 현재 어느 정도 인지도가 있고, 앞으로 대중의 이목을 더 강하게 끌 만한 인물이다. 〈베벌리힐즈 90210(Beverly Hills 90210)〉에 출연한 루크 페리(Luke Perry)가 10대 아이돌이었을 때를 기억해보라. 디펜시브 백 겸 퀵 리터너 겸 와이드 리시버 겸 외야수였던 디온 샌더스(Deion Sanders, 미식축구와 야구에서 활약한 다재다능한 선수—옮긴이)는 한때 언론의 집중적인 조명을 받았다. 유명한 TV 전도사 지미 스웨거트(Jimmy Swaggart)는 과거 섹스 스캔들로 극렬한 비난을 받았다. 이런 측면에서 PR은 브랜드를 띄워서 사람들의 입에 오르내리게 하고 버즈를 유발하는 활동이다.

버즈를 유발하려면 인지도를 얻고 그것을 계속 유지하는 데 필요한 여러 가지 요소들을 적절히 조합해야 한다. 일반적으로 PR은 버즈를 유발하기 위해 다음 여섯 가지 요소를 선택한다.

- 청중 : 구체적인 요구
- 스토리 선정 : 적합한 스토리
- 시기 : 언제 할 것인가?
- 포지셔닝 : 어디에서 할 것인가
- 배치 : 어떤 분야, 무대, 채널을 이용할 것인가?
- 발판 : 정확한 런칭 수단은?

위의 요소들을 상황에 맞게 잘 조합해야 한다. 예컨대 샤론 스톤(Sharon Stone)과 매니저 척 바인더(Chuck Binder)가 스토리 선정, 포지셔닝, 발판을 적절히 선정해서 그녀의 커리어를 재조명한 과정을 살펴보자. 10년 동안 조연생활을 했던 스톤은 주연배우가 되기 위해 새 매니저와 함께 적절한 감독을 찾고 출연할 영화를 물색했다. 많은 할리우드 여배우들이 〈원초적 본능(Basic Instinct)〉의 양성애자 킬러 역을 고사했을 때, 스톤은 오디션을 수없이 보고 끈질기게 도전한 끝에 그 역을 맡았다. 언론이 그녀의 노출 연기에 관심을 쏟으면서, 스톤은 새로운 인지도를 얻었다. 그리고 그에 힘입어 여러 영화에 주인공으로 캐스팅됐고, 〈카지노(Casino)〉에 출연해 아카데미 후보에까지 올랐다. 스톤은 연기 경력을 쌓으면서 이미지를 넓히기 위해 진지한 역할에 도전하여 그때마다 버즈를 유발했다. 그런 일환으로 스위스 다보스에서 열린 세계경제포럼의 본회의장에 갑자기 나타나 '아프리카의 말라리아 퇴치 기금을 모으자!'고 간청했다. 그것은 적합한 청중을 상대로 한 적합한 스토리였다. 그 회의가 수많은 언론의 주목을 받고 있었기 때문에 시기도 적절했다. 곧 스톤에 대한 청중들의 인식이 달라졌고, 영화 속 이미지가 여러 측면에서 재정립되었다. 또한 진지하고 적극적인 사회운동가라는 새로운 이미지가 널리 전파되었다.

버즈를 유발하는 과정에서 때로는 마케팅이 아주 중요하다. 록 가수 브루스 스프링스틴(Bruce Springsteen)은 처음 청중 앞에 섰을 때, '제2의 밥 딜런'이라는 타이틀로 자신을 마케팅했다. 두 사람은 외모와 노래 분위기가 비슷했다. 그리고 모두 진정한 거리의 시인으로 통했다.

하지만 그 포지셔닝은 실패하고 말았다. 그래서 스프링스틴은 '블루칼라(blue-collar) 록 싱어'로서 브랜드 아이덴티티를 새로 구성하고 PR에 나섰다. 스프링스틴이 조합한 여섯 가지 요소는 다음과 같았다.

- 청중 : 진실해보이는 뮤직 히어로를 갈망
- 스토리 : 거리의 남자 스프링스틴이 뉴저지에서 인생과 친구를 노래했다.
- 시기 : 그의 음반은 처음부터 시사회와 미디어를 통해 대대적으로 홍보됐고, 그 뒤 곧바로 대중에게 알려졌다.
- 포지셔닝, 배치, 발판 : 데뷔 무대로 일부러 나이트클럽을 선택했다. 작은 공간에서 청중들에게 효과적으로 호소함으로써, 강렬한 인상을 남기고 뜨거운 인기를 모았다.

이처럼 세심한 버즈 유발 전략을 펼친 결과, 스프링스틴은 주요 신문 머릿기사에 소개되었고 엄청난 앨범 판매고를 기록했다. 하지만 거기서 끝이 아니었다. 새로운 소재를 만들지 않고 7년 동안 활동을 중단했던 그는 2002년 〈라이징(The Riging)〉이라는 앨범을 들고 복귀했다. 그 앨범은 9·11테러 사건에서 영감을 얻어 작곡한 노래로 포지셔닝되었다. 그것은 '오늘의 사건을 주제로 한 최초의 의미 있는 대중예술'이라는 평가를 받았다. 스프링스틴은 자신의 기존 이미지에 따라 노동자의 시선에서 노래를 만들었고, 9·11 비극이 그들의 삶에 어떤 영향을 미쳤는지 노래했다. 그의 목소리는 슬펐지만, 동시에 청중이 원하는 희망도 노래했다. 일부 비평가들은 그의 새 앨범이 상업성이 짙다고 비난했다. 하지만 그는 '사람들이 보고 싶어 할 때 그곳에 있는 것뿐'이라고 말했다.

스프링스틴은 앨범 〈라이징〉을 마케팅할 때 전처럼 버즈를 만드는 여섯 가지 요소를 다시 조합했다. 진실한 뮤직 히어로라는 기존 포지셔닝을 이용했고, 비극을 통해 고통과 상실감을 경험하고 있던 청중들에게 다가갔다.

∴ 누구의 목소리인가?

인지도를 높이려면 PR활동을 잘 조정해야 한다. PR을 통해 고유의 목소리를 내고 표적청중과의 관계를 정립할 수 있기 때문이다. 그에 앞서 브랜드 이미지를 잘 관리해야 한다는 점도 명심하자. 결국 퍼스널 브랜드와 홍보담당자는 PR의 근본적인 전제와 시장에서의 소통 방법에 대해 서로 합의해야 한다.

인지도를 높이기 위해 PR을 의뢰한 의뢰인은 낯선 누군가가 자신의 브랜드를 설계한다는 생각을 가질 수 있지만, 시장에서 경쟁우위를 점하고 유지하기 위해 PR이 절대적으로 필요하다. 다음 장에서는 퍼스널 마케팅의 핵심인 브랜드를 유지하는 법에 대하여 소개한다. PR은 고객이 해당 분야의 정상에 오르고 또한 그 자리를 계속 유지하는 데 반드시 필요하다. 11장의 주제는 퍼스널 마케팅의 중요한 단계인 '인지도의 유지'다.

CHAPTER 11

브랜드 유지

PHILIP KOTLER PERSONAL MARKETING

아니타 로딕(Anita Roddick)은 세계에서 가장 부유하고 유명한 여성으로 꼽힌다. 그녀의 브랜드는 독특한 명제를 바탕으로 만들었는데, 천연 오일과 향수를 환경에 대한 인식과 결합하여 판매했다. 그녀는 1976년 영국 브라이튼에서 6,000달러를 대출받아 친환경 화장품 가게를 열었다. 그 뒤 '바디샵(The Body Shop International)'은 영국에서 가장 성공적인 글로벌 매장으로 성장했다. 현재 전 세계 50여 나라 2,000개 이상의 가게가 바디샵 간판을 걸고 운영 중이다. 그녀는 '사회적·환경적 변화에 적극적으로 대응하자!'는 원칙으로 사업을 시작했다. 바디샵은 비타민 E크림, 바나나 헤어컨디셔너, 페퍼민트 풋 로션 등 과거 다른 화장품회사들이 주목하지 않은 틈새시장을 적절히 공략했다. 로딕은 제품을 화려하게 포장하거나 기존 광고방식을 따르는 대신, 철저한 계획에 따라 아프리카, 아시아, 남미를 여행하고 사회·환경 운동을 폭넓게 전개하면서 인지도를 높였다. 환경주의자들이 열정적으로 대중의 의식을 깨울 때, 로딕은 화려하고 기적적인 제품이라고 홍보하던 주류 화장품회사들과 달리 친환경적인 제품을 강조했다. 하지만 1990년대 중반 바디샵은 위기를 맞았다. 더 이상 환경을 고려하지 않는다는 비판을 받았다. 배스앤바디 웍스(Bath & Body Works)라는 새로운 경쟁사가 등장했으며, 회사를 민영화(privatize)하는 데 실패함으로써(로딕은 이것이 최악의 실패였다고 말했다) 바디샵과 설립자 로딕의 이미지는 큰 손상을 입었다. 로딕은 날카로운 검증을 받았고 비평가들은 '경제적인 이득보다 원칙을 우선한다는 그녀의 주장이 진실하지 못한, 상품을 팔기 위한 전략일 뿐'이라며 그녀를 맹비난했다. 큰 사업가로 변신한 전투적 여성 기업가는 반격에 나섰다. 웹사이트를 구축해 비평가들의 주장에 일일이 답변했고, 기업에 우호적인 사람들과 연계하여 그들이 분명한 지지의사를 표하도록 독려함으로써 커뮤니케이션의 주도권을 장악했다.

로딕은 2002년 바디샵의 회장직에서 물러났지만, 매년 3개월 정도는 회사의 고문으로 활동했다. 또한 두 편의 자서전을 비롯해 수많은 저술활동을 펴며 높은 인지도를 유지했다. 제3세계의 빈곤 문제와 죄수들의 처우개선 등 세간의 이목을 끄는 인권 및 사회·정의 문제에도 지속적인 관심을 기울였다. 자신의 부가 부끄럽다며 재산도 엄청나게 기부했다. 예컨대 국세사면위원회(Amnesty International)에 약 200만 달러를 기부해서 인권운동 센터를 지원했다. 이런 활동(그리고 그 과정에서의 언론 노출)의 결과, 로딕은 '소매업, 환경, 자선에 대한 공헌'을 인정받아 영국 왕실에게 데임 커맨더(귀부인) 작위를 받았다. 소매업의 역사상 가장 성공적인 퍼스널 브랜드 스토리를 구축하는 데 성공한 로딕은 2007년 세상을 떠날 때까지 회사에 조언하고, 책을 쓰고, 자선단체를 지원하고, 권위 있는 상을 수상하면서 높은 인지도를 유지했다.

∴ 인지도의 상승과 하락

어떤 제품이 시장점유율을 확보했다면, 그 다음 전략은 그 일을 유지하는 일이다. 그러기 위해 다양한 전략이 동원된다. 퍼스널 브랜드도 마찬가지다. 브랜드를 구축할 때와 그것을 유지할 때 필요한 동력 및 전략은 다르다. 인지도를 유지하는 과정, 즉 '높은 인지도를 오랫동안 유지해서 그에 따른 대가를 지속적으로 누리는 일'은 브랜딩 과정에서 중요한 부분이다. 앞서 소개한 아니타 로딕의 경우 인지도와 관련한 수많은 '커리어 패턴' 중 한 가지에 불과하다. 〈그림 11-1〉은 그 밖에 다양한 커리어 패턴을 나타낸 것이다.

지미 카터의 커리어는 완벽에 가까운 지속력을 보여준다. 비록 재임에는 실패했지만 퇴임 후 인도적인 활동을 펼친 대통령으로서 오랫동안 높은 인지도를 유지하고 있다. 그러나 이런 경우는 매우 드물다. 전 월드콤 CEO 버나드 에버스(Bernard Ebbers)는 한때 텔레콤 업계를 주름잡던 저명한 인물이었고, 대선 후보자 존 앤더슨(John Anderson)은 대학생들의 절대적인 지지를 받았으며, 올림픽 육상 스타 매리온 존스

[그림 11-1] 인지도의 상승과 하락

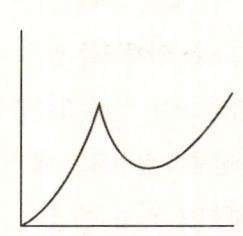

- 알리야(Aaliyah, 미국의 팝가수, 16세에 자신보다 12살 많은 가수 알켈리(R.Kelly)와 결혼하여 큰 파문을 일으켰고, 22세에 비행기 사고로 사망함—옮긴이)
- 주요 커리어(primary career) : 아주 짧음
- 인지도의 내구력 : 아주 강함. 젊은이다운 스토리, 충격적인 스토리 등 수많은 스토리를 낳고 죽음으로써 전설적인 위치에 오름.

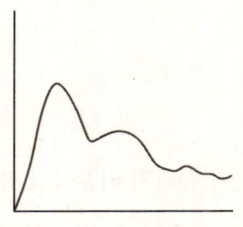

- 마이클 리처드(Michael Richards)
- 주요 커리어 : 열정적이지만 짧음. 〈프렌즈(Friends)〉와 함께 1990년대를 대표한 시트콤 〈사인펠드(Seinfeld)〉가 끝난 뒤 활동이 저조함.
- 인지도의 내구력 : 불확실함. 분야 전환 능력이 부족해 영화와 TV에서 주연을 맡지 못함으로써 커리어 복귀가 어려움.

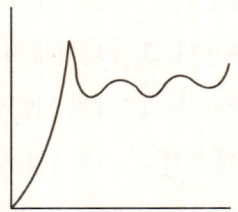

- 빅토리아 베컴(Victoria Beckham)
- 주요 커리어 : 열정적이고 비교적 지속적임. 그룹 '스파이스 걸스'의 해체로 활동이 다소 줄어듦.
- 인지도의 내구력 : 유망함. 축구 스타 데이비드 베컴과 결혼해 언론에 수없이 노출됨. 분야 전환을 통해 대중의 눈길을 계속 사로잡는다면 명성은 더 높아질 것.

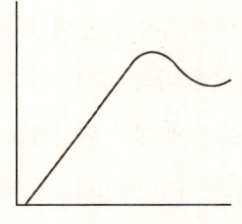

- 지미 카터(Jimmy Carter)
- 주요 커리어 : 우주선 발사, 다정하고 품위 있는 이미지. 미국 39대 대통령으로서 임기 마지막에 잠시 이미지가 손상되긴 했으나 퇴임 후 평범하면서도 인도적인 이미지로 다시 인기를 얻음.
- 인지도의 내구력 : 전설적임. 종교적 신념을 지키고, 공익활동에 헌신함으로써 높은 명성을 쌓은 몇 안 되는 대통령 중 한 명.

(Marion Jones)는 최고의 스포츠 스타였다. 하지만 카터와 달리, 그들의 브랜드는 각 분야에서 정상에 오른 뒤 높은 인지도의 혜택을 맘껏 누리다가 결국 하락세를 피하지 못했다. 현재 그들은 인지도를 잃은 채 황혼기에 접어들었고, 간간이 미디어에 등장할 뿐이다. 한때 강력했던 이름값의 혜택은 누리지 못하고 있다. 그들은 전략적 실수로 인해 커리어의 높은 인지도를 오랫동안 유지하는 데 실패했다.

∴ 인지도 지속력 측정

각 분야에서의 인지도는 나름의 규칙, 관습, 청중과의 비공식적 합의에 따라 결정된다. 어떤 분야에서는 신체적인 능력이 인지도의 지속력(longevity)을 좌우한다. 미식축구의 러닝 백은 활동 기간이 아주 짧고, 프로야구의 지명타자는 40대까지 활동할 수 있다. 또는 나이에 따라 지속력이 결정되는 분야도 있다. 예컨대 수학자, 비디오게임 개발자, 뮤직비디오 VJ는 대개 20대에 인지도의 절정에 이르고, 대부분의 방송작가들은 관례에 따라 50세가 넘으면 활동을 중단한다. 반면, 출판업처럼 여러 가지 쇠퇴 요인에서 비교적 자유로운 분야도 있다. 퓰리처상을 수상한 작가 스터즈 터클(Studs Terkel)은 나이 90대까지 구전 역사서를 쓰며 활발하게 활동했다. 음악 분야에서는 장르에 따라 인지도의 지속력이 달라진다. 블루스 스타 비비 킹(B.B. King)은 80대가 되어서도 활동하고 있지만 펑크 밴드라면 그렇게 오래 활동하기 어렵다. 이 밖에도 경제상황이 악화되거나, 기술혁신 능력이 떨어지거나, 새로운 인재들이 부상함에 따라 브랜드의 생명이 짧아질 수 있다.

인지도를 높이려 하면서도 자신이 분야별 하락 원인을 극복하고 얼마나 오래 인지도를 유지할지 고려하지 않는 경우가 많다. 구체적인 활동, 과정, 그로 인한 혜택을 먼저 생각하고 인지도의 지속력을 고려하지 못하는 것이다. 하지만 인지도를 높이는 과정에서는 보이지 않는 위험이 늘 따른다. 인지도가 빨리 올라가면 그만큼 빨리 인지도가 떨어지게 마련이다. 이 말은 10대 아이돌을 꿈꾸지 말라거나 도전하지 말라는 의미가 아니다. 각 분야에는 반드시 쇠퇴를 유발하는 원인이 있게 마련이고, 그것을 찾아 적절히 대응하면 인지도의 하락을 막을 수 있다는 뜻이다.

명성을 유지한다는 것은 브랜드의 인지도를 높이고 오래 유지한다는 것이다. 명성의 지속력은 년, 월, 계절 등 일정한 시간 단위로 측정할 수 있다. 그리고 명성은 앞서 보았듯 인지도와 기억, 그리고 경제적 대가 등을 기준으로 측정할 수 있다. 브랜드의 쇠퇴를 늦추려면 명성을 오래 유지해야 한다.

인지도의 라이프 사이클

인지도 피라미드에서 브랜드가 차지하는 위치와 그곳에서 머무는 기간은 고정된 것이 아니다. 시간이 지남에 따라 개인의 인지도에는 어떤 변화가 있을까? 한 가지 예를 들어보자. 〈그림 11-2〉는 한 평생의 인지도 흐름을 나타낸 것이다. 이 사람은 20세에 비교적 낮지만 무시할 수 없는 수준의 인지도를 얻었고, 40세까지 높은 인지도를 누리다가, 50~60세 이후에는 점차 잊혀졌다. 이것은 인지도 라이프 사이클의 표

[그림 11-2] 인지도 라이프 사이클의 표준 유형

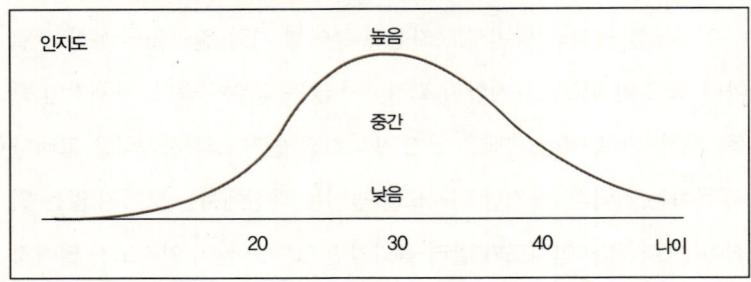

[그림 11-3] 기타 유형

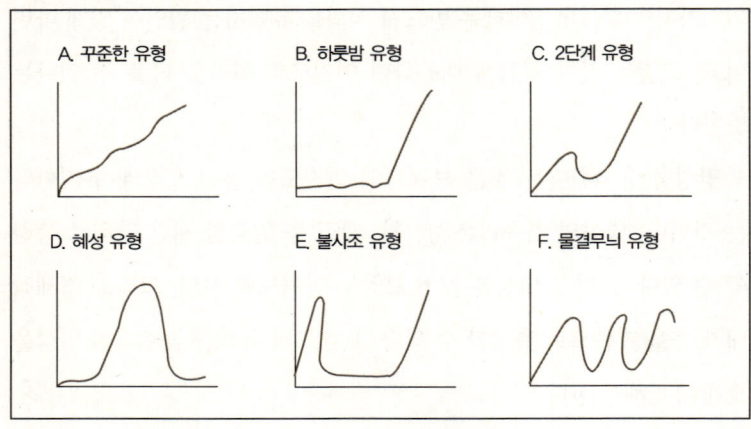

준 유형으로, '발생-성장-성숙-쇠퇴'의 과정을 거친다.

그 밖에 커리어에 따른 인지도의 유형은 아주 다양하다. 〈그림 11-3〉은 그 중에 대표적인 여섯 가지 유형을 나타낸 것이다. 우선 그림 [A]의 꾸준한 유형(steady-rise-to-the-top pattern)은 주요 분야의 많은 지도자들에게서 찾아볼 수 있다. 나이키의 회장 필 나이트, 스티븐 스필버그, 〈뉴욕타임스〉 컬럼니스트 머린 도드 등이 이처럼 한번의 하락세도 없이 점진적으로 인지도를 높여갔다.

그림 [B]의 하룻밤 유형(overnight pattern)은 중요한 행동이나 사건으로 한순간에 갑자기 유명해진 경우다. 폴 리비어(Paul Revere, 보스턴 출신의 은세공업자였으나 독립전쟁에 참가해 우국지사가 됨-옮긴이), 닐 암스트롱, 교황 베네딕토 16세는 비교적 인지도가 없다가 명성과 직결된 중요한 위치에 오르면서 갑자기 세상의 주목을 받았다. 존 F. 케네디의 부인 재클린 케네디(Jacqueline Bouvier)와 전 영국수상 마거릿 대처의 남편 데니스 대처(Denis Thatcher)처럼 유명한 배우자를 둔 덕에 하루아침에 높은 인지도를 얻은 뒤 끝까지 유명인사로 남은 경우도 있다.

그림 [C]의 2단계 유형(two-step pattern)은 어느 정도 인지도를 얻은 뒤 오랫동안 그 수준을 유지하다가, 갑자기 다시 높은 인지도를 얻은 경우다. 뉴질랜드 출신 영화감독 피터 잭슨(Peter Jackson)은 할리우드에서 〈천상의 피조물(Heavenly Creature)〉을 제작한 뒤 오랫동안 대표적인 호러영화 작가이자 감독이라는 평을 얻었다가, 〈반지의 제왕(Lord of the Rings)〉을 발표하여 다시 순식간에 최고의 감독으로 올라섰다.

그림 [D]의 혜성 유형(meteor pattern)은 명성을 순식간에 얻었다가 다시 순식간에 잃는 경우다. 이라크에서 인질로 잡혔던 제시카 린치(Jessica Lynch)는 그녀의 '극적인' 구출과정이 언론에 알려지면서 갑자기 전쟁영웅이 되었다. 그 뒤 인터넷 옥션 사이트들은 그녀를 흠모하는 대중들을 상대로 제시카 린치의 기념품을 내놓았다. 그녀의 스토리는 책과 영화를 통해 더 극적이고 재미있는 이야기로 재탄생되었다. 하지만 그녀의 구출과정이 자세하게 밝혀지고, 스토리 중 많은 부분이 거짓으로 드러나자 그녀의 이미지는 급격히 퇴색하기 시작했다.

그림 [E]의 불사조 유형(phoenix pattern)은 명성을 얻은 뒤 오랫동안 무명에 가까운 상태에 머물다가, 다시 이미지를 재마케팅한 경우다. 1970년대 〈애니 홀(Annie Hal)〉에 출연한 뒤 스타덤에 올랐던 여배우 다이안 키튼(Diane Keaton)은 오랜 침묵을 깨고 〈사랑할 때 버려야 할 아까운 것들(Something Gotta Give)〉에서 고혹적인 노년의 새로운 이미지로 컴백했다.

끝으로, 그림 [F]의 물결 유형(wave pattern)은 인지도가 계속해서 상승과 하락을 반복하는 경우다. 이 유형은 정치가들 사이에 흔히 나타난다. 하원의장이던 뉴트 깅그리치(Newt Gingrich)는 10년 넘게 대표적인 보수 세력으로 활약하며 명성을 떨쳤다. 그는 하원의원장까지 지냈지만 민주당을 끊임없이 공격하면서 입지가 흔들렸고, 복잡한 사생활로 이미지의 상승과 하락을 반복했다. 그는 사퇴압력을 받고 의원직에서 물러난 뒤 한동안 조용하게 지내다가 패널쇼에 게스트로 출연하고, 책을 발표하면서 다시 주목을 받았다.

∴ 인지도 하락의 원인

브랜드의 인지도는 늘 하락의 위협을 받는다. 커리어의 하락세를 막으려면 그 원인을 파악해야 한다. 다음은 대표적인 열 가지 하락 원인이다.

새로운 환경 변화

브랜드가 통제할 수 없는 환경의 변화는 브랜드의 쇠퇴를 불러일으킨다. 비즈니스 분야에서 지역 상인은 대규모 홍보를 펼치는 TV쇼핑 채널과 경쟁해야 한다. 메이저리그 야구가 미 전역에 중계되면서 마이너리그 선수들의 인지도는 해당 지역에만 한정되었다. 저널리스트와 같은 기존의 미디어 활동가들은 블로거들의 등장으로 위협을 받으며, 청중과 영향력을 두고 그들과 경쟁한다.

적응 실패

어느 분야든 간에 트렌드의 변화가 심하다. 따라서 브랜드의 전략도 그에 따라 바뀌어야 한다. 비즈니스 분야에서 과거처럼 직감에 따른 경영방식을 고수하던 관리자들은 새로운 전략에 따라 움직이는 MBA 출신들에게 자리를 내줬다. 반면 남들의 배척에 아랑곳하지 않고 발 빠르게 미래에 도전한 컴퓨터 전문가들은 이제 아주 유명한 기업가로 성장했다. 테니스에서는 과거와 달리 공격적인 파워서브가 강조되면서 수비적인 베이스라인 플레이를 펼치는 선수들이 주목받지 못하고 있다. 학문과 비즈니스 분야는 고도로 전문화되고 있기 때문에, 높은 인지도를 얻으려면 고유의 전문 분야를 개발해야 한다.

홀로서기

어떤 그룹의 멤버로 유명해지거나 특정한 집단의 도움으로 유명해진 브랜드는 홀로서기에 도전하면서 종종 위험한 위치에 놓인다. 유명한 밴드의 리더싱어가 솔로로 데뷔하거나, 스타플레이어가 열악한 팀으로 트레이드되거나, 유명한 편집자가 출판사를 나오거나, 이름을 날린 채권매니저가 회사를 떠나 온라인 모기지사업을 시작하는 경우는 모두 잠재적으로 커리어를 위협하는 '홀로서기'에 해당한다.

나이

할리우드식 홍보전략이 전 분야에 퍼지면서 청중은 점차 나이를 중요하게 여기기 시작했다. 회사원은 능력이 뛰어나도 일정한 나이가 넘으면 스스로 회사를 떠나려 하고, 베테랑 뉴스 앵커는 대학을 갓 졸업한 신입 앵커에게 자리를 내준다. 또한 아역 배우는 나이가 들면서 조숙한 이미지가 생겨 15살 무렵이면 커리어의 생명이 끝나는 경우가 많다. 매컬리 컬킨(Macaulay Culkin)은 10살 때 〈나 홀로 집에(Home Alone)〉에 출연하여 인기 정점에 도달했지만 그 뒤로 자취를 감췄다. 반면 종교 분야에서는 이와 정반대다. 목사의 나이가 너무 어리면 종교지도자로서 신자들의 신뢰를 얻거나 인지도를 높이기 어렵다.

능력의 쇠퇴

육체적 능력이 중요한 분야에서는 나이가 들면 브랜드가 평소의 성과나 기대치에 미치지 못하는 경우가 많다. 그래서 어떤 분야에서는 일부러 나이를 속이기도 한다. 나이가 많으면, 변호사는 몇 개월 또는 몇 년에 걸친 기나긴 소송을 진행하기 어렵고, 미국 해군 곡예비행팀 블루엔젤스(Blue Angels)의 비행사는 운동신경이 떨어질 것이며, 로데오 스타는 더 이상 소와 씨름할 수 없을 것이다. 또 무용수는 유연성과 지구력이 떨어질 것이다. 운동선수는 종목에 상관없이 더 말할 필요가 없다.

저조한 성과

청중의 기대에 계속해서 부흥하지 못하면 걷잡을 수 없는 하락세에 빠질 수 있다. 모건 스탠리(Morgan Stanley)의 전 CEO 필립 퍼셀(Philip

Purcell)은 실적악화로 주주들에게 사퇴압력을 받았다. 제시카 심슨(Jessica Simpson)의 동생 애슐리 심슨(Ashlee Simpson)은 가창력 논란을 빚었고, NBA 수퍼스타 크리스 웨버(Chris Webber)는 올스타급 경기실력을 유지하지 못했다. 저조한 성과의 원인은 자만심, 연습부족, 병이나 부상, 예상치 못한 상황, 능력이나 동기부족 등 다양하다.

활동무대의 쇠퇴

방송인이라면 평소 출연하던 프로그램이 하루아침에 사라진다면 큰 피해를 볼 것이다. 오트 퀴트르(고급 여성 의류―옮긴이) 디자이너는 4주나 6주에 한 번씩 새로운 컬렉션을 선보이는 기업들이 주도하는 '패스트 패션(fast fashion)'에 맞서고, 시트콤 배우는 드라마와 코미디가 결합한 드라메디로의 전환을 고민한다. 대학교수는 자신의 연구 분야가 더 이상 대학의 지원을 받지 못하는 처지에 놓이고, 심리학자나 정신과 의사는 약물치료의 발달로 상담치료가 필요한 환자가 줄어든다.

자만심

유명해지면 브랜드의 자신감이 종종 자만이나 오만으로 변질된다. 이것은 브랜드가 아부와 칭찬을 쏟아내는 수많은 지원인력들에게 둘러싸여 있기 때문인 경우도 많다. 배우 조지 클루니(George Clooney)는 이렇게 말했다.

"25살에 세계 정상에 오르면 모든 사람들이 훌륭하다고 말할 것이다. 그런데 그 나이에는 위기를 별로 겪어보지 못했기 때문에 정말로 자신이 훌륭하다고 생각할 위험이 있다."

유명인들 중에는 자만심에 눈이 멀어 정보를 제대로 처리하고 객관적으로 판단하는 능력을 잃어버리거나, 그런 능력이 있는 다른 사람의 말에 귀를 기울이려고 하지 않는 경우가 많다. 어느 팝스타는 사치스러운 것을 좋아해서 콘서트가 끝나면 음식과 술을 가득 차려놓고 호화로운 파티를 즐기는가 하면, 어느 스포츠 스타는 연습을 게을리하고도 경기가 잘 안 풀리면 미디어를 탓한다.

자멸 행위

저조하거나 들쑥날쑥한 성과와는 별개로, 브랜드는 고의적으로 자신에게 해로운 행동을 하기도 한다. 비행기 디자이너이자 영화 제작자였던 대부호 하워드 휴즈(Howard Hughes)는 정신불안에 시달린 채 라스베이거스에 있는 고급 저택에 틀어박혀 세상과 담을 쌓았다. 야구 스타 드와이트 구든(Dwight Gooden)과 데릴 스트로베리(Darryl Strawberry), 미식축구 스타 라일 앨자도(Lyle Alzado)는 약물중독으로 커리어를 망쳤고, 프랑스 화가 앙리 드 툴루즈 로트렉(Henri de Toulouse-Lautrec)은 알코올 중독으로 36세의 나이에 커리어와 삶을 모두 마감했다.

스캔들

사실이든 거짓이든, 스캔들은 커리어의 인지도를 완전히 파괴하거나 치명타를 입힐 수 있다. 예컨대 패니 메이(Fannie Mae)의 전 CEO 프랭클린 레인스(Franklin Raines)는 워싱턴에 근거한 모기지 금융회사의 수익을 허위로 진술한 혐의 때문에 버지니아 대학 다든 경영 대학원에 기업윤리 연구소를 설립한 것과 같은 업적들이 퇴색되었다. 스포츠 스타들이 홈런왕 베리 본즈처럼 약물복용에 연루되면 개인적인 고통을 넘어 스폰서들 사이의 평판에도 부정적인 영향을 미칠 것이다. 전 뉴저지 주지사 제임스 맥그리비(James McGreevey)는 부인을 두고 남자 보좌관과 부적절한 관계를 맺은 뒤 상대의 협박에 시달리다 스스로 '나는 불륜을 저지른 게이'라고 선언하며 자리에서 물러났다.

지금까지 살펴본 인지도 하락의 원인들은 커리어를 심각하게 위협할 수 있지만, 그 상처가 영원히 계속되는 것은 아니다. 하락세를 맞이한 브랜드들은 역전략(counterstrategy)을 고안해서 앞서 살펴본 〈그림 11-2〉의 물결무늬와 같은 커리어 유형을 이어가는 경우가 많다. 브랜드는 꾸준히 성장하여 높은 인지도를 얻고, 위에서 언급한 하락 원인을 만나 잠시 주춤하며, 어느 순간 다시 인지도를 회복한다. 높은 인지도를 오래 유지하려면 청중을 관리하는 법을 알아야 한다. 그것을 위한 가장 좋은 방법이 바로 노출 관리다.

∴ 노출 관리

브랜드의 노출 관리는 명성을 유지하는 핵심 방법이다. 브랜드를 얼마나 자주, 어떤 방식으로, 어떤 장소에서 청중에게 전달할 것인가? 유명인에 대한 청중의 애정은 무한하지 않다. 따라서 명성을 오래 유지하려면, 노출이 너무 적어 인지도를 유발하지 못하는 수준과 노출이 너무 많아 팬들의 흥미를 떨어뜨리는 수준을 정확히 파악한 후 노출의 정도를 적절히 조절해야 한다.

모든 노출 전략에는 '수확 제감의 법칙'이 적용된다. 청중의 이목을 끄는 초기 단계에서는 팬들이 수없이 노출되는 이미지를 모두 흡수하고도 만족하지 못한다. 그러나 시간이 지날수록 과도한 노출은 비생산적이다. 초기 노출비용은 그 대가가 불확실하거나 부적절해 보일 수도 있지만 퍼스널 브랜드와 청중을 구축하는 중요한 투자비용이다. 홍보 담당자는 인지도를 유발하는 데 드는 비용이 그것을 유지하는 데 드는 비용보다 더 많아야 한다는 투자의 원리를 알아야 한다.

물론, 노출비용을 늘린다고 해서 다 좋은 것만은 아니다. 전략적인 계획도 없이 갑자기 노출비용을 늘리면 그 대가가 투자금액에 비해 턱없이 모자랄 수 있다. 제니퍼 로페즈와 벤 애플렉(Ben Affleck)이 부부 사이였을 때 두 사람은 영화, 잡지, 뮤직비디오 등 수많은 채널에 함께 모습을 드러냈다. 그들은 노출을 너무 많이 한 나머지 식상함을 불러일으켰고, 그들이 함께 출연한 영화는 참담하게 실패했다. 이와 반대로 브랜드의 노출이 너무 적으면 청중은 자신의 시간과 노력을 들여 새로운 브랜드를 직접 찾아나설 수밖에 없다. 비인기 종목의 운동선수가 유명해지길 바라면서도 TV 같은 언론에 모습을 잘 드러내지 않는다면, 잠재적 팬들은 그 선수보다 더 자주 볼 수 있는 다른 브랜드에 주목한다. 카레이스 경기가 열리고 연일 그에 대한 보도가 이어지는 곳에 사는 사람은 자연스럽게 그 경기에 열광하겠지만, 그곳을 떠나 카레이스에 대한 언론 보도가 없는 지역으로 이사 간다면 경기에 대한 흥미도 곧 사라지기 쉽다. 또한 '정통' 연극배우라고 좁은 연극무대에만 선다면 대중적인 인지도를 얻기 어렵다. 인지도를 높이려는 사람은 청중들의 기대에 맞게 노출 정도를 적절히 조절해야 한다.

∴ 역전략, 승리를 위해 위험 무릅쓰기

때로는 인지도의 하락이 전략적으로 유리한 결과를 낳기도 한다. 록스타 오지 오스본(Ozzy Osbourne)이 1970년대 하드록 그룹 '블랙세바스(Black Sabbath)'의 보컬을 그만두었을 때, 그의 인지도는 기존의 팬들 사이에서 크게 하락했다. 하지만 그 뒤 수익성이 더 좋은 주류 음악계에 진출하여 더 많은 대중의 지지를 얻었다. 또한 리얼리티 TV쇼를 진행하면서 신세대들 사이에 록음악의 상징이 되었다. 그리고 과감한 성형수술을 통해 새로운 팬들을 개발하고자 했다.

전략적 노출회피

인지도를 높이다 보면 어느 순간 자신이 투자한 만큼 적절한 대가를 기대할 수 있는 규모의 청중이 생긴다. 그 상태를 계속 유지하려면 어떻게 해야 할까? 한 가지 방법은 전략적 노출회피다. 즉 비교적 저렴한 유지비로 소수의 열렬한 추종자들만 관리하는 것이다. 록밴드 피시(Phish)는 그런 방법으로 20년 넘게 충성스런 팬들을 거느렸다. 그들의 팬들은 스스로 특별하다고 생각한다. 이 밴드는 처음부터 청중의 규모를 작게 유지하고 활동 무대도 엄선함으로써, 브랜드의 독특함을 잃지 않은 채 오랫동안 팬들의 지지를 얻었다. 이는 보이 조지(Boy George)와 엠씨 해머(M.C. Hammner)처럼 한때 큰 인기를 누렸다가 지금은 주목받지 못하는 스타들에게 필요했던 전략이다. 한편 정 반대의 이미지를 동시에 노출하거나 혼란스러운 이미지를 노출하는 것도 그에 못지 않게 해가 된다.

상충되는 노출

성격이 다른 두 청중에게 동시에 호소하다보면 두 청중 모두에게 외면받을 수 있다. 애리조나 상원위원이었던 존 맥케인은 대통령 예비선거에서 민주당 지지자들에게는 선거자금 개혁과 세제문제 등 다양한 핵심 사안에 대해 자신의 초당적인 입장을 강조하고, 공화당 지지자들에게는 군 경험과 사회적 신념을 강조함으로써 두 정당 지지자들 모두에게 호소했다. 그 전략은 거액의 판돈을 건 내기와 같았다. 결과적으로는 그가 어떤 정당에도 진실로 헌신하지 않는다는 인상을 주어 누구의 지지도 얻지 못했다. 전 교황 요한 바오로 2세 또한 인간적이면서도 실용적인 태도로 진보성향의 가톨릭 신자들을 격려했지만, 한편으로는 주류 신자들을 고려해 독단적이고 보수적인 선언과 결정을 내림으로써 그들을 실망시켰다.

PHILIP KOTLER
애킨스 다이어트의 추락

퍼스널 브랜드와 그의 상품이 모두 인지도가 높으면 그보다 더 좋은 일은 없을 것이다. 소고기를 먹지 않는다는 시빌

쉐퍼드(Cybill Shepherd)가 축산업 협회를 홍보하고, 영원한 블루칼라 풋볼 코치 마이크 디트카(Mike Ditka)가 일본 도요타 트럭을 광고한 일은 모두 상반된 노출로, 잘못된 만남에 해당한다. 하지만 로버트 애킨스(Robert Atkins) 박사와 그의 다이어트 제품은 천생연분처럼 보였다. 애킨스는 몸소 자신의 제품을 이용하고 그 효과를 증명했다. 또한 관련 책을 13권이나 출간하고, 자신의 이름을 딴 의학센터를 설립했으며, 수많은 방송에 출연해 다이어트 업계를 주도했다. 그의 메시지는 명확했다.

"고단백, 저탄수화물 다이어트를 하면 단기간에 체중을 줄일 수 있고, 영원히 다이어트를 할 필요가 없다."

그랬던 그가 2003년 4월 맨해튼 거리에서 죽은 채 발견되었다. 사람들은 큰 충격에 빠졌다. 한 의학보고서에 따르면, 그가 183cm 키에 몸무게 117kg에 달하는 비만이었고 심장마비를 겪은 적이 있으며 울혈증 심부전증을 앓았다고 한다. 애킨스의 부인은 그가 다이어트 때문에 죽었다는 주장을 강하게 부정하며, 그의 건강문제는 식습관과 전혀 관련 없었다는 담당의들의 말을 전했다. 하지만 그의 최후 모습이 애킨스 다이어트의 이미지와 너무 달랐기 때문에 애킨스 브랜드는 타격을 입을 수밖에 없었다. 결국 그의 책과 제품 판매가 하락하면서 애킨스 브랜드 전체가 위축되기 시작했다. 애킨스의 죽음은 필연적으로 저탄수화물 다이어트의 종말을 가져왔다.

혼란스러운 노출

동일한 청중에게 일관된 모습을 보이지 않으면 문제가 생길 수 있다. 피델리티 마젤란 뮤추얼펀드(Fidelity Magellan Mutual Fund)의 스타 매니저였던 제프 비니크(Jeff Vinik)는 공격적인 주식투자로 많은 고객을 확보했지만, 갑자기 주식이 아닌 채권을 대량으로 매입함으로써 투자자들을 혼란에 빠뜨렸다. 이후 그는 회사를 그만두고 헤지펀드에 도전해 성공했다. 그러나 과거의 명성을 회복하지는 못했다.

노출의 균형

엔터테인먼트 분야에서 브랜드 노출이란 콘서트나 영화와 같은 공식활동뿐 아니라 토크쇼에 출연하고, 인터뷰를 하고, 자선활동을 벌이는 등의 모든 홍보활동을 의미한다. 한편 비즈니스, 학계, 전문직업 분야에서는 각종 회의나 무역박람회에 참석하고, 연설을 하고, 잡지나 인기 블로그에 글을 기고하는 것이 노출에 해당한다. 노출을 관리할 때에는 반드시 그 양과 질을 적절히 조절해야 한다. 소수의 적절한 청중과 다수의 부적절한 청중 가운데 누구를 만나야 더 유리한가? 어느 대학 미식축구 팀의 와이드 리시버는 매일같이 경기에 나간 덕에 수많은 팬들을 확보했다. 하지만 볼링을 치다 다쳐서 벤치 신세를 지는 동안 프로 스카우터들이 학교를 찾았고, 결국 그의 앞날을 좌우할 스카우터들의 주목을 받지 못했다.

어느 분야를 막론하고 높은 인지도를 오래 유지하려면, 청중 유발 활동(audience-building activities)과 청중 만족 활동(audience-satisfying activities)의 차이를 이해하고 두 활동을 적절히 관리해야 한다.

청중이 브랜드를 대할 때는 대개 '준사회적(parasocial)'이다. 즉 커뮤니케이션 채널을 통해 유통된 이미지로 브랜드를 만나지만 마치 친구나 지인처럼 직접적인 대화상대로 여긴다. 따라서 그런 청중을 상대로 인지도를 높이려면 먼저 그들에게 친숙한 존재가 되어야 한다. 그런 다음에야 청중이 브랜드 이름이 붙은 물건을 사거나, 투표하거나, 경기장에 오기를 기대할 수 있다.

노출 관리는 청중을 유발하기 위해 투자한 에너지와 그로부터 얻는 대가의 균형을 맞추는 일이다. 이론적으로, 브랜드는 그 조율과정을 관리하기 위해 주도적이고 전략적인 커뮤니케이션 프로그램을 개발하고 그것을 실행한다. 하지만 현실적으로는 부정적인 노출(냉혹한 평가, 저조한 성과, 잘못된 판단)을 수습하기 위해 긍정적인 노출(기자회견, 사진 촬영, 자선활동)을 유발하는 경우가 많다. 부정적인 노출에 일일이 대응하다 보면 브랜드가 방어적으로 보여서 역효과가 발생한다. 많은 경우 부정적인 노출을 피하려면 잘 짜인 커뮤니케이션 프로그램을 실행하여 청중에게 적절한 시기에 적절히 제공함으로써 브랜드의 긍정적인 인지도를 유지해야 한다.

노출을 관리할 때에는 여러 가지 요소를 고려해야 한다. 우선 각 분야의 관례를 알아야 한다. 비즈니스 분야에서는 인지도를 유발하는 활동이 업무의 성과와 직결된다. 기업의 부사장은 CEO로 승진하기 위해 시간을 따로 내어 홍보활동을 벌이는 것이 아니라, 일상적으로 업무를 처리하면서 후임자로서의 위치를 다진다. 승진을 바라는 부사장은 비즈니스 실적을 조정해서 긍정적인 인지도를 유발하기도 한다. 또는 무역박람회를 열거나, 언론에 모습을 드러내거나, 글을 기고하거나, 자선활동을 벌이거나, 지역의 유명한 행사나 집회에 참가하기도 한다. 영화배우는 전략적으로 다양한 채널을 통해 자신의 이미지를 유통하면서 인지도를 유지한다. 역할이나 프로젝트 등의 활동무대를 엄선하고 뛰어난 연기력을 선보인다. 하지만 모든 배우가 세 달에 한 번씩 주기적으로 좋은 영화를 찍을 수는 없다. 그래서 대중들의 시선을 잃지 않기 위해 새로운 비즈니스 벤처에 참여하거나 자선활동을 벌이는 등의 홍보활동으로 자신을 계속 노출시킨다.

또한 체력, 가정생활, 자본 등 현실적인 조건도 고려해야 한다. 예컨대 브랜드가 홍보활동에만 주력한다면 정작 주주회의, 설교, 시합과 같은 중요한 공식활동을 제대로 하지 못하는 상황이 생긴다.

브랜드가 모든 유통채널에 적합한 것이 아니라는 사실도 고려해야 한다. 모든 것을 잘 할 수는 없다. 어떤 정치인은 사람들이 별로 없는 곳에서는 연설을 잘 하면서도, 청중이 많으면 뻣뻣하게 굳어지고, 어떤 예술가는 수집가들 사이에서는 아주 활기차지만, 인터뷰에는 영 서툴다. 홍보산업에서 각광받고 있는 분야 가운데 하나가 바로 그런 부적절함을 해결하는 방법을 개발하는 것이다. 커뮤니케이션 능력이 부족한 CEO가 홍보 투어를 하면, 그가 말을 많이 할 필요가 없도록 홍보전문가들이 완벽한 프레젠테이션 자료를 준비한다. 그래서 브랜드를 직접 보고자 하는 청중의 욕구를 충족시키는 한편, 브랜드의 결점을 최소화시킨다.

잠재적인 갈등 요인도 고려해야 한다. 과거 존 매케인처럼 정치인이 재향군인들을 너무 자주 만나면, 그것을 탐탁지 않게 여기는 진보적인 유권자들에 의해 그의 노출 가치가 상쇄되거나 줄어들 수 있다. 이런 갈등은 브랜드가 자신의 가치와 청중들의 가치를 조율하는 과정에서 발생한다.

브랜드의 개인적 목표도 노출에 영향을 미친다. 어떤 브랜드는 수익성을 가장 중요하게 여겨서, 팬들의 생각과 상관없이 돈을 가장 많이 버는 무대를 선택한다. 유명한 가수라면 중국의 인권유린을 걱정하는 청중들에게 비난받을 것은 아랑곳하지 않고 수백만 달러를 벌기 위해 중국으로 날아간다. 반면 장기적인 시각에서 청중들의 강력한 충성도를 유발하려면 그만큼 투자가 중요하다고 생각하는 브랜드도 있다. 그래서 자선활동, 텔레톤(모금운동을 위한 장시간의 TV방송—옮긴이) 출연, 연기수업, 성형수술, 각종 홍보술책 등 인지도와 호감도를 높이거나 그것을 오래 유지할 수 있는 모든 활동에 적극적으로 나선다.

마지막으로, 노출 관리는 '타이밍(적당한 시기)'이 매우 중요하다. 언제까지 홍보활동을 벌이고, 언제부터 공식활동을 하는가? 어떤 분야에서는 타이밍이 과학으로까지 발전했다. 선거를 앞둔 정치인들은 철저히 검증된 스케줄에 따라 선거운동을 벌인다. 하지만 타이밍이 운에 가까운 분야도 있다. 예컨대 연예인들은 하루에도 몇 번씩 홈런과 헛스윙을 반복한다.

∴ 인지도를 유지하는 여섯 가지 규칙

모든 분야에는 인지도의 하락을 암시하는 어떤 사건이나 과정이 있게 마련이다. 정치에서는 기존의 자리에서 물러나는 때이고, 스포츠에서는 벤치 신세를 지는 때다. 엔터테인먼트에서는 스캔들이 터지거나 활동무대가 취소되어 출연 횟수가 줄어들 때다. 비즈니스에서는 좌천되거나 해고를 당할 때다. 법조계에서는 소송에 자꾸 지고 수익성이 높은 고객을 만나기가 어려울 때이고, 의료계에서는 병원에 손님이 끊기거나 지역 컨트리클럽에서 제외될 때다.

이런 일들은 대개 브랜드가 의사결정을 잘못했거나 변화하는 환경에 제대로 적응하지 못했기 때문에 발생하지만, 그 정확한 원인을 파악하는 사람은 많지 않다. 가령 어느 정치인이 상대 후보보다 표를 더 많이 얻지 못해 자리를 빼앗겼다. 하지만 그 원인은 무엇인가? 유권자들의 요구나 가치를 정확하게 인지하지 못했는가? 또는 상대 후보의 전략을 예측하고 대응하는 데 실패했는가? 미식축구 선수라면 오프 시즌 동안 산에서 오토바이를 타다가 부상을 입어 벤치 신세를 지고, 코미디언은 변하는 사회·문화적 환경에 어울리는 적절한 소재를 준비하지 못해서 무대를 잃는다. 사업가는 회사를 매각해야 할 때 합병하고, 유명한 변호사는 법정에서 위험이 높은 전략을 너무 자주 썼거나, 재정적인 문제를 안고 있는 회사의 이사회에 참여해서 인지도가 퇴색한다. 의사는 환자나 동료, 관련자들 간의 일상적인 소통에 소홀함으로써 병원 운영에 어려움을 겪는다.

커리어의 명성을 유지하는 과정에는 수많은 분기점이 있는데, 브랜드는 그때마다 다음과 같은 규칙을 정확하게 인지하고 그에 따라 결정을 내려야 한다.

규칙 1 인기가 높은 분야일수록 브랜드의 인지도 변동이 심하기 때문에 브랜드는 더 견고해야 한다

회계나 조경술처럼 인기가 낮은 분야의 브랜드는 인지도가 상대적으로 안정적이다. 가수는 비즈니스 분야의 재정전문가보다 인지도 피라미드에서의 급락이 더 심하고, 카레이서 챔피언은 위기 앞에서 조경술사보다 더 많은 유연함(resilience)이 필요하다.

규칙 2 해당 분야의 근본적인 인지도 관습을 이해해야 한다

학문 분야에서는 아무리 스타 교수라고 해도 비전공 분야에 관여하거나 그 부분에 논란을 일으켜서는 안 된다는 불문율이 있다. 그렇게 하면 해당 대학에서 배척을 당한다. 예술가의 경우 대중적인 인지도가 너무 높다 보면 예술계의 전반적인 흐름을 결정하고 동시에 그의 인지도 지위를 최종적으로 보증하는 관련 기관에게 냉대를 받을 수도 있다. 엔터테인먼트 분야의 스타가 모든 청중을 대상으로 다양한 활동을 벌이다 보면 자신만의 고유한 활동영역을 확보하지 못하는 경우가 있다. 전도유망한 기업의 간부는 조직 내에서 폭넓은 인지도를 얻기에 앞서 특정한 영역의 전문가로서 먼저 인정받는 것이 중요하다.

규칙 3 청중이 브랜드 커리어의 위치에 따라 기대치를 결정함을 알아야 한다

청중은 브랜드가 상승세인지, 정체기인지, 하락세인지를 판단하고 그에 따라 브랜드의 활동, 행동, 라이프스타일 수준을 예상한다. 어느 베스트셀러 작가가 ABC의 간판프로 〈굿모닝 아메리카〉에 출연하면, 청

중은 그를 떠오르는 스타로 인식하고 그에 대한 기대치를 결정한다. 그런데 작가가 말을 더듬거나, 긴장하거나, 횡설수설하면 진행자뿐 아니라 청중 역시 크게 실망한다. 장기적인 명성을 얻기 위해서는 청중의 기대 수준에 도달하기 위해 애써야 한다. 따라서 인지도를 높이려는 사람은 자신의 능력을 정확하게 판단하고, 현재 위치와 발전 방향에 대한 객관적인 평가에 기꺼이 귀를 기울여야 한다.

규칙 4 청중은 브랜드의 나이에 따라 행동을 예상함을 알아야 한다

청중은 몇 년 동안 수많은 브랜드의 미디어 노출과 활동 모습을 지켜보면서 브랜드의 나이에 따라 그에 어울리는 활동을 예상한다. 예컨대 대학을 갓 졸업한 코미디언이 개그 프로그램에서 활동하면 별로 이상하게 생각하지 않는다. 그런데 똑같은 프로그램에 40대 코미디언이 나오면 사람들은 의문을 갖는다. 이 사람은 왜 출연했지? 재기하려고 나왔나? 댄스 그룹도 마찬가지다. 데뷔 초반에는 그 나이에 맞게 신선하고 열정적인 무대를 선보이며 청중의 호응을 얻지만, 세월이 흘러 멤버들이 나이를 먹으면 활동 방향을 전환해야 한다. 예컨대 추억의 밴드로 브랜드를 재정립해서 특정한 청중의 기대에 계속 부응하는 것이다. 또는 해당 장르에서 가장 순수하고 오래된 밴드로 리포지션하여 대중적인 성공보다는 전문적인 청중에게 호소한다. 유명한 중년의 건축가가 중요한 계약을 따내지 못하면 해당 분야에서 이미지가 나빠질 것이다. 어쩌면 다른 분야에까지 부정적인 영향을 미칠지 모른다. 우리 사회는 평판을 아주 중요하게 여기기 때문에 계약을 별로 따내지 못하는 건축가는 학교 이사회나 건축가 협회의 임원직에서 밀려나고, 과거의 독창적인 설계마저 외면당할 수 있다.

규칙 5 **인지도가 높아지면 브랜드와 모든 관련 요소를 철저하게 관리해야 한다**

브랜드의 인지도가 높아지면 다양한 압박에 시달리게 된다. 먼저 공적인 시간과 사적인 시간을 적절히 분배하는 일이 어려워진다. 무명의 중간 관리자가 어느 순간 회사의 CEO로 변신했다면 하루 종일 업무에 시달려야 할 뿐 아니라, 사회나 미디어를 상대로 인지도를 유지하는 활동도 벌여야 한다. 갓 스타덤에 오른 연예인은 가족, 친구들이 아닌 홍보담당자, 매니저, 라이프스타일 코치와 모든 일을 상담해야 한다. 유명한 변호사는 오랜만에 가족들과 여행을 가면서도 휴대전화가 쉴 새 없이 울릴 것이다. 이런 상황에 효과적으로 대응하려면 명성을 유지하기 위해 무엇을 우선하고 무엇을 희생할지 결정해야 한다. 대개 공적인 문제와 사적인 문제는 상충되는 경우가 많기 때문에 적절히 균형을 맞춰야 하고, 지원인력들과의 관계도 주기적으로 점검해야 한다.

규칙 6 **인지도를 넓히기 위해 분야를 전환하려면, 기존 분야에서 인지도를 얻기 위해 이용했던 것과는 다른 전략을 구사해야 한다**

오늘날, 한 분야를 주도하는 브랜드가 인지도를 이용해서 정치나 자선사업 같은 다른 분야로 진출하는 일이 많다. 또는 출판에서 TV나 영화로 전환하는 등 미디어를 바꾸거나, 브랜드의 이름을 이용해 물건을 팔기도 한다. 하지만 새로운 분야에서 인지도를 구하다보면 기존 분야에서 쌓은 인지도가 하락할 수도 있다. 《전쟁론(Vom Kriege)》의 저자 클라

우제비츠(Clausewiz)의 '기초를 단단히 하라'는 군사적 지침을 위반하는 분야 전환은 위기를 수없이 불러온다. 청중은 브랜드의 분야 전환을 브랜드의 하락을 알리는 신호로 여기기도 한다.

지방에서 가발이나 대형 사이즈 옷을 광고하는 나이든 운동선수는 그의 하락을 공식적으로 알리는 전단지 광고를 찍지 않는 것이 좋다. 과거 할리우드 일류 여배우가 〈애니여, 총을 들어라(Annie Get Your Gun)〉로 지방 순회공연을 떠나거나, 유명 소설가가 대학의 교수 자리를 수락하면 체면을 유지하는 무난한 커리어 연착륙으로 인식된다. 그러나 이런 모든 노력이 전략적으로는 바람직하다고 해도, 일단 하락세가 눈에 보이면 연쇄반응을 일으켜 인지도가 급격히 떨어질 수 있다. 따라서 인지도를 높이려는 사람은 분야 전환의 역학과 수단을 잘 이해해야 한다.

∴ 분야의 전환

분야 전환을 고려하는 브랜드는 퍼스널 브랜드의 자산을 맘대로 옮기기 어렵다는 문제를 발견하게 된다. 뉴욕 시장 마이클 블룸버그, 2004년 대선 후보 랠프 네이더(Ralph Nader)가 내세운 부통령 후보 피터 카메조(Peter Camejo)와 같은 유명한 사업가이자 정치가들은 두 분야의 정상을 비교적 자유롭게 오갈 수 있었다. 하지만 다른 분야에서는 분야 전환이 그리 쉽지 않다. 분야를 전환한 사람은 보통 기존의 인지도나 위치에 상관없이 밑바닥에서 다시 시작해야 한다. 할리우드 최고의 영화감독도 연극이나 오페라 무대로 분야를 전환하면 영향력, 보수, 특권을 낮춘 채 새롭게 다시 시작해야 한다.

운동선수들은 '1등을 한 뒤 은퇴하고 싶다'는 말을 많이 한다. 다른 분야의 브랜드들에게도 그것은 간절한 목표다. 여느 질병처럼 인지도의 하락은 조기 진단이 최선이다. 하락세의 전조를 목격한 브랜드는 상업적 가치가 아직 남아 있을 때 분야를 전환해야 한다. 유명한 시트콤 〈섹스 앤 더 시티〉의 배우들은 시트콤이 끝나기 전에 재빨리 광고나 영화계로 진출했다. 그들의 이름이 시장성 높을 때 이동한 것이다. 일반적으로 브랜드가 정체기나 하락세를 감지했을 때에는 우선 분야 안에서 새로운 역할 전환을 고려해야 한다. 이러한 예는 아주 많다. 가수는 프로듀서가 되고, 배우는 감독이 되고, 정치가들은 로비스트나 로펌 파트너가 되며, 기업간부는 사장, 컨설턴트, 경영대학원 교수가 된다. 그 이유는 간단하다. 브랜드가 이미 그 분야의 특성을 잘 알고, 그곳의 권력구조에 익숙하며, 분야 내 사람들도 잘 알고 있기 때문이다.

영화감독 론 하워드(Ron Howard)는 시트콤으로, 또 배우로 크게 성공했지만, 〈앤디 그리피스 쇼(The Andy Griffith Show)〉, 〈해피 데이즈(Happy Days)〉에서 역할이 줄면서 선택의 기로에 서게 되었다. 결국 그는 대학에서 영화제작 기술을 배우기로 결심했다. 그리고 브라이언 그레이저(Brian Grazer)와 영화사를 설립하여 〈우리 아빠 야호(Parenthood)〉, 〈아폴로 13〉을 감독하고, 〈뷰티풀 마인드(Beautiful Mind)〉로 아카데미 최우수 작품상과 감독상을 수상했다. 그의 결정은 '사이코'나 '범죄자' 역을 맡으며 배우생활을 연명했을 때보다 훨씬 더 좋은 결과를 낳았다.

분야 전환의 역학

다른 분야로 이동하기에 앞서 기존 분야를 포기하는 것은 상당한 위험이 따른다. 하락하는 브랜드는 아직 남아 있는 브랜드의 순수자산, 즉 인지도의 많은 부분을 포기해야 할 뿐 아니라, 심리적인 부담감도 많이 느낀다. 하지만 분야 전환을 하는 사람은 과거와 깨끗하게 결별하고 새로운 분야에서의 성공을 현실적으로 준비해야 한다.

- 새로운 분야에서 성공하는 데 필요한 자질을 갖추고 있는가?
- 기존 기술은 도움이 되는가, 방해가 되는가?
- 브랜드의 지원인력들은 어떠한가?
- 분야를 전환하는 데 적합한가 아니면 모두 교체해야 하는가?

어떤 제품을 마케팅할 때도 항상 이 같은 결정을 내려야 한다.

- 제품이 성공하려면 어떤 조건이 필요한가?
- 제품에 장점이 있는가?
- 장점을 더 늘릴 수 있는가?

하락하는 브랜드 역시 현재 상태를 객관적으로 평가해야 한다.

- 새로운 분야와 통하는 점이 있는가?
- 브랜드의 어떤 점이 유익한가?

현실적인 비즈니스 문제도 고려해야 한다.

- 분야를 전환하는 데 필요한 투자가 가능한가?
- 필요한 지원을 얻을 수 있는가?

에이전트, 매니저, 기타 직원을 비롯한 기존의 지원인력들은 아마도 분야 전환을 바라지 않을 것이다. 왜냐하면 익숙하고 자신 있는 분야에 있어야 오래도록 성공적으로 활동할 수 있기 때문이다.

분야를 전환하고 싶거나 전환해야 하는 브랜드는 유명인사들이 일반인들보다 더 다재다능하다는 대중의 인식과 청중이 브랜드를 기억한다는 점을 적극적으로 이용해야 한다. 스포츠, 엔터테인먼트, 비즈니스, 기타 분야의 스타들은 왜 다른 분야의 높은 지위를 두고 자주 거론될까? 농구 스타 찰리 바클리(Charles Barkley)와 영화배우 워렌 비티(Warren Beatty)는 왜 정부 고위직 후보자로 자주 언급되는가? 네브라스카 풋볼 감독이었던 톰 오스번(Tom Osbourne)은 왜 국회의원이 되었는가? 그 이유는 유명인들이 인지도라는 강력한 무기를 가지고 있기 때문이다. 고위직의 전제조건으로서 인지도는 종종 자격만큼이나 중요하다. 그리고 모든 조건이 같으면 친숙한 사람이 승리하게 마련이다.

그러나 분야 전환에 대한 대중의 호의적인 인식을 이용한다고 해도, 그것이 성공을 보장해주지는 못한다. 예컨대 보수적인 정치 운동가이자 미디어 해설가 앨런 키스(Alan Keyes)는 대통령과 상원의원 후보에서 떨어졌고, 영화배우이자 토크쇼 진행자였던 체비 체이스(Chevy

Chase)와 디자이너이자 영화제작자인 톰 포드(Tom Ford)는 선거에서 낙방했다.

브랜드 네임 빌려주기

분야를 전환할 때 비교적 안전한 전략은 본인은 기존의 분야에 그대로 머물고, 브랜드 네임만 새로운 분야로 옮기는 것이다. 즉 이미 확립된 브랜드 아이덴티티에 가장 합당하고 어울리는 기업에 이름을 빌려주는 것이다. 모델이자 요가 애호가인 크리스티 터링턴(Christy Turlington)은 퓨마와 제휴해 요가복과 비슷한 의류브랜드인 누알라(Nuala)와 마하(Maha)를 출시했다. 숀 콤즈(Sean Combs)는 자신의 '말끔한 래퍼' 이미지를 살려 의류브랜드인 숀 존(Sean John)을 직접 만들었다. 컨트리 음악의 전설 케니 로저스(Kenny Rogers)는 '케니 로저스 로스터스(Kenny Rogers Roasters)' 라는 치킨 체인점을 브랜딩하는 데 성공했고, 그 브랜드는 세계적인 인지도를 얻어 아시아와 태평양 지역 6개 나라에서 80여 개 지점이 운영되고 있다.

매스 마케팅

인지도를 유지하는 가장 좋은 전략 중 하나는 과거 특정한 청중을 대상으로 했던 물건이나 활동을 일반 대중을 상대로 마케팅하는 것이다. 1950년대 최고의 자동차 레이서였던 캐롤 셸비(Carroll Shelby)는 건강 악화로 은퇴해야 했다. 그가 이용한 첫 번째 인지도 유지 전략은 경주 자동차 디자인으로의 분야 전환이었는데, 당당히 성공을 거두었다. 하지만 당시 셸비가 디자인한 경주용 차를 구매하려는 청중은 별로 없었다. 그래서 셸시는 또 다른 시도로서, 자신이 추구하던 유럽적인 기백과 레이싱 자동차의 로맨틱한 분위기를 포드자동차의 미국식 대량생산 노하우와 결합시켜 일반인을 대상으로 한 고성능 자동차 셸비 머스탱(Shelby Mustangs)을 탄생시켰다. 그의 마케팅 전략은 영구적이어서, 크라이슬러도 1970년대에 똑같은 조건으로 셸비 차저(Shelby Chargers)를 출시했고, 다시 1980년대에는 GLHS 더지 옴니(GLHS Dodge Omni)를 출시했다. 1990년대에 코브라 머스탱을 출시하자 대중은 여전히 40년 전의 셸비 머스탱과 그 성능을 비교했다. 또한 뉴포트 비치 클래식 수집가 자동차 경매(Newport Beach Classic and Collector Car Auction)는 '셸비의 자동차 관련 기념품'을 판매하는 행사를 3일 동안 개최했다. 포드는 SVT 셸비 GT 500이라는 신차를 출시하면서 '1960년대 오리지널 셸비 머스탱의 상징적 이미지와 전설적인 파워로 재탄생한 고성능 자동차'라는 스토리로 마케팅했다.

∴ 하락세 늦추기

지금까지 브랜드가 높은 수준의 인지도를 유지하는 데 필요한 전략에 대해 살펴보았다. 하지만 적절한 시기에 분야를 옮긴다고 해도 항상 성공하는 것은 아니다. 분야를 전환하려는 사람은 쇠퇴기를 겪는 동안에도 브랜드의 상업적 가치를 확대할 수 있는 전략을 개발해야 한다. 또한 새로운 분야를 선택하되, 기존 분야의 기술, 스토리, 특징, 청중을 최대한 활용하는 분야를 골라야 한다. 일반적으로 그런 조건에 맞게 전환할 수 있는 분야는 무엇인가?

책

모든 분야의 브랜드들이 전통적으로 가장 많이 선택하는 분야다. CEO의 회고록이든, 브로드웨이 스타의 추억담이든, 대통령의 전기든 모두 출간 목적은 비슷하다. 유명인들은 책을 통해 뉴스에 지속적으로 이름을 올리고, 상업적 가치를 높여 수익을 창출한다. 또한 자신의 이력을 전략적으로 수정하고, 대중의 기억이라는 채널에 가능한 한 가장 호의적인 스토리를 유통시킴으로써 긍정적인 이미지로 영원히 남을 수 있는 기회가 된다. 대체로 수익성이 좋고, 때로는 기존의 분야에서보다 더 높은 수익을 낳기도 한다.

과거 메이저리그 스타 호세 칸세코는 《약물에 취해(Juiced: Wild Times, Rampant' Roids, Smash Hits and How Baseball Got Big)》를 발표해서 통장을 불리고, 야구 역사에서 확실한 위치를 다졌다. 여배우 골디 혼 역시 《연꽃은 진흙에서 핀다(A Lotus Grows in the Mud)》라는 감성적이면서도 철학적인 자서전을 발표해 추억을 보존했다. 엘비스 프레슬리의 부인인 프리실라(Priscilla)와 딸 리사 마리(Lisa Marie)는 멀티미디어 스크랩북이라 할 수 있는 전기적 회고록을 발표해서 세상에 알려진 바와 달리 부드럽고 인간적인 이미지를 새롭게 알렸다.

자선활동

아마도 제리 루이스(Jerry Lewis, 미국 배우이자 코미디언-옮긴이)는 유명인사들 가운데 자선기금을 제일 많이 모았을 것이다. 루이스는 30년 넘게 매년 노동절에 MDA(미국 근력영양장애) 기금을 마련하기 위한 장시간 TV프로그램을 진행하고 있으며 그 과정에서 자연스럽게 그 활동에 동참했다. 인지도가 높은 사람들 사이에서 자선활동은 대중의 기대에 부합하는 것으로, 다른 사람을 도우면서도 자신의 인지도를 유지하고 호감도를 높일 수 있다. 수많은 사람들이 대부분 진심으로 그런 활동에 참여하며 자신의 인지도 힘으로 어느 때보다 더 많은 기금을 모은다. 자선단체와 스타의 관계는 지극히 산업화되었다. 어떤 단체가 기부금을 늘리는 데 적절한 스타를 원한다면 유명인들의 참여를 기획하는 중개회사의 도움을 받는다.

자선활동은 그 자체로 높은 인지도를 유발하기 때문에 일부 브랜드 매니저와 홍보담당자들은 그런 활동을 인지도 높이는 기회로 삼거나 브랜딩 과정의 일부로 여긴다. 영국에서 가장 유명한 홍보 전문가 맥스 클리포드(Max Clifford)는 인지도 유발과 관련해 자선활동의 가치에 대해 말하면서, "스타들에게 그들이 원하지 않더라도 자선활동을 하도록 촉구했다. 그들이 진심으로 원해서 그런 일을 한다면 아주 멋진 일이지만, 안타깝게도 보통은 그렇지 못하다"고 고백했다. 영국 아동학대예방 협회(NSPCC)의 유명 인사담당 매니저 마리아 페드로(Maria Pedro)는 인지도가 높은 사람들이 자선에 미치는 긍정적인 영향에 대해 인정했다. 하지만 유명인사들 역시 자선 시스템을 자신에게 유리하게 이용할 수 있다고 말했다.

"자선시장은 유명인사들의 마케팅 프로세스의 일환이다. 어떤 스타는 기꺼이 시간을 내서 자선활동에 헌신한다. 하지만 어떤 스타들은 자신의 커리어를 '리런칭' 하거나 '리포지셔닝' 하고, 다른 스타들과의 인맥을 쌓는 일에만 관심이 있다. 누군가의 동기가 순수하지 않다고 해서 자선활동을 해서는 안 된다는 뜻은 아니다. 솔직히 말해, 우리에게 그런 것은 중요하지 않다."

해외시장 공략

야생 동물들이 먹을 것과 마실 것을 찾아 이동하는 것과 마찬가지로, 인지도가 하락하는 브랜드 역시 해외시장으로 이동하는 일이 많다. 대표적인 예는 데이비드 하셀호프(David Hasselhoff)로서, 그는 유럽에서 가수로 활동하면서 미국에서는 결코 맛보지 못한 큰 인기를 누렸다. 특히 독일에서는 첫 앨범을 발매했을 때 그 해 가장 유명하고 음반을 가장 많이 판매한 아티스트가 되었다. 지금도 여전히 천재가수로 일컬어진다. 모델 캐롤 알트(Carol Alt)는 이런 시나리오의 또 다른 예를 보여준다. 알트는 이탈리아에서 새로운 분야를 찾았다. 그곳에서 캐롤은 분야를 전환하여 유명한 영화배우로 성공했고 각종 영화에서 주연을 맡았다. 이처럼 알트는 이탈리아로 진출해 명성을 얻었고, 미국으로 돌아와서는 하워드 스턴(Howard Stern)의 영화 〈언터처블 가이(Private Parts)〉, 패션쇼, TV시리즈 등에 출연했다. 알트는 '노련한 슈퍼모델'로 불렸고, 《생식(Eating in the Raw)》이라는 책을 통해 우아하게 나이 드는 비법을 공개했다.

미국에서 인기 가수를 꿈꾸는 사람들은 해외 진출을 꽤하는 경우가 많다. 크게 성공한 그룹 포리너(Foreigner, 1980년대 영미권에서 활동한 록그룹-옮긴이)는 처음부터 영국과 미국 출신 멤버들로 구성된 독특한 그룹으로 시작했다. 해외로 진출하는 가수들은 한 가지 이점이 더 있다. 그들이 미국으로 돌아올 때 이국적인 경험 속에 내재한 홍보 가치와 스토리 가치 때문이다. 이 점은 다른 나라에서 미국으로 진출하는 경우라도 마찬가지다. 팝가수 리키 마틴과 여배우 페넬로페 크루즈는 미국에 진출하면서 자신들의 이국적인 분위기를 강조하는 전략을 썼다.

1960년대 텍사스에서 결성된 팝그룹 써 더글라스 퀸테트(Sir Douglas Quintet)는 이와 다른 마케팅 전략을 이용했다. 그들은 경쟁력이 치열한 지역시장에서 주목받기 어려울 것이라는 생각한 끝에 자신들이 영국에서 왔다고 속였고, 〈She's About a Mover〉로 큰 인기를 모았다. 영국 음악이 미국 음악시장을 강타한 소위 '영국 침공(British Invasion)'의 시절에 활동했던 다른 미국 밴드들 역시 비슷한 홍보전략을 폈다.

일반적으로 기업체 간부들의 경우 해외에서는 유명했지만 미국으로 돌아와서는 그만큼의 인지도를 얻지 못하는 경우가 많다. 미국에 본사를 둔 글로벌 기업의 임원으로서 필리핀 마닐라에서 그곳 지역을 총괄하는 매니저를 예로 들어보자. 미국으로 돌아온 30대 중반의 매니저는 미국으로 돌아온 직후에는 전도유망한 스타일일 테지만, 얼마 지나지 않아 그저 여러 간부 중 한 사람으로 남기 쉽다. 그런데 필리핀에서는 그 지역의 최고 책임자이기 때문에 인지도가 상당히 높다. 해외에서 일하는 많은 간부들은 그런 인지도를 이용해서 강연이나 저술활동 및 분야 전환을 꾀하기도 한다. 하지만 외국인 대표로서 받는 높은 관심을 너무 이용하면 미국 본사로 돌아가서 상대적인 무명생활에 빠질 위험이 커진다. 사실, 그럴 위험이 아주 높기 때문에 그들은 오래도록 심지어는 퇴직할 때까지 해외에 머무는 경우가 많다.

광고

분야 전환을 하고도 인지도를 유지하는 또 다른 전략은 미디어와 광고노출을 이용하는 것이다. 많은 브랜드들은 몇 십년 동안 자신의 이름과 상품을 적절하게 연계해서 브랜드의 상업적 가치를 확장시켰다. 뉴욕양키즈의 홈런타자 조 디마지오(Joe DiMaggio)는 자신의 훌륭하고 탄탄한 기량과 커피 메이커 미스터 커피(Mr. Coffee)를 결부시켰고, 전 권투선수 조지 포먼의 이름은 주방 전문업체 샐턴(Salton)의 린 민 전기 그릴 머신(Lean Mean Fat Reducing Grilling Machine)과 동의어가 되었다. 명예의 전당에 오른 쿼터백이자 폭스 NFL의 TV해설가 테리 브래드쇼(Terry Bradshaw)는 항우울제 팍실(Paxil)을 광고했다. 전통적으로 연예인들이나 스포츠 스타들이 이런 전략을 많이 이용하는데, 요즘에는 비즈니스와 전문직업 분야에서도 그런 식으로 인지도를 유발하는 전략이 많이 사용된다. 대형 병원들은 소위 '스타 의사'를 이용해 TV와 라디오 광고, 전단지를 통해 홍보에 나선다. 어떤 법률회사는 '사업개발'의 일환으로 유명한 TV프로그램이나 케이블 뉴스채널 등에 출연한다.

대학 강의

대학을 비롯한 각종 교육기관과 연계하면 하락세에 있는 커리어를 회복시킬 수 있다. LA 지역 모 대학의 학부에는 엔터테인먼트와 관련한 과목에 '부교수' 자리가 많고, 워싱턴의 대학들에는 나이 많은 정치가나 법률가들이 많이 활동한다. 한편 수많은 대학에는 각종 이사회가 있는데, 거기에는 연착륙을 바라는 옛 비즈니스 스타들로 넘쳐난다. 이들과 대학과의 연계가 활발한 이유는 그것이 서로에게 유익하기 때문이다. 브랜드는 학문적 존경을 받고, 대학은 기부금을 내는 졸업생들이 선호하는 유명인사를 고용함으로써 대학의 이미지를 개선한다. 하락세를 관리하는 다른 최선의 전략들과 마찬가지로, 이 방법 역시 그럴 듯한 이유를 제시한다. 나이 든 스타의 입장에서 양로원에서 카드놀이를 한다고 말하는 것보다는 대학에서 강의한다고 하는 편이 훨씬 품위 있어 보인다.

우연한 방문

과거에는 브랜드 생명이 끝난 스타들이 식당이나 카지노에서 이후의 삶을 관리하기도 했다. 즉 왕년의 스포츠 스타나 연예인들은 단지 골프를 치거나, 바에 앉아 있거나, 손님들과 친한 척하는 대가로 객실과 식사, 또는 돈을 받았다. 하지만 지금은 그 이상의 전략이 필요하다. 바로 '우연한 방문'이다. 예컨대 과거 미식축구 선수들이 돈을 받고 스포츠바나 식당에서 열리는 먼데이 나이트 풋볼 파티(Monday Night Football parties)에 나타나는 것이다. 이런 관습은 쇼핑센터 오프닝, 올스타 게임, 기업만찬, 크루즈여행으로 이어진다. 셀레브러티 크루즈 라인(Celebrity Cruise Line)에는 전 할리우드 스타 아를린 달(Arlene Dahl)과 글로리아 드 헤븐(Gloria De Haven), 항공기 설계자 버트 루탄(Burt Rutan)과 같은 유명인사들이 승선했다. 인터넷의 발달로 공연장 소유자와 이벤트 조직자들이 스타들과 계약하기가 쉬워졌다. 왜냐하면 그들과 에이전시 웹사이트를 통해 온라인으로 이벤트에 맞는 적절한 인물을 선택하거나 출연계약까지도 체결할 수 있기 때문이다.

순회강연

피츠버그 스틸러스의 전 러닝백 로키 블레이어(Rocky Bleier)는 은퇴한 뒤, 순회강연을 돌면서 베트남 전쟁에 참전했다가 치명적인 부상을 입고도 스타덤에 오른 이야기를 하며 청중을 매료시켰다. 블레이어는 유명 분야의 스타들에게 적당한 강연장소를 알선해주는 단체를 통해 대중적인 무대에 머물렀다. 이처럼 강연장소를 알선해주는 단체는 비즈니스, 엔터테인먼트, 국제정치에서 대체의학 같은 전문 분야에 이르기까지 다양한 분야의 강연자들을 관리하고 강연료도 대신 책정해준다. 이런 단체를 적극 활용하는 것이 도움이 되고, 그렇지 않으면 자신을 확실하게 홍보함으로써 직접 강연 자리를 찾아나서야 한다. 순회강연은 강사료를 받는 것 외에 두 가지 이점이 있다. 첫째, 강연을 다니면 여러 곳에서 브랜드의 인지도를 유지할 수 있고, 다른 유명인사와 연계하거나 영향력 있는 청중 앞에 섬으로써 퍼스널 브랜드가 확장된다. 둘째, 강연은 저서, 세미나, 기타 물건을 홍보하는 채널이 된다.

다운사이징 마켓

고대에는 도시로 떠났다가 고향으로 돌아온 사람이 영웅 취급을 받았다. 오늘날 지역이나 케이블, 위성시장은 인지도 피라미드의 정상에서 굴러떨어진 사람들을 기꺼이 재흡수한다. 중앙 뉴스 앵커 빌 커티스(Bill Kurtis)는 〈CBS Morning News〉에서 물러난 뒤 시카고 지역 TV인 WBBM으로 돌아왔고, 전보다 더 적은 청자를 상대로 하면서도 더 많은 월급을 받으며 방송했다. 그는 다시 WBBM을 떠나 이국적인 장소에 대한 다큐멘터리 제작에 나섰는데, 디스커버리 채널에 등장하면서 완벽하게 자리 잡았다. 미국 전역의 지역시장은 인지도가 떨어진 스타를 고용한다. 과거 야구 스타는 지역의 은행과 자동차 대리점을 홍보하고, 과거 영화배우는 지역방송의 영화소개 프로그램을 진행하며 전 라디오와 TV스타는 교외 아파트 단지를 광고한다.

하락의 역학

이 모든 전략에는 몇 가지 중요한 특징이 있다. 각 전략은 교환가치에 근거한다. 즉 브랜드는 자신의 촛불을 조금이라도 더 오래 켜두기 위해서 다양한 혜택을 받아들이고, 단체나 조직은 브랜드에게 돈을 지불하거나 권위를 빌려주고 브랜드 네임에 남아 있는 상업적 가치를 이용한다.

  이 전략들이 효과가 있는 것은 기억의 여과장치(memory filtration) 때문이다. 즉 인간의 본성은 나쁜 것은 잊고, 좋은 것은 기억하는 경향이 있다. 가령 빌 클린턴의 경우, 세계를 무대로 한 수많은 강연과 회고록 등으로 새롭게 개선된 이미지가 그의 윤리적 문제를 덮어버리는 식이다. 또한 레이 찰스(Ray Charles)의 경우, 마약과 복잡한 여자문제는 간과하면서도, 록앤롤과 블루스를 통합한 선구적 아티스트로 기억한다.

여러 단체나 조직들은 이러한 선택적 기억을 부채질하는 식으로 기억 억제 전략을 펼친다. 즉 브랜드 네임을 유리한 상황에 놓고, 이벤트를 통제하며, 코칭과 홍보 훈련으로 브랜드를 지원한다. 그런 전략은 성공하는 경우가 많다. 자선단체와 같은 베뉴에서 살아 있는 골프의 전설 아놀드 파머나 왕년의 야구 스타 칼 립켄 주니어(Cal Ripken, Jr.)를 직접 보거나 그들의 광고방송을 본 사람들은 그들이 여전히 최고라고 생각한다. 이렇듯 망각과 '이미지 공학'이 결합함으로써 컴백이 하나의 관례로 정착했다.

컴백

인지도는 어떤 사건이나 결정으로도 하락의 소용돌이에 빠질 수 있다. 긍정적인 측면에서, 대부분의 위기는 그것을 적절하게 판단, 관리하면 브랜드의 컴백을 촉진할 수 있다. 예컨대 매직 존슨은 1991년 에이즈 양성 판정을 받자 농구선수로서의 짧은 활동을 마감해야 했다. 그의 명성은 타격을 입었고, 과거의 대단히 호의적인 이미지가 크게 흔들렸다. 하지만 다음 해인 1992년 올림픽 드림팀으로 출전해 자신의 이미지를 바꿨고, 일련의 사업에도 성공했으며, 미디어 게스트로도 자주 출연했다. 그의 이미지는 유명한 에이즈 운동가와 활기찬 에이즈 생존자로 재구성되었다.

이런 시나리오는 실제적인 대본이 되기도 했다. 이란 콘트라(Iran-Contra) 사건의 중죄인인 올리버 노스(Oliver North)는 자신의 범죄적인 신념을 통해 보수파 정치인, 칼럼니스트, 뉴스진행자로서 컴백할 수 있었다고 강조한다. 또한 존 트라볼타는 몇 년 동안 모습을 드러내지 않다가 〈펄프 픽션(Pulp Fiction)〉의 쿠엔틴 타란티노(Quentin Tarantino) 감독 덕에 부활한 뒤, 전에 작업한 영화나 TV 속 페르소나 및 진지한 배우로서의 명성과 인정을 다시 얻으려는 노력으로 자신의 활동 범위를 넓혔다. 헤비메탈 그룹 머틀리 크루(Motley Crue)처럼 끊임없는 불화와 다툼 끝에 해체된 그룹들조차 재결성될 수 있다. 25년 뒤, 그룹의 멤버들은 투어공연을 하고, 앨범을 내고, 대중음악 케이블방송 시리즈에 출연했다.

하지만 주목할 것은 위와 같은 경우 대부분 브랜드가 위기 상황을 잘 대처한 것이 아니라, 그런 상황에 잘 조련됐다는 점이다. 인지도는 예상대로 천천히, 혹은 가차 없이 하락하기도 하고, 때로는 뜻밖의 순간에 거침없이 하락하기도 한다. 이런 쇠퇴의 위협 속에서도 어떤 브랜드는 놀랍도록 오랫동안 인지도를 유지하기도 한다.

의사 형제인 마틴 브로너(Martin Brohnor)와 아놀드 브로너(Arnold Brohner)는 50년이 넘도록 발병 전문가로 활동했다. 형인 마틴은 현재 80대 초반이고, 동생인 아놀드는 70대 후반이지만 하루 16시간의 일과를 거뜬히 소화하고 있다. 두 사람은 여전히 발병 전문가 의사 형제로 남아 있는데 입소문, 브랜드 관리, 이미 다져진 유명한 의사 형제로서의 위치를 극대화함으로써 그 인지도가 유지될 수 있었다. 그들은 의료기술을 혁신적으로 개발하고, 일련의 원칙을 고수함으로써 위기를 모면했다. 또 인품과 치료성과(treatment record)를 통해 수십 년 동안 유명세를 유지했다.

현재 90대에 이른 잭 라 랜(Jack La Lanne)은 1930년대 경제공항 이후로 계속해서 인지도를 유지하고 있다. 자칭 '피트니스의 대부'는 나이가 들어감에 따라 자신처럼 매일 꾸준히 운동하는 것이 얼마나 효과적인지 직접 보여줬다. 또한 그는 주스 제조기, 수중운동 비디오, 기업형 요양원, 세미나 등 완벽한 제품 라인을 갖추고 있다. 그는 수십 년에 걸쳐 자신의 근본적인 메시지를 적절히 전환했고, 모든 유통채널과 문화적 변화에 적극적으로 대처했다.

두 의사와 라 랜만이 장기간 인지도를 유지한 것은 아니다. 다른 선수들이 한가하게 골프를 치거나 고관절 수술을 받고 있을 때, 애틀랜타 브레이브스의 외야수 훌리오 프랑코(Julio Franco)는 40대 후반의 나이까지 그라운드를 누볐다. 90세가 넘은 토니 베네트(Tony Bennett)는 특유의 저음은 약해졌지만, 여전히 연가를 잘 부른다.

누구나 장기적이고 지속적으로 인지도를 유지하고 싶어하지만 하락세는 여러 가지 크고 작은 형태로 발생한다. 큰 위기나 저조한 성과 또는 다른 이유로 브랜드 인지도가 하락하든, 대다수 브랜드가 컴백을 시도한다. 유명인사 홍보전문가 리지 그럽먼(Lizzie Grubman)은 폭력 혐의로 구속되고 2001년에는 뺑소니 사고를 냈지만, 자신의 더렵혀진 신뢰를 회복하기 위해 효과적인 컴백 수단을 찾아야 한다는 점을 깨달았다. 그녀의 대응책은 세미나와 간담회를 열어 자신을 홍보하고 이미지 마케팅을 구사하며, MTV의 리얼리티쇼와 같은 새로운 채널을 통해 이미지를 유통하는 것이었다. 그녀의 컴백은 상당한 효과를 거두고 있다.

어떤 브랜드는 컴백의 기회를 잘 살려서 과거 이상의 인지도를 얻기도 한다. 미네소타 바이킹스의 리저브 쿼터백 숀 셀리스버리(Sean Salisbury)는 평범한 미식축구 선수였지만, ESPN에서 NFL 분석가로 화려하게 변신했다. 정크 본드의 황제 마이클 밀켄(Michael Milken)은 감옥살이를 했지만, 직접 자선단체를 설립하며 자선 스타로 컴백했다. 가수 티나 터너는 성공적인 듀오로 함께 활동하던 남편과 헤어진 뒤 몇 년 동안 모습을 드러내지 않았지만 강력한 스타일 변신, 새로운 전략적 연계, 어려움을 극복한 승자로서의 드라마틱한 스토리라인으로 명성을 떨쳤다.

어떤 브랜드는 분야를 완전히 바꿔서 컴백에 성공하기도 한다. 꽤 유명한 배우였던 로널드 레이건은 컴백한 뒤 대통령이 되었다. 데이비드 레터맨(David Letterman)은 독특한 TV 기상캐스터로 지역에서 명성을 떨쳤지만, 모닝 토크쇼에 실패하고 해고당했다. 하지만 그는 코미디 분야로 컴백해서 오랫동안 인기를 얻은 뒤 또 다른 토크쇼를 진행하게 되었다.

컴백 전략

컴백 전략을 세울 때는 어느 분야에서 성공을 얼마나 정확하게 판단할 수 있는지 파악해야 한다. 여자 마라톤 세계기록 보유자였던 영국의 폴라 래드클리프(Paula Radcliffe)는 아테네 올림픽에서 탈수증세 때문에 눈물을 머금고 경기를 포기해야 했다. 그러나 다시 훈련한 뒤 뉴욕 마라톤에 출전해 1등하여 성공적으로 컴백했다. 건축가는 수상할 만한 건물을 지어야 하고, 사업가는 월스트리트의 예상 수익을 초과해야 하며, 권투선수는 상대방을 넉 아웃시켜야 한다. 반면 인지도를 획득했다는 기준이 정확하게 규정되지 않은 연예, 예술, 종교를 비롯한 다른 분야에서는 컴백 수단이 상당히 다양하다. 그런 분야에서 이용할 수 있는 컴백 수단은 다음과 같다.

- 추억에 호소하기

대중들의 기억 속에 사라진 브랜드는 과거를 그리워하는 대중을 충족시키기 위해 다시 돌아올 것이다. 이 전략에 따른 성공의 열쇠는 복귀가 적합하다고 확신이 드는 때에 과거에 했던 것을 다시 하는 것이다. 1970년대에 인기를 누린 팝가수 도나 썸머는 댄스 음악을 해야 하고, 억만장자 기업사냥꾼 커크 커코리언(Kirk Kerkorian)은 기업을 급습해야 하며, 〈미저리〉의 주인공 캐시 베이츠는 협박하는 역을 맡아야 한다. 이렇게 하면 나이든 청중이 그들에게 다시 주목할 것이다.

- 새로운 채널 이용하기

과거의 브랜드가 컴백할 때에는 새로운 채널을 이용해서 자신의 스토리나 이미지를 유통시키기도 한다. G. 고든 리디(G. Gordon Liddy)는 워터게이트 사건에 연루된 혐의로 수감생활을 한 뒤, 고소득을 올리는 유명 강연자이자 토크쇼 진행자가 되었다. 그는 온라인상으로 출연제의를 받기 때문에 그의 웹사이트는 브랜드를 파는 상업적 공간이 되었다. 코미디언이었던 제이미 폭스(Jamie Foxx)는 오디션을 본 뒤 흑인 맹인가수 레이 찰스의 전기적 영화 〈레이(Ray)〉에서 주연을 맡음으로써, 진지한 주류 영화의 스타로 거듭났다. 또한 권투선수였던 오스카 드 라 호야(Oscar De La Hoya)는 다양한 재능을 이용해 자신의 음반을 제작했고, 프로모터로도 활동하기 시작했다. 유명한 패션디자이너 아이작 미즈라히(Isaac Mizrahi)는 샤넬의 후원이 중단되어 어려움을 겪었지만, 새로운 채널을 이용해 재기에 성공했다. 그는 케이블 네트워크 옥시즌(Oxygen)에서 토크쇼를 진행했고, 각종 브로드웨이쇼 제작에 참여했다. 또한 대형 할인점 타깃(Target)과 제휴해 패션라인을 출시했다. 미즈라히는 잠시 시련이 겪었지만 이름값을 유지하고자 노력했고, 그 과정에서 새로운 채널을 통해 재기했을 뿐 아니라 유명 백화점과 손잡고 명품 패션브랜드로 컴백할 수 있었다.

－브랜드 새롭게 개선하기

하락세에 있는 브랜드는 핵심 능력이나 특징을 바꾸거나 그런 시늉이라도 해야 한다. 아일랜드 출신의 여자 록가수 시네이드 오코너(Sinead O'Connor)는 프린스(Prince, 미국 팝가수)가 작곡한 〈Nothing Compares 2 U〉로 성공했다. 방송에서 전 교황 요한 바오로 2세의 사진을 찢어 논란을 빚기도 했는데, 돌연 2003년에 은퇴를 선언했다. 하지만 2년 동안의 '평범한 일상'을 마치고 난 후 더욱 성숙하고 명쾌한 목소리를 가진 가수로서 '영적으로 더 깊은 시장'을 표적으로 컴백했다. 카를로스 산타나(Carlos Santana)는 그래미상을 수상한 지 10년도 더 지나, 로린 힐(Lauryn Hill), 롭 토마스(Rob Thomas), 에릭 클랩튼(Eric Clapton), 데이브 매튜스(Dave Matthews)와 같은 유명 아티스트들과 작업해 앨범을 냈다. 그의 음악은 산타나의 이미지를 현대적으로 재해석한 드림팀의 공동 작업으로 훨씬 새로워졌다. 결국 그 앨범은 베스트셀러가 됐고, 그래미상을 8개나 수상했다.

－새로운 매체 이용하기

무대나 매체를 잘못 선택해서 발생한 인지도의 위기 또는 하락세는 새로운 매체를 선택함으로써 역전되기도 한다. 한 살도 되기 전에 강아지사료 광고에 출연하여 연기생활을 시작한 드류 베리모어는 다재다능할 뿐 아니라, 변신 능력도 뛰어나다. 7살에는 어린이 고전영화 〈이티 (E.T.)〉에서 주연을 맡으며 큰 인기를 얻었지만, 십대에 들어서자 각종 약물을 복용했다. 또 〈야성녀 아이비(Poison Ivy)〉에서 십대 요부로 출연하고, 성인 잡지에 누드가 실려 불량소녀라는 이미지가 굳어졌다. 그러나 갑자기 매체를 바꿔 미국의 연인으로 변신하기 시작했다. 여러 영화에 출연하여 관객들의 호평을 이끌어냈는데, 특히 〈미녀 삼총사1,2〉에서 제작과 주연을 맡아 크게 성공했다. 〈날 미치게 하는 남자〉에서는 보스턴 레드삭스 광팬의 애인 역할을 맡는 등 활동영역의 폭을 크게 넓혔다

- 논란 유발하기

논란은 하락세에 있는 인지도에 대중의 관심을 다시 불러일으키는 아주 강력한 방법이다. 이 기술을 완벽하게 익힌 배우 조안 콜린스(Joan Collins)는 활동하는 내내 자신을 학대했던 사디즘에 걸린 마쵸맨에 대해 글 쓰는 전략을 펼쳤다. 스포츠에서는 다혈질 성격으로 유명한 시카고 화이트삭스 감독 아지 기옌(Ozzie Guillen), 정치에서는 공격적이고 소신 있는 발언으로 자주 논란의 대상이 되는 상원위원 바바라 박서 (Barbara Boxer)가 대표적이다. 누구보다 많은 논란을 일으키는 사람은 아마도 해부학자 군터 폰 하겐스(Gunther von Hagens)일 것이다. 그는 피부가 벗겨진 상태의 시체를 전시하는 등 여전히 윤리적인 논란을 일으키며 유명세를 이어가고 있다.

- 문화의 흐름 잡기

하락세에 오른 브랜드는 대중적인 트렌드나 사회의 흐름을 이용해 커리어를 재건하는 경우가 많다. 예컨대 잊혀가는 여배우 카르멘 일렉트라(Carmen Electra)는 건강에 관심이 많은 소비자들을 표적으로 한 피트니스 비디오에 출연해 커리어를 넓혔다. 명예의 전당에 오른바 있는 전 시카고 베어스의 딕 버커스(Dick Burkus)는 리얼리티 TV 시리즈에서 고등학교 미식축구팀 코치로 활약했다. 전 사우스 캐롤라이나 주지사 데이비드 비실리(David Beasley)는 당시 유행대로 수많은 미디어 보도를 이용해 적극적인 기업 유치에 나섰다.

- 과거의 성공 재현하기

많은 브랜드가 과거의 성공을 재연함으로써 재기에 성공한다. 이런 전략의 한 예는 마지막 투어다. 때로 하락세에 있는 브랜드는 이별을 고하고, 사라졌다가 컴백하고는 다시 작별을 고한다. 예컨대 롤링스톤즈, 이글스 같은 그룹들은 마지막 곡이 아주 많다.

- 갑작스러운 죽음

갑작스런 죽음이라는 컴백 전략은 일상적으로 고려해서는 안 된다. 하지만 팬의 관심을 다시 불러일으키고 이름값을 최대로 높이는 강력한 수단임에는 분명하다. 죽음 뒤에 팬들의 열렬한 숭배를 받는 브랜드의 면면은 실로 대단하다. 엘비스 프레슬리, 제임스 딘, 짐 모리슨, 말콤 X, 커트 코빈, 빌리 홀리데이, 잭슨 폴락, 마빈 게이, 제리 가르시아, 마릴린 몬로, 살 미니오, 다이애나 비 등 실제로 어떤 브랜드는 죽은 이후에 생전보다 훨씬 더 유명해졌다. 유명 스타가 젊은 나이에 갑자기 요절하면, 대개 그 브랜드의 이미지가 영원히 고정된다.

－대물림

자녀에게 자신의 분야를 대물림하는 것도 괜찮은 전략이다. 자동차경주 분야에는 그런 선례가 많다. 인디아나폴리스 500에서 네 차례나 우승한 A. J. 포이트(A. J. Foyt)는 아들 래리 포이트가 전미 스톡자동차경주협회(NASCAR)에서, 손자 A. J. 포이트 IV(A. J. Foyt IV)는 인디레이싱 리그에서 활동했다. NASCAR의 전설적인 레이서 데일 언하트(Dale Earnhardt)는 아들 데일 언하트 주니어(Dale Earnhardt, Jr.)에게, 드래그 레이싱의 영원한 챔피언 존 포스는 사위에게 브랜드를 대물림했다. 음악 분야에서는 훌리오 이글레시아스(Julio Iglesias)에 이어 아들 엔리케 이글레시아스(Enrique Iglesias)가 라틴팝 가수로 활동한다. 비즈니스 분야에서는 미디어 거물 루퍼트 머독(Rupert Murdoch)의 아버지 서 케이스(Sir Keith)가 강력한 신문발행인이었고, 이제는 머독은 자식들 중에서 후계자를 고르느라 고심하고 있다.

디지와 데니

야구선수 디지 딘(Dizzy Dean)보다 멋지게 하락세를 즐긴 사람은 없을 것이다. 과거 세인트루이스 카디널스의 최고 투수였던 디즈는 선수생활을 마친 뒤 라디오와 TV에서 거침없는 해설가로 활약했는데, 엉터리 영어를 구사하며 큰 인기를 누렸다. 그는 하락세가 이어지는 동안 최대한 노출 관리를 했다. 즉 뛰어난 화술, 청중의 기대와 과거에 대한 향수, 자신의 일화, 추억담 등 끊임없는 레퍼토리를 충분히 활용했다.

마지막 30승 투수이자 당시 큰 유명세를 떨쳤던 디트로이트 타이거스의 데니 맥레인(Denny McLain)은 딘과 전혀 달랐다. 아무도 그의 명성을 따라잡지 못할 것처럼 보였고, 그의 인기는 영원할 것처럼 보였다. 메이저리그를 떠나자마자 그는 빠르게 변신을 시도했는데, 잘못된 방향으로 고속질주하는 것처럼 여겨졌다. 그는 도박과 알코올 중독에 빠졌고 몸도 순식간에 불어났다. 결국 부당이득, 사기, 마약거래, 음모 등의 혐의로 재판을 받아 오랫동안 수감생활을 해야 했다. 출옥한 뒤에는 다시 주목받지 못했다. 출옥 후 처음에는 디트로이트 라디오에서 활약했지만, 육류회사의 퇴직연금에 손을 대면서 또다시 구속되었다.

딘은 죽은 지 30년도 더 지났지만, 야구와 관련 웹사이트와 트레이딩 카드에서 다른 야구 영웅들과 함께 변함없는 인기를 누리고 있다. 반면에 맥레인은 여전히 살아 있지만, 대중의 기억 속에 '20세기 마지막 30승 투수였으나 오랫동안 감옥 신세를 진 사나이'라는 두 가지 모순적인 이미지로 남아 있다.

두 사람의 경우에서 알 수 있듯, 명성을 유지하는 일은 그것을 얻는 일만큼이나 어렵다. 두 사람 모두 자신의 노출을 효율적으로 관리했기에 유리한 위치에 있었다. 명성을 떨친 커리어가 끝나면, 대개 몇 가지 선택사항이 있다. 딘은 자신의 재능과 경험을 최대로 활용한 유통채널을 이용했다. 맥레인 역시 딘과 마찬가지로 미래가 보장되어 있었다. 광고촬영, 방송중계, 자신의 이름을 이용한 비즈니스 등 기회가 다양했다. 하지만 결과적으로 한 사람은 명성의 혜택을 누렸고 다른 한 사람은 온갖 시련을 겪었다. 높은 인지도를 얻는 과정에서 그 최종 단계는 대가와 비용의 균형을 맞추는 일이고, 무엇보다도 명성을 유지하는 것이 핵심이다.

CHAPTER 12

브랜드 아이덴티티 관리

PHILIP KOTLER PERSONAL MARKETING

로터스 노츠의 판매 책임자 에드 브릴(Ed Brill)과 저명한 내과 전문의 스티븐 램(Steven Lamm)은 차세대 퍼스널 브랜딩의 대표주자로서 퍼스널 마케팅의 미래상을 보여준다.

IBM 소프트 그룹의 지사 로터스 메시징 세일즈를 책임지고 있는 브릴은 비즈니스 세계의 일반적 성공사례들과 달리 재택근무를 하고 블로그(www.edbrill.com)를 열심히 운영한다. 블로그 전문 검색 엔진 테크노라티에 따르면, 그의 블로그는 인기순위 0.1% 내에 들 정도로 엄청난 인기를 누리고 있다. 게다가 블로그 방문객은 하루 6만 명에 이른다. 브릴은 블로그에 로터스의 기술, 여행담, 네트워킹에 대한 콘텐츠를 주로 올린다. 로터스 고객들 사이에서 그를 모르면 간첩이라는 얘기가 나올 정도로 그의 이름값은 대단하다. 그는 자신의 이름값을 유지해야 할 과제를 인지하며 이렇게 말했다.

"블로그는 자기가 주도하는 세상이다. 내가 흥미로운 콘텐츠를 올리지 않으면 아무도 댓글을 달지도 포스팅하지도 않을 것이다."

이 대목에서 브랜드 관리의 트렌드 하나가 분명히 드러난다. 어느 분야에서든 정보기술을 활용해 브랜드 메시지를 전달할 수 있으며, 브릴처럼 그것을 적절히 활용함으로써 인지도를 크게 높일 수 있다는 점이다.

스티븐 램은 자신의 전공 분야에서 높은 인지도를 얻으려면 새로운 돌파구가 필요하다고 깨달았다. 이에 ABC 토크쇼에 고정출연하고, 〈오프라 윈프리쇼〉를 비롯하여 수많은 프로그램에 출연하는 등 미디어에 자주 모습을 드러냈다. 하지만 그가 찾은 진짜 돌파구는 《단단함의 요인(The Hardness Factor)》이라는 제목이 다소 민망한 책이었다. 이 책의 핵심은 '남성의 일반적인 건강과 성행위 능력이 일치한다'는 내용이다. 램 박사는 이 책에서 단단함의 요인을 개선하려는 모든 사람에게 노화방지제 복용, 식단관리, 운동을 권했다. 이렇듯 그는 미디어와 정보기술을 활용해야 하는 새로운 환경에 잘 적응했다. 이런 유형의 커뮤니케이션 환경에서는 대개 직설적이고 뻔뻔하게, 나이든 사람들의 얼굴을 붉힐 정도로 과감한 태도를 보여야 청중의 관심을 끌 수 있다.

브릴과 램은 새로운 커뮤니케이션 환경에 적응을 잘했다. 또 두 사람은 명성의 필요조건인 재능을 갖추고 인지도를 얻기 위한 기본원칙에 충실했기에 극심한 경쟁환경에서 두각을 나타냈다. 경쟁이 치열한 시장환경에서 살아남기 위해 두 가지를 실천해야 한다. 첫째, 퍼스널 마케팅의 기본원칙에 충실해야 하고, 둘째 인지도를 높이는 과정에서 생기는 문제점을 파악하여 강력한 대응책을 마련하는 것이다. 마지막 장에서는 이 두 가지 사항에 대해 논의하고 명성의 핵심 원리 다섯 가지를 소개한다.

명성(폭넓은 인지도)에 관한 다섯 가지 핵심 원리

핵심 원리 1 명성의 대가

명성은 다양한 보상으로 이어진다. 테니스 스타 사라포바는 각종 프로 대회에서 활약하는 것은 물론 캐논, 나이키, 태그호이어와 같은 후원사로부터 해마다 수백만 달러를 받고 이미지를 팔고, 여러 잡지에 표지모델로 등장한다. 그녀가 테니스 코트에 등장하면 아름다운 외모와 운동 실력이 조합되어 관중의 시선을 집중시킨다. 그녀는 호텔, 식당, 극장, 각종 모임 등에서 특별 대우를 받고, 그녀가 내뱉는 말 한마디는 곧바로 이슈가 된다. 이를 보면 알 수 있듯 유명해지면 돈과 영향력은 물론 각종 특권을 누릴 가능성이 높아진다.

앞으로도 시장은 명성의 대가를 제공하겠지만, 그 방식은 많이 달라질 것이다. 예컨대 시장의 환경이 갈수록 세분화·전문화되고 있어서 어느 누가 시장 전체를 점유하기는 어려워질 것이다. 따라서 명성을 추구하는 사람은 이런 시장환경을 고려하여 표적시장을 세분화하고 다양화해야 한다. 가수이자 영화배우 빙 크로스비(Bing Crosby)는

1930년대에서 1950년대까지 30년간이나 TV와 라디오 등 각종 채널과 무대에 등장하여 시청자의 마음을 사로잡으면서 최고 인기를 누렸다. 당시 엔터테인먼트 산업에서는 시장진입이 어려웠고 신인이 재능을 인정받기도 쉽지 않았다. 또한 얼굴을 알릴 만한 무대가 많지 않았고, 그처럼 한정된 무대에서 활동하는 몇 사람이 인기를 독차지했다. 하지만 지금의 시장환경은 시장진입 기회와 보상이 광범위하고, 재능을 인정받을 수 있는 길도 다양하며, 몸값을 높일 수 있는 무대도 대폭 늘어났다. 게다가 미디어의 기능이 확대되고 브랜드 가치에 대한 대가를 확실히 얻게 되면서 인지도에 따르는 몸값을 높이기 쉬워졌다.

핵심 원리 2 재능 수준 파악

인지도를 높이려는 사람은 자기 자신이라는 상품, 즉 자기 자신에 대해 통달해야 한다. 자신의 재능 수준을 정확하게 파악하면, 그에 따라 적절한 분야를 선택하고 그 분야와 관련해 자신의 단점을 파악할 수 있다. 핵심은 '나는 어떤 사람인가? 남들에게 칭찬이나 대가를 받을 만큼 잘 하는 일이 무엇인가?' 라는 물음이다. 노래에 소질이 없다면 오페라 가수가 되기 어렵겠지만, 배우의 꿈은 충분히 키울 수 있다. 이론적으로 보면 재능은 유년기부터 나타나기 시작한다. 하지만 실제로 재능을 살리려면, 먼저 자기 자신을 올바르게 평가하고 주위 사람들에게 인정받아야 한다.

인지도가 높아지는 단계에서는 재능 수준을 잘못 판단할 위험이 높다. 점차 유명해져서 완벽한 '상품'에 가까워질수록 브랜드 개발자, 헤드헌터, 스튜디오 책임자, 홍보담당자, 포장업자 등 각 분야의 리더들이 활용하는 분석모델과 다양한 정보, 브랜딩 기법들을 놓칠 우려가 있다. 따라서 무엇보다 먼저 자신의 재능 수준을 파악하고 시장을 매료시킬 만한 역할을 신중하게 고려해야 한다.

핵심 원리 3 브랜드 변신

체계적, 전략적, 프로세스 중심적 변신이 완전한 이미지 변신이다. 건실한 태도, 순수한 동기, 타고난 능력, 필수 재능, 자연스러운 카리스마, 적당한 시기, 행운 등의 요소들은 명성을 얻는 데 긍정적 작용을 할지언정 영원한 명성의 필요조건은 되지 못한다. 다시 말해 브랜드 생성, 브랜드 시험, 브랜드 세련화, 브랜드 실현이라는 이미지 변신의 핵심 프로세스를 밟는 것이 우선이다. 또한 채널을 전략적으로 활용하고 커뮤니케이션을 원활하게 할 때 비로소 이미지 변신의 효과를 보게 된다. 명성을 추구하는 이들은 이미지 변신을 꾀함으로써 인지도를 높일 수 있는 잠재성을 체계적으로 평가하고 시험할 뿐 아니라 인지도를 높이기 위한 전략적 프로세스를 선정할 수 있다.

 이미지 변신의 수준을 정하는 일도 중요하다. 활동하는 영역에 따라 다르지만, 이미지 변신은 '최소화한 이미지 변신, 적당한 이미지 변신, 극대화한 이미지 변신'으로 그 수준이 나뉜다. 가령 기업체 임원이 프레젠테이션 능력과 화법을 개발한다면 최소화한 이미지 변신을 하는 셈이고, 대학의 연구원이 잡지, 신문, 책, 웹사이트, 블로그 등 여러 매체에 연구성과를 발표해서 전공 분야의 권위자로 거듭난다면 적당한 이미지 변신을 하는 셈이다. 또 정계에 진출한 영화배우처럼 직업을 완전히 바꾼다면 극대화한 이미지 변신을 하는 셈이다. 여기서는 포괄적이고 세부적인 '브랜드 세련화' 전략을 펼쳐야 한다. 이미지 변신의 수준에 상관없이 이미지 변신의 밑그림을 그리고 그에 대한 피드백을 수용하며, 시장영역의 변화에 적극적으로 대응할 때 이미지 변신의 성공 가능성이 높아진다.

핵심 원리 4 브랜드 전달

스타 지망생에게 브랜드 전달은 쉽지도 어렵지도 않은 일이다. 지금은 케이블TV, 인터넷 매체(이메일, 블로그, 웹사이트 등), 도서, CD, 웹캐스트, 각종 시청각 매체 등 커뮤니케이션 채널이 폭발적으로 늘어났다. 한편 네트워크 방송과 같은 전통적 커뮤니케이션 채널은 영향력은 줄었지만, 소통채널로서의 기능을 여전히 하고 있다. 이처럼 변화가 빠른 시장환경에서 적절한 커뮤니케이션 전략을 세우려면 두 가지가 고려되어야 한다.

우선 채널의 영향력을 파악해야 한다. 브랜드가 돋보이고 표적청중의 시선을 끌 수 있는 채널을 선택해야 인지도가 높아진다. 어느 경영컨설턴트가 표적고객인 기업체 고위간부 30명을 만날 계획을 세웠다고 가정해보자. 기업체 고위간부에게 접근하는 일은 쉽지 않을뿐더러 그들을 일일이 만나는데도 상당한 시간이 소요된다. 이때 흥미로운 주제로 연찬회를 연다면 30명을 한자리에서 만날 수 있다. 이런 방식은 팩스, 안내문, 신문광고보다 훨씬 효과적이다. 또한 다음과 같은 이점이 생긴다.

- 표적시장에서 유용한 지식을 전달하는 전문가로 포지셔닝된다.
- 영향력 있는 기업체 간부들이 많이 참가함으로써 브랜드와 모임의 가치가 입증된다.
- 기조연설, 순회공연 등 더 큰 무대에 오르기 위한 시험 무대로 삼을 수 있다.

그 다음, '혁신'을 고려한다. 새로운 채널을 통해 브랜드 메시지를 전달하거나 기존 채널을 '믹스'하거나 재조정할 방법을 찾는 것도 혁신의 일환이다. 대선후보였던 하워드 딘과 웨슬리 클락은 정치계에서 주로 활용하는 전통적 커뮤니케이션 전략 대신 블로그를 활용하여 브랜드 아이덴티티를 정립했다. 영화배우 폴 뉴먼은 카레이서로 변신함으로써 강인한 이미지를 부각시킨 한편, 파스타 소스 제품을 만들어 그 수익금을 자선단체에 기부함으로써 퍼스널 브랜드의 신뢰성을 강화했다. MTV는 방콕에서 무료 콘서트를 개최하여 쓰나미 피해자들을 돕는 동시에 VJ들을 홍보하는 자리를 만들었다. 혁신적인 커뮤니케이션 채널을 통한다면 퍼스널 브랜드를 제대로 전달하고 명성도 오래 유지할 수 있다.

핵심 원리 5 | 명성의 유지

이론으로 볼 때, 강력한 브랜드 아이덴티티를 통해 명성이 유지된다. 하지만 시장에서는 청중의 취향이 쉽게 바뀌고 기술혁신으로 인해 경쟁이 과열되면서 명성을 유지하기가 더욱 어려워졌다. 따라서 시장의 성숙(maturity of the marketplace), 극심한 경쟁, 사회의 관습 및 가치의 변화, 커뮤니케이션 채널의 급증, 브랜드의 생명을 위협하는 요인들에 효과적으로 대응해야 명성을 오래 유지할 수 있다. 브랜드 아이덴티티의 전환 주기는 시장영역에 따라 다르다. 예컨대 아역 배우는 성인, 중년, 노년에 이르기까지 성장하는 내내 '브랜드 아이덴티티'를 철저히 관리해야 한다. 즉 연기력을 키우고 외모를 바꾸는 등 '극대화한 이미지 변신'을 자주 시도해야 한다. 반면에 패션디자이너라면 배우와 달리 '최소화한 이미지 변신'이 효과적일 수 있다.

하위시장이나 같은 시장 내에서 직업을 바꿀 때 인지도가 높아지기도 한다. 예컨대 스포츠 분야에서는 운동선수가 코치나 방송해설가로 변신하거나 에이전시, 자문단, 보험중개인 등 스포츠 관련 서비스 업종에 진출하기도 한다. 기업의 임원은 최고 경영자로, 또 경영대학원의 교수로 변신하기도 한다. 부동산 업자라면 부동산 중개업으로 성공을 거둔 뒤 성공 노하우를 전파하는 강연가나 작가로 나서도 된다. 오늘날 시장환경은 변화가 빠르고 경쟁이 극심한 탓에 기존의 안정된 시장영역에도 변화의 바람이 이어지고 있다. 영역에서 영역으로의 이동이 갈수록 활발해지고 있다. 따라서 이런 시장에서 살아남으려면 시장의 변화에 민감하고 신속하게 대응해야 한다.

명성을 얻기 위한 과제

먼저 평판산업이 산업화 단계를 거쳐 분산화 단계에 이르기까지 정교화되고 전문화된 과정을 이해해야 한다. 이는 스타 지망생들에게 흥미로운 과제가 될 것이다. 전통적으로 엔터테인먼트와 스포츠 분야에서 인지도가 상당히 중요했지만, 브랜딩 기법이 발달하고 브랜드 수요가 대폭 증가하고 혁신적인 유통채널이 늘면서 지금은 어느 분야든 높은 인지도가 경쟁우위를 달성하는 지름길로 통한다. 또 다양한 브랜드가 다양한 채널을 통해 같은 청중에게 전달되기 때문에 '추종자'나 팬을 매료시키려면 시장의 환경에 적합하고 강력한 전략을 펼쳐야 한다. 이처럼 극심한 경쟁환경에서 떠오르는 과제들을 신중히 고찰해야 한다.

과제 경쟁이 극심하고 세분화된 시장 돌파하기

경쟁이 극심한 시장에서 경쟁우위를 달성하기 위해서 청중을 분석하는 방법을 개선할 필요가 있다. 즉 이름값을 높이는 데는 청중 중심의 사고가 중요하다. 또한 단순히 관심을 얻고 인지도를 높이는 차원을 넘어서 표적청중이 쉽게 인지하는 상징과 상징물을 개발하는 데 투자해야 한다.

방안 청중을 세분화하고 표적청중 결정

세월이 흐르면서 대규모 청중에게 '상품'을 전하는 방식이 바뀌었다. 과거에는 젊은 층, 노년층, 병자, 운동을 즐기는 사람과 같이 청중을 포괄적으로 분류해도 문제가 없었지만, 최근 몇 십 년을 거치면서 베이비부머, 10대 청소년, 사커맘과 같이 청중을 더욱 좁은 범위로 세분화하고 있다. 시장환경이 한층 복잡해짐에 따라 청중과의 적극적 소통이라는 과제가 남았다. 이렇듯 세분화되는 시장에서는 대규모 청중을 겨냥하기보다 특정한 청중을 표적으로 삼아야 한다. 이런 환경에서 램은 건장하고 혈기가 왕성한 중년 남성들을 표적으로 삼았고, 워렌 버펫은 위험을 기피하는 보수적인 투자자들을 표적으로 삼았다. 표적청중을 정하기 어렵고 청중이 쌍방향 소통에 익숙한 시장에서는 각종 이벤트, 인터넷 채팅 등의 커뮤니케이션 도구를 활용하여 시장을 통일하고 견고하게 유지하는 전략을 펼쳐야 한다.

신규 시장진출자나 스타 지망생은 표적시장을 공략하되 퍼스널 브랜드를 개발하는 단계에서부터 철저한 준비를 해야 한다. 어느 분야를 막론하고 권위자가 되려면 무엇보다 훈련에 전념하고, 훈련 캠프에 참여하고, '신인 발굴 담당자'의 눈에 띄도록 애써야 한다.

과제 공적 자아와 사적 자아를 적절히 관리하기

이미지를 변신하는 과정에서는 얼굴이 널리 알려질 때 압박감이 몰려오게 마련이다. 언제 어디에서든 미디어의 관심이 집중되고 사생활이 침해를 받고 마음에 없는 행동을 해야 하는 상황이 닥친다. 명성을 유지하면서 안정된 삶을 누리려면 공적 자아와 사적 자아 간의 갈등을 해결해야 한다.

방안 공적 목표와 사적 목표의 우선순위 정하기

공사 구별은 새삼스러운 문제가 아니다. 캐서린 햅번(Katharine Hepburn)이 한 언론사에 '공인으로서의 어려움'이란 글을 기고한 적이 있다. 그녀는 1932년 배우생활을 시작할 무렵만 해도 사생활을 유지하는 데 별다른 문제가 없었지만, 30년이 지나 이 잡지를 통해

'오늘날… 대중과 언론은 내 삶의 가장 은밀한 부분까지 알아야 할 절대적 권리가 있는 듯 착각한다'며 불만을 쏟아냈다. 브래드 피트 또한 다이안 소이어로부터 강도 높은 질문공세에 시달린 적이 있다. 그때 브래드는 제니퍼 애니스톤과의 결별에 대해 별로 할 말이 없으며, 안젤리나 졸리와의 관계도 지극히 사적인 일이라며 명확한 답변을 내놓지 않았다. 어느 분야든지 명성을 쌓으면 사생활이 침해될 가능성이 높기 때문에 대중의 관심이나 미디어의 감시를 잘 관리해야 한다.

어느 분야에서든 브랜드 노출에 관한 법칙이 존재한다. 에드 브릴은 인터넷 블로그를 통해 장래에 '로터스 유저'로 삼을 표적청중과 소통했지만, 다른 미디어에는 노출하지 않았다. 표적으로 삼은 시장에서만 노출한 셈이다. 반면에 메이저리그 야구선수들은 여러 미디어를 통해 대중에게 폭넓게 노출할 것이다. 이 선수들은 직업의 특수성 때문에 사생활에 많은 제약이 따르게 마련이다. 따라서 이들은 대중의 노출 기대치를 충족시키는 동시에 개인적으로 재충전의 시간을 갖거나 가족들과 함께 보내는 시간을 전략적으로 확보해야 한다. 해당 시장에서 요구하는 노출의 수준과 스스로 적합하다고 여기는 노출의 수준을 고려할 때 노출을 효과적으로 통제하게 된다.

캐서린 햅번의 말은 하나도 틀리지 않았다. 오늘날 유명인들이 겪는 사생활 침해 문제는 복잡하고 심각한 사회문제로까지 대두되었다. 노출을 최대화하면서 편안한 사생활을 누리기는 어렵지만, 신인 시절부터 이런 문제에 대한 대응책을 세우면서 노출을 유지한다면 사생활을 좀더 보장받게 될 것이다.

과제 비용 효율적으로 인지도 높이기

시장은 수없이 많은 시장으로 나뉘고, 시장의 진입과 지속의 규칙이 저마다 다르다. 따라서 시간과 자본 등의 자원을 효율적으로 운영하기가 더욱 어려워질 것이다. 결국 시장에 진입한 후 한정된 자원으로 효율을 극대화하는 전략을 펼침으로써 '지속가능성'을 유지해야 한다.

방안 혁신적 방법을 활용하기

'평판산업의 분야'가 확대되고 미디어 채널이 급증하면서 시장진입 비용이 크게 낮아졌다. 미디어 비평이나 재정컨설팅, 인기 음악 등의 시장영역도 진입비용이 낮아지고 진입기회가 늘면서 신규 시장진출자들이 몰리고 있다. 예컨대 인기 리얼리티 TV쇼 〈아메리칸 아이돌〉과 같은 프로그램은 지역무대를 수없이 돌고 수많은 오디션을 통과해야 하는 스타 지망생이 단 한번에 이름을 알릴 수 있는 기회다. 오페라, 금융, 의료 등의 분야로 진출하려면 장기간 준비해야 하고 많은 비용을 투자해야 하지만 이런 분야의 진입기회도 점차 늘고 있다. 따라서 어느 분야에 진출하든 시장진입과 유지에 드는 비용을 꼼꼼히 따져야 한다.

브랜드의 유통비용은 혁신적 방법으로 절감할 수 있다. 오늘날에는 개인의 명성과 상품을 결합함으로써 비용 효율성을 높이고 있다. 예컨대 영국왕립예술대학 자동차 디자인 학과장 데일 헤로우(Dale Harrow)는 이렇게 말했다.

"르노의 디자인 책임자 패트릭 르퀘망(Patrick Le Quement)과 같은 사람이 회사 전체의 운명을 설계한다. 디자이너들이 제품의 성공을 좌우하는 것이다. 디자이너의 개성이 자동차 브랜드와 자동차의 지원과 보완 수단이 되는, 흥미로운 시대에 우리는 살고 있다."

건축설계, 화장품, 의료 등의 분야도 다르지 않다. 개인의 명성과 상품의 결합은 브랜드의 시너지 효과를 낸다.

무료 미디어(free media)를 이용해도 브랜드 유통비용을 확연히 줄일 수 있다. 홍보활동이 활발하고 무료 미디어가 증가하는 지금의 시장환경은 브랜드 유통비용을 줄일 수 있는 기회를 많이 제공한다. 무료 미디어를 이용해야 하는 이유는 두 가지다. 첫째, 통상적인 광고나 커뮤니케이션 방식이 정보에 밝은 청중에게 적합하지 않다는 것이 속속 증명되고 있다. 둘째, 채널의 확산과 수요로 인해 스토리에 대한 수요 역시 늘었다. 이런 미디어 환경에 인지도 높은 개인의 스토리는 사람들의 흥미를 자극하기에 충분하다. 무료 미디어를 이용하고 독자적으로 커뮤니케이션 전략을 펼치는 사람들이 갈수록 늘고 있다. 이런 흐름에 따라 미디어와 시장에 새로운 정보가 넘쳐나고 있어서 대중이 얻는 정보의 의미 또한 재정립되었다.

과제 | 기술혁신에 발맞추기

기술이 발달함에 따라 커뮤니케이션 채널 또한 증가할 것이다. 이 과정에서 청중은 선호 채널을 자주 바꿀 것이다. 명성을 추구하는 사람들은 이런 환경에 적응해야 한다. 기술혁신이 촉진되면서 전통적인 틀이 깨지고 있으므로, 각 채널의 특징과 장점을 면밀히 파악해야 한다.

방안 표적청중을 기준으로 기술 적용 수준 결정하기

기술혁신은 앞으로 더욱 촉진될 것이다. 따라서 새로운 기술이 접목된 미디어를 최대한 활용해야 한다. 과거에는 혁신적 기술을 무시하거나 한 채널만 고집하거나 하도급 계약에 치우치는 것처럼 기술에 대한 비합리적 반응이 팽배했다. 그러나 지금은 이미지 변신의 모든 측면에 기술을 적용해야 하기에 이처럼 낡은 생각을 버리지 않고서는 브랜드 가치를 높이기가 어렵다.

브랜드 유통에 기술을 적용하는 수준은 표적시장과 표적청중을 기준으로 결정한다. 예컨대 팝가수이자 영화배우 린제이 로한(Lindsay Lohan)은 경쟁이 치열한 엔터테인먼트 분야에서 젊은 MTV 세대를 표적으로 삼았다. 그런 일환으로 웹사이트, 휴대전화 벨소리, 〈퀸카로 살아남는 법(Mean Girls)〉과 같은 하이틴 영화 등을 통해 브랜드를 전달했다. 한편, 대형 병원들은 환자들의 진료기록을 전자파일 형태로 만들어 통합적·체계적으로 관리한다. 또한 웹사이트, 블로그 등의 매체를 활용하여 새로운 시장에 접근하고 그곳의 시장 선도자들과 적극적으로 소통하는 의사들이 늘어났다. 이처럼 새로운 기술 환경에서 청중 또한 수많은 채널을 활용할 수 있다. 스타 지망생들은 이런 청중을 찾고 매력적인 소재를 개발하여 브랜드로 전달하는 식의 브랜드 시험을 해야 한다.

과제 시장영역 선정하기

인지도를 높이는 과정에서는 위험과 보상이 함께 따른다. 일반적으로 수익성이 높아 인기가 많은 분야일수록 시장진입이 어렵고 진입 단계

에서의 보상도 매우 적다. 그럼에도 오늘날 진입 장벽이 높은 의료나 법률 분야에 신규 시장진출자들이 끊임없이 몰린다. 이처럼 경쟁이 극심한 분야에서 인지도를 높여나가는 일에 매료되고 고무되는 사람들도 많다. 그러나 그렇게 직업을 선택하고 나서 기대한 바에 못 미치는 결과를 얻고, 인지도를 높이지도 못했다면 전략적 선택을 했다고 보기 어렵다. 어느 분야에서든 인지도를 높이는 일은 대학을 선택하고 배우자를 고르는 일과 별반 다르지 않다. 따라서 시장을 어느 정도 이해해야 한다. 신규 시장진출자가 일정 기간 무명의 상태를 감수할 마음이 있는지 확인해야 한다.

방안 재능 수준을 파악하고 현실적으로 대처하기

미국 전역에 소재한 영화 학교에는 제2의 마틴 스콜세지(Martin Scorsese)를 꿈꾸는 영화감독 지망생들로 넘쳐나지만, 그 꿈을 실현하는 지망생은 한두 명에 불과할 것이다. 그럼에도 미디어와 문화의 강력한 영향으로 인해 영화제작이라는 어려운 관문에 사람들이 몰려든다. 과거로 치면 소설가나 변호사를 꿈꿨을 사람들조차 영화감독이 되겠다고 영화판으로 몰려드는 꼴이다. 이런 현실에서 영화감독 지망생은 자신의 재능과 한계가 어느 정도인지, 또 가용자원이 어느 정도인지 정확하게 판단해야 한다. 재능은 뛰어나지만 '인지도 피라미드'의 최상위에 도달하지 못했다면 전략을 수정하는 편이 낫다. 다시 말해 영화감독을 고집하기보다 새로운 시장으로 눈을 돌려 기회를 찾을 필요가 있다. 영화와 관련이 있지만 비교적 규모가 작고 경쟁도 약해서 인지도를 획득할 기회가 많은 분야로 전략적 선택을 하라는 말이다.

시장에 진출하기에 앞서 시장성이 높은 분야를 반드시 평가해봐야 한다. 예컨대 의료 분야의 경우 과거에는 심장수술 쪽이 인기가 많았지만, 지금은 신약물치료 시술의 발달과 더불어 외과 전문의로 진로를 선택하는 의사들이 늘어났다. 남들보다 한발 앞서서 체중 감량과 대체의학과 같은 비인기 분야를 선택한 의사들은 오늘날 그 분야가 크게 성장하면서 속속 스타로 떠오르고 있다. 시장으로의 진입 시점을 전략적으로 선택하고 기회를 잘 포착한 덕이다.

새로운 시장환경에서는 무엇보다 자기 자신에 대해 통달해야 한다. 사춘기 시절에 이런 문제를 고민했을 법하지만 비용과 기회가 한정되고 여러 채널을 선택해야 하는 오늘날의 시장환경에서, 자신의 잠재력을 깨닫고 그에 따라 현실적으로 대처하는 자세야말로 인지도를 높이기 위한 기본 가운데 기본이 되었다.

결론

일반 상품이 하룻밤 사이에 인기 상품으로 돌변하는 오늘날 글로벌 커뮤니케이션 세상에서는 퍼스널 브랜드의 극대화만이 성공에 이르는 지름길이다. 히긴스 박사가 시골처녀를 아름다운 귀부인으로 변신시킨 과거와 달리 이제는 명성을 얻기 위해 더욱 정교하고 과학적인 프로세스를 밟아야 한다. 이미지 변신의 기본원칙은 시장, 청중의 기대, 문화 트렌드에 일어난 변화에 대응하는 것이다. 자신의 정체성을 퍼스널 브랜드에 녹인 후, 브랜드의 세련화, 실현, 유통이라는 프로세스를 통해 브랜드를 청중에게 전달해야 한다. 시장영역을 지속적으로 살피고, 변화된 트렌드에 발맞추고, 완전한 이미지 변신을 할 때에 비로소 이름값과 몸값이 올라간다.

필립 코틀러 퍼스널 마케팅

초판 1쇄 발행 2010년 5월 10일
초판 4쇄 발행 2014년 12월 19일

지은이 | 필립 코틀러 외
옮긴이 | 방영호
펴낸이 | 홍경숙
펴낸곳 | 위너스북

경영총괄 | 안경찬
기획편집 | 박현진, 노영지

출판등록 | 2008년 5월 2일 제310-2008-20호
주소 | 서울 마포구 합정동 370-9 벤처빌딩 207호
주문전화 | 02-325-8901
팩스 | 02-325-8902

본문디자인 | 정현옥
표지디자인 | 고냥새
제지사 | 한솔PNS(주)
인쇄 | 영신문화사

ISBN 978-89-962098-9-8 (13320)

이 책은 저작권법에 따라 보호를 받는 저작물이므로 무단전재와 복제를 금지합니다.
이 책 내용의 전부 또는 일부를 사용하려면 반드시 저작권자와 위너스북의 서면 동의를 받아야 합니다.

* 책값은 뒤표지에 있습니다.
* 잘못된 책이나 파손된 책은 구입하신 서점에서 교환해 드립니다.

위너스북에서는 출판을 원하시는 분, 좋은 출판 아이디어를 갖고 계신 분들의 문의를 기다리고 있습니다.
winnersbook@naver.com | Tel 02) 325-8901